Hermann Wilhelm Ebel

Indogermanische Chrestomathie

Schriftproben und Lesestücke mit erklärenden Glossaren zu August Schleichers

Compendium der vergleichenden Grammatik der indogermanischen Sprachen

Hermann Wilhelm Ebel

Indogermanische Chrestomathie
Schriftproben und Lesestücke mit erklärenden Glossaren zu August Schleichers Compendium der vergleichenden Grammatik der indogermanischen Sprachen

ISBN/EAN: 9783743651715

Hergestellt in Europa, USA, Kanada, Australien, Japan

Cover: Foto ©ninafisch / pixelio.de

Weitere Bücher finden Sie auf **www.hansebooks.com**

INDOGERMANISCHE CHRESTOMATHIE.

Schriftproben und lesestücke

mit erklärenden glossaren

zu

August Schleichers compendium der vergleichenden grammatik der indogermanischen sprachen.

Bearbeitet

von

H. Ebel, A. Leskien, Johannes Schmidt

und

August Schleicher.

Nebst zusätzen und berichtigungen zur zweiten auflage des compendiums

herauß gegeben

von

August Schleicher.

Weimar,

Hermann Böhlau.

1869.

Vorwort.

Im compendium habe ich die darlegung der schrift, als mit dem wesen der sprache, deren conventionelles überliferungsmittel sie ist, nicht im notwendigen zusammenhange stehend, übergangen. Dennoch ist es selbstverständlich von interesse und von nutzen zu wißen in welcher schreibweise die sprachen vor ligen. Deshalb gibt das vor ligende werk die alphabete und auch schriftproben der im compendium grammatisch bearbeiteten sprachen. Ferner ist es von großem werte außer der grammatik der sprachen auch dise selbst, wenn auch nur in beschränktem umfange, kennen zu lernen. Namentlich hebt eine vergleichende grammatische bearbeitung unter sich verwanter sprachen vor allem das hervor, was jeder sprache mit ihren schwestersprachen gemeinsam ist; in folge dessen kann die änlichkeit der sprachen größer erscheinen als sie in der tat ist, ire eigentümlichkeit dagegen tritt mer in den hintergrund. Sprachproben bilden demnach eine notwendige ergänzung der vergleichenden grammatischen darstellung. Eine mer als zwanzigjährige akademische lertätigkeit hat mir merfach gelegenheit geboten mich davon zu überzeugen, wie wilkommen meinen zuhörern am schluße der vorträge über vergleichende grammatik die vorlegung und erklärung von sprachproben war. Ich kann sagen, daß, wie das compendium, so auch dise indogermanische chrestomathie auß dem bedürfnisse meiner vorlesungen hevor gegangen ist. Sie ist eine ergänzung des compendiums. Was aber mir brauchbar ist, ist es hoffentlich auch anderen.

Übrigens sind die glossare so ein gerichtet, daß mit hinzuname des compendiums auch ohne beihilfe eines lerers die vor ligenden sprachproben volkommen verständlich sind.

Für merere sprachen reichen die hier mit geteilten proben auß, um als leseübung für das erste halbjar bei einer vorlesung über eine oder die andere der selben zu dienen. Das altindische ist in der indogermanischen chrestomathie auf das bedürfnis zweier studienhalbjahre berechnet. Der altindische teil der indogermanischen chrestomathie ist deshalb auch in besonderer außgabe erschinen (die verweisungen aufs compendium und die erklärungen der formen im altindischen glossar sind fast sämtlich von mir bei gefügt).

Für den ersten anlauf dürfte auch das compendium als grammatischer leitfaden für die einzelnen sprachen auß reichen.

Volständige gleichförmigkeit in der behandlung war schon in folge der verschidenheit der überliferung nicht durch zu füren. Es ist daher jede sprache so behandelt worden, wie es für sie gerade am angemeßensten erschien.

Weil slawische studien mich jetzt vorzugsweise beschäftigen habe ich mitforscher und frühere schüler von mir ersucht mit mir gemeinsam hand ans werk zu legen. Herr Dr. Ebel in Schneidemühl hatte die güte das altirische zu übernemen; herr Dr. Leskien, docent an der universität in Göttingen, hat griechisch, die altitalischen sprachen, altbulgarisch und gotisch, herr Dr. Johannes Schmidt, docent an der universität in Bonn, altindisch und litauisch besorgt. Disen herren für ire freundliche mitwirkung von herzen zu danken ist mir eine angeneme pflicht. Mir bliben so nur die beiden alteranischen sprachen. Es wird sich mit der zeit wol mer und mer die notwendigkeit heraus stellen, daß bei werken, die ein weiteres sprachgebiet umfaßen, merere verfaßer sich zu gemeinsamer tätigkeit zu vereinigen haben.

Den besitzern der zweiten auflage des compendiums dürfte die beigabe der in meinem handexemplare bis jezt nach getragenen zusätze und berichtigungen nicht unwilkommen sein.

Matsj. 19 ist mit der Calcutt. und Bomb. außgabe des Mahābh. zu lesen *tvatkrtē hi* (anstatt *tvatkrtējam*). *tvatkrtē* deinetwegen, deinethalben. *krtē,* loc. sg. zu *krta-*, subst. ntr. 10, tat, werk (wurz. *kar*), bedeutet mit dem genitiv oder am ende von zusammensetzungen 'wegen, für'. Zwei mal geseztes *hi* ist nicht selten; *hi* hat außer der function 'denn' auch die des hervorhebens, bestätigens. Hiernach ist im glossar *tvatkrtē* und *krtē* nach zu tragen und das nötige unter *hi* bei zu fügen. Vom artikel *tvatkrta-* des glossars ist nur das über *tvat-* gesagte zu *tvatkrtē* zu ziehen.

Jena, im october 1868.

August Schleicher.

Inhalt.

Schrift.

Die physiologische einteilung der altindischen laute ist im Compendium § 4 gegeben; von den indischen grammatikern werden sie in folgender auch für die reihenfolge der worte in den wörterbüchern maßgebenden weise geordnet.

Vocale.

Einfache vocale: अ *a*, आ *ā*, इ *i*, ई *ī*, उ *u*, ऊ *ū*,
ऋ *r̥*, ॠ *r̥̄*, ऌ *l̥*, ॡ *l̥̄*.

Diphthonge: ए *ē*, ऐ *āi*, ओ *ō*, औ *au*.

Anusvāra (s. 5) ं ँ, anunāsika ँ, visarga ः :.

Consonanten.

Gutturale:	क *ka*,	ख *kha*,	ग *ga*,	घ *gha*,	ङ *ṅa*.
Palatale:	च *ḱa*,	छ *ḱha*,	ज *ǵa*,	झ *ǵha*,	ञ *ńa*.
Linguale:	ट *ṭa*,	ठ *ṭha*,	ड *ḍa*,	ढ *ḍha*,	ण *ṇa*.
Dentale:	त *ta*,	थ *tha*,	द *da*,	ध *dha*,	न *na*.
Labiale:	प *pa*,	फ *pha*,	ब *ba*,	भ *bha*,	म *ma*.
Halbvocale:	य *ya*,	र *ra*,	ल *la*,	व *va*.	
Spiranten:	श *ça*,	ष *ša*,	स *sa*.		
	ह *ha*,	ळ *ḷa*[1]).			

---

1) ळ *ḷ* ist eine im Rigveda auf tretende dialektische variante von ड *ḍ*. Im glossar ist überall das ursprüngliche ड für die anordnung maßgebend, man suche also ईळे *īḷē* unter ईड् *īḍ*, हेळस् *hēḷas* unter हेडस् *hēḍas*.

Zalzeichen:

१ 1, २ 2, ३ 3, ४ 4, ५ 5, ६ 6, ७ 7, ८ 8, ९ 9, ० 0.

Die sanskritische, *dēvanāgarī* (gōtliche statschrift) genante schrift ist eine silbenschrift. Wenn daher der außlaut eines wortes mit dem anlaute des nächstfolgenden in eine silbe vereinbar ist, so werden sie auch zusammen geschriben; die worttrennung ist dadurch in der schrift nicht immer sichtbar.

Die in der obigen tabelle an gegebenen vocalzeichen sind nur gebräuchlich, wenn sie für sich allein oder mit einem folgenden consonanten eine silbe bilden und bleiben, da das sanskrit den hiatus im inneren des wortes fast nie zu läßt, mit ser wenigen außnamen auf den wortanlaut beschränkt.

Jedes in der tabelle auf gefūrte consonantenzeichen drūkt den betreffenden consonanten mit nach folgendem *a* auß. Diß *a*, der unter allen vocalen am häufigsten erscheinende, wird gleichsam als andeutung der vocalisation im algemeinen auf gefaßt, es bleibt daher auch dann, wenn ein anderes vocalzeichen hinzu tritt, das consonantenzeichen unverändert, jedoch wird in disem falle das *a* nicht auß gesprochen. Im in- und außlaute der worte (für die schrift ist auch die auß anlaut und außlaut zweier worte hervor gehende silbe als inlaut zu betrachten) gelten nun folgende vocalzeichen, welche ich, um die art ihrer verbindung mit dem consonantenzeichen zu zeigen, mit voraußgehendem क् *k* auf füre:

क *ka*, का *kā*, कि *ki*, की *kī*, कु *ku*, कू *kū*, कृ *kr*, कॄ *kr̄*, कॢ *kl*, कॣ *kl̄*, के *kē*, कै *kāi*, को *kō*, कौ *kāu*.

Unter gewissen umständen können sowol kurze als lange vocale so gedent werden, daß sie das maß von drei kūrzen erhalten. Diese denung nennen die indischen grammatiker *pluti* (verschwimmen); sie wird bezeichnet durch die hinter den vocal gesezte ziffer ३ 3, z. b. *āsī3t*, Rv. X, 129, 5.

Einige consonanten verändern ire gestalt in der verbindung mit gewissen vocalen; द् *d* mit ु *u* wird दु *du*, mit ू *ū*: दू *dū*, mit ृ *r*: दृ *dr*. र् *r* mit ु *u* wird रु *ru*, mit

ू *u:* रू *rū.* ह *h* mit ु *u* wird हु *hu*, mit ू *ū:* हू *hū*, mit ृ *r:* हृ *hr.*

Soll ein consonant one vocal geschriben werden, so wird unter in ein *virāma* ् gesezt, z. b. महत् *mahat.* Diß geschiht aber nur im außlaute, ist also nach dem oben gesagten auf das ende eines satzes oder verses beschränkt. Alle consonanten, welche zwischen einem vocale und dem im worte nächst folgenden stehen, werden mit lezterem graphisch zu einer silbe verbunden. Diß erstrekt sich nach obiger außeinandersetzung auch auf den außlaut eines und den anlaut des nächst folgenden wortes, z. b. गामरक्षन्यत्संवत्समृभवो *gām arakšan jat sāvatsam rbhavō;* Rv. IV, 33, 4. So entstehen eine menge ligaturen, welche ich hier nicht auf zäle, weil die in den unten folgenden texten vor kommenden durch die daneben stehende umschreibung leicht verständlich gemacht sind. Der senkrechte strich ा gilt, wie aus den vocalzeichen ersichtlich ist, als bezeichnung des *a*, die consonanten, welche rechts mit einem senkrechten striche enden, verlieren disen daher in der verbindung mit anderen consonantenzeichen, z. b. मत्स्य *matsja.* Die graphische verbindung der consonanten geschiht nun, indem man die einzelnen zeichen neben oder unter einander setzt, z. b. प्त *pta*, क्क *kka*, क्न *kna*, क्म *kma*, व्य *vja* u. s. w.

Der anusvāra ं ˜ steht über der silbe, an deren schluße er gesprochen wird, z. b. हंस *hãsa*, सिंह *sĩha;* ebenso der anunāsika ँ z. b. अभीशूँरिव *abhīçũriva;* Rv. VI, 57, 6. Der anusvāra kann für jeden nasal vor einem consonanten geschriben werden. Notwendig geschiht die bezeichnung eines nasals durch den anusvāra nur vor *s* und *h;* in disem falle kann auch der anunāsika ein treten (vgl. § 127).

Das in der tabelle für *r* an gegebene zeichen र steht nur im anlaute oder zwischen vocalen; vor consonanten und vocalischem *r* wird der consonant *r* durch ein über dise gesetztes र्‍ bezeichnet: कर्मन् *karman*, निर्ऋति *nirrti.* Hat der auf *r* folgende consonant ein vocalzeichen oder anusvāra ं, oder beides über sich, so wird ᳵ disen lezteren zeichen nach gesetzt, z. b. सर्वे *sarvē*, सर्पौ *sarpāu*, सर्वेन्द्रियाणि *sarvēndrijāṇi.* *r* nach einem consonanten wird durch untergeseztes ‸ bezeichnet, z. b. क्रतु *kratu*, कर्तॄ *kartrī*.

ऽ, im folgenden durch - wider gegeben, wird im anlaute eines wortes gesezt zum zeichen, daß ein *a* von vorher gehendem auß lautendem *ē* oder *ō* verschlungen ist, z. b. ते ऽभवन् *tē -bhavan* für *tē abhavan*. Das Çatapathabrāhmaṇa verwendet es auch wenn auß lautendes *āi*, *ē* vor folgendem vocalischem anlaute zu *ā*, *a* wird (s. u.) z. b. *ativárdhā-átha* statt *ativárdhāi átha; aughá-útthitē* statt *aughé úttithē*. Im Padapāṭha des Ṛgvēda, welchen die in den folgenden vedischen stücken bei gegebene lateinische umschreibung wider gibt, wird diß zeichen zwischen zwei glider eines compositums und zwischen wortstamm und gewisse suffixe gesezt, z. b. *narē-ṣṭhā́m, su-ávasa*:, *kṣḗma-jánta*:.

। steht als abteilungszeichen am ende einer halbstrophe, in prosa am ende eines satzes. Am ende einer strophe wird es verdoppelt ॥.

Accente.

Das sanskrit hat zur bezeichnung der tonsilbe zwei accente, 1) den *udātta* (gehobenen), welcher dem griechischen acutus entspricht und in der umschreibung durch das selbe zeichen wider gegeben wird; 2) den *svarita* (tonbegabt), der ser vil seltener, zum teil nach bestimten regeln, ein tritt, welche man bei Bopp, kl. skr. gr. 3. aufl. § 30, nach sehe; sein zeichen ist ein über die betonte silbe gesezter senkrechter strich, z. b. वाक्यॆम् *vākjàm*, in der umschreibung wird er durch ` gegeben. Das zeichen des svarita wird auch für die bezeichnung des nachtones gebraucht, welcher auf der silbe ruht, die unmittelbar auf die eigentliche tonsilbe folgt und mer ton hat als die weiter ab ligenden silben. Die der tonsilbe voran gehende silbe hat weniger ton als alle übrigen und heißt *anudāttatara* (ungehobener, tonloser); sie wird durch eine unter gesezte wagrechte linie bezeichnet, z. b. वाक्येन *vākjḗna*. Der *udātta* selbst wird im Rgvēda gar nicht an gegeben und nur durch die bezeichnung der verauß gehenden und der folgenden silbe erkant, z. b. अग्निमीळे *agnim īḷē*, पुरोहितं *purṓhitam*, यज्ञस्य *jaǵńásja*. Ist die der tonsilbe voran gehende silbe selbst betont, so darf sie natürlich das negative tonzeichen nicht erhalten, z. b. अग्निः पूर्वेभिः *agníḥ pū́rvēbhiḥ*, परिभूरसि *paribhū́r ási*. Alle tonlosen silben außer den beiden die tonsilbe ein schließenden bleiben gänzlich unbezeichnet, z. b. चित्रश्रवस्तमः *kitráçravastamaḥ*, भागमीमहे *bhāgám īmahē*. Wenn auf eine svaritierte auß lautende silbe ein auf erster silbe betontes wort folgt, so wird die auß lautende silbe, wenn sie kurz ist, mit nach gesetztem १, wenn sie lang ist, mit ३ bezeichnet, in lezterem falle erhält sie außerdem das negative accentzeichen untergesezt, z. b. व्य१ स्मद्द्वेषो *vjà smád dvḗšō*, क्व१ स्यते *kvà syá tē*, Rv. II, 33, 2; 7; तन्व१: सम् *tanvà: sám*, तन्वा३ मम *tanvā̀ máma*.

Ein anderes tonbezeichnungssystem gilt im Çatapathabrāhmaṇa, für welches wir uns mit einer verweisung auf The Çatapathabrâhmaṇa, edited by Dr. Albrecht Weber, Preface p. XII, begnügen, da das unten mit geteilte stück des Çatap. nur in lateinischer umschreibung gegeben ist.

Im klassischen sanskrit werden die accente gar nicht bezeichnet.

Lautliche einwirkungen zusammen stoßender wort-außlaute und -anlaute auf einander.

Im zusammenhange der sprachlichen darstellung tritt der außlaut eines wortes in unmittelbare verbindung mit dem anlaute des folgenden und beide wirken stark auf einander ein.

Die hauptsächlichsten hierbei zur geltung kommenden lautgesetze mögen hier kurz zusammen gestelt werden. In den Veden sind sie noch nicht so streng auß gebildet wie in der späteren sprache.

I. Vocalische lautgesetze.

Grundgesetz ist auch hier, wie im innern der worte, daß kein hiatus geduldet wird. Er wird vermiden durch:

1. Zusammenziehung: außlautendes *a*, *ā* wird mit folgendem vocalischem anlaute zusammen gezogen (vgl. comp. § 14, 1, a).
   a oder *ā* + *a* oder *ā* wird *ā*: *ihāsti* auß *iha asti*, *krpajāpi* auß *krpajā api*.
   a oder *ā* + *i* oder *ī* wird *ē*: *jathēšṭam* auß *jathā išṭam*, *tatrēkšatē* auß *tatra īkšatē*.
   a oder *ā* + *u* oder *ū* wird *ō*: *jathōktam* auß *jathā uktam*, *ivōrmibhiḥ* auß *iva ūrmibhiḥ*
   a oder *ā* + *ē* oder *āi* wird *āi*: *ḱāiva* auß *ḱa ēva*, *jathāiçvarjam* auß *jathā āiçvarjam*.
   a oder *ā* + *ō* oder *āu* wird *āu*: *ihāugaḥ* auß *iha ōghaḥ* oder *iha āughaḥ*
   a oder *ā* + *r* wird *ar*: *saptaršajaḥ* auß *sapta ršajaḥ*, *jathartuḥ* auß *jathā rtuḥ*.
   i, *ī* + *i*, *ī* wird *ī*: *kēçinīkšatē* auß *kēçinī īkšatē*, *divīva* auß *divi iva*.
   u, *ū* + *u*, *ū* wird *ū*: *svādūdakam* auß *svādu udakam*, *pāṇḍūrṇam* auß *pāṇḍu ūrṇam*.
2. Wandelung in den entsprechenden halbvocal. Vor allen anderen vocalen als sich selbst wandeln sich *i*, *ī* in *j*, *u* *ū* in *v* (§ 14, 1, d): *vārjatra* auß *vāri atra*, *nadjasti* auß *nadī asti*, *tālvidam* auß *tālu idam*.

   Dem entsprechend werden *āi*, *āu* vor allen folgenden vocalen zu *āj*, *āv*: *sutājāj avēdajat* auß *sutājāi avēdajat*, *tāv iha* auß *tāu iha*. Es können dann noch *j* und *v* schwinden (vgl. no. 3 und 4), so daß von beiden diphthongen nur *ā* übrig bleibt: *ativardhā-atha* auß *ativardhāi atha*, Çatap. 3.

3. ē solte nach analogie von no. 2 vor vocalen zu *aj* werden, was aber fast nie ein tritt; in der regel schwindet das *j* und es bleibt nur *a* übrig, wodurch ein secundärer hiatus hervor gerufen wird: *kšētra āsīt* auß *kšētrē āsīt*, *sthāna iha* auß *sthānē iha*.

Vor *a* bleibt ē unverändert und verschlingt das folgende *a*. Es tritt dann das zeichen ऽ - (s. o.) ein: *mē-dja* auß *mē adja*, *dhanē-smin* auß *dhanē asmin*.

4. Auß lautendes *as* wird vor tönenden consonanten oder vor vocalen zu ō (§ 15 d): *sutō rāǵā* auß *sutas rāǵā*, *matsjō vakanam* auß *matsjas vakanam*. Wenn das folgende wort nun vocalisch an lautet, so sucht die sprache den so entstehenden hiatus in der selben weise wie bei ē zu beseitigen, d. h. ō wird durch die vorauß zu setzende mittelstufe *av* zu *a*: *kumbha iva* auß *kumbhas iva*, *açva ēša* auß *açvas ēša*. Ist der folgende vocal aber *a*, so verschwindet er und ō bleibt unverändert; der verlust des *a* wird durch ऽ - bezeichnet. *kālō-jam* auß *kālas ajam*, *pramūḍhō-bhūt* auß *pramūḍhas abhūt*, *matsjō-smi* auß *matsjas asmi*.

II. Consonantische lautgesetze.

1. Anänlichung des außlautes an den folgenden anlaut.

a. Grundgesetz ist auch hier, wie im wortinnern (§ 130, 1), daß vor tönendem anlaute der außlaut des vorher gehenden wortes tönend, vor stummem stumm wird (§ 131, 2); z. b. *tasmād bhajāt* auß *tasmāt bhajāt*, *anajad bhagavān* auß *anajat bhagavān*, *tad asti* auß *tat asti*.

b. Auß lautende nasale richten sich nach dem organe des folgenden consonanten (§ 127, 2). Vor vocalen bleiben sie unverändert. *tam* vor *gaǵam*, *kandram*, *dantam*, *sīham* wird resp. zu *taṅ*, *taṅ*, *tan*, *tā̃*. Geschriben wird in allen disen fällen gewönlich nur तं *tā̃* (s. o.).

c. Die stummen nicht aspirierten momentanen laute *k*, *ṭ*, *t*, *p* (nur dise werden im außlaute geduldet; § 130) können vor an lautendem nasal in den nasal irer reihe über gehen, also resp. zu *ṅ*, *ṇ*, *n*, *m* werden, können aber auch, nach dem unter a. gesagten, nur tönend, also resp. zu *g*, *ḍ*, *d*, *b* werden; *vāk* vor *mama* wird *vāṅ* oder *vāg*, *šaṭ* vor *māsā*: zu *šaṇ* oder *šaḍ*, *tat* vor *na* zu *tan* oder *tad*.

2. **Angleichung des auß lautenden consonanten an den an lautenden.**

Das dentale *t* wird folgendem *l* und den momentanen lingualen und palatalen lauten gleich. Also:

a. *t* vor *ḱ*, *ḱh* wird *ḱ*: *putravaḱ ḱa* auß *putravat ḱa*, *taḱ ḱhandas* auß *tat ḱh°*.

b. *t* vor *ǵ*, *ǵh* wird *ǵ*: *taǵ ǵalam* auß *tat ǵalam*, *āsīǵ ǵhašas* auß *āsīt ǵh°*.

c. *t* vor *ṭ*, *ṭh* wird *ṭ*: *taṭ ṭaṅkam* auß *tat ṭ°*.

d. *t* vor *ḍ*, *ḍh* wird *ḍ*: *taḍ ḍajanam* auß *tat ḍ°*, *taḍ ḍhāukanam* auß *tat ḍh°*.

e. *t* vor *l* wird *l*: *tal lṓkanam* auß *tat l°*.

Die fälle c. und d. sind ser selten, weil nur wenige worte mit lingualen an lauten.

3. **Gegenseitige assimilation von außlaut und anlaut.**

a. *t* vor *ç* wird *ḱ*, welchem sich das *ç* dann nähert, indem es zu *ḱh* wird, *taḱ ḱhṛṇu* auß *tat çṛnu*.

b. Anlautendes *h* wandelt jeden vorher gehenden momentanen laut in die unaspirierte media (nach 1, a), welcher es sich dann assimiliert, indem es in die entsprechende tönende aspirata über geht: *çaçvad dha* auß *çaçvat ha*, *vāg gharati* auß *vāk harati*.

4. **Consonantenverdoppelung.**

Sie findet nur zwischen zwei vocalen statt.

a. An lautendes *ḱh* wird verdoppelt, d. h. zu *ḱḱh* (§ 123, 1), wenn das vorher gehende wort mit einem kurzen vocale auß lautet, selten wenn der vorher gehende laut lang ist: *tava ḱḱhājā* auß *tava ḱhājā*, *tatra ḱḱhinatti* auß *tatra ḱhinatti*.

b. Auß lautendes *ṅ*, *ṇ*, *n* nach kurzem vocale wird verdoppelt, wenn das folgende wort mit irgend einem vocale an lautet: *āsann ādāu* auß *āsan ādāu*, *asminn arthē* auß *asmin arthē*.

5. Consonantenschwund.

Ein auf *n* auß lautender nominalstamm wirft als erstes glid eines compositums sein *n* ab. Wenn dadurch zwei vocale zusammen treffen, so treten die oben an gegebenen vocalischen lautgesetze zwischen inen in kraft: *rāǵan* mit *suta* und *indra* zusammen gesezt wird *rāǵasuta*, *rāǵēndra*.

6. Erhaltung eines ursprünglichen *s*.

Da nach dem außlautsgesetze nie zwei consonanten (außer *r* + moment. cons.) am wortende stehen dürfen, so ist von der einst vorhandenen gruppe nasal + *s* immer das *s* geschwunden. Erhalten hat es sich aber vor den stummen momentanen palatalen, lingualen, dentalen *ḱ*, *ḱh*, *ṭ*, *ṭh*, *t*, *th* im anlaute des folgenden wortes (§ 131, 1). Weil nun *n* in den meisten fällen erst nach abfall von *s* oder zu *s* gewandeltem *t* in den außlaut gekommen ist, so hat sich hier eine analogie gebildet, welcher auch die ursprünglich auß lautenden *n* folgen, indem sie ein *s* hinter sich an nemen, welches natürlich den gleich zu besprechenden einflüßen der folgenden consonanten unterworfen ist. *asmīç ḱarmani* auß *asmin ḱ°*, *asmīš ṭaṅkē*, *asmīs tamasi*.

7. Gesetze das *s* und *r* betreffend.

a. *s* nach anderen vocalen als *a*, *ā* geht

1. vor einer pause, d. h. am satz- oder versende und vor stummen gutturalen und labialen in visarga über, z. b. *ravis* wird: *ravi*ḥ *karōti*, *ravi*ḥ *paḱati*, am satzende *ravi*ḥ.
2. vor stummen palatalen und lingualen in die disen entsprechende stumme spirans; vor dentalen bleibt *s*, folgt aber auf die dentalis wider ein *s* (was nur bei *t* der fall sein kann), so wird das erste *s* zu ḥ dissimiliert: *raviç ḱarati*, *raviš ṭikatē*, *ravis tarati*, *ravi*ḥ *tsarati*.
3. vor *ç*, *š*, *s* wird es nach wilkür entweder in visarga ge-

wandelt oder dem folgenden zischlaute assimiliert: *ravi: sarati* oder *ravis sarati*, *raviç çōšajati* oder *ravi: çōšajati.*

4. vor tōnenden lauten und vocalen wird *s* zu *r*; wenn das folgende wort mit *r* an lautet, so wird nur dises bei behalten, das vorhergehende *r* aber schwindet mit ersazdenung: *ravir ēti*, *ravir gak̍k̍hati*, *ravī ramatē.*

In allen disen fällen (1—4) folgt auß lautendes *r* nach allen vocalen (selbst nach *a*, *ā*) ganz der analogie von *s*, z. b. *punar:*

1) *karōti puna:*, *puna: karōti*, *puna: pak̍ati;*

2) *punaç k̍arati*, *punaš ṭīkatē*, *punas tarati*, *puna: tsarati;*

3) *punas* oder *puna: sarati*, *punaç* oder *puna: çōšajati;*

4) *punar ēti*, *punar gak̍k̍hati*, *punā ramatē.*

b. Nach *a*, *ā* gelten für *s* bei folgendem stummen anlaute und in pausa die regeln a, 1—4. Die veränderungen von auß lautendem *as* vor tōnenden consonanten und vocalen sind unter den vocalischen lautgesetzen no. 4 behandelt. Auß lautendes *ās* wird unter den selben bedingungen zu *ā*, *gaǵās* wird: *gaǵā adanti*, *gaǵā ikšantē*, *gaǵā ǵajanti.*

॥ मत्स्योपाख्यानं ॥

॥ मार्कण्डेय उवाच ॥

विवस्वतः सुतो राजन् महर्षिः सुप्रतापवान् ।
बभूव नरशार्दूल प्रजापतिसमद्युतिः ॥ १ ॥
ओजसा तेजसा लक्ष्म्या तपसा च विशेषतः ।
अतिचक्राम पितरं मनुः स्वञ्च पितामहं ॥ २ ॥
ऊर्द्ध्वबाहुर्विशालायां बदर्यां स नराधिपः ।
एकपादस्थितस्तीव्रं चचार सुमहत्तपः ॥ ३ ॥
अवाक्शिरास्तथा चापि नेत्रैरनिमिषैर्दृढं ।
सो ऽतप्यत तपो घोरं वर्षाणामयुतं तदा ॥ ४ ॥
तं कदाचित्तपस्यन्तमार्द्रचीरं जटाधरं ।
चीरिणीतीरमागम्य मत्स्यो वचनमब्रवीत् ॥ ५ ॥
भगवन् क्षुद्रमत्स्यो ऽस्मि बलवद्भ्यो भयं मम ।
मत्स्येभ्यो हि ततो मां त्वं त्रातुमर्हसि सुव्रत ॥ ६ ॥
दुर्बलं बलवन्तो हि मत्स्या मत्स्यं विशेषतः ।
आस्वदन्ति तथा वृत्तिर्विहिता नः सनातनी ॥ ७ ॥
तस्माद्भयौघान्महतो मज्जन्तं मां विशेषतः ।
त्रातुमर्हसि कर्ता ऽस्मि कृते प्रतिकृतं तव ॥ ८ ॥

*Matsjōpākhjānam**).

|| *Mārkaṇḍēja uvāḱa* ||

Vivasvata: sutō rāǵan maharši: supratāpavān |
babhūva naraçārdūla praǵāpatisamadjuti: || 1 ||
ōǵasā tēǵasā lakšmjā tapasā ḱa viçēšata: |
atiḱakrāma pitarā̃ manu: svańḱa pitāmaham || 2 ||
ūrddhvabāhurviçālājā̃ vadarjā̃ sa narādhipa: |
ēkapādasthitastīvrā̃ ḱaḱāra sumahattapa: || 3 ||
avākçirāstathā ḱāpi nētrāiranimišāirdrḍham |
sō -tapjata tapō ghōrā̃ varšāṇāmajutā̃ tadā || 4 ||
tā̃ kadāḱittapasjantamārdraḱīrā̃ ǵaṭādharā̃ |
ḱīriṇītīramāgamja matsjō vaḱanamabravīt || 5 ||
bhagavan kšudramatsjō -smi balavadbhjō bhajā̃ mama |
matsjēbhjō hi tatō mā̃ tvā̃ trātumarhasi suvrata || 6 ||
durbalā̃ balavantō hi matsjā matsjā̃ viçēšata: |
āsvadanti tathā vrttirvihitā na: sanātanī || 7 ||
tasmādbhajāughānmahatō maǵǵantā̃ mā̃ viçēšata: |
trātumarhasi kartā-smi krtē pratikrtā tava || 8 ||

---

*) Der hier gegebene text ist auß einer vergleichung der Calcuttaer außgabe des Mahābhārata (vol I, p. 663 — 665) und der Boppschen recension (Diluvium cum tribus aliis Mahābhārati praestantissimis episodiis) gewonnen worden.

॥ मार्कण्डेय उवाच ॥

स मत्स्यवचनं श्रुत्वा कृपया ऽभिपरिप्लुतः ।
मनुर्वैवस्वतो ऽगृह्णात्तं मत्स्यं पाणिना स्वयं ॥ ९ ॥
उदकान्तमुपानीय मत्स्यं वैवस्वतो मनुः ।
अलिञ्जरे प्राक्षिपत्तं चन्द्रांशुसदृशप्रभे ॥ १० ॥
स तत्र ववृधे राजन्मत्स्यः परमसत्कृतः ।
पुत्रवच्चा ऽकरोत्तस्मिं मनुर्भावं विशेषतः ॥ ११ ॥
अथ कालेन महता स मत्स्यः सुमहानभूत् ।
अलिञ्जरे यथा चैव नासौ समभवत्किल ॥ १२ ॥
अथ मत्स्यो मनुं दृष्ट्वा पुनरेवाभ्यभाषत ।
भगवन् साधु मे ऽद्यान्यत् स्थानं सम्प्रतिपादय ॥ १३ ॥
उद्धृत्यालिञ्जरात्तस्मात्ततः स भगवान् मनुः ।
तं मत्स्यमनयद्वापीं महतीं स मनुस्तदा ॥ १४ ॥
तत्र तं प्राक्षिपच्चापि मनुः परपुरञ्जय ।
अथावर्द्धत मत्स्यः स पुनर्वर्षगणान् बहून् ॥ १५ ॥
द्वियोजनायता वापी विस्तृता चापि योजनं ।
तस्यां नासौ समभवन्मत्स्यो राजीवलोचनः ॥ १६ ॥
विचेष्टितुञ्च कौन्तेय मत्स्यो वाप्यां विशाम्पते ।
मनुं मत्स्यस्ततो दृष्ट्वा पुनरेवाभ्यभाषत ॥ १७ ॥
नय मां भगवन् साधो समुद्रमहिषीं प्रियां ।
गङ्गां तत्र निवत्स्यामि यथा वा तात मन्यसे ॥ १८ ॥
निदेशे हि मया तुभ्यं स्थातव्यमनसूयता ।
वृद्धिर्हि परमा प्राप्ता त्वत्कृते ऽयं मया ऽनघ ॥ १९ ॥
एवमुक्तो मनुर्मत्स्यमनयद्भगवान् वशी ।
नदीं गङ्गां तत्र चैनं स्वयं प्राक्षिपदच्युतः ॥ २० ॥

Mārkaṇḍēja uvāka

sa matsjavakanā̃ çrutvā krpajā -bhipariplutaḥ: |
manur vāivasvatō -grhṇāttā̃ matsjā̃ pāṇinā svajā̃ || 9 ||
udakāntamupānīja matsjā̃ vāivasvatō manu: |
aliṅǵarē prākšipattā̃ kandrā̃çusadrçaprabhē || 10 ||
sa tatra vavrdhē rāǵan matsja: paramasatkrta: |
putravakkā -karōttasmī̃ manurbhāvā̃ viçēšata: || 11 ||
atha kālēna mahatā sa matsja: sumahānabhūt |
aliṅǵarē jathā kāiva nāsāu samabhavat kila || 12 ||
atha matsjō manū̃ drštvā punarēvābhjabhāšata |
bhagavan sādhu mē -djānjat sthānā̃ sampratipādaja || 13 ||
uddhrtjāliṅǵarāttasmāttata: sa bhagavān manu: |
tā̃ matsjamanajadvapī̃ mahatī̃ sa manustadā || 14 ||
tatra tā̃ prākšipakkāpi manu: parapuraṅǵaja: |
athāvarddhata matsja: sa punarvaršagaṇān bahūn || 15 ||
dvijōǵanājatā vāpī vistrtā kāpi jōǵanā |
tasjā̃ nāsāu samabhavanmatsjō rāǵīvalōkana: || 16 ||
vikēšṭituṅka kāuntēja matsjō vāpjā̃ viçāmpatē |
manū̃ matsjastatō drštvā punarēvābhjabhāšata || 17 ||
naja mā̃ bhagavan sādhō samudramahišī̃ prijā̃ |
gaṅgā̃ tatra nivatsjāmi jathā vā tāta manjasē || 18 ||
nidēçē hi majā tubhjā̃ sthātavjamanasūjatā |
vrddhirhi paramā prāptā tvatkrtē -jā̃ majā -nagha || 19 ||
ēvamuktō manurmatsjamanajadbhagavān vaçī |
nadī̃ gaṅgā̃ tatra kāinā̃ svajā̃ prākšipadakjuta: || 20 ||

स तत्र ववृधे मत्स्यः कञ्चित्कालमरिन्दम ।
ततः पुनर्मनुं दृष्ट्वा मत्स्यो वचनमब्रवीत् ॥ २१ ॥
गङ्गायां हि न शक्नोमि बृहत्त्वाच्चेष्टितुं प्रभो ।
समुद्रं नय मामाशु प्रसीद भगवन्निति ॥ २२ ॥
उद्धृत्य गङ्गासलिलात्ततो मत्स्यं मनुः स्वयं ।
समुद्रमनयत्पार्थ तत्र चैनमवासृजत् ॥ २३ ॥
सुमहानपि मत्स्यस्तु स मनोर्नयतस्तदा ।
आसीद्यथेष्टहार्यश्च स्पर्शगन्धसुखश्च वै ॥ २४ ॥
यदा समुद्रे प्रक्षिप्तः स मत्स्यो मनुना तदा ।
तत एनमिदं वाक्यं स्मयमान इवाब्रवीत् ॥ २५ ॥
भगवन् हि कृता रक्षा त्वया सर्वा विशेषतः ।
प्राप्तकालन्तु यत्कार्यं त्वया तच्छ्रूयतां मम ॥ २६ ॥
अचिराद्भगवन् भौममिदं स्थावरजङ्गमं ।
सर्वमेव महाभाग प्रलयं वै गमिष्यति ॥ २७ ॥
संप्रक्षालनकालो ऽयं लोकानां समुपस्थितः ।
तस्मात्त्वां बोधयाम्यद्य यत्ते हितमनुत्तमं ॥ २८ ॥
त्रसानां स्थावराणाञ्च यच्चेङ्गं यच्च नेङ्गति ।
तस्य सर्वस्य संप्राप्तः कालः परमदारुणः ॥ २९ ॥
नौश्च कारयितव्या ते दृढा युक्तवटारका ।
तत्र सप्तर्षिभिः सार्द्धमारुहेथा महामुने ॥ ३० ॥
वीजानि चैव सर्वाणि यथोक्तानि द्विजैः पुरा ।
तस्यामारोहयेर्नौवि सुसंगुप्तानि भागशः ॥ ३१ ॥
नौस्थश्च मां प्रतीक्षेथास्ततो मुनिजनप्रिय ।
आगमिष्याम्यहं शृङ्गी विज्ञेयस्तेन तापस ॥ ३२ ॥
एवमेतत्त्वया कार्यमापृष्टो ऽसि व्रजाम्यहं ।

sa tatra vavrdhē matsjaḥ kaṅkitkālamarindama |
tataḥ punarmanū drštvā matsjō vakanamabravīt || 21 ||
gaṅgājā hi na çaknōmi vrhattvākkēštitū prabhō |
samudrā naja māmāçu prasīda bhagavanniti || 22 ||
uddhrtja gaṅgāsalilāttatō matsjā manuḥ svajā |
samudramanajat pārtha tatra kāinamavāsrģat || 23 ||
sumahānapi matsjastu sa manōrnajatastadā |
āsīdjathēštahārjaçka sparçagandhasukhaçka vāi || 24 ||
jadā samudrē prakšiptaḥ sa matsjō manunā tadā |
tata ēnamidā vākjā smajamāna ivābravīt || 25 ||
bhagavan hi krtā rakšā tvajā sarvā viçēšataḥ |
prāptakālantu jatkārjā tvajā takkhrūjatā mama || 26 ||
akirādbhagavan bhāumamidā sthāvaraģaṅgamā |
sarvamēva mahābhāga pralajā vāi gamišjati || 27 ||
sāprakšālanakālō -jā lōkānā samupasthitaḥ |
tasmāttvā bōdhajāmjadja jattē hitamanuttamā || 28 ||
trasānā sthāvarāṇāṅka jakkēṅgā jakka nēṅgati |
tasja sarvasja sāprāptaḥ kālaḥ paramadāruṇaḥ || 29 ||
nāuçka kārajitavjā tē drdhā juktavaṭārakā |
tatra saptaršibhiḥ sārddhamāruhēthā mahāmunē || 30 ||
vīģāni kāiva sarvāṇi jathōktāni dviģāiḥ purā |
tasjāmārōhajērnāvi susaṅguptāni bhāgaçaḥ || 31 ||
nāusthaçka mā pratīkšēthāstatō muniģanaprija |
āgamišjāmjahā çrṅgī viģñējastēna tāpasa || 32 ||
ēvamētattvajā kārjamāprštō -si vraģāmjahā |

tā na çakjā mahatjō vāi āpastartū majā vinā || 33 ||
nābhiçankjamidankāpi vakanā mē tvajā vibhō |
ēvā karišja iti tā sa matsjā pratjabhāšata || 34 ||
ǵagmatuçka jathākāmamanuǵńāpja parasparā |
tatō manurmahārāǵa jathōktā matsjakēna ha || 35 ||
vīǵānjādāja sarvāṇi sāgarā pupluvē tadā |
nāukajā çubhajā vīrō mahōrmiṇamarindama || 36 ||
kintajāmāsa ka manustā matsjā pṛthivīpatē |
sa ka takkintitā ǵńātvā matsjaḥ parapuranǵaja |
çṛṅgī tatrāǵagāmāçu tadā bharatasattama || 37 ||
tā dṛšṭvā manuǵavjāghra manurmatsjā ǵalārṇavē |
çṛngiṇā tā jathōktēna rūpēṇādrimivōkkhritā || 38 ||
vaṭārakamajā pāçamatha matsjasja mūrddhani |
manurmanuǵaçārdūla tasmī çṛṅgē njavēçajat || 39 ||
sājatastēna pāçēna matsjaḥ parapuranǵaja |
vēgēna mahatā nāvā prākaršallavaṇāmbhasi || 40 ||
sa tatāra tajā nāvā samudrā manuǵēçvaraḥ |
nṛtjamānamivōrmibhirgarǵamānamivāmbhasā || 41 ||
kšōbhjamāṇā mahāvātāiḥ sā nāustasminmahōdadhāu |
ghūrṇatē kapalēva strī mattā parapuranǵaja || 42 ||
nāiva bhūmirnaka diçaḥ pradiçō vā kakāçirē |
sarvamāmbhasamēvāsīt khā djāuçka narapuṅgava || 43 ||
ēvambhūtē tadā lōkē sakalē bharataršabha |
adṛçjanta saptaršajō manurmatsjastathāiva ha || 44 ||
ēvā bahūn varšagaṇāstā nāvā sō -tha matsjakaḥ |

ḱakaršātandritō rāǵāstasmin salilasaṅḱajē || 45 ||
tatō himavata: çṙṅgã jatparã bharataršabha |
tatrākaršattatō nāvã sa matsja: kurunandana || 46 ||
athābravīttadã matsjastānršīn prahasan çanāi: |
asmin himavata: çṙṅgē nāvam badhnīta māḱirã || 47 ||
sã baddhã tatra tāistūrṇamršibhirbharataršabha |
nāurmatsjasja vaḱa: çrutvā çṙṅgē himavatastadã || 48 ||
taḱḱa nāubandhanã nāma çṙṅgã himavata: parã |
khjātamadjāpi kāuntēja tad viddhi bharataršabha || 49 ||
athābravīdanimišastānršīn sahitastadā |
ahã praǵāpatirbrahmā matparã nādhigamjatē || 50 ||
matsjarūpēṇa jūjaṅḱa majāsmānmōkšitā bhajāt |
manunā ḱa praǵā: sarvā: sadēvāsuramānušā: || 51 ||
sraštavjā: sarvalōkāçḱa jaḱḱēṅgã jaḱḱa nēṅgati |
tapasā ḱāpi tīvrēṇa pratibhāsja bhavišjati || 52 ||
matprasādāt praǵāsargē na ḱa mōhã gamišjati |
itjuktvā vaḱanã matsja: kšaṇēnādarçanaṅgata: || 53 ||
sraštukāma: praǵāçḱāpi manurvāivasvata: svajã |
pramūḍhō -bhūt praǵāsargē tapastēpē mahattata: || 54 ||
tapasā mahatā jukta: sō -tha sraštū praḱakramē |
sarvā: praǵã manu: sākšādjathāvadbharataršabha || 55 ||
itjētanmātsjakã nāma purāṇã parikīrtitã |
ākhjānamidamākhjātã sarvapāpaharam majā || 56 ||
ja idã çṛṇujānnitjã manōçḱaritamādita: |
sa sukhī sarvapūrṇārtha: svargalōkum ijān nara: || 57 ||
|| *iti çrīmahābhāratē āraṇjaparvaṇi matsjōpākhjānã samāptam* ||

Hitōpadēça II, 2.*)

Asti magadhadēçē dharmāraṇjasãnihitavasudhājã çubhadattanāmā kājastha: | *tēna vihāra: kārajitumārabdha:* | *tatra karapatravidārjamāṇastambhasja kijaddūrasphāṭitasja kāšṭhakhaṇḍadvajamadhjē kīlaka: sūtradhārēṇa sthāpita:* | *tatra sājāhnē vanavāsī vānarajūtha: krīdannāgata:* | *tēšvēkō vānara: kāladaṇḍaprērita iva tã kīlakã hastābhjã dhrtvōpavišṭa:* | *tatastasja muškadvajã lambamānã kāšṭhakhaṇḍadvajābhjantarē pravišṭā* | *anantarã sa ḱa sahajakapalatajā mahatā prajatnēna tã kīlakamākršṭavān* | *ākršṭē sati kāšṭhābhjã ḱūrṇitāṇḍadvaja: pańḱatvã gata:* | *atō -hã bravīmi*

avjāpārēšu vjāpārã jō nara: kartumiḱḱhati |
sa bhūmāu nihata: çētē kīlōtpāṭīva vānara: ||

|| *iti hitōpadēçē dvitījakathāsańgrahē dvitījā kathā samāptā* ||

*Sprüche.***)

1. *nāsatō vidjatē bhāvō nābhāvō vidjatē sata:* ||

2. *buddhāu çaraṇam anviḱḱha krpaṇā: phalahētava:* ||

---

*) Hitopadesas, recensuerunt A. G. a Schlegel et Christ. Lassen. Bonn 1829. I, p. 49.

**) 1 und 2 auß Bhagavad-Gita editio altera ed. A. G. a Schlegel et Chr. Lassen, Bonn 1846 (I, 16 und II, 49); 3—11 auß den Indischen Sprüchen v. Böhtlingk, Petersburg 1863—1865.

3. *jad açakjam na taḱḱhakjā jaḱḱhakjā çakjam ēva tat* |
nōdakē çakaṭā jāti na ḱa nāur gaḱḱhati sthalē ||

4. *adhō -dha: paçjata: kasja mahimā nōpaǵājatē* |
uparjupari paçjanta: sarva ēva daridrati ||

5. *anantapārā kila çabdaçāstrā svalpā tathājur bahavaç ḱa vighnā:* |
sārā tatō grāhjam apāsja phalgu hāsāir jathā kšīram ivāmbumadhjāt ||

6. *atjāsannā vināçāja dūrataç kāphalapradā:* |
madhjabhāvēna sēvjantē rāǵavahnigurustrija: ||

7. *aǵńa: sukham ārādhja: sukhataram ārādhjatē viçēšaǵńa:* |
ǵńānalavadurvidagdham brahmāpi narā na raṅǵajati ||

8. *alpānām api vastūnām sāhati: kārjasādhikā* |
tṛṇāir guṇatvam āpannāir badhjantē mattadantina: ||

9. *asandadhānō mānād ja: samēnāpi hatō bhṛçam* |
āmakumbha ivānjēna karōtjubhajasaṅkšajam ||

10. *āpūrjamānam akalapratišṭham samudram āpa: praviçanti jadvat* |
tadvat kāmā jam praviçanti sarvē sa çāntim āpnōti na kāmakāmī ||

11. *ārōpjatē çilā çāilē jathā jatnēna bhūjasā* |
nipātjatē sukhēnādhas tathātma guṇadōšajō: ||

ओं अग्निमीळे पुरोहितं यज्ञस्य देवमृत्विजं ।
होतारं रत्नधातमं ॥ १ ॥
अग्निः पूर्वेभिर्ऋषिभिरीड्यो नूतनैरुत ।
स देवाँ एह वक्षति ॥ २ ॥
अग्निना रयिमश्नवत्पोषमेव दिवेदिवे ।
यशसं वीरवत्तमं ॥ ३ ॥
अग्ने यं यज्ञमध्वरं विश्वतः परिभूरसि ।
स इद्देवेषु गच्छति ॥ ४ ॥
अग्निर्होता कविक्रतुः सत्यश्चित्रश्रवस्तमः ।
देवो देवेभिरा गमत् ॥ ५ ॥
यदंग दाशुषे त्वमग्ने भद्रं करिष्यसि । तवेत्तत्सत्यमंगिरः ॥ ६ ॥
उप त्वाग्ने दिवेदिवे दोषावस्तर्धिया वयं ।
नमो भरंत एमसि ॥ ७ ॥
राजंतमध्वराणां गोपामृतस्य दीदिविं ।
वर्धमानं स्वे दमे ॥ ८ ॥
स नः पितेव सूनवेऽग्ने सूपायनो भव ।
सचस्वा नः स्वस्तये ॥ ९ ॥

*Hymnen des Rigvēda.**)

I, 1.

Ōm Agním ī́ḷē purá:-hitam jaǵńásja dēvám rtviǵam |
hṓtāram ratna-dhā́tamam || 1 ||

agní: pū́rvēbhi: ŕši-bhi: íḍjō nū́tanāi: utá |
sá: dēvā́n ā́ ihá vakšati || 2 ||

agnínā rajím açnavat pṓšam ēvá divḗ-divē |
jaçásam vīrávat-tamam || 3 ||

ágnē jám jaǵńám adhvarám viçváta: pari-bhū́: ási |
sá: it dēvḗšu gakḱhati || 4 ||

agní: hṓtā kaví-kratu: satjá: ḱitráçrava:-tama: |
dēvá: dēvḗbhi: ā́ gamat || 5 ||

ját aṅgá dāçúšē tvám ágnē bhadrám karišjási |
táva ít tát satjám aṅgira: || 6 ||

úpa tvā agnē divḗ-divē dṓšā-vasta: dhijā́ vajám |
náma: bhárana: ā́ imasi || 7 ||

rā́ǵantam adhvarā́ṇām gōpā́m rtásja dī́divim |
várdhamānam svḗ dámē || 8 ||

sá: na: pitā́-iva sūnávē ágnē su-upājaná: bhava |
sáḱasva na: svastájē || 9 ||

---

*) Sie sind nach der außgabe von M. Müller gegeben, die beiden lezten auß dem zehnten Mandalam nach Aufrechts außgabe. Die lat. umschreibung gibt den pada-text (in welchem die worte in derjenigen form stehen, welche sie haben würden, wenn kein anderes wort folgte; die '*iti*' sind weg gelaßen).

कस्य॑ नू॒नं क॑त॒मस्या॒मृता॑नां॒ मना॑महे॒ चारु॑ दे॒वस्य॒ नाम॑ ।
को नो॑ म॒ह्या अदि॑तये॒ पुन॑र्दात्पि॒तरं॑ च दृ॒शेयं॑ मा॒तरं॑
च ॥ १ ॥

अ॒ग्नेर्व॒यं प्र॑थ॒मस्या॒मृता॑नां॒ मना॑महे॒ चारु॑ दे॒वस्य॒ नाम॑ ।
स नो॑ म॒ह्या अदि॑तये॒ पुन॑र्दात्पि॒तरं॑ च दृ॒शेयं॑ मा॒तरं॑
च ॥ २ ॥

अ॒भि त्वा॑ देव सवित॒रीशा॑नं॒ वार्या॑णां ।
सदा॑वन्भा॒गमी॑महे ॥ ३ ॥

यश्चि॒द्धि त॑ इ॒त्था भगः॑ शशमा॒नः पु॒रा नि॒दः ।
अ॒द्वे॒षो हस्त॑योर्द॒धे ॥ ४ ॥

भग॑भक्तस्य ते व॒यमुद॑शेम॒ तवाव॑सा ।
मू॒र्धानं॑ रा॒य आ॒रभे॑ ॥ ५ ॥

न॒हि ते॑ क्ष॒त्रं न महो॒ न म॒न्युं वय॑श्च॒नामी प॒तय॑न्त आ॒पुः ।
नेमा आपो॑ अनिमि॒षं चर॑न्ती॒र्न ये वात॑स्य प्र मि॒नं-
त्यभ्वं॑ ॥ ६ ॥

अ॒बु॒ध्ने राजा॒ वरु॑णो॒ वन॑स्यो॒र्ध्वं स्तूपं॑ ददते पू॒तद॑क्षः ।
नी॒चीनाः॑ स्युरु॒परि॑ बु॒ध्न ए॑षाम॒स्मे अ॒न्तर्निहि॑ताः के॒-
तवः॑ स्युः ॥ ७ ॥

उ॒रुं हि राजा॒ वरु॑णश्च॒कार॒ सूर्या॑य॒ पन्था॒मन्वे॑त॒वा उ॑ ।
अ॒पदे॒ पादा॒ प्रति॑धातवेऽकरु॒ताप॑व॒क्ता हृ॑दया॒विध॑-
श्चित् ॥ ८ ॥

श॒तं ते॑ राजन्भि॒षजः॑ स॒हस्र॑मु॒र्वी ग॑भी॒रा सु॑म॒तिष्टे॑ अस्तु ।

I, 24.

Kásja nūnám katamásja amŕtānām mánāmahē ḱáru dē-
vásja nắma |
ká: na: mahjái áditajē púna: dāt pitáram ḱa drçéjam
mātáram ḱa || 1 ||
agné: vajám prathamásja amŕtānām mánāmahē ḱáru dē-
vásja nắma |
sá: na: mahjái áditajē púna: dāt pitáram ḱa drçéjam
mātáram ḱa || 2 ||
abhí tvā dēva savita: íçānam vắrjāṇām |
sádā avan bhāgám īmahē || 3 ||
já: ḱit hí tē itthắ bhága: çaçamāná: purắ nidá: |
advēšá: hástajo: dadhé || 4 ||
bhága-bhaktasja tē vajám út açēma táva ávasā |
mūrddhắnam rājá: ā-rábhē || 5 ||
nahí tē kšatrám ná sáha: ná manjúm vája: ḱaná amī́
patájanta: āpú: |
ná imắ: ắpa: ani-mišám ḱárantī: ná jé vắtasja pra-
minánti ábhvam || 6 ||
abudhné rắǵā váruṇa: vánasja ūrdhvám stū́pam dadatē
pūtá-dakša: |
nīḱīnā: sthu: upári budhná: ēšām asmé antá: ni-hitā:
kētáva: sju: || 7 ||
urúm hí rắǵā váruṇa: ḱakắra sū́rjāja pánthām ánu-ētavái u |
apádē pắdā práti-dhātavē aka: utá apa-vaktắ hrdaja-vídha:
ḱit || 8 ||
çatám tē rāǵan bhišáǵa: sahásram urví gabhīrắ su-mati:
tē astu |

बाधस्व दूरे निर्ऋतिं पराचैः कृतं चिदेनः प्र मुमुग्ध्य-
स्मत् ॥ ९ ॥
अमी य ऋक्षा निहितास उच्चा नक्तं ददृश्रे कुह चि-
द्दिवेयुः ।
अदब्धानि वरुणस्य व्रतानि विचाकशच्चन्द्रमा नक्तमेति
॥ १० ॥
तत्त्वा यामि ब्रह्मणा वन्दमानस्तदा शास्ते यजमानो ह-
विर्भिः ।
अहेळमानो वरुणेह बोध्युरुशंस मा न आयुः प्र मो-
षीः ॥ ११ ॥
तदिन्नक्तं तद्दिवा मह्यमाहुस्तदयं केतो हृद आ वि चष्टे ।
शुनःशेपो यमह्वद्गृभीतः सो अस्मान्राजा वरुणो मु-
मोक्तु ॥ १२ ॥
शुनःशेपो ह्यह्वद्गृभीतस्त्रिष्वादित्यं द्रुपदेषु बद्धः ।
अवैनं राजा वरुणः ससृज्याद्विद्वाँ अदब्धो वि मुमोक्तु
पाशान् ॥ १३ ॥
अव ते हेळो वरुण नमोभिरव यज्ञेभिरीमहे हविर्भिः ।
क्षयन्नस्मभ्यमसुर प्रचेता राजन्नेनांसि शिश्रथः कृता-
नि ॥ १४ ॥
उदुत्तमं वरुण पाशमस्मदवाधमं वि मध्यमं श्रथाय ।
अथा वयमादित्य व्रते तवानागसो अदितये स्याम
॥ १५ ॥

आ ते पितर्मरुतां सुम्नमेतु मा नः सूर्यस्य संदृशो युयोथाः ।

bā́dhasva dūrḗ ní:-rtim parāḱā́i: krtám ḱit éna: prá mumugdhi asmát || 9 ||
amī́ jḗ ŕkšā: ní-hitāsa: uḱḱā́ náktam dádrçrē kúha ḱit divā īju: |
ádabdhāni váruṇasja vratā́ni vi-ḱā́kaçat ḱandrámā: náktam ēti || 10 ||
tát tvā jāmi bráhmaṇā vándamāna: tát ā́ çāstē jáǵamāna: haví:-bhi: |
áhēḷamāna: varuṇa ihá bōdhi úru-çãsa mā́ na: ā́ju: prá mōšī: || 11 ||
tát ít náktam tát dívā máhjam āhu: tát ajám kéta: hrdá: ā́ vi ḱašṭē |
çúna:çḗpa: jám áhvat grbhītá: sá: asmā́n rā́ǵā váruṇa: mumōktu || 12 ||
çúna:çḗpa: hi áhvat grbhītá: trišú ādítjám drupadḗšu baddhá: |
áva ēnam rā́ǵā váruṇa: sasrǵjāt vidvā́n ádabdha: ví mumōktu pā́çān || 13 ||
áva tē hḗḷa: varuṇa náma:-bhi: áva jaǵńḗbhi: īmahē haví:-bhi: |
kšájan asmábhjam asura pra-ḱēta: rā́ǵan ḗnā̃si çiçratha: krtā́ni || 14 ||
út uttamám varuṇa pā́çam asmát áva adhamám ví madhjamám çrathāja |
átha vajám āditja vratḗ táva ánāgasa: áditajē sjāma || 15 ||

II, 33.

Ā́ tē pita: marutām sumnám ētu mā́ na: sū́rjasja sam-dŕça: jujōthā: |

अभि नो वीरो अर्वति क्षमेत प्र जायेमहि रुद्र प्र-
जाभिः ॥ १ ॥
त्वादत्तेभी रुद्र शंतमेभिः शतं हिमा अशीय भेषजेभिः ।
व्य१स्मद्द्वेषो वितरं व्यंहो व्यमीवाश्चातयस्वा विषू-
चीः ॥ २ ॥
श्रेष्ठो जातस्य रुद्र श्रियासि तवस्तमस्तवसां वज्रबाहो ।
पर्षि णः पारमंहसः स्वस्ति विश्वा अभीती रपसो यु-
योधि ॥ ३ ॥
मा त्वा रुद्र चुक्रुधामा नमोभिर्मा दुष्टुती वृषभ मा
सहूती ।
उन्नो वीराँ अर्पय भेषजेभिर्भिषक्तमं त्वा भिषजां शृ-
णोमि ॥ ४ ॥
हवीमभिर्हवते यो हविर्भिरव स्तोमेभी रुद्रं दिषीय ।
ऋदूदरः सुहवो मा नो अस्यै बभ्रुः सुशिप्रो रीरधन्म-
नायै ॥ ५ ॥
उन्मा ममंद वृषभो मरुत्वान्त्वक्षीयसा वयसा नाधमानं ।
घृणीव छायामरपा अशीया विवासेयं रुद्रस्य सुम्नं ॥ ६ ॥
क्व१स्य ते रुद्र मृळयाकुर्हस्तो यो अस्ति भेषजो जलाषः ।
अपभर्ता रपसो दैव्यस्याभी नु मा वृषभ चक्षमी-
थाः ॥ ७ ॥
प्र बभ्रवे वृषभाय श्वितीचे महो महीं सुष्टुतिमीरयामि ।
नमस्या कल्मलीकिनं नमोभिर्गृणीमसि त्वेषं रुद्रस्य
नाम ॥ ८ ॥

abhi na: vīrá: árvati kšamēta prá ǵājēmahi rudra pra-
ǵábhi: || 1 ||
tvá-dattēbhi: rudra çám-tamēbhi: çatám himā: açīja bhē-
šaǵébhi: |
ví asmát dvḗša: vi-tarám ví áha: ví ámīvā: ḱātajasva
víšūḱī: || 2 ||
çrḗšṭha: ǵātásja rudra çrijá asi taváḥ-tama: tavásām va-
ǵra-bāhō |
párši na: pārám áhasa: svastí víçvā: abhí-itī: rápasa:
jujōdhi || 3 ||
má tvā rudra ḱukrudhāma náma:-bhi: má dú:-stutī vrša-
bha má sá-hūtī |
út na: vīrán arpaja bhēšaǵébhi: bhišák-tamam tvā bhi-
šáǵām çrṇōmi || 4 ||
hávīma-bhi: hávatē já: haví:-bhi: áva stómēbhi: rudrám
dišīja |
rdūdára: su-háva: má na: asjái babhrú: su-çípra: rīra-
dhat manájāi || 5 ||
út mā mamanda vršabhá: marútvān tvákšījasā vájasā
nádhamānam |
ghŕṇi-iva ḱhājám arapá: açīja á vivāsējam rudrásja sum-
nám || 6 ||
kvà sjá: tē rudra mrḷajáku: hásta: já: ásti bhēšaǵá: ǵá-
lāša: |
apa-bhartá rápasa: dáivjasja abhí nú mā vršabha ḱakša-
mīthā: || 7 ||
prá babhrávē vršabhája çvītīḱé mahá: mahím su-stutím
īrajāmi |
namasjá kalmalīkínam náma:-bhi: grṇīmási tvēšám ru-
drásja náma || 8 ||

स्थिरेभिरङ्गैः पुरुरूप उग्रो बभ्रुः शुक्रेभिः पिपिशे हिरण्यैः ।
ईशानादस्य भुवनस्य भूरेर्न वा उ योषद्रुद्रादसुर्यं ॥ ९ ॥
अर्हन्बिभर्षि सायकानि धन्वार्हन्निष्कं यजतं विश्वरूपं ।
अर्हन्निदं दयसे विश्वमभ्वं न वा ओजीयो रुद्र त्वद-
स्ति ॥ १० ॥
स्तुहि श्रुतं गर्तसदं युवानं मृगं न भीममुपहत्नुमुग्रं ।
मृळा जरित्रे रुद्र स्तवानो ऽन्यं ते अस्मन्नि वपंतु
सेनाः ॥ ११ ॥
कुमारश्चित्पितरं वंदमानं प्रति नानाम रुद्रोपयंतं ।
भूरेर्दातारं सत्पतिं गृणीषे स्तुतस्त्वं भेषजा रास्यस्मे ॥ १२ ॥
या वो भेषजा मरुतः शुचीनि या शंतमा वृषणो या
मयोभु ।
यानि मनुरवृणीता पिता नस्ता शं च योश्च रुद्रस्य
वश्मि ॥ १३ ॥
परि णो हेती रुद्रस्य वृज्याः परि त्वेषस्य दुर्मतिर्मही
गात् ।
अव स्थिरा मघवद्भ्यस्तनुष्व मीढ्वस्तोकाय तनयाय
मृळ ॥ १४ ॥
एवा बभ्रो वृषभ चेकितान यथा देव न हृणीषे न हंसि ।
हवनश्रुन्नो रुद्रेह बोधि बृहद्वदेम विदथे सुवीराः ॥ १५ ॥

प्र ऋभुभ्यो दूतमिव वाचमिष्ये उपस्तिरे श्वैतरीं धे-
नुमीळे ।

sthirébhi° áṅgāi° puru-rū́pa° ugrá° babhrú° çukrébhi° pipiçē híraṇjāi° |
íçānāt asjá bhúvanasja bhū́rē° ná vā́i u jōšat rudrā́t asurjàm || 9 ||

árhan bibharši sā́jakāni dhánva árhan niškám jaǵatám viçvá-rūpam |
árhan idám dajasē víçvam ábhvam ná vā́i ṓǵīja° rudra tvát asti || 10 ||

stuhí çrutám garta-sádam júvānam mrgám ná bhīmám upa-hatnúm ugrám |
mrḷá ǵaritrḗ rudra stávāna° anjám tē asmát ní vapantu sénā° || 11 ||

kumārá° ḱit pitáram vándamānam práti nanāma rudra upa-jántam |
bhū́rē° dātā́ram sát-patim grṇīšē stutá° tvám bhēšaǵā́ rāsi asmḗ || 12 ||

jā́ va° bhēšaǵā́ maruta° çúḱīni jā́ çám-tamā vršaṇa° jā́ maja°-bhú |
jā́ni mánu° ávrṇīta pitā́ na° tā́ çám ḱa jṓ° ḱa rudrásja vaçmi || 13 ||

pári na° hēti° rudrásja vrǵjā° pári tvēšásja du°-matí° mahí gāt |
áva sthirā́ maghávat-bhja° tanušva míḍhva° tōkā́ja tánajāja mrḷa || 14 ||

ēvá babhrō vršabha ḱēkitāna játhā dēva ná hrṇīšḗ ná hā́si |
havana-çrút na° rudra ihá bōdhi brhát vadēma vidáthē su-vírā° || 15 |

IV, 33.

Prá rbhú-bhja° dūtám-iva vā́ḱam išjē upa-stírē çvā́itarīm dhēnúm īḷē |

ये वातजूतास्तरणिभिरेवैः परि द्यां सद्यो अपसो
बभूवुः ॥ १ ॥
यदारमक्रन्नृभवः पितृभ्यां परिविष्टी वेषणा दंसनाभिः ।
आदिद्देवानामुप सख्यमायन्धीरासः पुष्टिमवहन्म-
नायै ॥ २ ॥
पुनर्ये चक्रुः पितरा युवाना सना यूपेव जरणा शयाना ।
ते वाजो विभ्वाँ ऋभुरिंद्रवंतो मधुप्सरासो नोऽवंतु
यज्ञं ॥ ३ ॥
यत्संवत्समृभवो गामरक्षन्यत्संवत्समृभवो मा अपिंशन् ।
यत्संवत्समभरन्भासो अस्यास्ताभिः शमीभिरमृतत्व-
माशुः ॥ ४ ॥
ज्येष्ठ आह चमसा द्वा करेति कनीयान्त्रीन्कृणवामेत्याह ।
कनिष्ठ आह चतुरस्करेति त्वष्ट ऋभवस्तत्पनयद्वचो
वः ॥ ५ ॥
सत्यमूचुर्नर एवा हि चक्रुरनु स्वधामृभवो जग्मुरेतां ।
विभ्राजमानांश्चमसाँ अहेवावेनत्त्वष्टा चतुरो ददृ-
श्वान् ॥ ६ ॥
द्वादश द्यून्यदगोह्यस्यातिथ्ये रणन्नृभवः ससंतः ।
सुक्षेत्राकृण्वन्नयंत सिंधून्धन्वातिष्ठन्नोषधीर्निम्न-
मापः ॥ ७ ॥
रथं ये चक्रुः सुवृतं नरेष्ठां ये धेनुं विश्वजुवं विश्वरूपां ।
त आ तक्षंत्वृभवो रयिं नः स्ववसः स्वपसः सुहस्ताः ॥ ८ ॥
अपो ह्येषामजुषंत देवा अभि क्रत्वा मनसा दीध्यानाः ।

jé vā́ta-ǵūtā: tarā́ṇi-bhi: ḗvāi: pári djā́m sadjá: apása: babhūvú: ‖ 1 ‖

jadā́ áram ákran rbháva: pitŕ-bhjām pári-višṭī vešáṇā dāsánābhi: |

ā́t ít dēvā́nām úpa sakhjám ājan dhī́rāsa: pušṭím avahan manā́jāi ‖ 2 ‖

púna: jē ḱakrú: pitárā júvānā sánā jū́pā-iva ǵaraṇā́ çájānā |

tḗ vā́ǵa: ví-bhvā rbhú: índra-vanta: mádhu-psarasa: na: avantu jaǵńám ‖ 3 ‖

ját sā-vátsam rbháva: gā́m árakšan ját sā-vátsam rbháva: mā́: ápīçan |

ját sā-vátsam ábharan bhā́sa: asjā: tā́bhi: çámībhi: amrta-tvám āçu: ‖ 4 ‖

ǵjēšṭhá: āha ḱamasā́ dvā́ kara íti kánījān trī́n krṇavāma íti āha |

kanišṭhá: āha ḱatúra: kara íti tvā́šṭā rbhava: tát panajat váḱa: va: ‖ 5 ‖

satjám ūḱu: nára: ēvá hí kakrú: ánu svadhā́m rbháva: ǵagmu: ētā́m |

vi-bhrā́ǵamānān ḱamasā́n áhā-iva ávēnat tvā́šṭā ḱatúra: dadrçvā́n ‖ 6 ‖

dvā́daça djū́n ját áǵōhjasja ātithjḗ ráṇan rbháva: sasánta: |

su-kšḗtrā akrṇvan ánajanta síndhūn dhánva ā́ atišṭhan ṓšadhī: nimnám ā́pa: ‖ 7 ‖

rátham jḗ ḱakrú: su-vŕtam narē-sthā́m jḗ dhēnúm viçva-ǵúvam viçvá-rūpām |

tḗ ā́ takšantu rbháva: rajím na: su-ávasa: su-ápasa: su-hástā: ‖ 8 ‖

ápa: hí ēšām áǵušanta dēvā́: abhí krátvā mánasa dī́dhjānā: |

वाजो देवानामभवत्सुकर्मेंद्रस्य ऋभुक्षा वरुणस्य वि-
भ्वा ॥ ९ ॥
ये हरी मेधयोक्था मदंत इंद्राय चक्रुः सुयुजा ये अश्वा ।
ते रायस्पोषं द्रविणान्यस्मे धत्त ऋभवः क्षेमयंतो न
मित्रं ॥ १० ॥
इदाह्नः पीतिमुत वो मदं धुर्न ऋते श्रांतस्य सख्याय
देवाः ।
ते नूनमस्मे ऋभवो वसूनि तृतीये अस्मिन्सवने द-
धात ॥ ११ ॥

इंद्रा नु पूषणा वयं सख्याय स्वस्तये ।
हुवेम वाजसातये ॥ १ ॥
सोममन्य उपासदत्पातवे चम्वोः सुतं ।
करंभमन्य इच्छति ॥ २ ॥
अजा अन्यस्य वह्नयो हरी अन्यस्य संभृता ।
ताभ्यां वृत्राणि जिघ्नते ॥ ३ ॥
यदिंद्रो अनयद्रितो महीरपो वृषंतमः ।
तत्र पूषाभवत्सचा ॥ ४ ॥
तां पूष्णः सुमतिं वयं वृक्षस्य प्र वयामिव ।
इंद्रस्य चा रभामहे ॥ ५ ॥
उत्पूषणं युवामहे ऽभीशूंरिव सारथिः ।
मह्या इंद्रं स्वस्तये ॥ ६ ॥

vā́ǵa° dēvā́nām abhavat su-kármā índrasja rbhukšā́° vá-
ruṇasja vi-bhvā || 9 ||

jḗ hárī mēdhájā ukthā́ mádanta° índrāja ƙakrú° su-júǵā
jḗ áçvā |

tḗ rājá° pṓšam dráviṇāni asmḗ dhattá rbhava° kšēma-jánta°
ná mitrám || 10 ||

idā́ áhna° pītím utá va° mádam dhu° ná rtḗ çrāntásja
sakhjā́ja dēvā́° |

tḗ nūnám asmḗ rbhava° vásūni trtíjē asmín sávanē da-
dhāta || 11 ||

VI, 57.

Índrā nú pūšáṇā vajám sakhjā́ja svastájē |
huvḗma vā́ǵa-sātajē || 1 ||

sṓmam anjá° úpa asadat pā́tavē ƙamvṑ° sutám |
ƙarambhám anjá° ikƙhati || 2 ||

aǵā́° anjásja váhnaja° hárī anjásja sám-bhrtā |
tā́bhjām vrtrā́ṇi ǵighnatē || 3 ||

ját índra° ánajat rita° mahī́° apá° vŕšan-tama° |
tátra pūšā́ abhavat sáƙā || 4 ||

tā́m pūšṇá° su-matím vajám vrkšásja prá vajā́m-iva |
índrasja ƙa ā́ rabhāmahē || 5 ||

út pūšáṇam juvāmahē abhī́çūn-iva sā́rathi° |
mahjā́° índram svastájē || 6 ||

समुद्रज्येष्ठाः सलिलस्य मध्यात्पुनाना यंत्यनिंविशमानाः।
इंद्रो या वज्री वृषभो रराद ता आपो देवीरिह मा-
मवंतु ॥१॥
या आपो दिव्या उत वा स्रवंति खनित्रिमा उत वा
याः स्वयंजाः ।
समुद्रार्था याः शुचयः पावकास्ता आपो देवीरिह मा-
मवंतु ॥२॥
यासां राजा वरुणो याति मध्ये सत्यानृते अवपश्यन्
जनानां ।
मधुश्चुतः शुचयो याः पावकास्ता आपो देवीरिह मा-
मवंतु ॥३॥
यासु राजा वरुणो यासु सोमो विश्वे देवा यासूर्जं
मदंति ।
वैश्वानरो यास्वग्निः प्रविष्टस्ता आपो देवीरिह मा-
मवंतु ॥४॥

VII, 49.

Samudrá-ǵjēšṭhḁ̄ salilásja mádhjāt punānḁ̄́ janti áni-
-viçamānḁ̄ |
índrḁ jḁ̄́ vaǵrī́ vršabhḁ́ rarā́da tḁ̄́ ā́pḁ dēvī̥́ ihá mā́m
avantu || 1 ||
jḁ̄́ ā́pḁ divjḁ̄́ utá vā srávanti khanítrimḁ̄ utá vā jḁ̄́
svajam-ǵḁ̄́ |
samudrá-arthḁ̄ jḁ̄́ çúkajḁ pāvakḁ̄́ tḁ̄́ ā́pḁ dēvī̥́ ihá
mā́m avantu || 2 ||
jā́sām rā́ǵā váruṇḁ jā́ti mádhjē satjānrtē ava-páçjan ǵá-
nānām |
madhuçkútḁ çúkajḁ jḁ̄́ pāvakḁ́ tḁ̄́ ā́pḁ dēvī̥́ ihá
mā́m avantu || 3 ||
jā́su rā́ǵā váruṇḁ jā́su sṓmḁ víçvē dēvḁ̄́ jā́su ū́rǵam
mádanti |
vāiçvānarḁ́ jā́su agní̥ prá-višṭḁ tḁ̄́ ā́pḁ dēvī̥́ ihá mā́m
avantu || 4 ||

X, 121 (sāhitātext).

Hiraṇjagarbhḁ́ sám avartatā́grē bhūtásja ǵātḁ́ pátir ḗka
āsīt |
sá dādhāra pṛthivī́ djā́m utḗmā́ kásmāi dēvā́ja havíšā
vidhēma || 1 ||
já ātmadā́ baladā́ jásja víçva upā́satē praçíšā jásja dēvḁ̄́ |
jásja khājā́mŕtā jásja mrtjú̥ kásmāi dēvā́ja havíšā vi-
dhēma || 2 ||

jḁ́ prāṇató nimišató mahitvā́ika íd rā́ǵā ǵágatō babhū́va |
já ī́çē asjá dvipádaç ḱátušpadḁ kásmāi devā́ja havíšā vidhēma || 3 ||

jásjēmḗ himávantō mahitvā́ jásja samudrā́ rasájā sahā́hú̥ |
jásjēmḁ̄́ pradíçō jásja bāhū́ kásmāi dēvā́ja havíšā vidhēma || 4 ||

jḗna djā́ur ugrā́ pṛthivī́ ḱa dṛḻhā́ jḗna svḁ̀ stabhitā́ jḗna nā́kḁ |
jó antárikšē rā́ǵasō vimā́nḁ kásmāi devā́ja havíšā vidhēma || 5 ||

jã krándasī ávasā tastabhānḗ abhj ā́ikšētām mánasā rḗǵamānē |
játrā́dhi sū́ra úditō vibhā́ti kásmāi dēvā́ja havíšā vidhēma || 6 ||

ā́pō ha jád bṛhatī́r víçvam ā́jan gárbhā dádhānā ǵanájantīr agním |
tátō dēvā́nā̃ sám avartatā́sur ḗkḁ kásmāi dēvā́ja havíša vidhēma || 7 ||

jáç ḱid ā́pō mahinā́ parjápaçjad dákšā dádhānā ǵanájantīr jaǵñám |
jó dēvḗšu ádhi dēvá ḗka ā́sīt kásmāi dēvā́ja havíšā vidhēma || 8 ||

mā́ no hīsīǵ ǵanitā́ jḁ́ pṛthivjā́ jó vā dívā satjádharmā ǵaǵā́na |
jáç kāpáç ḱandrā́ bṛhatī́r ǵaǵā́na kásmāi dēvā́ja havíšā vidhēma || 9 ||

prágāpatē ná tvád ētánj anjó víçvā ģātáni pári tá babhūva |
játkāmās tē guhumás tán nō astu vajá̄ sjāma pátajō rajīṇám || 10 ||

Hauptsächlichste abweichungen des padatextes: X, 121, 1. *avartata ágrē. utá imám.* 2. *ātma-dá̄. bala-dá̄. víçvē. upa-ásatē. khājá amŕtam.* 3. *prāṇatás. mahi-tvá ékā.* 4. *jásja imé. sahá āhú. jásja imá.* 6. *abhí. játra ádhi.* 7. *dádhānā. avartata ásu.* 8. *dádhānā.* 9. *hīsīt. pṛthivjá. já ka apá kandrá.* 10. Discr vers wird im pada nicht ab geteilt und nur mit der bemerkung *jathāsāhitam* begleitet.

X, 129 (sāhitātext).

Nā́sad āsīn nó sád āsīt tadā́nī nā́sīd rágō nó vjómā parō ját |
kím ā́varīva kúha kásja çármann ámbha kím āsīd gáhanā gabhīrám || 1 ||
ná mṛtjúr āsīd amŕtā ná tárhi ná rā́trjā áhna āsīt prakētá |
ā́nīd avātá svadhájā tád ékā tásmād dhānján ná pará kí kanā́sa || 2 ||
táma āsīt támasā gūḷhám ágrē -prakētá salilá sárvam ā idám |
tukkhjénābhv ápihitā jád ā́sīt tápasas tán mahinā́ģājatáikam || 3 ||

kā́mas tád ágrē sám avartatā́dhi mánasō rḗtaḥ prathamā́ jád ā́sīt |
satṓ bándhum ásati nír avindan hrdí pratī́šjā kavájō manīšā́ || 4 ||
tiraçkī́nō vítatō raçmír ēšā́m adháḥ svid āsī3d upári svid āsī3t |
rētōdhā́ ā́san mahimā́na āsant svadhā́ avástāt prájatiḥ parástāt || 5 ||
kṓ addhā́ vēda ká ihá prá vōkat kúta ā́ģātā kúta ijā́ vísrštiḥ |
arvā́g dēvā́ asjá visárģanēnā́thā kṓ vēda játa ābabhū́va || 6 ||
ijā́ vísrštir játa ābabhū́va jádi vā́ dadhḗ jádi vā ná |
jṓ asjā́dhjakšaḥ paramḗ vjṓmant sṓ aṅgá vēda jádi vā ná vḗda || 7 ||

Abweichungen des padatextes: X, 129, 1. *ná ásat āsīt. ná āsīt. ví-ōma. ā́ avarīvar.* 2. *ha anját. kaná āsa.* 3. *tukkhjḗna ābhú. tát mahinā́ aģājata ḗkam.* 4. *avartata ádhi. prati-íšja.* 5. *svadhā́ avástāt.* 6. *vi-sárģanēna átha.* 7. *asja ádhi-akšaḥ.*

Çatapatha-brāhmaṇa I, 8, 1.*)

Mánavē ha vā́i prātáḥ | avanḗgjamudakámā́ģahrurjáthēdā́ pāṇibhjāmavanḗģanājāhárantjēvā́ tásjāvanḗniģānasja

*) The Çatapatha-brāhmaṇa edited by Dr. Albrecht Weber p. 75 ff.

mátsja꞉ pāṇí-ā́pēdē || 1 || *sá hāsmāi vā́k̆am uvāda* | *bibhrhí mā pārajišjā́mi tvḗti kásmānmā pārajišjasī́tjāughá imā́꞉ sárvā꞉ praǵā́ nirvōḍhā́ tátastvā pārajitā́smī́ti kátha͞ tē bhŕtiríti* || 2 || *sá hōvāk̆a* | *jā́vadvā́i kšullakā́ bhávāmō bahví vā́i nastā́vannāštrā́ bhavatjutá mátsja ēvá mátsjā gilati kumbhjā́ mā́grē bibharāsi sá jadā́ tā́mativárdhā-átha karšū́ khātvā́ tásjā́ mā bibharāsi sá jadā́ tā́mativárdhā-átha mā samudrámabhjávaharāsi tárhi vā́-atināštrṓ bhavitā́smī́ti* || 3 || *çáçvaddha ǵhašá āsa* | *sá hí ǵjḗšṭhā várdhatḗ-thētithī́ sámā́ tádāughá āgantā́ tánmā nā́vamupakálpjṓpāsāsāi sá āughá-útthitē nā́vamā́padjāsāi tátastvā pārajitā́smī́ti* || 4 || *tám ēvā́ bhrtvā́ samudrámabhjávaǵahāra* | *sá jatithī́ tátsámā́ parididḗça tatithī́ sámā́ nā́vamupakálpjōpāsā́ k̆akrē sá āughá-útthitē nā́vamā́pēdē tā́ sá mátsja upanjā́pupluvē tásja çŕṅgē nāvá꞉ pā́çā prátimumōk̆a ténāitámúttarā girímátidudrāva* || 5 || *sá hōvāk̆a* | *ápīparā vā́i tvā vrkšḗ nā́vā prátibadhnīšva tā́ tú tvā mā́ girā́u sántamudakámantáçk̆hāitsīdjā́vadudakā́ samavā́jāttā́vattāvadanvávasarpāsī́ti sá ha tā́vattāvadēvā́nvávasasarpa tádápjētádúttarasja girḗr mánōravasárpaṇamítjāughṓ ha tā́꞉ sárvā꞉ praǵā́ niruvāhā́thēhá mánurēvā́ika꞉ páriçiçišē* || 6 || *sṓ-rk̆āk̆hrámjāçk̆akāra praǵā́kāma꞉* | *tátrā́pi pākajaǵñḗnēǵē sá ghrtā́ dádhi mástvāmikšāmítjapsú ǵuhavā́ k̆akāra táta꞉ sāvatsarḗ jōšítsámbabhūva sá ha píbdamānēvōdḗjāja tásjāi ha sma ghrtā́ padḗ sā́tišṭhatē tájā mitrāváruṇāu sā́ǵagmātē* || 7 || *tā́ hōk̆atu꞉ kā́síti* | *mánōrduhitḗtj-*

āvájōrbrūšvéti néti hōvāka já ēvá mámáģīģanata tásjāivàhámasmíti tásjāmapitvámīšātē tádvā ģaģńāu tádvā ná ģaģńāvátitvèvèjāja sá mánumáģagāma || 8 || *tá ha mánurnvāka kàsíti táva duhitéti kathá bhagavati máma duhitéti já amúrapsvāhutīráhāušīrghrtá dádhi mástvāmíksá tátō mámaģīģanathḁ̄ sàçírasmi tá mā jaģńé-vakalpaja jaģńé kédvái māvakalpajišjási bahú̥ praģájā paçúbhirbhavišjasi jámumájā ká kāçíšamāçāsišjásē sá tē sárvā sámardhišjataiti tám ētanmádhjē jaģńásjávākalpajanmádhjā hjètádjaģńásja jádantará prajāģānujāģán* || 9 || *tájárkākhrámjāçkakāra praģákāmḁ* | *tájēmá práģātī práģaģńē jèjám mánō̥ práģātirjámvēnajā ká kāçíšamáçāsta sàsmái sárvā sámārdhjata* || 10 ||

Glossar.

A.

A-, demonstr. pronominalst., s. *idám.*

a-, negation, s. *an-*.

àçú-, subst. m. 8., stral.

áh-as- (§. 230) wz. *agh, ãh,* die als verbum nicht vor komt; subst. n. 2., angst, bedrängnis, not.

á-gōh-ja- (a+gōhja, part. necess. v. wurz. *guh;* §. 217), adj. 10., nicht zu verhüllen, durch nichts zu verdunkeln, attribut des Savitar, der sonne; es wird so förmlich zum appellativ und bezeichnet die sonne namentlich da, wo sie in beziehung zu den Rbhus tritt. Rv. IV, 33, 7.

ag-ní- (§. 223; function der wurzel fraglich), subst. m. 9. (lat. *ig-ni-s,* altbulg. *og-nĭ,* lit. *ug-nì-s),* feuer und gott des feuers. Agni ist vermitler des opfers, bote und priester der menschen. Als bewarer der leuchtenden kraft auch nach dem verschwinden des himlischen lichtes ist er ein beschützer gegen die schrecken und gegen die geister der finsternis. Zugleich ist er der hüter des hauses und herdes.

ág-ra- (wurz. *ag,* wol mit *aǵ* treiben identisch; §. 220), subst. n. 10., spitze, das erste, anfang; *ágrē* loc. am anfange, zuerst Rv. X, 121, 1; 129, 3.

agh-á- (vgl. *áh-as-;* §. 216), adj. 10., schlimm, gefärlich; subst. n. übel, sünde.

áṅg-a- (wurz. wol *aǵ* treiben; §. 216), subst. n. 10., glid des körpers.

aṅgá, adv. mit versichernder bedeutung, welches den nachdruck auf das im voran gehende wort lenkt: doch, ja, gewis. Häufig nach flüchtigen conjunctionen und anderen kurzen wörtern am anfange eines satzes, um den selben halt zu geben, änlich wie *id.*

áṅgiras-, subst. m. 2. (gr. *ἄγγελο-ς?)*, pl. ein geschlecht höherer wesen, das zwischen göttern und menschen steht. Sie erscheinen in gemeinschaft mit den licht- und sonnengöttern. Agni, den himlischen untergeordnet und ir bote wie die Aṅgiras, heißt der erste und oberste Aṅgiras. Zugleich heißen die Aṅgiras väter der menschen, und zalreiche geschlechter werden in der folge auf sie zurück gefürt.

a-kal-a- (an + kal-a- beweglich, wankend; wurz. *kal* sich bewegen; §. 216), adj. 10., unbeweglich.

a-kira-, adj. 10., nicht lang *(kira-)*, kurz (von der zeit); *akirāt* in kurzem, bald; Matsj. 27.

á-kjuta- (a + kjuta, part. praet. pass. v. wurz. *kju* I, b, fort gehen, fallen; §. 224), adj. 10., nicht fallend, fest stehend, unerschütterlich, übertragen auf menschen mit festem charakter.

agá-, subst. m. 10., bock; *agā́* f. zige.

á-gña- (vgl. §. 215), adj. 10., unwißend.

aṇḍá-, subst. m. 10., 1) ei; 2) hode.

a-tandrita- (tandrā ermüdung), adj. 10., unermüdlich, unverdroßen.

á-tas (pron. *a-)*, adv. (§. 251, altind., anm. 3), 1) von daher; 2) daher, deshalb; Hit.

á-ti (pron. *a-)*, adv., 1) vorbei, vorüber, in verbindung mit verben der bewegung; 2) überauß, ser, vorzüglich, häufig in zusammensetzung mit nomina.

ati-tīvra-, adj. 10., überauß scharf.

ati-nāṣṭrá-, adj. 10., der über die gefaren hinauß ist.

atjāsanna s. *sad + ā*.

á-tha (pron. *a-)*, conj., sodann, alsdann, darauf.

á-dabdha- (dabdha-, part. praet. pass. zu wurz. *dambh, dabh* täuschen, triegen; §. 224; §. 130, 2), adj. 10., 1) der täuschung unzugänglich, sicher, treu; 2) unangetastet, unantastbar Rv. I, 24, 10.

a-darç-ana-, subst. n. 10. (§. 221, a), das nichterscheinen, unsichtbarwerden, verschwinden; *adarçanā gam*, Matsj. 53, unsichtbar werden.

adás, pron. dem., nom. sg. m. f. *asā́u*, n. *adás*, den übrigen casus ligen die stämme *amu-* und *ami-* zu grunde; nom. pl. m. *amī́*, f. *amū́s*, n. *amū́ni*, jener, diser.

á-di-ti- (a + di-ti, §. 226, wurz. *da, djá-ti* V. binden; schrankenlos, unendlich), subst. f. 9., name einer göttin, in welcher die unendlichkeit, insbesondere die schrankenlosigkeit des himmels im gegensatze zur endlichkeit der erde personificiert ist. Sie ist die mutter der Āditja. Benfey faßt sie in Rv. I, 24 als personificierte sündlosigkeit.

addhā́, adv., fürwar, sicher, offenbar.

adjá, adv., 1) heute; 2) jezt.

ádri-, subst. m. 9., stein, gestein, berg.

a-dvēšás, adv., fridlich, freundlich, unangefochten (vgl. unter *dvēš-as-)*.

adha-má-, adj. 10., der unterste (vgl. d. flg. u. §. 235).

adhás, adv., unten, nach unten; *adhō-dha*° *paçjata*° des nach unten, nach unten sehenden (d. h. wenn man stäts nach unten siht).

ádhi, 1) adv. über, überdiß, außerdem; Rv. X, 129, 4; 2) praep. c. acc., instr., abl., loc., oben auf, über; Rv. X, 121, 6. *já-trā́dhi* über welchem.

adhi-pa-, subst. m. 10., gebieter, herr, könig *(adhi* + wurz. *pa* herschen).

ádhj-akša- (adhi + *akša* auge), subst. m. 10., aufseher, leiter.

adhj-ā̆j-á-, subst. m. 10. (wurz. *i* mit *adhi)*, das lesen, daher abschnitt in einem werke, lectio.

an, verb. I, a, *án-i-ti;* perf. *ā́n-a*, aor. *ā́n-ī-t*, atmen; mit *pra-(prā́ṇiti)*, atmen, leben.

an-, vor consonanten *a-*, negation in zusammensetzung.

an-agha- (agha- sünde), adj. 10., frei von schuld, unschuldig, sündlos.

an-antá-, adj. 10., unendlich.

an-antará-, adj. 10., durch keinen zwischenraum getrent, unmittelbar an stoßend, folgend; ntr. *anantarám*, adv. unmittelbar darauf, alsdann.

an-asū̆jant- (a priv. + part. praes. act. v. *asū̆j;* §. 229), adj. 4., nicht murrend, nicht ungehalten.

án-āga- (āga- in zusammensetzung = *ā́gas-*, ntr. 2., ärgernis, feler), adj. 10., felerfrei, schuldlos, sündlos.

a-nimišá- (vgl. unter *miš;* §. 216), adj. 10., 1) die augen nicht schließend, nicht schlafend, nicht ruhend; *animišám*, ntr. adv., Rv. I, 24, 6, unaufhörlich; 2) nicht geschlossen, offen (von den augen); Matsj. 4; 3) subst. m. fisch; Matsj. 50.

á-niviçamāna-, adj. 10., nicht ruhend (wurz. *viç* mit *ni-*; §. 219, s. 413).

ánu, adv. hinterher.

an-uttama-, adj. 10., nichts höchstes (über sich) habend, d. h. höchster, vorzüglichster.

anu-jāǵ-á-, subst. m. 10., nachopfer (wurz. *jaǵ*, suff. *-a-*; §. 216).

an-rtá- und *án-rta-*, 10., 1) adj. unwar; 2) ntr. subst. unwarheit, lüge, trug; Rv. VII, 49, 3.

ánta-, subst. m. 10., rand, grenze, ende.

antár 1) adv. innen, innerhalb, hinein; 2) praep. c. loc. innerhalb, in, zwischen, in hinein; *asmé antár*, Rv. I, 24, 7, in uns hinein.

antarā́ (instr. des vor.) 1) adv. mitten inne, darin, dazwischen; 2) praep. c. acc. zwischen; *antarā́ prajāǵānujāǵā́n* (copulat. comp.), Çatap. 9., zwischen vor- und nachopfer.

antárikša-, subst. n. 10., der luftraum, nach vedischer anschauung das mitlere der drei großen lebensgebiete (himmel, luft, erde; die etymologie dises wortes ist nicht sicher).

anjá-, adj. nach pronominaler decl., ntr. *anját*, ein anderer als, verschiden von, mit d. abl.; Rv. II, 33, 11 *anjám asmát* einen anderen als uns, nicht uns; *tvád anjṓ*, Rv. X, 121, 10; *tásmād dhānján ná paráḥ kí̄ kanā́sa*, Rv. X, 129, 2, es war nichts von disem verschidenes noch es übertreffendes. *anjá- — anjá-* der eine — der andere; Rv. VI, 57, 2.

anvikkha, 2. sg. imperat., s. 2. *iš* mit *anu*.

ánvētavā́i, s. *i* + *anu*.

áp-, subst. f. 1., waßer, gewäßer. In der klass. sprache findet sich nur der plur. nom. *ā́p-as*, acc. *ap-ás*, instr. *ad-bhís*, dat. abl. *ad-bhjás*, loc. *ap-sú*; in der vedischen literatur vereinzelt auch der sing. gen. *ap-ás*, instr. *ap-ā́*.

ápa, praep., adv.; die damit gebildeten verbalzusammensetzungen sihe unter dem simplex.

a-pád- (*an* + *pad*; §. 215), adj. 1., nom. m. *apā́t*, f. *apā́t* oder *apádī*, fußlos, wo kein fuß hin komt.

apa-bhar-tár- (§. 225), subst. m. 5., wegnemer.

apa-vak-tár- (wurz. *vak*; §. 225), subst. m. 5., verbieter, abwerer.

áp-as- (§. 230 = lat. *op-us*), subst. n. 2., werk, handlung.

ap-ás- (§. 230), adj. 2., werktätig, werkkundig.

apāsja s. 2. *as+apa.*
ápi, conj., auch, ferner.
api-tvá- (v. vor.; §. 227), subst. n. 10., beteiligung, anteil.
ápihita- s. *dha+api.*
a-prakētá-, adj. 10., unterschidlos, unerkenbar.
a-phala-pra-da-, adj. 10., keinen nutzen gewärend.
a-budhná-, adj. 10., bodenlos; *abudhné,* Rv. I, 24, 7, im bodenlosen, d. h. in der luft.
a-bhāva-, subst. m. 10. (§. 216), das nichtsein, nichtvorhandensein.
abhí, praep., zu hin; häufig in verbalzusammensetzungen, welche man unter dem simplex suche.
abhìti- (*abhi+iti;* wurz. *i;* §. 226), subst. f. 9., anlauf.
abhíçu-, subst. m. 8., zügel.
abhj-antara-, 10., 1) adj. innerlich, im innern befindlich; 2) subst. n. das innere, zwischenraum; Hit.
á-bhv-a- (wurz. *bhu;* §. 216), subst. m. 10., ungeheure macht, größe.
amí s. *adás.*
ámīvā, subst. f. 10., plage, drangsal, schrecken.
amū́s s. *adás.*
a-mŕta- (= *ἄ-μβροτο-*, wurz. *mar* sterben; §. 221), 1) adj. 10., unsterblich; 2) subst. n. unsterblichkeit; Rv. X, 129, 2; 121, 2.
amrta-tvá-, subst. n. 10. (§. 227), unsterblichkeit.
ámbu-, subst. n. 8., waßer.
ámbhas-, subst. n. 2., waßer.
ajám s. *idám.*
ajúta-, subst. n. 10., myriade.
ar, verb. III. *íj-ar-ti;* IV, a *r-ṇó-ti, ŕ-ṇv-a-ti,* opt. *ij-r-jā́-t,* imperf. *ā́ij-ar-us,* perf. *ā́r-a,* aor. *ára-t,* med. *ár-ta,* sich erheben, auf streben; caus. *arpájati* (§. 209) schleudern, an heften; mit *ud* im caus. auf regen, erheben trans.
áraṇja-, subst. n. 10., wildnis, wald.
a-rapás-, adj. 2., unbeschädigt, heil.
áram, adv., 1) zurecht, recht passend; 2) genug; *árā̃ kar* 1) zu rüsten; 2) dienen, Rv. IV, 33, 2.
arin-dam-a- (acc. v. *ari* feind+*dama-,* wurz. *dam* bändigen; §. 216), adj. 10., den feind bändigend; bezeichnung tapferer krieger.

arḱ, verb. I, b, *árḱ-a-ti*, 1) stralen; 2) lobsingen, preisen; Çatap. 7.

ar-ṇavá-, 1) adj. 10., wogend, wallend, flutend; 2) subst. m. woge, flut; Matsj. 38.

ártha-, subst. 10., vēd. n., klass. m., zil, zweck; sache; inhalt.

ardh, verb. I, a, *árd-dhi*; V, *ṛ́dh-ja-ti*; IV, a. c, *ṛdh-ṇó-ti*, *ṛṇád-dhi*, gelingen, gedeihen; mit *sam-*, pass., in erfüllung gehen, gelingen, zu teil werden.

arpaja- s. *ar*.

ár-van-, subst. msc. 3. und *ár-vant*, subst. m. 4. (wurz. *ar* gehen; §. 218), renner, das rennpferd und dichterisch das ross überhaupt.

arvā́ńḱ- (*arva* herwärts + wurz. *ańḱ* gehen; §. 215), adj. 1., f. *arvā́ḱī* 10., ntr. *arvā́k*, herwärts gekert, zu gekert, disseitig; ntr. adv. und praep. herwärts, disseit, von — auß: *arvā́g dēvā́ asjá visárǵanēna*, Rv. X, 129, 6, 'die götter sind disseit seiner schepfung, d. h. später entstanden als es.

arh, verb. I, b, *árh-a-ti*, 1) verdienen, wert sein; 2) vermögen, können; 3) ser häufig vertritt das praes. von *arh* mit einem infin. die stelle eines imperat., *arh* ist in diser verbindung ein ab geschwächtes müßen; Matsj. 6.

árhant- (part. praes. v. *arh*; §. 229), adj. 4., verdienend, ansprüche auf etwas (acc.) habend; *árhan bibharši sā́jakā́ni dhánva*, Rv. II, 33, 10, du fürst die geschoße und den bogen, indem du ansprüche auf sie hast, d. h. mit recht.

aliń́gara-, subst. n. 10., ein kleiner waßertopf.

álpa-, adj. 10., klein, gering, geringfügig.

av, verb. I, b, *áv-a-ti*, perf. *ā́v-a*, gerund. ved. *ā́vja*, part. *ū-tá* u. *av-i-tá*, 1) freude haben, sich sättigen an etwas (loc.); 2) begünstigen, fördern, ermutigen, helfen, schützen (c. acc.): *sádā avan*, Rv. I, 24, 3, du stäts hilfreicher.

áva, adv., weg, ab, herab.

ava-nḗg-ja- (*ava*+*niǵ*; §. 217), adj. 10., zum abwaschen dienend.

ava-nḗǵ-ana- (*ava*+*niǵ*; §. 221, a), subst. n. 10., das abwaschen, abspülen.

áv-as- (wurz. *av*; §. 230), subst. n. 2., 1) befridigung, ergetzen, genuß; 2) verlangen, wunsch; 3) gunst, beistand; Rv. I, 24, 5; X, 121, 6.

ava-sárp-aṇa- (*ava*+*sarp*; §. 221, a), subst. n. 10., das her-

absteigen; *tád ápj ētád úttarasja girḗr mánōr avasárpanam íti,* Çatap. 6, darum auch ist dises (der jetzige name) des nördlichen berges 'des Manu herabsteigen'.
avástāt, adv., unten, von unten, nach unten, herwärts (gegens. *parástāt).*
avāk-çiras- (ávāńk-+çíras-), adj. 2., gesenktes hauptes.
ávāńk- (ava + ańk, verbalw. gehen: §. 215), adj. 1., nom. *ávāń,* f. *ávākī* 10., n. *ávāk,* abwärts gerichtet.
a-vātá, adj. 10., windlos, nicht vom winde bewegt, ruhig; R. X, 129, 2.
a-vjāpāra-, subst. m. 10., nicht-geschäft, was einen nichts an geht; *avjāpārēšu vjāpārā jō narā̆ kartum iḱḱhati* der mann, der sich um das bekümmert, mit dem ab gibt, was in nichts an geht; Hitōp.
aç, verb. IV, a, act. med. *aç-nó-ti,* perf. *ā́ç-a* u. *ān-ā́ç-a,* aor. opt. 1. sg. med. *aç-ī́j-a,* erreichen, an langen; erlangen, in den besitz einer sache kommen; *açnavat,* Rv. I, 1, 3, 3. sg. conj. imperf., man kann erlangen; mit praepos. *ud-* 1) bis an etwas reichen; 2) vermögen; Rv. I, 24, 5 *açēma* 1. pl. opt. aor.
a-çakja-, adj. 10., unmöglich; *jad açakjam na taḱ ḱhakjā* was unmöglich ist, das ist nicht möglich. Spr.
áç-va-, subst. m. 10. (§. 218), ross, bes. hengst, du. *áçvā,* Rv. IV, 33, 10, die beiden hengste, Indras.
ašṭā-daçá, adj. 10., der achtzehnte (§. 241).
1. *as,* verb. I, a, *ás-mi, ás-ti,* pl. 1. *s-mási, s-más,* 2. *s-thá,* 3. *s-ánti;* opt. 1. sg. *s-jā́-m,* 3. pl. *s-jú-s;* imperat. sg. 2. *ē-dhí,* 3. *ás-tu,* pl. 3. *s-ántu;* imperf. sg. 1. *ā́s-am,* 2. *ā́s-ī-s,* 3. *ā́s-ī-t,* pl. 1. *ā́s-ma,* 2. *ā́s-ta,* 3. *ā́s-an;* perf. 1. sg. *ā́s-a,* sein, da sein, vorhanden sein, statt finden, geschehen, sich eräugnen; part. praes. *s-ánt-*.
2. *as,* verb. V, act. med. *ás-ja-ti,* perf. *ā́s-a,* schleudern, werfen; mit *apa-* zur seite werfen, bei seite laßen, gerund. *apās-ja* (§. 226, s. 451) *phalgu* das unwichtige bei seite laßend.
á-sant-, 4, 1) adj. nicht seiend; 2) *ásat-,* subst. n., nichtseiendes, das nichtsein; Rv. X, 129, 1.
asandadhāna s. *dha* mit *sam.*
ás-u-, subst. m. 8., lebenshauch, leben.
ásu-ra, adj. 10., lebendig, von unkörperlichem leben, geistig.

Es bezeichnet den wesentlichen unterschid des immateriellen götlichen daseins von der daseinsform der sichtbaren irdischen wesen und wird gebraucht a) von den göttern überhaupt; b) am häufigsten von Varuṇa oder Mitra-Varuṇa; Rv. I, 24, 14; c) von geistern, gespenstern, dämonen, götterfeindlichen wesen; Matsj. 51. Vgl. altbaktr. *ahura-* u. *ahurō mazdāo.*

asur-jà-, 1) adj. 10., unkörperlich, geistig, götlich; 2) subst. n. geistigkeit, götlichkeit; Rv. II, 33, 9.

asūj, verb. I, b, *asūjati*, denom. v. *ásu-*, murren, ungehalten, unzufriden sein.

asāu s. *adas.*

asma-, stamm des pron. 1. pers. pl. (§. 265). Dem Veda eigentümlich ist die form *asmé*, Rv. I, 24, 7; IV, 33, 10, welche als dat. und loc. fungiert.

ah, verb., nur in den folgenden fünf perfectformen, welche perfectische und präsentische bedeutung haben, erhalten: sg. 2. *át-tha*, 3. *áh-a*, du. 2. *āh-áthus*, 3. *āh-átus*, pl. 3. *āh-ús*. sagen, sprechen mit dem dat. der angeredeten person; Rv. I. 24, 12; etwas verkünden; Rv. X, 121, 4.

áha, partikel, bestätigend, versichernd: gewis, sicher, ja, wol. es legt den nachdruck auf das vorher gehende wort.

áhan- 3. und *áhas-* 2. in der casusbildung einander ergänzend. subst. n., tag, gen. *áhn-as*, vēd. nom. pl. auch *áhā* wie von einem *áha-*, n. 10. Dise form ist wol mit Sājana an zu nemen in Rv. IV, 33, 6: *vibhrā́ǵamānā́ç ḱamasā́n áhēva* die wie tage glänzenden becher. Das Pet. Wtb. faßt hier *áhā* als gedentes *áha*, s. d.

ahám, nom. sg. pron. 1. pers. (§. 265).

áhā s. *áhan-*.

á-hēḷamāna-, adj. 10. (§. 219), nicht unwillig, geneigt.

Ā.

Ā́, 1) adv. a) her, herzu; b) an reihend: dazu, ferner, auch, und: Rv. I, 24, 12; c) steigernd und hervor hebend: zumal, ganz, gar; *sárvam ā idám*, Rv. X, 129, 3, alles diß; 2) praep., postp. zu — hin, bis zu mit voran gehendem acc. Die verbalzusammensetzungen mit *ā* suche man unter dem simplex.

ā-khjá-na- (§. 222), subst. n. 10., erzälung, legende.

ā́t (pron. a-), conj., darauf, dann, ferner; es steht häufig am anfange des nachsatzes, wenn der vordersatz durch relativische partikeln ein geleitet ist; Rv. IV, 33, 2.

ātithj-á- (§. 216, 1, s. 383; *átithi-*, subst. m. f. 9., gast), subst. n. 10., gastliche aufname, gastfreundschaft.

ātma-dā́- (ātmán- + dā-), adj. 1., sele, leben gebend.

ātmán-, subst. m. 3., hauch; sele; wesen, eigentümlichkeit.

ādi-tás (ādí-, subst. m. 9.; §. 251, altind., anm. 3), vom anfange an.

āditjá- (áditi-; §. 216, s. 383), subst. m. 10., son der Aditi; so heißen siben götter des himlischen lichtes, an deren spitze Varuṇa steht, welchem deshalb auch vorzugsweise dise benennung zu komt; Rv. I, 24, 13.

ā́nīd s. *an.*

āp, verb. IV, a, *āp-nṓ-ti*; perf. *āp-a*, 3. pl. *āp-ús*; aor. 3. sg. *ā́p-at*, pl. *ā́p-an*; fut. *āp-sjá-ti*; part. pf. pass. *āp-tá-*, erreichen, ein holen; mit

pra- erreichen, verlangen; part. *prāpta-* erlangt;

sam-pra, dass. wie *pra-*; *samprāpta-* an gelangt, gekommen;

sam- erlangen, vollenden; *samāpta-* vollendet, beendigt.

āpanna- s. *pad* + *ā*.

ā́pas, nom. pl. v. *áp-*.

āpūrjamāna- s. *par* + *ā*.

āpršṭa- s. *prakh* + *ā*.

āpēdē s. *pad* + *ā*.

ābhú-, adj. 8., ler.

āmá-, adj. 10., roh, ungebrant, von gefäßen.

āmikšā, subst. f. 10., milchklumpen, quark.

āmbhasa-, adj. 10. (§. 216, s. 383; *ámbhas-)*, wäßrig, flüßig.

ājata- s. *jam* + *ā*.

ājus, subst. n. 2., leben, sowol lebenskraft als lebensdauer; langes leben.

āraṇjá-, adj. 10. (§. 216, s. 383; *áraṇja-)*, auf die wildnis bezüglich; so heißt der erste abschnitt im dritten buche des Mahābhārata.

āraṇja-ka- (§. 232), 10., 1) adj. in der wildnis befindlich; 2) subst. m. waldbewoner, einsidler; 3) n. für das studium in der wildnis bestimt oder auß dem selben hervor gegangen, bezeichnung einer schriftgattung. So heißt das dritte buch des Mahābhārata.

ārabdha- s *rabh* + *ā*.

ā-rādh-ja- (*rādh* mit *ā*; §. 217), adj. 10., der günstig zu stimmen ist, der zu befridigen ist.

ārdrá-, adj. 10., feucht, naß; frisch von pflanzen und holz.

āvájōs, gen. du. pron. 1. pers.; *āvájōr brušvéti*, Çatap. 8, unser beider sage, sprachen sie, d. h. sage, daß du uns beiden an gehören, die unsrige sein wilst.

ávarīvar s. *var* + *ā*.

āçis- (*çās* + *ā*), subst. f. 1., nom. *āçīs* bitte, gebet, wunsch, segenswunsch; *sā́çīr asmi*, Çatap. 9, ich bin der segenswunsch.

āç-ú-, adj. 8. (§. 216, b), rasch, schnell; in der klass. sprache nur ntr. acc. *āçú*, adv. schnell, sogleich.

ās, verb. I, a, med. *ā́s-tē*, part. praes. *ās-āná-* (§. 219) vēd., *ās-īná-* vēd. und klass., sitzen, sich setzen. Mit praepos.

upa- daneben sitzen, sich daneben setzen, sich vererend nahen, daher vereren, achten, anerkennen, Rv. X, 121, 2; *tán mā návam upakálpjṓpāsāsāi*, Çatap. 4, darum solst du mich achten (d. h. meinem rate folgen), nachdem du ein schiff zu gerüstet haben wirst; perf. *upā́sā kakrē*, Çatap. 5.

āsanna- s. *sad* + *ā*.

á-hu-ti- (wurz. *hu*; §. 226), subst. f. 9., opferspende, anrufung.

āhús s. *ah*.

I.

I, verb. II, a, *ḗ-ti*, 1. pl. *i-mási* vēd., 3. pl. *j-ánti*, opt. *i-jā́-t*; imperf. *ā́j-am*, *é-s*, *é-t*, 3. pl. *ā́j-an*, conj. *áj-as*, *áj-at*; perf. *ij-ā́j-a*, 3. pl. *īj-ús*; inf. *ḗ-tum*, *ē-tavā́i*, part. perf. pass. *i-tá-*, gehen, auß gehen, zu etwas (acc.) hin gehen.

Intensiv (§. 293, altind. III) *ij-ē*, *íj-asē*, *íj-atē*, *ī́-mahē*, *íj-antē*, part. *íj-amāna-*, *ij-āná-* und *īj-āná-* (§. 219), 1) eilend, widerholt gehen; 2) an gehen, an flehen mit doppeltem acc.

Mit *ati-* an etwas vorüber schreiten, vorbei kommen, vermeiden, nicht beachten; Çatap. 8.

anu- nach gehen, folgen, verfolgen (einen weg, eine richtung); Rv. I, 24, 8.

abhi-, intens., an flehen mit doppeltem acc.; Rv. I, 24, 3.

ava- weg gehen.

sam-ava- zusammen weg gehen, zusammen ab fließen; Çatap. 6.

ā- herbei kommen, kommen.

ud-ā- herauf, herauß kommen; *udējāja*, Çatap. 7, 3. sg. perf. *(ud-ā-ijāja)*.

upa-ā- herbei kommen, kommen zu (acc.), treten zu, sich nähern, auf suchen; Rv. I, 1, 7.

ud- 1) hinauf gehen; 2) auf gehen von gestirnen; part. perf. pass. *údita-* auf gegangen seiend; Rv. X, 121, 6.

ing, verb. I, b, *íng-a-ti*, sich regen, sich bewegen.

íng-a-, adj. 10., beweglich (§. 216).

it (altes neutrum vom pronominalstamme *i-;* §. 264), adv., eben, gerade, selbst; sogar, nur. Es dient zur hervorhebung des vorher gehenden wortes, namentlich zur bezeichnung eines gegensatzes; fast nur im Vēda gebräuchlich, später vertritt *ēva* seine stelle stelle (s. d.).

íti, adv., so, auf dise weise. Hinter anfürungen aller art wird *íti* gebraucht um das gesprochene, gedachte, beabsichtigte, gewuste als jemandes verba ipsissima kentlich zu machen. Wenn ein dialog erzält wird, so zeigt daher *íti* an, daß die rede der einen person zu ende ist und die der anderen beginnt; vgl. das stück auß dem Çatap.

iti-thá-, f. *-ī*, adj. 10., der und der; *itithī́ sámām*, Çatap. 4, in dem und dem jare.

it-thā́ (it), vēd. adv., so. Es ist im Rv. häufig gebraucht, öfter so ab geschwächt, daß es überhaupt als leichte hinweisung oder als verstärkung und hervorhebung eines wortes dient, welchem es meist voran geht. Häufig steht es im sinne von: so ser, recht, ernstlich; Rv. I, 24, 4.

idám, acc. nom. sg. ntr. *(i-d-am;* §. 264), fem. *ij-ám*, m. *aj-ám*, alle übrigen casus mit außname des acc. aller zalen und des nom. pl. du. werden im Vēda vom stamme *a-* gebildet; instr. m. *ēna* u. *ēnā́*, f. *aj-ā́*, gen. loc. du. *aj-ṓs*. Vom stamme *imá-*, der in der klass. sprache nur dem acc. sg. m. *imá-m*, f. *imā́-m*, nom. acc. du. m. *imā́u*, f. n. *imé*, nom. pl. m. *imé*, f. *imā́-s*, acc. pl. m. *imā́-n*, f. *imā́-s*, n. *imā́-ni*, zu grunde ligt, ist im Vēda auch der gen. *imá-sja* vorhanden. In der klassischen sprache werden vom stamme *aná-* gebildet: instr. sg. m. n. *anéna*, f. *aná-j-ā*, du. gen. loc. *aná-j-ōs*, die übrigen casus von *a-* und *imá-*. Diser; er, sie, es; *idám*, acc. n. adv., hier, jezt; Çatap. 1.

idá (pron. *i-*), adv., jezt; in verbindung mit *áhnas*, gen. von *áhan-*, jezt am tage, heutiges tages; Rv. IV, 33, 11.

índra-, subst. m. 10., name des gottes, welcher im vedischen glauben an der spitze der götterscharen des mitleren reiches, des luftkreißes, steht. Seine vorzüglichste kraftäußerung ist der kampf, welchen er mit dem donnerkeile (*váǵra-*) im gewitter gegen die dämonischen gewalten kämpft.

índra-vant-, adj. 4. (§. 218), in Indra's gemeinschaft befindlich, von Indra begleitet.

imá-, pronominalstamm, s. u. *idám*.

ijān, Matsj. 57 nach den lautgesetzen (s. o. s. 9, c) für *ijāt*, s. *i*.

iva, enklit. adv., 1) gleich wie; 2) gleichsam, etwa, wol; 3) so, gerade so.

1. *iš*, verb. V, act. med., *íš-ja-ti*, *íš-ja-tē*, 3. pl. perf. med. *īš-iré*, part. praet. pass. *iš-i-tá-*, in rasche bewegung setzen, schnellen, schleudern. Mit praepos.

pra- fort treiben, auß senden; Rv. IV, 33, 1.

2. *iš*, verb. VI, *iḱḱhát-i*; perf. *ij-éš-a*, 3. pl. *iš-ús*; part. perf. pass. *iš-ṭá-*, 1) suchen, auf suchen; 2) zu gewinnen suchen, wünschen; part. praet. pass. *išṭá-* erwünscht, lieb; Matsj. 21. Mit *anu-* suchen.

prati- sich richten auf etwas, zu streben; *pratíšjā manīšá*, Rv. X, 129, 4, mit dem verstande sich (auf den *kámas*) gerichtet habend, d. h. nachdem sie in untersucht hatten.

i-há (pronominalstamm *i-*; §. 264), adv., hier, hierher.

Ī.

Īḍ, verb. I, b, med., 1. sg. *íḍē*, 3. *íṭ-ṭē*, 3. pl. *íḍ-atē*, an flehen, bitten, erbitten mit doppeltem acc.; *çváitarī dhēnúm īḍē*, Rv. IV, 33, 1, ich erbitte eine leuchtende milchkuh; part. necess. (§. 217) *íḍja-* an zu rufen, an zu flehen, zu preisen.

īkš, verb. I, b, *íkš-a-tē*, imperf. *áikš-a-ta*, gerund. *íkš-ja* (§. 226), part. praet. pass. *īkšitá-*, sehen, blicken. Mit *abhi-* hin blicken auf, c. acc.; Rv. X, 121, 6.

prati- 1) zu sehen; 2) erwarten, warten auf jemand oder etwas; Matsj. 32.

īģē s. *jaģ*.

īr, verb. I, a, *ī́r-tē*, imperf. 3. sg. u. pl. *ā́ir-ata*, sich in bewegung setzen, sich erheben; causat. *īr-ája-ti* in bewegung setzen, erregen. Mit

pra- causat., vorwärts drängen, entsenden (einen schall), an treiben; part. *prērita* an getriben.

īç, verb. I, a, 3. sg. med. *ī́š-ṭē*, gew. *ī́ç-ē* (nach Pāṇini VII, 1, 41, und dem Petersb. wtb.; man könte aber in *ī́çē* villeicht eine 3. sg. perf. sehen, freilich mit unregelmäßiger betonung), 1) zu eigen haben, besitzen, c. gen.; 2) gebieten, herschen über, c. gen.; Rv. X, 121, 3.

ī́ç-āna- und *īç-āná-* (part. praes. med. v. *īç*; §. 219), adj. 10., 1) zu eigen habend, besitzend, vermögend; 2) beherschend, herscher; Rv. II, 33, 9.

īç-vará-, subst. m. 10., herr, gebieter, fürst, könig.

īšātē, 3. du. perf. med. zu 2. *iš*.

U.

U, enklit. copula, 1) einfach verbindend: und, auch, ferner; 1) zur hervorhebung dienend, änlich wie *it*, besonders nach praepp., pronn. demonstr., bei *vāi, hi, kid* u. a.; Rv. I, 124, 4; II, 33, 9.

uk-thá- (*vak*), subst. n. 10., spruch, preiß, lob; *ukthā́*, Rv. IV, 33, 10, instr. sg.

ug-rá-, adj. 10. (§. 220), gewaltig, heftig, übermäßig, stark, grausig; comparat. *ṓģ-ījās-*, superl. *ṓģ-išṭha-* (§. 232. 234).

ukkā́, adv., oben (bes. im himmel), von oben, nach oben.

ukkhrita- s. *çri* + *ud*.

utá, conj., und, auch, sogar; *utá vā*, Rv. VII, 49, 2, oder auch, und.

ut-tamá- (superl. v. *ud*; §. 236), adj. 10., der höchste, oberste.

út-tara- (comparat. v. *ud*; §. 233), adj. 10., 1) der obere, höhere; 2) nördlich (wegen des gebirgigen nordens); Çatap. 5.

útthita- s. *stha* + *ud*.

ut-pāṭin-, adj. 3., am ende von compp., auß reißend, mit gewalt herauß ziehend.

ud, praep.; die verbalzusammensetzungen mit *ud* suche man unter dem simplex.
ud-aká-, subst. n. 10., waßer; in der klass. sprache *údaka-*.
udakānta- (udaka- + anta-), subst. m. 10., ufer.
uda-dhí- (udán waßer + *dhi*, wurz. *dha)*, subst. m. 9., waßerbehälter, wolke, mer.
údita- s. *i* + *ud*.
uddhṛtja s. *har* + *ud*.
úpa 1) adv. herzu, hinzu, in verbindung mit verben; 2) praep. c. acc. zu—hin; c. loc. in der nähe von, bei, an, auf; c. instr. mit, in begleitung von.
upári, adv., oben, darauf, nach oben; Rv. I, 24, 7: *nīkī̆nāḥ sthur upári budhná ēšām* sie stehn nach unten (d. h. umgekert, auf dem kopfe), oben ist ire wurzel.
upavišṭa- s. *viç* + *upa*.
upa-stír- (upa + wurz. *star)*, subst. f. 1., das hinstreuen, hinbreiten; *upastírē*, Rv. IV, 33, 1, für das hinstreuen (des soma), für diß opfer.
upa-ha-tnú-, adj. 10. (wurz. *han)*, an fallend.
upā-khjā-na- (upa-ā-khja), subst. m. 10., kleine erzälung, episode, häufig in den unterschriften der kapitel des epos.
upānīja s. *ni* + *upa-ā*.
ubhája-, adj. 10., beide, beiderseitig.
ur-ú-, adj. 8, fem. *ur-v-í* 10., comparat. *vár-ījās-* (§. 232), superl. *vár-išṭha-* (§. 234), weit, geräumig, auß gedent, groß.
uru-çā́s-a-, adj. 10., weithin befehlend.
uvāda s. *vad*.

Ū.

Ū́rǵ-, subst. f. 1., narung, stärkung, kraft, fülle, saft.
ūrdhvá-, adj. 10., aufwärts gehend, nach oben gerichtet, auf gerichtet, aufrecht, erhoben, oben befindlich; Rv. I, 24, 7.
ūrdhvá-bāhu-, adj. 8., die arme erhoben habend, mit erhobenen armen.
ūr-mí- (wurz. *var* wälzen), subst. m. f. 9., woge, welle.
ūrm-ín-, adj. 3., wogend.

R.

Rk-sāhitā, f. 10., die geordnete und auf gezeichnete samlung der *Rḱ (ŕḱ-* s. d., *sam-, hita-* s. unt. *dha).*

ŕkša-, subst. m. 10., 1) bär; 2) m. pl. der große bär, das sibengestirn, nachmals die siben *ršì;* Rv. I, 24, 10.

rḱ, subst. f. 1., lied, gedicht (wurz. *arḱ).*

r-tá-, 10., 1) adj. (part. praet. pass. zu wurz. *ar),* gehörig, ordentlich, wacker, tüchtig; 2) subst. n. feste ordnung, bestimmung, besonders die ordnung in heiligen dingen, heiliger brauch, satzung, götliches gesétz. Die bezeichnung *rtásja gōpā́°₀,* Rv. I, 1, 8, wächter der heiligen ordnung, wird häufig auf götter, zuweilen auch auf menschen an gewant.

rtḗ, praep. mit d. acc. u. abl., außer, one. In Rv. IV, 33, 11 *ná rtḗ çrāntásja sakhjā́ja* ist wol eine ellipse an zu nemen: nicht auß freundschaft außer (auß freundschaft) des ermüdeten (= für den ermüdeten), so daß der gen. *çrāntásja* von dem davor zu ergänzenden *sakhjāja* ab hienge. Sājana faßt den gen. *çrāntasja* als stelvertreter des bei *rtē* gewönlich stehenden abl. auf und paraphrasiert die stelle: *çrāntāt* (= *tapōjuktāt* büßer, durch buße ermüdet) *rtē sakhitvāja na bhavanti dēvā°₀.*

rtv-iǵ- (rtú + iǵ auß *jaǵ;* §. 6 am ende), adj. 1., nach vorschrift und zeitfolge opfernd, regelmäßig opfernd; gewönlich subst. m. priester; Rv. I, 1, 1.

rdū-dár-a (rdu = mrdu + dar-a-), adj. 10., mild, sanft, gnädig.

rbh-ú- (wurz. *rabh)* 8., 1) adj. kunstfertig, geschikt; 2) subst. m. künstler, bezeichnung dreier mythischer wesen, deren namen gewönlich als *Rbhu, Vibhvan* und *Vāǵa* an gegeben sind und welche söne des *Sudhanvan* heißen. Sie sind die künstler, welche des Indra rosse, den wagen der Açvin, die wunderkuh des Brhaspati schaffen, ire eltern verjüngen und auß der einen schale des *Tvašṭar,* des eigentlichen götterkünstlers, vier schalen machen. Durch dise und andere wunderwerke erwerben sie sich götliche würde und damit unsterblichkeit. Sie erscheinen vorzugsweise in Indras begleitung und kommen zum abendopfer.

rbhu-kšán- 3. und *rbhu-kšā́* 1. m. Der Veda hat nur sg. nom. *rbhukšā́-s,* acc. *rbhukšáṇ-am,* pl. nom. voc. *rbhukšā́-s* und *rbhukšáṇ-as.* Es bezeichnet den ersten der drei Rbhu, welcher gewönlich κατ' ἐξοχήν *rbhú-* heißt, und die Rbhu überhaupt.

ršabhá-, subst. m. 10., stier; als das haupt der herde ist er ein bild für das beste und edelste seiner art, so häufig am ende von compp.

ŕši-, subst. m. 9., sänger heiliger lieder, dichter; so heißen alle, welche einzeln oder in chören für sich oder für andere in kunstreicher rede und gesang zu den göttern rufen, also insbesondere die priesterlichen sänger, welche dise kunst zu irem beruf machten. Dise alten sänger erscheinen in der erinnerung späterer geschlechter als die heiligen der vorzeit. Sie sind die verfaßer der in den Veda auf bewarten lieder und sprüche. *saptaršajas (sapta-, rši-;* s. o. s. 8), nom. pl., Matsj. 30, siben *rši* — eine unbestimte vilheit — sind die repräsentanten jener heiligen vorzeit.

Ē.

Ēka-, adj. num., ntr. *éka-m,* im übrigen nach der pronominalen decl., einer, einzig (§. 237, 1).

ētá- (ē + tá-), pron. demonstr. mit dem selben wechsel von *s* und *t* wie in *ta-* (§. 264); nom. m. *ēšá* und *ēšás,* f. *ēšā́,* n. *ētát* diser, -e, -es. Mit *ta-* verbunden Rv. X, 121, 10. Als erstes glid in compositen wird *ētat* gebraucht.

ēna-, enklitischer pronominalstamm, von dem sich folgende casus vor finden: acc. sg. m. *ēna-m,* f. *ēnā-m,* n. *ēna-t,* du. m. *ēnāu,* f. n. *ēnē,* pl. m. *ēnā-n,* f. *ēnā-s,* n. *ēnā-ni,* instr. sg. m. *ēnēn-a,* f. *ēna-j-ā,* gen. loc. du. *ēna-j-ōs,* den übrigen casus ligt der stamm *a-* (s. u. *idám)* zu grunde. Pron. subst. der dritten person: er, sie es.

énas, subst. n. 2., frevel, untat, sünde.

é-va- (wurz. *i;* §. 218), subst. m. 10., lauf, gang; meist instr. pl.; *táraṇibhir évāiº,* Rv. IV, 33, 1, schnellen laufes.

ē-vá (pron. *i-),* adv., so, allerdings, ja wol. Am häufigsten wird es gebraucht um das vor im stehende wort mit nachdruck hervor zu heben, wie unser 'gerade, eben'. Häufig ist seine bedeutung so ab geschwächt, daß es volkommen zum füllworte wird.

ēvám (s. d. vor.), adv., so, auf dise weise.

Ō.

Ōgha-, subst. m. 10., flut, strom, menge.
ṓǵ-as-, subst. n. 2., kraft, tüchtigkeit, lebensfrische.
ṓǵījās-, *ṓǵišṭha-* s. *ugrá-*.
ōm, indecl., ein wort feierlicher bekräftigung, im anfange von gebeten, religiösen liedern u. s. w.
ṓšadhi-, subst. f. 9., auch *ṓšadhī*, f. 10., kraut, pflanze, heilkraut; *ṓšadhī°*, Rv. IV, 33, 7, nom. pl.

Āu.

Āughá-, subst. m. 10., flut (vgl. *ōgha-*, von welchem es mittels steigerung und sec. suff. *-a-* gebildet ist; vgl. §. 216, s. 383).

K.

Ká-, pron. interrog. (§. 264), nom. sg. m. *ká-s*, f. *ká*, n. ved. *ká-t*, später *ki-m*, wer, welcher; *kím* adverbiell zur bezeichnung der frage; *ámbha° kím āsīt*, Rv. X, 129, 1, war es waßer? *káç-kit*, acc. *káń-kit*, aliquis; *já° káç ka* wer irgend, jeder.
kań-kit s. *ka*.
ka-tamá- (superlativ v. *ká-*; §. 236), pron. interrog., welcher unter vilen.
kathám, adv. interrog., wie, auf welche weise; *káthā tē bhŕtir íti*, Çatap. 2, wie ist es mit deiner pflege (d. h. wie soll ich dich pflegen), sprach er.
kathā́, subst. f. 10., rede, erzälung.
kadā́, adv. interrog., wann; *kadā́-kit*, irgend ein mal, bisweilen, eines tages, einst.
kan-išṭhá-, adj. superlat. 10. (§. 234), 1) der kleinste; 2) der jüngste.
kán-ījās-, adj. comparat. 4. (§. 232; der positiv hierzu und zu dem vorher gehenden findet sich nur substantivisch: *kanā́*, f. 10., mädchen), 1) kleiner, geringer; 2) jünger; subst. der jüngere bruder.
kar, verb., bildet im Veda sein praes. auf vier verschidene weisen: 1) I, a, *kár-ti*, imperf. 2. 3. sg. *á-kar*; 2) I, b, *kár-a-ti*, imperf. *á-kar-a-t*, conj. *kár-at*, imperat. *kára*; 3) IV, a, *kr-ṇó-ti*, med. *kr-ṇu-té*, imperf. *á-kr-ṇō-t*, imperat. *kr-ṇú* und *kr-ṇu-hí*, conj. imperf. *kr-ṇáv-a-t*, 1. pl. *kr-ṇáv-ā-ma*;

4) IV, a mit verlust des nasals, diß ist die gewönliche form in der klass. sprache; *kar-ṓ-ti*, pl. *kur-más*, *kur-u-thá*, *kur-v-ánti*, med. *kur-v-ḗ*, *kur-u-tḗ*; imperf. *á-kar-av-am*, *á-kar-ō-s̆*, *á-kar-ō-t*, pl. *á-kur-ma*, *á-kur-u-ta*, *á-kur-v-an*; imperat. 2. sg. *kur-ú*, 3. *kar-ṓ-tu*, 2. med. *kur-u-s̆vá*; opt. 1. sg. *kur-jā́-m*, med. *kur-v-īj-á*; perf. *k̆a-kā́r-a*, 1. pl. *k̆a-kr-má*, 1. sg. med. *k̆a-kr-ḗ*; fut. 2. sg. *kar-is̆já-si*; ved. aor. 3. sg. *á-kar*, *kar* (Rv. I, 24, 8), 3. pl. *á-kr-an* (IV, 33, 2; §. 292), welche man aber auch als imperf. nach I, a faßen kann; zusammen ges. aor. 3. sg. *á-kār-s̆-ī-t*, ved. 1. sg. med. *kr-s̆-ē* (§. 297); part. perf. pass. *kr-tá-* (§. 224). Etwas machen in der weitesten bedeutung: volbringen, auß füren, bewirken, verursachen, zu stande bringen, an fertigen, bereiten, ver-anstalten, begehen u. s. w. *sat kar*, Matsj. 11, bewirten, gast-freundschaft erweisen (vgl. *sant-*); *bhāvā kar* mit d. loc., liebe, zuneigung faßen zu; Matsj. 11. Causat. *kār-ája-ti* (§. 209), machen laßen. Mit praeposit.

prati- erwidern, vergelten; mit dem acc. der sache und dem gen., dat. oder loc. der person; *pratikrta-* n. (part. praet. pass.), widervergeltung.

kara-patra-, subst. n. 10., säge (wörtl. handblatt; *kar-a-* m. 10., hand; *patra-*, *pát-tra-*, n. 10., flügel, feder, blatt; wurz. *pat*, suff. *-tra-*; §. 225).

karambhá-, subst. m. 10., grütze, mus, brei, die gewönliche opferspeise des *Pūs̆an*.

kar-tár-, subst. m. 5 (§. 225), täter, volbringer; *kartā́-smi* 1. sg. fut. von *kar* (§. 225, s. 444).

kars̆, verb. I, b, act. *kárs̆-a-ti*, perf. *k̆a-kárs̆-a*, inf. *krás̆-ṭum*, part. perf. pass. *kṛs̆-ṭá-*, ziehen, schleppen; mit praep.

ā- heran ziehen, mit sich fort ziehen, herauß ziehen;

pra- vorwärts-, fort ziehen.

kars̆-ū́- (*kars̆*), subst. f. 7., graben, furche.

kalp, verb. I, b, med. *kálp-a-tē*, part. perf. pass. *klp-tá-* (§. 6), in ordnung sein, gelingen; causat. *kalp-ája-ti*, in ordnung bringen, zurecht machen, zu rüsten. Mit praepos.

ava-, caus., in ordnung bringen, geeignet an wenden;

upa, caus., zu rüsten, zurecht machen; *upakálpja*, Çatap. 4, gerund. (§. 226).

kalmalīk-in-, adj. 3., flammend, brennend.
kavi-kratu-, adj. 8., die einsicht, begeisterung eines sängers habend, einsichtsvoll, weise.
kā́ṇḍa-, subst. m. 10., abschnitt, stück.
kā́m-a-, subst. m. 10., 1) wunsch, beger, verlangen, begirde, trib, liebe; 2) personificiert der wunschgott; Rv. X, 129, 4.
kāma-kāmin-, adj. 3., begirden wünschend, d. h. inen frönend.
kāja-stha-, subst. m. 10., ein schreiber; die *kājastha* gehören zu einer mischlingskaste, ir vater ist ein *kšatrija*, ire mutter eine *çūdrā*.
kār-já- (kar), 1) adj. faciendus (§. 217); 2) subst. n. obligenheit, vorhaben, geschäft, angelegenheit, sache.
kālá-, subst. m. 10., 1) zeitpunkt, zeit; 2) schiksal; 3) bestimter: tod, todesgott = *Jama*.
kāla-daṇḍa-, subst. m. 10., der stab des todesgottes (s. *kālá-*).
kāç, verb. I, b, med. *kā́ç-a-tē*; perf. *ka-kāç-ē*, sichtbar sein, erscheinen; glänzen, leuchten; intensiv. *kā́-kaç-ī-ti* und *kā-kaç-já-tē*, hell leuchten. Mit praepos.
vi- erscheinen; *vikā́kaçat*, Rv. I, 24, 10, neutr. adverb. part. praes. intens., stralend (§. 229. 293).
pra- sichtbar werden, sich zeigen.
kā́šṭha-, subst. n. 10., holzstück.
kim s. *ká-*.
kíj-ant-, pron.-adj. 4., 1) interrog. wie groß, wie weit, wie vil; 2) indefin. irgend wie groß, d. h. gering, wenig, unbedeutend; *kíjat*, ntr. adv., ein wenig, etwas.
kíla, adv., 1) bekräftigend und hervorhebend: gewis, ja; 2) erklärend: nämlich; es folgt auf das wort, welches hervor gehoben wird.
kīrtaj (denom. v. *kīrti-*, subst. fem. 9., kunde, rum; wurz. *kar* erwähnen, suff. *-ti-*; §. 7, 2; §. 226), verb. I, b, *kīrtája-ti*, gedenken, erwähnen, nennen, erzälen. Mit praepos.
pari- verkünden, mit teilen, erzälen.
kīla-, subst. m. 10., pflock, keil.
kīla-ka-, subst. m. 10., pflock, keil (§. 231).
kú-tas, adv. interrog., woher, von wo (§. 251, altind., anm. 3).
kuntī, f. 10., n. pr. der gemalin des *Pāṇḍu*.
kumārá-, subst. m. 10., knabe, jüngling, son.

kumbhá-, subst. m. 10., topf, krug.
kumbhí, subst. f. 10., topf, krug, schüßel.
kúru-, n. pr. 8., name des anherren eines stammes; m. pl. bezeichnung dises stammes.
kuru-nandana-, subst. m. 10., den Kuru (als vater) erfreuend, son des Kuru.
kú-ha, ved. adv. interrog., wo, wohin.
krp-á, subst. f. 10., mitleid.
krp-aṇá-, adj. 10., bejammernswert, arm, elend (§. 221, a; üb. *ṇ* s. §. 127 am ende).
két-a-, subst. m. 10., verlangen, begeren, absicht; aufforderung, einladung.
kē-tú-, subst. m. 8., lichterscheinung, helle, klarheit, häufig plur.; Rv. I, 24, 7.
kāuntēja- (metronym. v. *kuntī*; mit steiger. und sec. suff. *-a-*; §. 216 am ende), m. 10., son der Kuntī.
krá-tu-, subst. m. 8. (§. 227), überlegung, rat, einsicht, verstand.
kránd-as-, subst. n. 2., 1) schlachtgeschrei; 2) du. *krándasī*, Rv. X, 121, 6, die tobenden schlachtreihen, die beiden kämpfenden parteien.
kram, verb. I, b u. II, b, act. med., *krám-a-ti, -tē, krām-a-ti, -tē*; perf. *kakráma*, schreiten, gehen. Mit praepos.
ati- 1) vorüber gehen, weiter gehen; 2) hervor ragen, übertreffen; Matsj. 2.
pra- med. an etwas gehen, unternemen, sich an schicken, beginnen, mit d. infin.; Matsj. 55.
krīḍ, verb. I, b, act. med., *krīḍ-a-ti, -tē*; perf. *ki-krīḍ-a*, spilen, tändeln.
krudh, verb. V, act., *krúdh-ja-ti*; perf. *ku-krōdh-a* in zorn geraten, zürnen; causat. *krōdh-ája-ti* auf bringen, reizen; *ku-krudh-āma*, Rv. II, 33, 4, 1. pl. aor. causat.
kvà, adv. interrog., wo.
kšaṇa-, subst. m. 10., augenblick; *kšaṇēna*, instr. sg., augenbliklich, sogleich; Matsj. 53.
kšatrá-, subst. n. 10., herschaft, obergewalt, macht; sowol von menschlicher als von götlicher herschaft gebraucht.
kšam, verb. I, b, med. *kšám-a-tē*, perf. *ka-kšam-é*, sich gedulden, geduldig ertragen. Mit praepos.

abhi- 1) sich gnädig erzeigen; 2) begnadigen; Rv. II, 33, 7, *kakšamīthā*° 2. sg. opt. perf.

kši, verb. II, b, act. *kšáj-a-ti* nur im praes. zu belegen, bebesitzen, verfügen über; beherschen (mit d. gen.); Rv. I, 24, 14, *kšájan* part. praes. als einer der gewalt darüber hat (das folgende *asmábhjam* gehört zu *çiçratha*°).

kšip, verb. I, b, act., med., *kšip-á-ti*, perf. *ki-kšép-a*, schleudern, werfen. Mit praepos.

pra- hin schleudern, hin werfen, hinein werfen.

kšīrá-, subst. m. n. 10., milch.

kšud-rá-, adj. 10., klein, winzig.

kšubh, verb. II, b, *kšóbh-a-tē*; V. *kšúbh-ja-ti*; IV, b *kšubh-nā́-ti* schwanken, zittern, in aufregung, bewegung geraten; pass. bewegt werden; Matsj. 42.

kšullaká-, adj. 10., klein, winzig.

kšēmajánt-, 4., part. praes. von einem verlorenen verb. *kšēmájati* (denom. v. *kšē-ma-* ruhe, rast, wurz. *kši*; §. 219) rast gewärend, beherbergend.

Kh.

Kha-, subst. n. 10., der hole, lere raum, luftraum, äther.

khaṇḍá-, subst. m. n. 10., stück, teil.

khan, verb. I, b, act., med., *khán-a-ti*, part. *khā-tá-*, gerund. *khā-tvā́* (§. 227) graben, auß graben.

khan-itr-ima- (*khan-itra-*, §. 225, schaufel), adj. 10., durch graben entstanden. Rv. VII, 49, 2 zur bezeichnung des waßers in gegrabenen brunnen.

khād, verb. I, b, act., med., *khā́d-a-ti* kauen, zerbeißen, eßen, freßen.

khja, verb. II, *khjā́-ti*, vom simplex nur pass. u. caus. zu belegen, pass. bekant sein; part. perf. pass. *khjā-tá-* bekant, berümt. Mit praepos.

ā- erzälen, mit teilen.

G.

Ga, verb. III, *ģi-gā-ti*; aor. *á-gā-m*, 3. pl. *á-ga-n* und *g-us*, imper. *ga-hí* gehen, kommen. Mit praepos.

pari- 1) umgehen, umkreißen; 2) herbei kommen, erreichen;

3) umgehen, auß weichen; *pári gāt,* Rv. II, 33, 14, 3. sg. conj. aor.

gáṅgā, nom. propr., f. 10., Ganges.

gaḱḱhati s. *gam.*

gaṇá-, subst. m. 10., schar, reihe.

gatá- s. *gam.*

gandhá-, subst. m. 10., geruch, duft.

gabh-īrá-, adj. 10., tief, unerschepflich, unergründlich.

gam, verb. VI, act., med., *gá-ḱḱha-ti,* perf. *ǵa-gám-a* und *ǵa-gā́m-a,* 3. pl. *ǵa-gm-ús,* 1) gehen, sich bewegen, hin gehen, davon gehen, kommen; 2) in einen zustand, eine lage kommen, geraten, teilhaft werden, erlangen, mit d. acc.; Matsj. 27. 53. Mit praepos.

adhi- 1) heran kommen, gelangen zu; 2) auf finden, außfindig machen; *adhigamjatē,* Matsj. 50, pass. (§. 293, altind., V.), es wird auf gefunden, man findet auf.

anu- 1) nach gehen, nach folgen; 2) begehen, auß füren; Rv. IV, 33, 6.

ā- herbei kommen, kommen zu mit d. acc.; *ā́ gamat,* Rv. I, 1, 5, 3. sg. conj. aor.; *āgamja,* Matsj. 5, gerund. (§. 226), nachdem er (Manu) gekommen war; part. *āgata-* einer der an gekommen ist.

sam- med. zusammen kommen mit (instr.), freundlich, feindlich, geschlechtlich.

1. *gar,* verb. IV, b, act., med., *gr-ṇā́-ti, gr-ṇī-tḗ,* part. *gr-ṇ-āná,* 1) an rufen, rufen, Rv. II, 33, 8; 2) preisen, *grṇīšē,* Rv. II, 33, 12, 1. sg. med. aor. comp. auß dem praesensstamme statt auß der wurzel gebildet.

2. *gar,* verb. I, b, act., med., *gir-á-ti* und *gil-á-ti* (§. 128), perf. *ǵa-gā́r-a* verschlingen.

garǵ, verb. I, b, act., med., *gárǵ-a-ti,* part. praes. med. *garǵ-a-māna-* (§. 219), brüllen, toben, brausen.

garta-sád-, adj. 1., auf dem streitwagen sitzend.

gárbh-a- (wurz. *grabh;* §. 216), subst. m. 10., 1) der empfangende mutterleib; 2) die leibesfrucht, kind; Rv. X, 121, 7.

gáh-ana- (§. 221, a) 10., 1) adj. tief; 2) subst. n. tiefe, abgrund; Rv. X, 129, 1.

gā́m s. *gṓ-.*

gir-í-, subst. m. 9., berg, gebirge (§. 7).
giláti s. 2. *gar*.
guṇá-, subst. m. 10., 1) faden, strick; 2) eigenschaft, tugend; Spr. 11.
guṇa-tva-, subst. n. 10. (§. 227, s. 458), abstractum von *guṇá-* strick; *tṛṇāir guṇatvam āpannāir* mit zu stricken gewordenen grashalmen, Spr. 8.
gup (eine secundäre wurzel, hervor gegangen auß *gōpājáti*, denom. v. *gōpā́-)*, praes. ungebr., perf. *ǵu-gṓp-a*, hüten, bewaren, schützen. Mit
sam-, part. *saṅgupta-* gehütet, beschüzt, bewart.
gur-ú-, 8. (§. 7, 1), 1) adj. schwer, groß, angesehen, erwürdig; 2) subst. m. eine erwürdige person, besonders ein lerer; Spr. 6.
guh, verb. I, b, act., med., *gū́h-a-ti*, part. perf. pass. *gūḍhá-* (§. 130, 2), zu decken, verhüllen, verbergen, geheim halten; *táma āsīt támasā gūḷhám ágrē*, Rv. X, 129, 3, im anfange war finsternis, von finsternis umhült.
gūḍhá-, *gūḷhá-* s. *guh*.
gṓ-, subst. m. f. 6., nom. *gā́u-s*, acc. *gā́-m*, instr. *gáv-ā*, rind, stier, kuh.
gō-pā́-, subst. m. 10., nom. *gōpā́-s*, acc. *gōpā́-m*, du. *gōpā́u* u. *gōpā́*, pl. nom. *gōpā́s*, instr. *gōpā́-bhis*, hirt, hüter, wächter.
grabh, die ältere im Rv. gewönliche form, in den Brāhmaṇa und der späteren literatur allein herschend ist *grah* (§. 125, 3), verb. IV, b, act., med., *gṛbh-ṇā́-ti*, *gṛh-ṇā́-ti*; imperat. 2. sg. act. *gṛh-āṇá*, *gṛh-ṇā-hí*, *gṛh-ṇī-hí*; perf. *ǵa-grábh-a*, *ǵa-gráh-a*; aor. *á-grabh-am*, 3. *á-grabh-īt*; gerund. *gṛh-ī-tvā́* (§. 15, f; §. 227), *gṛ́hja* (§. 226; auch one voran gehende praep.); inf. *gráh-ī-tum*; part. perf. pass. *gṛbh-ī-tá-*, *gṛh-ī-tá-*; 1) ergreifen, mit der hand faßen, fest halten, nemen; 2) sich jemandes bemächtigen, von krankheiten und überirdischen mächten; Rv. I, 24, 12 von der sünde, vgl. vers 13.
grah s. *grabh*.
grāh-jà-, part. necess. v. *grah* (§. 217), adj. 10., zu ergreifen, zu nemen; *sārā tatō grāhjam*, Spr. 5, darum ist das wesentliche an zu nemen.

Gh.

Ghūrṇ, verb. I, b, act., med., *ghūrṇ-á-ti* schwanken, wanken.

ghŕ-ṇi-, subst. m. 9. (wurz. *ghar;* §. 223; §. 127, 2 am ende), hitze, glut, sonnenschein. Rv. II, 33, 6 *ghŕṇīva*, Padap. *ghŕṇi-iva*, gibt so keinen sinn. Das Petersb. wtb. s. v. meint, es sei als *ghŕṇēr iva* zu faßen, dann wäre der sinn: wie ich vor der hitze den schatten unversert erreichen möge, so —. Einfacher ist mit Sājana *ghṛṇī-iva* zu teilen, *ghṛṇī*, nom. sg. von *ghṛṇin-*, adj. 3., welches in den Veden freilich sonst nicht belegt ist, in der bedeutung glut habend, von glut gequält. In der späteren sprache erscheint *ghṛṇin-* in übertragener bedeutung: mitleidig.

ghṛ-tá-, subst. n. 10., schmelzbutter, jezt *ghee* genant.

ghōrá-, adj. 10., grausig, furchtbar.

Ḱ.

Ḱa, enklit. conj., und, auch; *ḱa—ḱa* sowol—als auch; Rv. I, 24, 1.

ḱakš, verb. I, a, med. *ḱáš-ṭe*, 3. pl. *ḱákš-atē;* imperf. *á-ḱaš-ṭa;* part. praes. *ḱákš-āṇa* und *ḱákš-a-māṇa;* inf. *ḱáš-ṭum* 1) erscheinen; 2) sehen, schauen nach; 3) an kündigen, sagen. Mit

vi- deutlich sehen, erblicken, hin blicken auf; *tád ajā́ ḱētō hṛdā́ ā́ ví ḱašṭē*, Rv. I, 24, 12, das siht der verstand in meinem inneren.

ḱakšamīthā° s. *kšam*.

ḱat, verb. I, b, *ḱát-a-ti* sich verstecken; nur im part. praes. *ḱát-ant-* u. perf. pass. *ḱat-tá-* ved., *ḱat-itá-* klass. (§. 224), nachweisbar; caus., *ḱāt-ája-ti* und *-tē*, sich verstecken machen, d. i. verscheuchen, vertreiben. Mit

vi- caus. med. verscheuchen, vertreiben.

ḱatur-thá-, adj. 10., vierter (§. 241).

ḱatur-daçá-, adj. 10., vierzehnter (§. 241).

ḱátuš-pād-, in den schwächsten casus *-pad-*, adj. 1., vierfüßig, msc. ein vierfüßiges tier; ntr. collect. das geschlecht der vierfüßigen, die tiere.

ḱatvár-, numerale (§. 237, 4), pl. msc. *ḱatvā́r-as*, acc. *ḱatúr-as*, fem. *ḱatásr-as*, ntr. *ḱatvā́r-i*, vier.

ḱaná (ḱa+na), adv., auch nicht, selbst nicht, nicht einmal. Es steht unmittelbar nach dem worte, auf welches der nachdruck gelegt wird, und erscheint in der älteren sprache oft one weitere negation im satze, welche in der späteren sprache nie felt. Ser häufig nach pronn. interrogg., denen es indefinite function verleiht.

Kand-rá-, 1) adj. 10. (§. 220), schimmernd, lichtfarbig; Rv. X, 121, 9 von den gewäßern; 2) subst. m., mond.

Kandrá-mas-, subst. m. 1., nom. *Kandrámās* mond, der mondgott (*Kandra-* + *mas-* = *mās-* mond).

Kap-alá-, adj. 10., schwankend; leichtfertig. leichtsinnig.

Kapala-tā, subst. f. 10. (§. 224, s. 436), leichtsinn, unbesonnenheit.

Kam-asá-, subst. m. n. 10., trinkschale, becher.

Kamū́, subst. f. 7., schüßel, in der regel heißt so das gefäß (meist ein par, du. nom. *Kamvā̀*, gen. loc. *Kamvòs)*, in welches der soma ab fließt.

Kar, verb. I, b, act., med., *Kár-a-ti*, perf. *Ka-Kā́r-a* 1) sich regen, bewegen, gehen, faren, wandern, von menschen, vih, waßer, schiffen u. s. w.; *Kárantīs*, Rv. I, 24, 6, nom. pl. fem. part. praes.; 2) sich verhalten, verfaren, handeln, leben, sein; c. part., Çatap. 7.; 3) an etwas gehen, etwas üben, treiben; c. acc., Matsj. 3.

Kar-itá- (part. perf. pass. v. *Kar*; §. 224), subst. n. 10., 1) gang; 2) wandel, taten.

Kašṭē s. *Kakš.*

Kā́ru-, adj. 8., angenem, wilkommen, lieb, schön.

Kit, verb. II, b, *Kḗt-a-ti*; perf. *Ki-Kḗt-a*; III. (mit dem urspr. gutt.) *Ki-kēt-ti*, med. *Ki-kit-tḗ*; perf. *Ki-kḗt-a*, med. *Ki-kit-ḗ*; part. praes. med. intensiv. *Kḗkit-āna-*, 1) war nemen, bemerken, acht haben, beobachten; 2) sich vernemen laßen, sich zeigen; erscheinen, gelten, bekant sein; Rv. II, 33, 15.

Kit, enklitische partikel, dient 1) zur hervorhebung des vorher gehenden wortes. Hinter die pronn. interrogg. tretend verwandelt es dise in indefinita, Rv. I, 24, 4; auch das relat. *jáç Kit* welcher irgend; *apavaktā́ hrdajāvídhaç Kit*, Rv. I, 24, 8, er ist ein verbieter des irgend das herz (der sonne) verletzenden; *krtā́ Kid énaḥ*, v. 9, alle (von uns) getane sünde; 2) zur vergleichung: wie, gleich wie; Rv. II, 33, 12.

Kitrá-çravas-, adj. 2., lauten ruf (gesang, jubel) ertönen laßend oder manichfachen rum habend; Rv. I, 1, 5 superlat.

(*kit-rá-*, adj. 10., sichtbar, hell, bunt; §. 220; *çrávas-*, §. 230).

kint, verb. I, b, *kint-ája-ti*; perf. *kintajám ása* (§. 216, s. 379), 1) nach denken, nach sinnen; 2) an jemd. oder etwas denken, nach sinnen über, seine gedanken richten auf; Matsj. 37; *kint-ita-*, n. 10. (§. 224), gedanke; ibid.

kīra-, subst. n. 10., ein schmales, langes stück baumrinde, rindengewand, lappen.

kīriṇī, nom. pr. fem. 10., name eines flußes.

kūrṇa-, subst. m. n. 10., staub, mel.

kūrṇaj (denom. v. *kūrṇa-)*, verb. I, b, *kūrṇ-ája-ti* zu staub machen, zerreiben, zerschmettern; *kāšṭhābhjā kūrṇitāṇḍa-dvajaº*, Hit., durch die beiden holzstücke ein zerquetschtes hodenpar habend.

kēkitāna- s. *kit.*

kēt (ka + it), conj., wann, wenn.

kēšṭ, verb. I, b, act., med., *kēšṭ-a-ti* die glider bewegen, zappeln. Mit

vi- die glider hin und her bewegen, sich rüren.

Ḱh.

Ḱhājá, subst. f. 10., 1) schatten, schattiger ort; 2) schatten, abbild; Rv. X, 121, 2.

khid, verb. IV, c, 1, act. *khinát-ti*, med. *khint-té*, perf. *ki-kkhéd-a*, aor. *á-kkhid-at*, zus. ges. aor. *á-kkhāit-s-ī-t*, ab schneiden, zerreißen, spalten. Mit

antar- (antáç-khid) ab schneiden, intercludere; Çatap. 6.

Ǵ.

Ǵá-g-at- (wurz. *ga* gehen), subst. n. 4., das bewegliche, lebendige, die welt; Rv. X, 121, 3.

ǵaṅgam-a- (vom intensivstamme zu *gam*; §. 293, altind. III.), adj. 10., beweglich, lebendig.

ǵáṭā, subst. f. 10., flechte, die hartracht der asketen.

ǵaṭā-dhar-a-, adj. 10., flechten tragend (von einem asketen).

ǵan, *ǵa*, verb., A. transitiv: 1) I, b, *ǵán-a-ti*, nur ved.; 2) III.

ǵá-ǵan-ti; 3) die üblichste bildung V. *ǵắ-ja-tē, -ti;* perf. *ǵa-ǵắn-a,* 3. pl. *ǵa-ǵń-ús,* ved. *ǵa-ǵan-ús;* fut. *ǵā-sjá-ti;* zus. gesezter aor. 3. sg. med. *á-ǵan-iš-ṭa,* zeugen, gebären, hervor bringen; caus. *ǵan-ája-ti* das s., 3. sg. aor. med. *á-ǵī-ǵan-a-ta.*

B. intransitiv: V. *ǵắ-ja-tē;* aor. 3. sg. *á-ǵan-i, ǵan-i* und *á-ǵan-iš-ṭa;* perf. *ǵa-ǵń-ḗ,* 3. pl. *ǵa-ǵń-irḗ;* part. perf. *ǵā-tá-* s. u. bes.; gezeugt, geboren werden, entstehen. Mit

ā- 1) trans. erzeugen; 2) intrans. auß einem orte geboren werden, auß einem orte entstehen; Rv. X, 129, 6.

upa- entstehen, sich zeigen; *adhō-dhaḥ paçjataḥ kasja mahimā nōpaǵājatē,* Spr. 4, bei wem, wenn er stäts nach unten siht, zeigt sich nicht größe, d. h. wer erscheint sich nicht groß, wenn er —.

pra- 1) geboren werden, entstehen; 2) sich fort pflanzen durch, in (instr.); Rv. II, 33, 1; 3) zeugen, gebären mit d. acc.; Çatap. 10.

ǵán-a-, subst. m. 10., geschepf; mensch; person, leute (sowol collectivisch im sg. als im pl.); geschlecht, stamm.

ǵan-itár-, subst. m. 5., erzeuger, vater (§. 225).

ǵar-aṇá-, adj. 10., hinfällig, alt (wurz. *ǵar* altern; §. 221, a).

ǵar-itár, subst. m. 5., anrufer, sänger, vererer (wurz. *ǵar* tönen, rufen; §. 225).

ǵala-, subst. n. 10., waßer.

ǵálāša-, adj. 10., lindernd, beruhigend, heilend.

ǵahrus s. *har.*

ǵā-tá- (part. praet. pass. zu wurz. *ǵa, ǵan)* 10., 1) adj. geboren, entstanden; 2) subst. n. lebendes wesen, geschepf; Rv. II, 33, 3; X, 121, 10.

ǵājatē s. *ǵan.*

ǵi, verb. II, b, *ǵáj-a-ti,* sigen, erobern.

ǵu, verb. II, b, act., med., *ǵáv-a-ti,* part. praet. pass. *ǵū-tá-,* in rasche bewegung setzen, an treiben, drängen.

ǵuš, verb. I, b, *ǵuš-á-tē,* 1) befridigt, günstig, vergnügt sein; 2) etwas oder jmd. gern haben, lieben, gefallen finden an, sich einer sache erfreuen, mit d. acc.; Rv. IV, 33, 9.

ǵńa, verb. IV, b, *ǵā-nā́-ti,* med. *ǵā-nī-tḗ* (von einer wurzelf. *ǵa);* fut. *ǵńā-sjá-ti,* zus. ges. aor. *á-ǵńā-s-īt,* perf. *ǵa-ǵńắu;*

pass. V, *ǵñā-já-tē,* part. praet. pass. *ǵñā-tá-,* part. necess. *ǵñḗja-* (§. 217; §. 15, 2, b), 1) kennen, wißen, erkennen; 2) an erkennen, billigen, gut heißen; Çatap. 8; caus. *ǵñā--pajá-ti* (§. 209, s. 356). Mit

anu-, caus., jmd. um erlaubnis bitten fort zu gehen, sich verabschiden bei (acc.); *ǵagmatuç ka jathākāmam anuǵñāpja paras-param,* Matsj. 35, und sie giengen nach belieben (wohin jeder wolte) sich bei einander verabschidet habend.

vi- erkennen, unterscheiden, warnemen; *viǵñēja,* Matsj. 32 (§. 217; §. 15, 2, b), erkenbar.

ǵña-, adj. 10., kundig, kennend, vertraut; häufig in compp., in denen das object den ersten teil bildet.

ǵñāna-, subst. n. 10. (§. 222; richtiger 221, a), das kennen, erkentnis, wißenschaft.

ǵjḗšṭha- (§. 232, 234), adj. 10., 1) der älteste; subst. m. der älteste bruder; Rv. IV, 33, 5; 2) der vorzüglichste; ntr. acc., am meisten, ser; Çatap. 4.

Ǵh.

Ǵhašá-, subst. m. 10., großer fisch.

T.

Ta-, pron. demonstr. (§. 264), der, diser; in verbindung mit der 1. oder 2. pers.; z. b. *sá jadā́ tā́m ativárdhāi,* Çatap. 3, wenn ich für disen zu groß werde; ntr. *tát,* adv. da, damals; Rv. X, 129, 4; *tád āughá āgantā́,* Çatap. 4, da wird die flut kommen.

takš, verb. I, b, *tákš-a-ti,* part. praet. pass. *taš-ṭá-,* 1) behauen, schnitzen, bearbeiten; 2) verfertigen, schaffen, zu bereiten. Mit

ā- verschaffen.

tá-tas, adv. (§. 251, altind., anm. 3), 1) von daher, dort; 2) darauf, in folge dessen, darum, dann; häufig als füllwort.

tatithá-, adj., fem. *-ī́* 10., der sovilte.

tá-tra, adv., da, dort, dahin, dann; *ját — tátra,* Rv. VI, 57, 4, als — da.

tá-thā, adv., so, auf dise weise.

ta-dā́, adv., zu der zeit, dann, alsdann; im epos oft müßig.
ta-dā́-nīm, adv., damals, alsdann, dann.
tad-vat, adv., so, auf dise weise (§. 218).
tan, ta, verb. IV, a, act., med. (§. 293, altind., IV, a, anm.), *tan-ṓ-ti*; perf. *ta-tā́n-a*, 2. *ta-tán-tha* oder *tḗn-itha*; part. praet. pass. *ta-tá-*, sich denen, denen, spannen, auß breiten. Mit *ava-* ab spannen;
vi- sich auß breiten, auß spannen, auf ziehen (eine sene u. a.).
tán-aja-, adj. 10., das geschlecht fortpflanzend.
tap, verb., 1) I, b, *táp-a-ti*, perf. *ta-tā́p-a*, warm sein, erwärmen; 2) V, med. *táp-ja-tē*, perf. *tēp-ḗ*, a) schmerz empfinden; b) freiwillig schmerz empfinden, sich kasteien, gewönlich mit dem acc. *tápas* verbunden; Matsj. 4.
táp-as-, subst. n. 2. (§. 230), 1) wärme, glut; Rv. X, 129, 3; 2) kasteiung, buße, frömmigkeit.
tapasj (denom. v. *tápas-*), verb. I, b, *tapas-já-ti* sich kasteien.
tám-as, subst. n. 2., finsternis.
tar, verb. I, b, act., selten med., *tár-a-ti*, mit praepp. gewönlich *tir-á-ti*; perf. *ta-tā́r-a*, 2. sg. *tḗr-itha*; inf. *tár-tum, tár-itum*; gerund. *tīr-tvā́, -tī́rja*; part. praet. pass. *tīr-ṇá-* (§. 222), über ein gewäßer setzen, über schiffen, über etwas hinüber gelangen.
tar-áṇi-, adj. 9., die ban durchlaufend, vorwärts dringend, rasch.
tárhi, adv., zu der zeit, damals, dann.
táva, gen. sg. pron. 2. pers. (§. 265).
tav-ás-, adj. 2. (wurz. *tu*, §. 230), tatkräftig, tüchtig, kraftvoll, mutig.
tātá-, subst. m. 10., nur im voc. sg. gebr., anrede 1) eines älteren an einen jüngeren; oder 2) eines jüngeren an einen älteren; Matsj. 18.
tāpas-á- (*tápas*, mit suff. *a* und steigerung; §. 216, s. 384), subst. m. 10., einer, der askese übt, büßer, einsidler.
tā́-vant-, adj. 4. (§. 218), so groß, so lange dauernd; ntr. *tā́vat* adv. so lange, wärend dessen, zu der zeit; *jā́vat — tā́vat*, so lange — als, wenn — dann.
tiraçk-īna- (*tirj-aṅk-*), adj. 10., in die quere gerichtet, wagerecht, zur seite gewant.
tī́r-a-, subst. n. 10. (wurz. *tar*, suff. *-a-*), ufer, gestade.
tīvrá-, adj. 10., streng, heftig, stark, scharf.

tu, conj., 1) doch, nun (nur ved.); 2) aber; niemals am anfange eines verses oder satzes.

tukkhjá-, adj. 10., ler, öde, nichtig.

tūr-ṇá-, part. praet. pass. v. *tvar.*

tṛ́ṇa-, subst. n. 10., gras, grashalm (als bild der kleinheit und schwäche).

tṛ-tíja-, adj. num. 10., dritter (§. 241, 3); *tṛtíjē sávanē*, Rv. IV, 33, 11, im abendopfer.

tē s. §. 265.

téǵ-as, subst. n. 2., glanz (§. 230; wurz. *tiǵ* scharf sein).

tēpḗ s. *tap.*

tōká-, subst. n. 10., nachkommenschaft, kinder, stamm, brut. Besonders gebräuchlich ist die von Sājana als 'kind und kindeskind' gefaßte verbindung *tōkā́ tánajam*, s. *tánaja-.*

tra, verb. II, act., med., *trā́-ti*, inf. *trā́-tum*, behüten, beschützen, retten vor (abl.).

trajō-daçá-, adj. num. 10. (§. 241), dreizehnter.

trajō-vīçá-, adj. num. 10. (§. 241), dreiundzwanzigster.

tras-a-, adj. 10. (wurz. *tras* erzittern; §. 216), beweglich, ntr. das bewegliche, lebendige; tiere und menschen (im gegensatze zu *sthāvará-); Matsj.* 29.

trí-, adj. num. 9. (§. 237, 3), nom. m. *tráj-as*, n. *trī́-ṇi*, f. *tisr-ás*, drei.

tva-, pron. d. 2. pers. sg. (§. 265), nom. *tvám;* vedisch oft, z. b. Rv. I, 1, 6, *tuám* zu lesen.

tvákš-ījās-, adj. 4. (comparat. one erhaltenen positiv; §. 232), ser rüstig (vgl. *tvákš-as*, ntr. 2., wirksamkeit, tatkraft).

tvat-kṛta-, adj. 10., von dir gemacht *(tva-t-*, die im altind. in zusammensetzungen gebrauchte form des pronom., dem ablat. gleich; §. 265, s. 648; *kṛ-ta-* s. *kar).* Matsj. 19 lis *tvatkṛtējā́*, d. i. *tvatkṛtā ijam.*

tvar, verb. I, b, med., später auch act., *tvár-a-tē*, perf. *ta-tvar-ḗ*, eilen; part. praet. pass. *tūr-ṇá-* (§. 222), eilend, schnell, geschwind, acc. ntr. adv.

tváš-ṭar- (wurz. *tvakš;* §. 225), nom. pr. msc. 5., name eines gottes, des schepfers lebendiger wesen, bildners und künstlers.

tvā s. *tva-.*

tvā́-datta-, adj. 10., von dir gegeben *(tvā-* in zusammensetz. nicht seltene form des pron. d. 2. sg.; *datta-* s. *da).*

tvēš-á-, adj. 10., ungestüm, heftig, häufiges epitheton des Rudra und der Marut (wurz. *tviš* auf geregt, ungestüm sein, suff. *-a-*; §. 216).

D.

1. *Da*, verb. III, activ., *dá-dā-ti*, med. *dat-té*, 1. pl. *dád-masi*, *dád-mas*, 3. *dá-d-ati*, imper. *dē-hí*, opt. *da-d-jā-t*; aor. *á-dā-t*, ved. *dā-t*, 3. pl. *á-d-us*, *d-us*; perf. *da-dá* ved., *da-dáu*; pass. praes. *dī-já-tē*; part. perf. *dat-tá-* (§. 224, s. 437), geben, schenken. Es entwickelt sich dann auß der praes.-form III ein stamm *dad*, welcher nach I, b *dád-a-tē* bildet: bei sich füren, bewaren, halten, tragen; *abudhnē rā́jā váruṇō vánasjōrdhvā́ stū́pā dadatē pūtádakšaḥ*, Rv. I, 24, 7, im bodenlosen hält der reingesinte könig *Varuṇa* des glanzes masse hoch. Mit
   ā- in empfang nemen, erhalten, nemen, mit sich nemen; gerund. *ādā́ja* (§. 226, s. 451), in begleitung von, mit; Matsj. 36; part. praet. pass. *ā́t-ta-* (auß **ā-d-ta-*, *d* ist rest der wurz. *da*).

2. *da*, verb. I, *dā́-ti*, gewönlich V, *d-já-ti*, aor. *á-dā-t*, part. praet. pass. *dā-tá-*, *di-tá-* und *di-ná-* (§. 224; §. 222), ab schneiden. Mit
   ava- 1) ab schneiden; 2) jemand ab fertigen; Rv. II, 33, 5, *dišīja*, 1. sg. med. opt. des zusammen ges. aor. (precat.; §. 290, s. 714).

dās-ána-, subst. n. und f. 10., wunderbare tat, wunderkraft (vgl. *das-má-*, *das-rá-*, adj. 10., wunderkräftig, wundertätig).

dákš-a-, subst. m. 10., tüchtigkeit, fähigkeit, willenskraft, gesinnung (wurz. *dakš* taugen, suff. *-a-*; §. 216).

daṇḍá-, subst. m. 10., stock, stab, als symbol der herschaft; Hit.

dádhi-, subst. n. 9., saure milch.

dánta-, subst. m. 10., und *dant-*, 1. (eigentlich 4.; vgl. §. 43, s. 78 u. nachtr.), zan.

dant-in-, subst. m. 3., elephant (der mit zänen versehene; s. d. v.).

dáma-, subst. m. n. 10., haus, heimat.

daj, verb. I, b (verwant mit 2. *da*), med. *dáj-a-tē*, perf. *dajā́ kakrḗ* (§. 216, s. 379), 1) teilen, erteilen, zu teilen; 2) als seinen teil haben, besitzen; Rv. II, 33, 10.

dar, verb. IV, b, act., med., *dr-ṇā́-ti*, bersten; caus. *dar-ája-ti*, *dār-ája-ti*, zersprengen, zerspalten. Mit
vi-, caus., zersprengen, spalten; *vidārjamāna-*, part. praes. pass. caus. (§. 219), zerspalten; Hit.
daridra s. *dra*.
darç, verb., praes. ungebr., perf. *da-dárç-a*, med. *dá-drç-ē* und *da-drç-ḗ*, 3. pl. *dá-drç-rë* ved.; part. perf. act. *da-drç-vā̆s-* (§. 218, s. 403); aor. *á-darç-at*, ved. *á-drāk*, opt. *drçḗjam*; gerund. *dršṭvā́*, sehen, erblicken. Rv. I, 24, 1: wer gibt uns der großen Aditi zurück, so daß ich vater und mutter (wider) sehe; pass., med. geschen werden, sichtbar werden, sichtbar sein, auß sehen, erscheinen, scheinen; Matsj. 44; Rv. I, 24, 10.
darh, verb., 1) IV, c, 2. *dŕh-a-ti*, fest machen; 2) V, *dŕh-ja-ti*, *-tē*, fest sein; part. praet. pass. *drḍhá* (§. 224; §. 130, 2), fest; ntr. adv. fest, ser; Matsj. 4.
dā-tár-, subst. m. 5., geber (wurz. 1. *da*; §. 225).
dār-uṇá-, adj. 10., hart, streng, schreklich, fürchterlich.
dāç-vā́s- (part. praet. act. v. *dāç* vereren; §. 218, s. 403), adj. 4., huldigend, (den göttern) dienend, dar bringend, im Rv. die gewönliche bezeichnung für den gläubigen vererer der götter, den frommen.
div-, *dju-* (vgl. §. 14, 1, d; §. 10; §. 215), subst. 1., ved. m., selten f., später nur f., sg. nom. *djā́u-s*, acc. *djā́-m* und *dív-am*, instr. *div-ā́*, dat. *djav-ḗ* und *div-ḗ*, gen. *djṓ-s* und *div-ás*, loc. *djáv-i* und *div-í*, pl. nom. *djā́v-as*, acc. *djū́-n*, instr. *djú-bhis* und so vor allen consonantisch anlautenden casussuffixen mit wandlung von *div-* in *dju-*; 1) himmel; 2) tag, außer im plur. vornemlich nur in besonderen verbindungen, wie *divḗ divē*, Rv. I, 1, 3, tag für tag; *dív-ā*, instr. mit nicht vor geschobenem accente (auch *divā́*), am tage; Rv. I, 24, 10.
div-já-, adj. 10. (§. 217, 2), himlisch; *jā́ ā́pō divjā́*, Rv. VII, 49, 2, die gewäßer, welche himlisch sind.
1. *diç*, verb. act. III, *dí-dēš-ṭi* und I, b, *diç-á-ti*, perf. *di-dḗç-a*, zeigen. Mit
pari- an zeigen, an geben.
2. *diç-*, subst. f. 1. (§. 215), richtung, himmelsgegend.

dišīja s. 2. *da.*
dī́divi-, adj. 9., scheinend, stralend.
dī́dhjāna- s. *dhi.*
dur-bala-, adj. 10., schwach, schwächlich *(dus-, bala-).*
dur-matí-, subst. f. 9., üble gesinnung, misgunst, haß *(dus-, mati-).*
dur-vidagdha- *(vidagdha,* part. v. *dah* brennen mit *vi),* adj. 10., dumm, einfältig; *ǵńāna-lava-durvidagdha* durch ein wenig wißen einfältig (geworden), verschroben.
dušṭutí- und *dúšṭuti-* *(dus + stuti-),* subst. f. 9., felerhaftes oder schlechtes loblied (beim opfer); *dúšṭutī,* Rv. II, 33, 4, instr. sg.
dus- (je nach d. folg. laute *dur-, duš-, du°-, dū-;* §. 126, 2) = gr. δυς-, nur in zusammensetzung, schlimm, übel, mis-.
duh-itár-, subst. f. 5., tochter (die wurz. stekt in *duh;* vgl. gr. *θυγ-άτηρ).*
dū-tá-, subst. m. 10. (§. 224; vgl. *dū-rá-),* abgesanter, bote.
dū-rá, adj. 10., fern, weit; subst, n. ferne; die verschidenen casus werden adverbiell gebraucht; loc. *dūrḗ,* in der ferne, fern, weit weg; Rv. I, 24, 9.
dūra-tás, adv. (§. 251, altind., anm. 3), auß der ferne, von ferne.
dṛḷhá-, drḷhá- s. *darh.*
dṛçḗjam s. *darç.*
dēv-á- (vgl. *div-,* wurz. *div;* §. 216), 10.; 1) adj., fem. *-ī́,* himlisch, götlich; Rv. I, 1, 1; *dēvī́s,* nom. pl. f.; VII, 49, 1; 2) subst. m. der himlische, gott; *dēvḗšu,* Rv. I, 1, 4, zu den göttern; *dēvḗbhi°,* I, 1, 5, mit den göttern.
dēç-á- *(diç;* §. 216), subst. m. 10., ort, platz, gegend.
dā́iv-ja- *(dēvá-* mit suff. *-ja-;* §. 217, 2), adj. 10., götlich; Rv. II, 33, 7, von bösen gotheiten kommend, dämonisch (vgl. altbaktr. *daēva-).*
dōš-a-, subst. m. 10., feler, schaden, mangel (wurz. *duš,* verderben, schlecht sein; suff. *-a-;* §. 216); *tathātma guṇadōšajō°,* Spr. 11, so ist das wesen der tugenden und der feler.
dṓšā-vastar- *(dōšā,* fem. 10., abend, dunkel, + *vas-tar-,* wurz. *vas* leuchten; §. 225), subst. m. 5., dunkelaufheller, nachtverscheucher; nur im vocat. von Agni gesagt.
djā́m s. *div-.*
djut-i-, subst. f. 9., glanz (eigentl. u. übertr.), würde (wurz. *djut* leuchten, weiterbildung von *dju, div;* suff. *-i-;* §. 216, a).

djāus s. *div.*

dra, verb. II, act., *drā-ti,* laufen, eilen; intens. *dari-drā-ti,* 3. pl. *dari-dra-ti* (§. 276; §. 293), sich in not befinden, arm sein (eigentl. hin und her laufen).

dráviṇa-, subst. n. 10., gegenstand des wunsches und besitzes, sache, gut, habe, kostbarkeit.

dru, verb. II, b, *dráv-a-ti,* perf. *du-drā́v-a,* laufen, eilen. Mit *ati-* vorüber eilen, hin faren über.

dru-padá-, subst. n. 10., holzsäule, pfosten, namentlich zur anfeßelung gefangener dienend (*dru-,* m. n. 8., holz, baum; *padá-*).

dvá-, zalw. (§. 237, 2), du. m. *dvā́, dvā́u,* f. n. *dvḗ,* zwei; am anfange von compp. *dvi-.*

dva-já-, 1) adj. 10., zwifach, doppelt; 2) subst. n. par; Hit. (§. 217, 2).

dvā́-daçan-, zalw. 3. (§. 238), nom., acc. *dvā́daça,* zwölf.

dvi- s. *dva-.*

dvi-ǵá-, subst. m. 10., erenname des in die religionsgemeinde auf genommenen Ariers, ein mitglid der drei oberen kasten, insbesondere ein geweihtes, und in engster bed. ein geweihter Brahman; wörtl. zwei mal geboren (*dvi-, ǵa-,* wurz. *ǵa, ǵan*).

dvi-tíja-, adj. 10., zweiter (§. 241, 2).

dvi-pád-, adj. 1., zweifüßig; m. der zweifüßige, der mensch; ntr. sg. das geschlecht der zweifüßigen, die menschen (vgl. *pad-*).

dvḗš-as- (wurz. *dviš* haßen; §. 216), subst. n. 2., abneigung, widerwille, anfeindung, haß.

Dh.

Dha, verb. III, *dá-dhā-ti,* pl. *da-dh-más, dha-t-thá, dá-dh-ati,* opt. *da-dh-jā́-t,* imperat. 2. pl. *dha-t-tá* und *dá-dhā-ta;* perf. *da-dhā́u,* 2. *da-dhā́-tha,* pl. *da-dhi-má, da-dh-á, da-dh-ús;* aor. *á-dhā-t, dhā-t,* pl. *dh-us;* med. praes. *dha-t-tḗ,* imperf. *á-dhat-ta,* imperat. *da-dhi-švá* und *dha-t-svá;* aor. *á-dhi-ta;* perf. *da-dh-ḗ;* part. perf. pass. *hi-tá-* (§. 125, 2), setzen, legen, stellen in, auf (loc.); *dadhḗ,* 3. sg. perf. med.

mit reflexiver bed., hat sich gelegt, d. h. ligt; Rv. I, 24, 4; 2) jemand (loc. dat. gen.), etwas bestimmen, verleihen, geben; Rv. IV, 33, 10; X, 121, 8; 3) machen, schaffen, hervor bringen; *jádi vā́ dadhḗ jádi vā ná,* Rv. X, 129, 7, ob einer sie schuf oder nicht; 4) med., an sich nemen, erhalten, empfangen, bes. von der leibesfrucht; *gárbham dha* concipere; Rv. X, 121, 7. Mit

api- oder *pi-* bedecken, ein schließen, verhüllen; *tukkhjḗnābhv ápihitā jád ā́sīt,* Rv. X, 129, 3, welches ler vom leren umschloßen war.

ni- nider setzen, hin legen, hinein legen; mit *antár* Rv. I, 24, 7.

sam-ni-, part. praet. pass. *sannihita-* in der nähe befindlich.

prati- auf setzen (den fuß); Rv. I, 24, 8, infinitiv.

vi- an ordnen, fest setzen, bestimmen; Matsj. 7.

sam- vereinigen, med. sich verbinden, überein kommen, sich vertragen; *a-san-dadhāna- (a* priv. + part. praes. med.; §. 219), der sich nicht verträgt, unverträglich; *sā-hitā,* fem. part. praet. pass., bezeichnung der vedischen liedersamlungen.

1. *dhánvan-,* subst. n. 3., bogen.

2. *dhánvan-,* subst. m. n. 3., dürres land, wüste.

dhar, verb. I, b, act., med., *dhár-a-ti;* perf. *dā-dhā́r-a* ved., *da-dhā́r-a* klass.; gerund. *dhr-tvā́;* part. praet. pass. *dhr-tá-,* halten, tragen, stützen, aufrecht halten.

dhar-a-, adj. 10. (§. 216), haltend, tragend, besitzend; häufig mit dem objecte zusammen gesezt.

dharmāraṇja-, subst. n. 10., wald *(áraṇja-),* in welchem einsidler iren pflichten *(dhárma-;* §, 219), ob ligen, auch nom. pr. eines bestimten heiligen waldes,

dhi, verb. III, med. *dī́-dhj-ē, dī́-dhī-tē,* part. praes. *dī́-dhj-āna-;* act. 3. sg. imperf. *á-dī-dhē-t;* 1) act. scheinen, videri; 2) med. war nemen. Mit

abhi- betrachten, bedenken.

dhī́-, subst. f. 1., 1) gedanke; 2) religiöses nachdenken, andacht, bitte, gebet.

dhī́-ra-, adj. 10. (§. 220; s. d. vorigen), verständig, klug, weise, kunstfertig.

dhē-nú (wurz. *dha* saugen; oder *dhi,* praesensst. *dhi-nu-,* IV, a, sättigen; §. 223, a), subst. f. 8., milchkuh, mutterkuh.

N.

Ná, 1) negation: nicht; 2) nur vedisch vergleichungspartikel: wie, gleichsam; indem es die völlige identität zweier dinge verneint, deutet es indirect eine gewisse änlichkeit der selben an; Rv. II, 33, 4; IV, 33, 10.

náktam, adv., bei nacht, nachts.

nad-ī́ (wurz. *nad* brüllen, rauschen, suff. urspr. *-ja-;* §. 217), subst. f. 10., fluß.

nand-ana-, adj. 10. (§. 221, a), erfreuend; am ende von compp., deren erster teil der name des vaters ist, bezeichnet es den son.

nam, verb. I, b, act., med., *nám-a-ti,* perf. *na-nā́m-a,* Rv. II, 33, 12 mit denung *nā-nā́m-a,* wo im Pada *nanāma* steht; sich beugen, sich verneigen. Mit

prati- sich zu neigen; Rv. II, 33, 12: wie ein son dem vererten vater habe ich mich, o Rudra, (dir) dem herankommenden zu geneigt.

nám-as-, subst. n. 2. (§. 230), verbeugung, erenbezeugung in wort oder geberde, vererung.

namasj (denom. v. *námas-* §. 209, s. 355 am ende), verb. I, b, *namasjá-ti,* ere erweisen, vereren, huldigen. Rv. II, 33, 8 *namasja,* 2. sg. imperat.; Sājana faßt es fälschlich als vocat. mit der unmöglichen bedeutung lobsänger *(stōtar).*

nár-, subst. m. 5., mann, mensch.

nár-a-, subst. m. 10., mann, mensch.

nara-puṅ-gava-, subst. m. 10., mannstier, held unter den männern (d. vor. u. *puṅg.,* s. d.).

nara-çārdūla-, subst. m. 10., manntiger, tiger unter den menschen, erenvolle bezeichnung fürstlicher personen *(çārdūla-,* m. 10., tiger; vgl. *manuǵa-vjāghra-).*

narādhipa- (nara-+adhipa-), subst. m. 10., fürst unter den menschen.

narē-ṣṭhā́- (narē, dat. v. *nar-,+stha-),* adj. 1., Rv. IV, 33, 8 ‘villeicht: dem manne zum stehen dienend’, Petersb. wtb.; auf dem rade rollend, Sāj.; s'arrêtant au gré de l'homme, Nève, essai sur le mythe des Ribhavas p. 192.

nart, verb. V, act., med., *nŕt-ja-ti,* perf. *na-nárt-a,* tanzen.

naç, verb. I, b u. V, zu grunde gehen.

nas s. §. 265.

na-hí, adv., denn nicht, gewiss nicht, durchauß nicht.
náka-, subst. m. 10., himmel.
nādh, nāth, in der alten sprache davon nur partic. praes. med. *nádh-a-māna-*, hilfe suchend, flehend, und praet. pass. *nādh-itá-, nāth-itá-*, hilfsbedürftig, bedrängt.
ná-man- (wurz. *ǵńa*, §. 219), subst. n. 3., name, benennung; *nā́ma*, adv., namens.
nāš-ṭrā́, subst. f. 10., gefar, verderben (wurz. *naç*; §. 225).
ni, verb. II, b, act., med., *náj-a-ti*, aor. *á-nāi-š-īt*, perf. *ni-nā́j-a*, part. perf. pass. *nī-tá-*, leiten, füren, lenken; mit
upa-ā- herbei füren, herbei bringen; *upānīja*, Matsj. 10., gerund. (§. 226, s. 451).
ni, adv., nider, hinein, rükwärts.
niǵ, verb. III, *né-nēk-ti*, med. *nē-nik-té*, perf. *ni-néǵ-a*, ab waschen, reinigen; med. sich ab waschen. Mit
ava- ab waschen, reinigen; med. sich ab waschen.
níṭja-, adj. 10., immerwärend, ununterbrochen, ewig.
nid-, subst. f. 1., spott, schmähung, verachtung.
ni-dēç-a-, subst. m. 10., befehl (*ni-* + wurz. *diç*; §. 216).
nimná-, subst. n. 10., tiefe, niderung, vertiefung.
nír-r-ti-, subst. f. 9., auflösung, verderben, untergang; personif. eine genie des todes und der verwesung. Sie bindet den sterblichen mit iren stricken (*nis-*, §. 126, 2; *r-ti-*, wurz. *ar*; §. 226).
nirvōḍhā s. *vah* mit *nis*.
nivatsjāmi s. *vas*.
niškā́-, subst. m. n. 10., ein goldener hals- oder brustschmuck.
nis, adv., hinauß, weg von.
nihita-, s. *dha* mit *ni*.
nīkī́na-, adj. 10. (auß *nj-ańk-* [d. i. *ni*+*ańk*, gehen], verkürzt *nīk-*, weiter gebildet; vgl. *ávāńk-*), unten befindlich, nach unten gerichtet, herab hangend, herab fließend.
nú, adv., jezt, nun.
nú-tana- (d. vor. mit suff. *-tana-*), adj. 10., neu, jung, jetzig, gegenwärtig.
nūnám, adv., jezt, nun.
né-tra-, subst. n. 10., auge (wurz. *ni*; §. 225).
nó (*na*+*u*), adv., und nicht.

nấu-, subst. f. 6., schiff.
nāu-kā (demin. v. *nấu*; §. 231), subst. f. 10., kleines schiff. nachen.
nāu-bandhana-, subst. n. 10., name der höchsten spitze des Himālaja, auf der Manu sein schiff an band (vgl. *bandhana-).*
nāu-stha-, adj. 10., auf dem schiffe stehend (*stha-* am ende von zusammensetzungen, wie andere wurzeln auf *-a-*, deren *-a-* dann zugleich als stammaußlaut dient).

P.

Pa, verb. 1) II, *pấ-ti*, imperat. *pā-hí* nur ved.; 2) III, *pí-ba-ti;* perf. *pa-pấu*, aor. *á-pā-t*, inf. *pấ-tum*, *pấ-tavē*, part. praet. pass. *pī-tá-*, trinken.
pańka-tva-, subst. n. 10., 1) fünfheit; 2) die fünf elemente; 3) die auflösung des körpers in die fünf elemente, tod; Hit. (*pańkan-*, §. 237, 5; §. 227, s. 458).
pańka-daçá-, adj. 10., fünfzehnter (§. 241).
pańka-má-, adj. 10., fünfter (§. 241).
pat, verb. I, b, act. med., *pát-a-ti;* perf. *pa-pất-a*, 1. pl. ved. *pa-pt-imá*, *pēt-imá*, 3. pl. *pa-pt-ús*, *pēt-ús*, 1) fliegen, sich in der luft schnell bewegen; caus. *pat-ája-ti*, fliegen, dahin eilen; Rv. I, 24, 6; 2) fallen; caus. *pāt-ája-ti*, fallen machen, schleudern. Mit
ni- herab fliegen, caus. *ni-pāt-aja-ti*, herab werfen, schleudern; *nipātjatē* pass. caus.
pá-ti-, subst. m. 9. (§. 226), inhaber, besitzer, herr, gebieter.
path, subst. m. 1.; die casus werden von verschidenen stämmen gebildet: sg. n. *pánthā-s*, acc. *pánthān-am* und *pánthā-m* (ved.), instr. *path-ấ*, dat. *path-ế*, gen. *path-ás*, loc. *path-í;* du. n. acc. *pánthān-āu*, dat. abl. instr. *pathí-bhjām*, gen. loc. *path-ṓs;* pl. n. *pánthān-as*, ved. auch *pánthā-s*, *pánthā-sas*, *patháj-as*, acc. *path-ás*, instr. *pathí-bhis*, gen. *path-ấm*, ved. *pathī-n-ấm*, loc. *pathí-šu.* Die indischen grammatiker stellen *pathin-* 3. als thema auf, aber keine einzige form weist auf auß lautendes *n* hin. Pfad, weg, ban.
1. *pad*, verb. V, med. *pád-ja-tē*, perf. *pēd-ế*, fallen, gehen; caus. *pād-ája-ti*, zu falle bringen. Mit

ā- 1) ein treten in, betreten, besteigen; Çatap. 4; 2) hinein geraten in; Çatap. 1; 3) über gehen in, sich verwandeln in; *āpanna-* (§. 222, §. 130, nachtr. z. s. 181; vgl. o. s. 9, II, c), part. praet. pass., verwandelt in (acc.); Spr. 8.

sam-prati- gelangen zu, erlangen; caus. zu kommen laßen, geben.

2. *pad-, pād-*, subst. m. 1., sg. nom. *pā́t* (§. 131), acc. *pā́d-am*, instr. *pad-ā́*, du. *pā́d-āu*, ved. *pā́d-ā*, pl. nom. *pā́d-as*, acc. *pad-ás* u. s. w.; fuß.

pad-á-, subst. n. 10., 1) tritt, schritt; 2) fußstapfe, Çatap. 7; 3) fuß; 4) wort; 5) bezeichnung einer eigentümlichen schreibung des vēda; *padapāṭha-* m. padatext (*pāṭha-* m. vortrag, text; wurz. *paṭh*, vor tragen).

pan, verb. I, b, *pan-ája-ti*, mit staunen war nemen, bewundern, lobend an erkennen.

pantha-, panthan-, panthā- s. *path-*.

1. *par*, verb. act. med., IV, b, *pr-ṇā́-ti*; III, *pí-par-ti*, füllen; pass. V, *pūr-já-tē* (§. 7, 2); part. praet. pass. *pūr-ṇá-* (§. 222), voll, volbracht, beendigt, in erfüllung gegangen. Mit
ā-, pass. *ā-pūr-já-tē*, an gefüllt werden, sich füllen, voll werden.

2. *par*, verb. act. III, *pí-par-ti*; aor. conj. 2. sg. *pár-ši*, Rv. II, 33, 3, hinüber füren, hinüber bringen über oder zu (acc.); caus. *pār-ája-ti*, aor. *á-pī-par-at* 1) über setzen, hinüber füren; 2) retten vor (abl.), beschützen, bes. am leben erhalten; Çatap. 2 ff.

pár-a-, adj. 10., 1) entfernter, jenseitig, fremd, feind; 2) vorzüglicher, beßer, der treflichste, äußerste, höchste; *mat param*, Matsj. 50, etwas treflicheres, höheres als ich.

para-puraṅ-ǵaja-, adj. 10., die statt des feindes erobernd, beiwort von helden (*púra-, púra-* ntr. statt, burg, im accus. stehend, abhäng. v. *ǵaj-a-*, nom. agent. zu wurz. *ǵi*; §. 216).

para-má (superlat. v. *pára*), adj. 10., 1) der fernste, äußerste, lezte; 2) vorzüglichste, höchste. In compp. vor einem adj. oder part. in hohem grade, überauß, ser.

parás, adv., darüber hinauß, weiter, jenseit; Rv. X, 129, 1.

parás-tāt, adv., 1) jenseit, weiterhin; 2) oben, von oben (gegens. *avástāt*).

paras-para- (*páras*, nom. sg. v. *pára-*, + *púra-*), 10., in den obliquen casus des sing. m. adverbiell, einander, gegenseitig.

parākāis, adv. (instr. plur. des sonst ungebr. stammes *parāka-)*, abseits, bei seite, weg.

pári, adv. und praep., um, herum.

pari-bhū́-, adj. 7., umgebend, umfaßend, zusammen haltend; durch dringend; überlegen, lenkend, leitend.

pári-viš-ṭi- (wurz. *viš* umfaßen, besuchen; mit *pari-* dienen; §. 226), subst. f. 9., dienstleistung, aufwartung; *páriviṣṭī*, Rv. IV, 33, 2, instr. sg.

párvan-, subst. n. 3., knoten am rore, gelenk, glid, daher ein abschnitt in schriftwerken.

paç, spaç, verb., von ersterem nur die praes.-formen, von *spaç* vedisch noch die übrigen tempora und das causat. erhalten (in der klass. sprache werden alle nichtpraesensformen von *darç* gebildet), V, *páç-ja-ti*, sehen, erblicken. Mit
ava- hin blicken auf (loc.), beobachten; Rv. VII, 49, 3.
pari- überblicken.

paç-ú- (vgl. *pā́ç-a-)*, subst. m. 8., vih, sowol das einzelne stück als collectiv die herde.

pāka-jaǵñá- (*pā́ka-* einfach, schlicht + *jaǵñá-)*, subst. m. 10., ein schlichtes, einfaches, häusliches opfer.

pāṇí-, subst. m. 9., hand.

pā́d-a-, subst. m. 10., fuß (wurz. *pad;* §. 216).

pā́dā, Rv. I, 24, 8, s. 2. *pád-*.

pāpá-, adj. 10., übel, bös, schlimm.

pāpa-hara-, adj. 10., das böse weg nemend; subst. n., mittel gegen das böse (wurz. *har;* §. 216).

pār-á-, subst. n. 10., das jenseitige ende, ufer; das lezte, das äußerste, zil; Rv. II, 33, 3 (wurz. 2. *par;* §. 216).

pārthá-, m. metronym. (mit secund. suff. *-a-* und steigerung; §. 216, s. 383) v. *pṛthā*, nom. pr. 10.

pāv-aká- (wurz. *pu)*, adj. 10., rein, klar, hell, glänzend, nach den commentatoren gewönlich: läuternd, reinigend.

pā́ç-a-, subst. m. 10. (vgl. *paç-ú-;* wurz. *paç* binden), schlinge, feßel, strick.

pi-tár-, subst. m. 5. (§. 225), vater; du., die eltern; Rv. IV, 33, 2.

pitā-mahá-, subst. m. 10., großvater väterlicherseits (vgl. *ma-hánt-)*.

pibdamāna- (part. praes. med. vom sonst nicht belegten *pibd)*, adj. 10., fest, derb, compact werdend, — seiend; *sá ha píbdamānēvōdḗjāja*, Çatap. 7, sie gieng ordentlich fest geworden (auß der flüßigkeit) hervor.

piç, verb. IV, c, 2, act., med., *pĩç-á-ti;* perf. *pi-péç-a*, med. *pi-piç-ḗ*, Rv. II, 33, 9, mit reflexiver oder passiver bedeutung; schmücken, auß zieren, putzen; gestalten, bilden.

pī-ti- (*pa;* §. 226), subst. f. 9., trunk.

pu, verb. IV, b, act., med., *pu-nā́-ti* und II, b *páv-a-tē*, part. praes. med. *pu-n-ānā́-*, reinigen, klären; med. sich reinigen, sich klären, gereinigt auß fließen; Rv. VII, 49, 1.

puṅ-gava- (*pumās-* + *gava-* = *gō-*), subst. m. 10., stier; am ende von compp. so vil als der vorzüglichste unter — (vgl. *pumās-*).

putra-vat, adv., wie bei einem sone (*putrá-* + *-vant-;* §. 218).

púnar, adv., wider, zurück; mit wurz. *da* zurück geben; Rv. I, 24, 1.

pumās-, *pũs-*, *pum-*, in den verschidenen casus sich ergänzend, subst. msc., mann, mänliches individuum.

purā́, 1) adv., vormals, ehemals, von jeher, Matsj. 31; 2) praep. c. abl. a) vor, von der zeit; b) unerreicht von, sicher vor, one; *çaçamānā́° purā́ nidā́°*, Rv. I, 24, 4, sicher vor spott.

purāṇá-, 1) adj. 10. (s. d. vor.), alt, vormalig; 2) subst. n. dinge der vorzeit, erzälung auß der vergangenheit, alte geschichte.

puru-rūpa-, adj. 10., vilgestaltig, vilfarbig (*pur-ú-*, adj. 8., vil; wurz. *par;* §. 7, 1).

purṓ-hita- (*purás*, adv., voran, vor u. *hitá-*, wurz. *dha*), subst. m. 10., beauftragter, sachwalter; besonders ein auf gestelter, beauftragter priester, der hauspriester eines fürsten.

puš-ṭi-, subst. f. 9., gedeihen, wachstum, wolstand (wurz. *puš* gedeihen; §. 226).

pūtá-dakša-, adj. 10., reinen willen habend, rein gesint (*pū-tá-*, part. praet. pass. zu wurz. *pu; dákša-* tüchtigkeit, wille, gesinnung; wurz. *dakš* taugen).

pūrṇá- s. 1. *par.*

pū́r-va-, adj. 10., früher, vorherig, vorher gehend; alt herkömlich, bisherig (grundf. **par-va-*, §. 7, 2; vgl. §. 27, 5; §. 218).

pūšán-, nom. pr. masc. 3.; in den sogen. starken casus wird das *a* nicht verlängert. Rv. VI, 57, 1: *indrā nú pūšánā*,

Indra und *Pūšan*, beide im nom. du., wie wenn sie ein copulatives compositum bildeten, vgl. *indrāpūšṇōs*, Rv. I, 162, 2. Die zusammenrückung ist so lose, daß das *nú* dazwischen treten konte. *Pūšan* ist ein sonnengenius, der besonders häufig neben *Indra* an gerufen wird. Er beschüzt und mert die herden, daher komt im auch ein zigengespann zu. Er ist geleitsmann auf wegen und reisen, auch zur anderen welt. Die Brāhmaṇa haben die legende, daß *Pūšan* die zäne ein gebüßt habe und deshalb nur brei eße; vgl. Rv. VI, 57, 2.

pṛthā, f. 10., nom. pr. einer tochter *Çūras*, adoptivtochter *Kuntīs* und einer der gattinnen *Pāṇḍus*.

pṛthivī́ (vgl. *pṛthú-* breit), subst. f. 10., erde, als die weite, breite.

pṛthivī-pati-, subst. m. 9., herr der erde, fürst, könig.

pṓš-a- (wurz. *puš*, vgl. *puš-ṭi-;* §. 216), subst. m. 10., gedeihen, wachstum, vermerung, fülle, wolstand.

prá, praep., vor.

pra-kāç-á-, subst. m. 10., helle, licht; das offenbarwerden, manifestation (wurz. *kāç;* §. 216).

pra-kē-tá- (wurz. *ki*, *k̃i* war nemen; §. 224), subst. m. 10., erscheinung, unterschid; *ná rā́trjā áhna āsīt prakētá*̤, Rv. X, 129, 2, nicht war ein unterschid von nacht und tag.

prá-k̃ētas- (wurz. *k̃it;* §. 230), adj. 2., aufmerksam, besonnen; kundig, klug, verständig, gewönlich von göttern gebraucht.

prak̃h, verb. I, b, act., med., *pṛk̃k̃h-á-ti;* aor. *á-prāk-š-īt*, fut. *pṛk-šjá-ti*, perf. *pa-prák̃k̃h-a*, inf. *práš-ṭu-m*, pass. *pṛk̃k̃h--já-tē*, part. perf. *pṛš-ṭá-*, fragen, forschen. Mit

ā-, med., sich bei jmd. (acc.) verabschiden, lebewol sagen *āpṛšṭō-si*, Matsj. 33, ich habe mich bei dir verabschidet.

pra-ǵā́, subst. f. 10. (*pra-*, wurz. *ǵa* = *ǵan*), 1) nachkommenschaft, Çatap. 9; 2) geschepf; bes. die menschen, Çatap. 2.

praǵā́-kāma-, adj. 10., nachkommen wünschend (d. vor. und *kāma-*).

prá-ǵā-ti-, subst. f. 9., (wurz. *ǵa*, *ǵan;* §. 226), zeugung, geburt, geborenes, geschlecht.

praǵā́-pati-, m. 9. (vgl. beide worte), herr der geschepfe, schepfer, bezeichnung eines über allen anderen stehenden gottes; er komt im Rv. nur einmal, X, 121, 10, vor, in einem zusazverse, welcher den in den vorher gehenden neun versen geprisenen unbekanten gott mit disem namen nent. Später wird Brahman dafür substituiert, Matsj. 1.

pra-tāpa-vant-, adj. 4. (*pra-tāp-a-* m., wurz. *tap*, §. 216, glut, glanz; suff. *-vant-*, §. 218), voll machtglanz, hoheit, würde, majestätisch.

práti, praep. mit d. acc. u. abl., gegen, nach, zu.

prati-krta- s. *kar* mit *prati*.

prátidhātavē s. *dha* mit *prati*.

prati-bhā, subst. f. 10., erscheinung, außschen; verstand, einsicht (wurz. *bha*; §. 215).

prati-ṣṭhá-, adj. 10., fest stehend (wurz. *stha*).

pra-thamá-, adj. 10., der erste (§. 241, 1).

pra-da-, adj. 10., gebend, verleihend, gewärend (wurz. *da*).

1. *pra-diç-* (*pra* + 1. *diç*), subst. f. 1., richtung, himmelsgegend; Rv. X, 121, 4.

2. *pra-diç* (*pra* + 2. *díç*), subst. f. 1., zwischengegend (südost, nordwest u. s. w.); Matsj. 43.

pra-bhā́, subst. f. 10., glanz; häufig am ende von compp., msc. *-prabha-* (wurz. *bha*).

pra-bhú-, adj. 8., hervor ragend, mächtig; subst. m. herr, gebieter (wurz. *bhu*; §. 215).

pramūḍha- s. *muh* mit *pra*.

prá-ja-ti- (wurz. *jam*; §. 226), subst. f. 9., anspannung, wille, streben, wilkür.

pra-jat-na- (wurz. *jat* streben; §. 222), subst. m. 10., bestrebung, bemühung, anstrengung.

pra-jāǵ-á- (wurz. *jaǵ*; §. 216), subst. m. 10., voropfer, bezeichnung gewisser opfersprüche und spenden, welche zur eingangsceremonie gehören.

pra-laj-a- (wurz. *li* schmelzen; §. 216), subst. m. 10., auflösung, vernichtung, tod, ende der welt.

pra-çís- (*çis-* schwächung von wurz. *çās*; §. 7, 1), subst. f. 1., anweisung, befehl, anordnung.

pra-sād-a- (vgl. unter *sad* mit *pra*; §. 216), subst. m. 10., gunst, gnade.

prasīda s. *sad* mit *pra*.

prāṇatás, Rv. X, 121, 3, gen. sg. m. part. praes. zu wurz. *an* mit *pra*.

prātár, adv., früh, morgens.
prāpta s. *āp* + *pra*.
prāpta-kāla-, adj. 10., dessen zeit gekommen ist, zeitgemäß, zweckmäßig (s. *āp* und *kāla-*).
prij-á-, adj. 10., lieb, wert, erwünscht, beliebt bei (wurz. *pri* lieben, ergetzen; §. 216).
prērita s. *īr* mit *pra*.
plu, verb. II, b, med. *pláv-a-tē*; perf. *pu-pluv-é*, part. *plu-tá-*. schwimmen, schiffen. Mit
upa-ni-ā- heran schwimmen, zu schwimmen auf (acc.).
abhi-pari- übergießen, heim suchen, erfüllen; nur im part. praet. pass.
psáras-, subst. n. 2., 'etwa lieblingsgericht, schmaus, genuß', Petersb. wtb. Die indischen lexicographen erklären es durch *rūpa-* gestalt, schönheit.

Ph.

Phála-, subst. n. 10., frucht; übertragen: erfolg, ergebnis; *phala-hētu-* einer dessen zweck der erfolg ist, den der erfolg zum handeln bewegt.
phalgú- adj. 8., winzig, unbedeutend, nichtig, wertlos; gegens. *sāra-*.

B.

Baddhá- s. *bandh*.
bandh, verb. IV, b, act., med., *badh-ná-ti*, imper. *badh-āná*; perf. *ba-bándh-a*, med. 2. sg. *bēdh-išé*, fut. *bhant-sjá-ti* und *bandh-išjá-ti*, gerund. *bad-dhvā́* (§. 227; §. 130, 2); pass. *badh-já-tē*, part. perf. *bad-dhá-* (§. 130, 2), binden, an binden, an heften, feßeln, gefangen nemen. Mit
prati- an binden.
bándh-ana-, 1) adj. 10., bindend, fest haltend; 2) subst. n., das binden (§. 221, a).
bándh-u-, (§. 216, b), subst. m., zusammenhang, verbindung, verwantschaft; *satṓ bándhum ásati*, Rv. X, 129, 4, den zusammenhang des seienden mit dem nichtseienden.
babhrú-, adj. 8., braun, rotbraun, farbe des Rudra.

bála-, subst. n. 10., kraft.
bala-dā́-, adj. 1., kraft gebend (wurz. *da*; §. 215).
bála-vant-, adj. 4., stark, kräftig (§. 218).
bahú-, adj. 8., f. *bahv-ī́*, 10., reichlich, vil, zalreich, oftmalig; mit d. instr. reich an.
bādh, verb. I, b, med., *bā́dh-a-tē*, perf. *ba-bādh-ḗ*, part. perf. pass. *bādh-itá-*, drängen, verdrängen, vertreiben, verjagen.
bāhú-, subst. m. 8., arm. Rv. X, 121, 4: *jásjēmā́ḥ pradíçō jásja bāhū́* dessen (macht) dise himmelsgegenden, dessen (macht) seine beiden arme (verkünden).
bud-dhi- (wurz. *budh*; §. 226; §. 130, 2), subst. f. 9., einsicht, verstand, geist.
budh, verb. II, b, act., med., *bṓdh-a-ti*; perf. *bu-bódh-a*, fut. *bhōt-sjá-ti*, inf. *bód-dhum* (§. 130, 2), 1) erwachen, wachen, zur besinnung kommen; 2) merken, erkennen; caus. *bōdh-ája-ti*, beleren, jmd. etwas mit teilen mit doppeltem acc.; Matsj. 28.
budhná-, subst. m. 10., boden, grund, tiefe, das unterste; boden eines gefäßes, fuß, wurzel eines baumes.
bṛhat-tva- (§. 227, s. 458; s. d. flg.), subst. n. 10., größe, großer umfang.
bṛh-ánt- (part. praes. act. zu wurz. *barh*, I, b, *bṛhati*, *bṝhati*, caus. *bṝhajati* stärken, fördern; §. 229), adj. 4., 1) dick, dicht, groß; 2) von tönen: hoch, laut; Rv. II, 33, 15, ntr. adv.
bōdhi s. *bhu*.
bráh-man- (wurz. *barh*; §. 219), subst. n. 3., andacht, gebet.
brah-mán- (s. d. vor.), m. 3., Brahman, das persönlich gedachte absolute, im göttersysteme schepfer der welt und oberster gott.
bru, verb., defect. II, a, act., med., *bráv-ī-ti*, imperat. med. *brū-švá*, sagen, sprechen mit d. acc. des objectes und der angeredeten person.

Bh.

Bha, verb. II, act. *bhā́-ti*, perf. *ba-bhā́u*, scheinen, leuchten, erscheinen. Mit
vi- erscheinen, glänzen, zum vorschein kommen.

bhág-a- (wurz. *bhaǵ* auß teilen, zu teilen; §. 122 am ende; §. 216), subst. m. 10., gutes loß, wolstand, glück.

bhág-a-bhakta-, adj. 10., mit glüksgütern gesegnet (s. d. vor.; *bhak-tá-* ist partic. praet. pass. zu wurz. *bhaǵ).* Rv. I, 24, 5 bezieht Benfey (übersetzung des Rv. in Orient u. Occident I) *bhágabhaktasja* zu *rājás* des zweiten halbverses und übersezt: durch deinen schutz geling es uns das haupt zu faßen jenes guts, das uns vom schiksal ist bestimt. Diß verbieten aber die beiden genetive *tē* und *táva*, welche dann beide gleichmäßig zu *ávasā* gehören und wovon einer überflüßig wird; beßer ist daher, wie Sājana tut, *bhágabhaktasja* mit *tē* zu verbinden: unter deinem, des mit glüksgütern gesegneten, beistand; dann ist die widerholung des pron. pers. vor *ávasā* weniger schleppend.

bhága-vant- (*bhága-*; §. 218, s. 402), adj. 4., glüklich, her, herlich, als bezeichnung höherer wesen und heiliger personen, oft in der anrede, voc. *bhágavan.*

bhadrá-, adj. 10., erfreulich, glüklich, günstig, gut; subst. n. glück, heil.

bhaj-á- (wurz. *bhi*, suff. *-a-*; §. 216), subst. n. 10., furcht vor (abl.), gefar, not.

bhar, verb. I, b, act., med., *bhár-a-ti*, gewönlich III *bi-bhar-ti*, conj. *bi-bhar-ā-ti*, opt. *bi-bhr-jā-t*, imperf. 2. 3. sg. *á-bi--bhar*, perf. *ba-bhā́r-a*, part. perf. pass. *bhr-tá-* (§. 6), 1) tragen, inne haben, enthalten, besitzen; 2) herbei bringen, dar bringen, herbei schaffen, Rv. I, 1, 7; 3) erhalten, hegen, pflegen, Rv. IV, 33, 4; Çatap. 2. Mit

sam- zusammen tragen, — faßen; *sám-bhr-ta-*, Rv. VI, 57, 3, gedrungen, wol genärt.

bharata-, m. 10., im plur. die nachkommen des Bharata.

bhāg-á-, subst. m. 10., teil, anteil, loß, namentlich gutes, glükliches loß (vgl. unter *bhág-a-).*

bhāga-ças, adv., in teile, teil für teil, nach und nach (s. d. vor.).

bhāv-á- (wurz. *bhu*; §. 216), subst. m. 10., 1) das werden, sein; 2) zustand; 3) gemütszustand, zuneigung, liebe; *akarōttasmī bhāvam*, Matsj. 11, er faßte liebe zu im.

bhāš, verb. I, b, med., *bhā́š-a-tē*, reden, sprechen, sagen. Mit *abhi-* an reden, sprechen zu (acc.);

prati- entgegen sagen, d. i. antworten oder sprechen zu; mit d. acc. der person.

bhā́s-as- (*bhās*, §. 230), subst. n. 2., schein.

bhi, verb. III, *bibhē-ti,* ved. auch II, b. med. *bháj-atē,* fürchten.

bhišáǵ-, 1) adj. 1., heilend, superl. *bhišák-tama-* (§. 233); subst. m., arzt, Rv. II, 33, 4; 2) subst. m., so vil als *bhēšaǵá-*, ntr. 10., heilmittel; Rv. I, 24, 9: deine heilmittel sind hundert, tausend.

bhī-má- (wurz. *bhi;* §. 219), adj. 10., furchtbar, schreklich.

bhu, verb. II, b, act., med., *bháv-a-ti,* perf. *ba-bhū́v-a* (§. 291), aor. *á-bhūv-am, á-bhū-t,* imperat. *bō-dhi* ved. (*bh* zu *b* geworden wegen des folgenden *dh;* vgl. §. 125, 3 am ende), werden, entstehen, geschehen, sein; part. praet. pass. *bhū-tá-* seiend; *ēvam bhūtē lōkē sakalē,* Matsj. 44, als die ganze welt so beschaffen, in disem zustande war. Mit

ā- hervor kommen, entstehen auß (abl.);

pari- um etwas her sein, umfangen, in sich enthalten; Rv. X, 121, 10; 2) umkreißen, umgehen, umfliegen; Rv. IV, 33, 1;

sam- 1) zusammen sein; 2) geschehen, entstehen, hervor gehen; Çatap. 7; 3) sein können, genügend raum haben; Matsj. 12. 16.

bhúv-ana- (wurz. *bhu;* §. 221, a; vgl. §. 14, 1, c), subst. n. 10., wesen, belebtes wesen, welt.

bhū-tá- (part. praet. pass. von wurz. *bhu),* 1) adj. 10., geworden; 2) subst. m. n. gewordenes, wesen, welt; *bhūtásja pátis,* Rv. X, 121, 1, herr der welt.

bhū́-mi- (wurz. *bhu),* subst. f. 9., erde.

bhūjās- s. *bhū́ri-*.

bhū́-ri-, adj. 9. (wurz. *bhu),* vil, groß, auß gedent; subst. n. fülle, reichtum, Rv. II, 33, 9. 12; comparat. *bhú-jās-* (§. 232); Spr. 11, one comparativische bedeutung: ser groß, bedeutend.

bhr̥-tí- (wurz. *bhar,* §. 226; vgl. §. 6), subst. f. 9., unterhalt, verpflegung.

bhr̥ça-, adj. 10., gewaltig, stark, heftig; *bhr̥çam,* ntr., adv., heftig, ser.

bhēšaǵá- (*bhišaǵ-,* suff. *-a-;* §. 216), 1) adj. heilend; Rv. II, 33, 7; 2) subst. n., heilmittel, arzenei; *bhēšaǵā́,* Rv. II. 33, 12, acc. pl.

bhāumá- (*bhū́mi-,* steiger. u. sec. suff. *-a-,* §. 216, s. 383), adj. 10., irdisch.

bhrāǵ, verb. I, b, med., seltener act., *bhrāg-a-tē*, glühen, stralen. Mit *vi-* stralen, funkeln, glänzen.

M.

Ma-, stamm des pron. 1. pers. sg. (§. 265).
magádha-, nom. pr. m. 10. einer gegend, das südliche Bihār.
maghá-vant-, adj. 4. (*maghá-*, ntr. 10., gabe, geschenk; §. 218, s. 402), mit schätzen begabt, reich, gedeihend; Rv. II, 33, 14 ist *nas* zu *maghávadbhjas* zu ergänzen.
maǵǵ, verb. I, b, act., selten med., *maǵǵ-á-ti*, unter getaucht werden, unter tauchen (intrans.) in (acc.); *bhajāughān mahatō maǵǵantam mām*, mich, der ich in den großen fluten der furcht unter tauche, versinke.
ma-t-, in diser form erscheint der stamm des pron. 1. pers. sg. als erstes glid von compp.
má-ti- und *ma-tí-*, fem. 9. (wurz. *ma*, *man* denken, suff. *-ti-*, §. 226), gedanke, sinn.
mattá-, part. praet. pass. zu wurz. *mad*.
mátsja-, subst. m. 10., fisch.
matsja-ka- (demin. v. *mátsja-*; §. 231), subst. m. 10., fisch.
mad, verb. I, b, act., selten med., ved. *mád-a-ti*, perf. *ma-māda* und IV, c, 2 *mánd-a-ti*, perf. *ma-mánd-a*, 1) sich freuen, schwelgen in, sich gütlich tun an (loc. acc.); Rv. VII, 49, 4; 2) erfreuen, berauschen; klass. V *mād-ja-ti*, trunken sein, sich freuen; part. praet. pass. *mat-tá-*, trunken, brünstig. Mit *ud-* erheitern, ergetzen; *ún mā mamanda*, Rv. II, 33, 6, er hat mich erfreut. Es ist darin ein wunsch auß gedrükt, der so sicher auf erfüllung rechnet, daß er das gewünschte schon als verwirklicht hin stelt.
mád-a- (wurz. *mad*; §. 216), subst. m. 10., 1) heiterkeit, begeisterung, rausch; 2) berauschender trank; Rv. IV, 33, 11.
mádhu-, 1) adj. 8., süß; 2) subst. n., honig, met, soma.
mádhu-psaras-, adj. 2., nach süßigkeit lüstern; Sājana: liebliche gestalt habend (s. u. *psáras-*).
madhu-çkút-, adj. 1., süßigkeit träufelnd (wurz. *çkut*; §. 215).
mádhja-, 1) subst. n. 10., mitte; *mádhjē*, inmitten, zwischen mit d. gen., Hit., Rv. VII, 49, 3; 2) adj., in der mitte befindlich.

madhja-má (superl. v. *mádhja-;* §. 235), adj. 10., der mittelste.

man, verb. V, med., auch act., *mán-ja-tē,* ved. auch I, b, *mán-a-ti,* 1. pl. conj. *mán-ā-mahē,* 1) denken, meinen; 2) gedenken, erwähnen (acc.); Rv. I, 24, 1.

mán-as- (wurz. *man;* §. 230), subst. n. 2., sinn, herz, geist, sele, verstand.

man-ā́ (wurz. *man;* §. 216), subst. f. 10., 1) ergebenheit, anhänglichkeit, studium, Rv. IV, 33, 2, wo das Petersb. wtb. *manā́jāi* als gen. sg. auf faßt, was jedoch nicht unbedingt nötig ist (über *-āi* als genetivendung für *-ās* vgl. §. 252 anm.); 2) eifer, eifersucht; Rv. II, 33, 5.

man-īšā́ (wurz. *man),* subst. f. 10., nachdenken, verstand.

mán-u- (wurz. *man;* §. 216, b), subst. m. 8., 1) mensch; 2) Manu, n. pr. des urvaters der menschheit, des menschen κατ' ἐξοχήν: Matsj. u. Çatap.

manu-ǵa- (d. vor. u. wurz. *ǵa;* s. *ǵan),* subst. m. 10., Manuentsproßener, mensch.

manuǵa-vjāghra-, subst. m. 10., tiger unter den menschen, d. h. treflichster held (vgl. *nara-çārdūla-).*

manuǵēçvara-, subst. m. 10., herr der menschen *(manuǵa-* und *īçvara-).*

man-jú- (wurz. *man),* subst. m. 8., zorn.

máma s. §. 265.

mamanda s. *mad.*

májas- (zu einer wurz. *mi;* §. 230), subst. n. 2., freude.

majō-bhū́-, adj. 1., zur freude, lust seiend, erquickend; *majōbhú,* Rv. II, 33, 13, nom. sg. ntr. statt des plur., zu *bhēšaǵā́* gehörig.

marút-, nom. pr. msc. 1., pl., die regenbringenden windgotheiten; *pitar marutām,* Rv. II, 33, 1, ist Rudra.

marút-vant- (§. 218, s. 402), adj. 4., von den Marut begleitet.

marḍ, marḷ, verb. I, b, act., selten med., *mr̥ḷ-á-ti, mr̥ḷ-ája-ti,* gnädig sein, verzeihen, verschonen.

mástu-, subst. m. 8., saurer rahm.

máh-, adj. 1. (§. 215), f. *mah-ī́,* groß; *mahṓ* (gen. sg.) *mahī́ suštutím,* Rv. II, 33, 8, das allergröste loblied.

mah-ánt- (part. praes. act. etwas ab weichender form zu einer wurz. *mah;* s. d. vorher gehende), adj. 4., nom. *mahấn,* f. *mahat-ī,* acc. *mahắnt-am,* ntr. *mahát,* groß.

maha-rši-, subst. m. 9., großer weiser, heiliger *(mahā-, rši-;* s. o. s. 8).

mahā- im anfange von compp. für *mahánt-.*

mahā-bhāga-, adj. 10., großes glück habend, selig, treflich.

mahā-bhārata-, n. 10., name des von den Bharatiden handelnden großen epos *(bhārata-* von *bharata* mit steiger. u. sec. suff. *-a-;* §. 216).

mah-itvá- (§. 227, s. 458), subst. n. 10., größe, macht, herlichkeit; *mahitvấ,* Rv. X, 121, 3, instr. sg.; X, 121, 4, acc. pl.

mahinấ s. *mahimán.*

mahi-mán- (vgl. *mah;* §. 219), subst. m. 3., größe, macht, instr. *mahinấ,* Rv. X, 121, 8; 129, 3 statt *mahimnấ;* adverbiell: mächtig, gewaltig; plur. mächte, kräfte.

mahišá-, subst. m. 10., büffel; *máhišī,* f., 1) büffelweibchen; 2) gemalin des königs, königin; Matsj. 18.

mahōdadhi (mahā-udadhi), subst. m. 9., großes mer.

mấ in form und function = μή. Einem folgenden indicat. imperf. oder aor. verleiht es conjunctivische oder optativische bedeutung, Rv. I, 24, 11; X, 121, 9.

mā-kiram, adv., unverzüglich, sogleich *(kira-,* adj. 10., lang, dauernd).

mā-tár- (§. 225), subst. f. 5., mutter.

mātsjaka- (zu *matsja-* mit steiger. u. sec. suff. *-ka-;* §. 231), adj. 10., den fisch betreffend, über den fisch handelnd.

mấn-a- (wurz. *man;* §. 216), subst. n. 10., meinung, ergefül, stolz; *mānāt,* abl., auß stolz.

mấnuša- (mit secund. suff. *-a-,* §. 216, zu *mán-us-,* subst. m. 2., mensch), 1) adj. 10., menschlich; 2) subst. m., mensch.

mārkaṇḍēja-, nom. pr. m. 10. eines weisen.

mấs-, subst. n. 1., fleisch (gewönl. *mẫsá-,* ntr. 10.; auch *mẫs-*1. wird an gegeben; vārtika zu Pāṇ. VI, 1, 63).

mi, verb. IV, b, act., med., *mi-nấ-ti,* verkleinern, verringern. Mit *pra-* (vgl. lat. *pro-min-eo),* überragen, übertreffen, überschreiten.

mitrá-, 1) adj. 10., hold, freundlich; 2) subst. m. n., freund; 3) nom. pr. Mitra, son der Aditi, bruder Varuṇa's, mit welchem er in innigster verbindung steht; *Mitrā́váruṇāu*, dual., Mitra und Varuna.

miš, verb. I, b, *miš-á-ti*, die augen auf schlagen. Mit
ni- die augen schließen, schlafen.

mih, verb. II, b, act., med., *méh-a-ti*, harnen, befeuchten, regnen, spenden; *míḍhvas*, Rv. II, 33, 14, voc. m. part. perf. act. mit suff. *-tvās-* statt *-vās-* (§. 130, 2), spendend, freigebig.

míḍhvas s. *mih*.

muk̍, verb. IV, c, 2, act., med., *muńk̍-á-ti*, ved. auch III imperat. 2. sg. *mu-mug-dhí*, 3. *mu-mōk-tu*, perf. *mu-mṓk̍-a*, lösen; caus. *mōk̍-ája-ti* lösen, befreien. Mit
pra- ab lösen, entfernen von (abl.); *kr̥tá̄ k̍id énaₒ̈ prá mumugdhj asmát*, Rv. I, 24, 9, die (von uns) getane sünde entferne von uns;
prati- an binden;
vi- auf lösen, los binden.

mún-i- (wurz. *man*; vgl. §. 7, 1; §. 216, a), subst. m. 9., einsidler, weiser, mönch; *muni-ǵana-prija-*, beliebt beim geschlechte der einsidler.

muš, verb. IV, b, *muš-ṇá̄-ti*, stelen, rauben. Mit
pra- das s.; *má̄ na ā́juₒ̈ prá mōšīₒ̈* (aor.), Rv. I, 24, 11, nimm uns nicht das leben.

muškā́-, subst. m. 10., hode.

muh, verb. V, act., *múh-ja-ti*; part. praet. pass. *mug-dhá-* und *mūḍhá-* (§. 130, 2) geistig verwirt, besinnungslos, betört werden. Mit
pra- das s.; *pramūḍha-*, part. praet. pass., verwirt, betört.

mūrdhán-, subst. m. 3., haupt.

mr̥gá-, subst. m. 10., gazelle; in den Veden jedes wilde tier, sogar raubtier; Rv. II, 33, 11.

mr̥ḷ-ajá̄ku-, adj. 8., erbarmen übend, gnädig, beglückend (wurz. *marḍ*, I, b, *mr̥ḷ-á-ti*, gnädig sein, verschonen).

mr-tjú- (wurz. *mar* sterben), subst. m. 8., tod; *jásja k̍hājá̄mŕtā jásja mr̥tjúₒ̈*, Rv. X, 121, 2, dessen schatten die unsterblichkeit ist, dessen (schatten) der tod ist.

mēdhá̄, subst. f. 10., geisteskraft, weisheit.

mōkš (weiterbildung von wurz. *muk̍*), verb. I, b, *mṓkš-a-tē* und *mōkš-ája-ti*, lösen, befreien.

móh-a- (wurz. *muh;* §. 216), subst. m. 10., torheit, geistesverwirrung.

J.

Ja, verb. II, act., *jā́-ti,* 1) gehen; 2) bittend an gehen, bitten mit doppeltem acc.; Rv. I, 24, 11.

já-, pron. relat., nom. sg. *já°,* n. *ját* (dise form auch in zusammensetzung), f. *jā́,* welcher (§. 264); *já° káçKa,* wer irgend, jeder. Ntr. *ját* als conj. gebraucht: wann, als, wenn, weil; *ját — tátra,* Rv. VI, 57, 4, als — da; *ját — tátas,* Rv. X, 121, 7.

jaǵ, verb. I, b, act., med., *jáǵ-a-ti;* aor. conj. 2. sg. *jak-ši,* zus. ges. aor. conj. 3. sg. *ják-š-a-t,* perf. *i-jā́ǵ-a,* 3. pl. *īǵ-ús,* med. *īǵ-ḗ* (§. 6; §. 14, 1, d. anm. 2), part. perf. pass. *iš-ṭá-* (§. 129), opfern mit dem instr. des opfers, Çatap. 7. Das part. praes. med. *jáǵ-a-māna-* erscheint auch in substantivischer bedeutung: opferer; Rv. I, 24, 11.

jaǵ-atá- (wurz. *jaǵ),* adj. 10., vererungswürdig.

jaǵ-ńá- (wurz. *jaǵ;* §. 222), subst. m. 10., vererung, opfer.

já-tas, adv. relat. (§. 251, altind., anm. 3), von wo, woher.

jatithá- (*ja-),* adj. relat. 10., fem. *-ī,* der wievilte.

ját-kāma-, adj. 10., was begerend; *játkāmās tē ǵuhumas, tán nō astu,* was wir begeren, indem wir dir opfern, das möge uns zu teil werden.

jat-na- (wurz. *jat* streben; §. 222), subst. m. 10., mühe, anstrengung.

já-tra (pron. *ja-),* adv. relat., wo; Rv. X, 121, 6 *játrā́dhi* = *jásmin ádhi,* über welchem.

já-thā (pron. *ja-),* conj., wie, damit (mit d. conjunctiv; Rv. II, 33, 15 steht außergewönlich der indic.).

jathā-kāmam, adv., nach belieben.

jathā-vat, adv. (§. 218, s. 402), passend, zwekmäßig.

jathēšṭahārja- (*jathā + išṭa-,* wurz. 2. *iš,* + *hārja-,* wurz. *har;* §. 217, 1), adj. 10., nembar, wie es erwünscht ist, d. h. nach belieben zu nemen, leicht fort zu schaffen; Matsj. 24.

jathōkta- (*jathā + ukta-,* wurz. *vaK),* adj. 10., wie gesagt; *jathōktēna rūpēna,* Matsj. 38, in der oben beschribenen gestalt.

ja-dā́ (pron. *ja-)*, conj., wann, als, zu der zeit als.

jádi (pron. *ja-)*, conj., wenn; *jádi vā* oder; *jádi vā—jádi vā* utrum—an.

jad-vat (*jat* s. *ja-*; suff. *-vant-*; §. 218), adv. relat., auf welche weise, wie.

jam, ja, verb. I, b, act., med., *jám-a-ti*, part. praet. pass. *ja-tá-*, zurück halten, zügeln, ergreifen. Mit

ā- auß strecken; part. *ā́jata-*, auß gedent, lang;

sam- hindern, feßeln, an binden; *sājatas*, Matsj. 40, an gebunden.

jaçás-, adj. 2., berümt (*jáças-*, ntr. 2., rum; §. 230).

jā́-vant (pron. *ja-*; über d. suff. s. §. 218, s. 402), adj. 4., wie groß, wie lange dauernd; ntr. *jā́vat*, adv., wie lange, wenn, correl. zu *tā́vat*.

1. *ju*, verb. II, a; IV, b, act., med., *jā́u-ti, ju-nā́-ti*, verbinden, verknüpfen.

2. *ju*, verb. III, act., med., *ju-jṓ-ti*, imperat. *ju-jō-dhi*, imperf. 2. sg. med. *ju-jō-thās*, conj. des zus. aor. *jō-š-at*, conj. aor. med. *juv-ā-mahē*, ab halten, entfernen von (abl.); Rv. II, 33, 1: entferne uns nicht vom anblicke der sonne. Mit

ud- auf nemen, an ziehen (die zügel), auf rütteln, faßen; Rv. VI, 57, 6.

juktá- s. *juǵ*.

juǵ, verb. IV, c, 1, act., med., *junák-ti*, perf. *ju-jṓǵ-a*, part. praet. pass. *juk-tá-*, 1) verbinden, *juktá-*, verbunden, passend, zwekmäßig; 2) jmd. versehen mit etwas; *juktá-*, versehen mit; Matsj. 55.

júvan-, adj. 3., f. *juvati-* ved., *jū́nī* klass., instr. m. *jū́n-ā*, jung.

jūthá-, subst. m. n. 10., herde.

jū́pa-, subst. m. 10., säule, pfosten.

jūjám s. §. 265.

jṓǵ-ana- (wurz. *juǵ*; §. 221, a), subst. n. 10., ein längenmaß (11, nach anderen 4 oder 5 engl. meilen).

jōšít-, subst. f. 1., mädchen, weib.

jṓs, subst. n., erscheint nur in diser form als nom. u. acc. (contrahiert auß *javas*, wurz. 1. *ju* verbinden? vgl. lat. *jūs* = **jovos*; §. 50, s. 93). Jāska und Sājana leiten es von 2. *ju*, ab weren, und erklären es *bhajānā jāvanam prthakkaranam*, abwer von gefaren. Es erscheint stäts in der verbindung *çā́-ka jṓç-ka*, Rv. II, 33, 13, zum heil und zum segen (vgl. altbaktr. *jaos*, rein).

R.

Ra, verb. II, act., med., *rā́-ti*, geben.
rakš, verb. I, b, act., med., *rákš-a-ti*, schützen, retten.
rakš-ā (§. 216), subst. f. 10., rettung, schutz.
raǵ (ranǵ), verb. IV, c, 2, *ránǵ-a-ti*, und V., *ráǵ-ja-ti*, färben; caus. *ranǵ-ája-ti*, sich ergeben machen, sich gewinnen.
ráǵas, subst. n. 2. (§. 230), außdenung, raum.
raṇ, verb. I, b, act., med., *ráṇ-a-ti*, und V, *ráṇ-ja-ti*, sich freuen.
rátna-, subst. n. 10., edelstein, reichtum.
ratna-dhā́-, adj. (§. 215), schätze spendend; superl. *ratnadhā́-tama-* (§. 236).
rátha-, subst. m. 10., wagen.
rad, verb. I, b, act., *rád-a-ti*, spalten; Rv. VII, 49, 1. Indra spaltet die wolken und verursacht so den erguß der regengewäßer; daher komt *rad* dann zu der bedeutung 'spenden'.
radh, verb. V, act., *rádh-ja-ti*, zu grunde gehen; caus. *randh-ája-ti*, unterwerfen, aor. *rīradhat*.
rápas- (§. 230), subst. n. 2., beschädigung, unheil.
rabh, verb. I, b, ved. act., klass. nur med., *rábh-a-tē*, begeren, eifern. Mit
ā- 1) ved. sich stützen auf, Rv. VI, 57, 5; erlangen, Rv. I, 24, 5, *úd açēma ārábhē* (infin.; §. 215), wir mögen erlangen können, könten wir erlangen! 2) klass. an fangen, part. *ā-rab-dha-* (§. 130, 2), sowol einer der an gefangen hat als einer der an gefangen ist.
rají-, subst. m. 9., reichtum.
raçmí-, subst. m. 9., seil, zügel, stral.
rasā́, subst. f. 10., flut; ein fluß, welcher die welt des Indra von der der Paṇis trent.
rāǵ, verb. I, b, act., med., *rā́ǵ-a-ti*, 1) leuchten; 2) herschen mit d. gen.
rā́ǵ-an- (d. vor. §. 221), subst. m. 3., könig.

rāǵīvá-, subst. n. 10., lotusblume; *rāǵīva-lōḱana-*, lotusblumen änliche augen habend.
rā́trī und *rā́tri-*, subst. f. 10. und 9., nacht.
rādh, verb. IV, a, act., *rādh-nṓ-ti*, vollenden; caus. *rādh-ája-ti*. Mit
ā- caus., günstig stimmen, gewinnen.
rit-, adj. 1., fließend; Rv. VI, 57, 4.
rīradhat s. *radh*.
rud-rá- (brüller, *ru* brüllen, *rud* als verb. nur weinen; suff. §. 220), m. 10., n. pr. des sturmgottes, pl. die Rudras, eine klasse von elf göttern.
ruh, verb. II, b, act., *rṓh-a-ti*, steigen, hervor gehen, entstehen, wachsen; caus. *rōh-ája-ti* und *rō-pája-ti* (§. 209, s. 356), pflanzen, säen. Mit
ā- hinauf steigen, besteigen; *ā-ruh-ē-thās*, Matsj. 30, 2. sg. opt. aor. med.; caus. hinauf schaffen, heben; *ārōpjatē*, Spr. 11, pass. caus., wird hinauf geschaft.
rūpá-, subst. n. 10., gestalt, form, wesen.
rēǵ, verb. I, b, med., *rḗǵ-a-tē*, erzittern.
rḗtas-, subst. n. 2., same.
rētō-dhā́-, adj. 1. (§. 215), samen spendend, schwängernd.
rā́i-, subst. m. 6., nom. *rā́-s*, gen. *rāj-ás*, reichtum.
rōpjatē s. *ruh*.

L.

Lakšmī́, subst. f. 10., 1) glück; 2) schönheit, glanz; Matsj. 2.
lamb, verb. I, b, med., *lámb-a-tē*, perf. *la-lamb-ḗ*, gleiten, hinab gleiten, hinein fallen.
lav-a- (wurz. *lu*, IV, b, *lunā́-ti*, schneiden, teilen), subst. m. 10., stükchen, brocken, ein bischen.
lavaṇa-, subst. n. 10., salz; *lavaṇāmbhas* salzwaßer, das salzige mer.
lōka- (wz. *lōḱ*, sehen; grundf. *ruk)*, subst. m. 10., welt, pl. menschen.
lṓḱ-ana- (wurz. *lōḱ*; §. 221, a), subst. n., auge.

V.

Va, verb. IV, a, act., med., *va-nṓ-ti*, das *n* bleibt dann auch in den übrigen tempora, aor. *van-as*, *ván-āmahē*, lieben, wünschen, erlangen; desiderativ *vi-vā-s-a-ti* (§. 211) zu gewinnen suchen. Mit *ā-* das s.; Rv. II, 33, 6.

vakšati s. *vah.*

vaḱ, verb. I, a, act., med., *váḱ-ti,* perf. *u-váḱ-a,* pl. *ūḱ-ús,* aor. *á-vōḱ-am* (§. 292, s. 755), sagen, sprechen; part. praet. pass. *uk-tá-* (§. 6; §. 130, 1) gesprochen, an geredet. Mit *pra-* auß sprechen, sagen, erklären.

vaḱ-ana- (s. d. vor.; §. 221, a), subst. n. 10., rede, gespräch.

váḱ-as- (wurz. *vaḱ;* §. 130), subst. n. 2., rede.

váǵ-ra- (§. 220), subst. m. 10., donnerkeil, blitz; *váǵra-bāhu-,* den blitz im arme tragend.

vaǵr-ín-, adj. 3., den blitz fürend (s. d. vor.; §. 221, altind. am ende).

vaṭāraka-, subst. m. 10., tau, strick.

vaṭāraka-maja-, adj. 10., tauartig (sec. suff. *-maja-,* meist den stoff bezeichnend; vgl. *ἀνδρό-μεο-).*

vatsjāmi s. *vas.*

vad, verb. I, b, act., med., *vád-a-ti,* perf. *u-vā́d-a* (§. 6), sprechen, singen.

vadarí, subst. f. 10., 1) name eines baumes, jujuba; 2) wald; Matsj. 3.

vána-, subst. n. 10., 1) ved. stral, glanz; Rv. I, 24, 7; 2) klass. wald.

vana-vāsin- (vāsa-, m. 10., wurz. *vas,* wonen, §. 216, wonung; *vās-in-,* §. 221, altind. am ende, wonung habend), adj. 3., im walde wonend.

vand, verb. I, b, med., *vánd-a-tē,* vereren, preisen; part. praes. mit pass. bedeutung *vándamāna-,* Rv. II, 33, 12.

vap, verb. I, b, act., med., *váp-a-ti,* schlagen. Mit *ni-* nider schlagen, erschlagen.

vajám s. §. 265.

1\. *vájas-,* subst. n. 2., alter, leben.

2\. *vájas,* Rv. I, 24, 6, nom. pl. v. *ví-.*

vajā́, subst. f. 10., zweig.

1\. *var,* verb. IV, b, act., med., *vr-ṇā́-ti, vr-ṇī-té,* erwälen, begeren; *vā́rja-* s. bes.

2\. *var,* verb. IV, a, act., med.; *vr-ṇṓ-ti,* bedecken. Mit *ā-* bedecken, umhüllen; *kím ā́varīvar* 3. sg. imperf. intens., (§. 293, altind. III), Rv. X, 129, 1, was bedekte (das all)?

vár-uṇa- (wurz. 2. *var)*, m. n. pr. 10., der 'bedeckende' gott des himmels, der himlischen gewäßer und der alles bedeckenden nacht. Er hält die sonne im bodenlosen, so daß sie nicht leuchtet und schaft ire ban (Rv. I, 24, 7), insofern sie auß der nacht auf geht.

varg-a- (wurz. *varǵ;* §. 216), subst. m. 10., menge, anzal; bezeichnung eines abschnittes von meist fünf versen in den vedischen liedersamlungen.

varǵ, verb. IV, c, 1, 2, *vṛṇák-ti, vṛ́ńǵ-a-ti,* und I, b, *várǵ-a-ti,* ab weren, auß schließen, vermeiden. Mit

pari- auß biegen, vermeiden; *pári ṇō vṛǵjāḥ*, Rv. II, 33, 14, 2. sg. opt. aor. für die 3. sg. gesezt: es verschone uns.

vart, verb. I, b, med., *várt-a-tē*, sich drehen, geschehen, sein (vgl. versari). Mit

sam- geschehen, entstehen, sein, da sein.

vardh, verb. I, b, *várdh-a-ti,* wachsen machen, vermeren, erheben; med. wachsen, perf. *vavṛdhḗ; várdhamānā svḗ dámē,* den im eigenen hause wachsenden, d. h. den im feuer stäts zu nemenden Agni. Mit

ati- überwachsen, hinauß wachsen über, mit d. acc.; Çatap. 3 *ativárdhāi* (im texte *ativárdhā* wegen des folgenden *átha)*, 1. sg. praes. conj. med. (§. 278. §. 279; Kuhn, ztsch. XV, 415).

varš-á- (wurz. *varš*, benetzen; §. 216), subst. 10., m. n., 1) regen; 2) jar; Matsj. 4. 45.

vaç, verb. I, a, act., *váš-ṭi* (§. 130, 1; s. 182), pl. *uç-mási, uç-más* (§. 6), part. praes. *uç-ánt-*, wünschen, wollen, lieben.

váç-a- (d. vor.; §. 216), subst. m. 10., wille, macht, herschaft.

vaç-ín- (*vaça-*, d. vor., mit *-in-;* §. 221), adj. 3., mächtig.

vas, verb. I, b, act., med., *vás-a-ti,* perf. *u-vás-a* (§. 6), fut. *vat-sjáti* (§. 130, am ende, s. 182), wonen. Mit

ni- bewonen.

vás-u- (wurz. *vas;* §. 216, b), adj. 8., gut; subst. n., das gute, reichtum, schätze.

vasu-dhā (d. vor.; wurz. *dha)*, subst. f. 10., erde, land.

vás-tu- (wurz. *vas;* §. 227), subst. n. 8., ding, sache.

vah, verb. I, b, act., med., *váh-a-ti,* perf. *u-vā́h-a* (§. 6), tragen, herbei füren, dar bringen. Mit

ā- herbei füren; *vak-š-a-ti,* Rv. I, 1, 2, 3. sg. conj. des zus. ges. aor.;
nis- davon füren, fort füren; Çatap. 2: *nirvōḍhá* wird fort füren (§. 225, s. 443 f.).
váh-ni- (wurz. *vah;* §. 223), subst. m. 9., 1) zugtier; 2) feuer (träger des opfers).
vā, conj., oder.
vāk-jà- (wurz. *vaḱ;* §. 217), subst. n. 10., rede.
vā́ḱ-, (wurz. *vaḱ;* §. 215), subst. f. 1., rede, wort, lied.
vā́ǵa-, subst. m. 10., 1) stärke, speise; 2) n. pr. eines Rbhu: Rv. IV, 33, 3.
vāǵa-sāti- (d. vor.; *sā-ti-,* §. 226; wurz. *sa, san* lieben, spenden), subst. f. 9., spende von kraft, von speise.
vā́-ta- (wurz. *va,* wehen; §. 224), subst. m. 10., wind.
vānara-, subst. m. 10., affe.
vāpí, subst. f. 10., see.
vā́r-ja- (wurz. 1. *var;* §. 217), adj. 10., zu wälen, herlich: als subst. n. seligkeit, gut; *içānam várjāṇām,* Rv. I, 24, 3. den beherscher, besitzer der güter.
vās-ín- (*vāsa-* m., wonung; wurz. *vas,* §. 216; suff. *-in-,* §. 221), adj. 3., wonend, bewoner, am ende von compp.
ví-, subst. m. 9., vogel.
vi, verbalpraefix, s. unter dem jeweiligen simplex.
vi-ghna- (*vi* + wurz. *han;* §. 216; vgl. §. 125, 1), subst. m. 10., hindernis.
viḱākaçat s. *kāç* mit *vi.*
• *vi-tará-* (compar. von *vi;* §. 233), adj. 10., weiter auß einander *vjàsmád dvéšō vitarám — ḱātajasva,* Rv. II, 33, 2, scheuche den haß weiter von uns hinweg.
1. *vid,* verb. II, a, act., *véd-mi, vét-ti;* perf. one reduplication mit praesentischer bedeutung *véda* (= *οἶδα*), pl. *vid-má,* ved. *vid-má,* wißen; part. praet. act. *vid-vā́s-,* weise.
2. *vid* (wol mit 1. *vid* ursprünglich identisch), verb. IV, c, 2, act., med., *vind-á-ti,* finden; pass. V, *vid-já-tē,* gefunden werden, sich finden, bestehen. Mit
nis- außfindig machen, entdecken; Rv. X, 129, 4.
vid-átha-, subst. n. 10., wißenschaft, überlieferung, daher ritus, opfer; Rv. II, 33, 15.

vidh, verb. I, b, act., *vidh-á-ti*, vereren, vererung dar bringen mit d. dat.; Rv. X, 121, 1.
vinā, praep. mit d. instr. u. acc., one.
vi-nāç-a- (wurz. *naç*; §. 216), subst. m. 10., untergang, verderben; *vināçāja*, zum verderben, verderblich.
vi-bhú- (wurz. *bhu*; §. 215), adj. 8., auß gezeichnet; in der anrede: herr.
víbhvan-, nom. pr. m. 3. eines Rbhu.
vi-mā́-na- (wurz. *ma* meßen; §. 222), subst. m. 10., der meßende, der meßer.
vi-vás-vant- (wurz. *vas, us* leuchten; §. 218), subst. m. 4., sonne; nom. propr.; Matsj. 1.
vivāsējam s. *va*.
viç, verb. I, b, act., *viç-á-ti*, part. praet. pass. *viš-ṭá-* (§. 130, 1), ein treten, hinein gehen. Mit
upa- sich setzen; part. praet. pass. *upavišṭa-*, sich gesezt habend, sitzend;
ni- sich setzen; caus. setzen, legen;
pra- ein treten in (acc.); *pravišṭa-* ein getreten seiend.
víç- (§. 215), subst. m. 1., ved. pl. *víças*, menschen; klass. ein mann der dritten kaste (ackerbauer und gewerbtreibende).
viçāla-, adj. 10., groß.
vi-çēš-a- (*çiš*; §. 216), subst. m. 10., unterschid, außzeichnung, species; *viçēša-ǵña-* die unterschide der dinge, die species kennend, d. h. unterrichtet, gelert.
viçēša-tas, adv. (§. 251, altind., anm. 3), besonders, vorzüglich.
víçva-, adj. 10., all; ntr. *víçva-m*, im übrigen nach der pronominalen decl.
viçva-ǵū́, adj. 7., alles an regend, fördernd; Rv. IV, 33, 8, als epitheton zu *gō-*, bezeichnet es die wunderkuh des Brhaspati.
viçvá-tas, adv. (§. 251, altind., anm. 3), von allen seiten, allenthalben.
viçvá-rūpa-, adj. 10., algestaltig.
víšūkīs, acc. pl. fem. v. *víšvańk-*.
višṭá- s. *viç*.
víšv-ańk- (*víšu*, adv., entgegen gesezt; wurz. *ańk* gehen), adj., fem. *víšūkī*, nach entgegen gesezten, dann nach allen, seiten sich erstreckend; *vj ámīvaç kātajasvā víšūkīḥ*, Rv. II, 33, 2,

verscheuche die plagen, so daß sie sich nach allen seiten zerstreuen.

vi-sárǵ-ana- (wurz. *sarǵ;* §. 221, a), subst. n. 10., emanation, schœpfung.

vi-srš-ṭi- (wurz. *sarǵ,* §. 226; vgl. §. 129), subst. f. 9., emanation, schœpfung.

vi-hār-a- (wurz. 1. *har;* §. 216), subst. m., tempel.

vīǵa-, subst. n. 10., same.

vīrá-, subst. m. 10., held.

vīrá-vant- (d. vor.; §. 218), adj. 4., heldenbegabt; *vīrávat-tama-m,* Rv. I, 1, 3, superl. (§. 236).

vrkšá-, subst. m. 10., baum.

vrt-ti- (wurz. *vart;* §. 226), subst. f. 9., zustand, verhältnis, natur.

vr-trá- (wurz. 2. *var;* §. 225), subst. n. m. 10., name der als dämon gefaßten gewalt, welche den regen in der wolke zurück hält und so alles wachstum verhindert. Indra tötet in. Plur. neutr., böse, feinde.

vrd-dhi- (wurz. *vardh;* §. 225; §. 130, 2), subst. f. 9., wachstum, größe.

vŕš-an- (wurz. *varš* träufeln, näml. d. sperma; §. 221), subst. m. 3., stier; *vršaṇō,* Rv. II, 33, 13, voc. pl., bezeichnung der Maruts; superl. *vŕšan-tama-* (§. 236), Rv. VI, 57, 4, am meisten stierartig, d. h. befruchtend, segnend.

vrša-bhá-, subst. m. 10., stier, bezeichnung des Indra, Rudra, Agni und anderer götter.

vrhattva- = *brhattva-*.

vēg-a- (wurz. *viǵ* zittern; §. 216), subst. m. 10., schnelligkeit, ungestüm.

vēd-a- (wurz. *vid;* §. 216), subst. m. 10., name der heiligen schriften; es gibt vier: *rk-, sāman-, jaǵus-, atharvan-*.

vēn, verb. I, b, act., med., *vén-a-ti,* lieben, wünschen, vereren.

vēš-áṇa- (wurz. *viš* an greifen, durchdringen; §. 222, a), subst. n. 10., die durchdringende kraft; *vēšáṇā,* Rv. IV, 33, 2, instr. sg.

vā́i, partikel der versicherung, ja, fürwar; mit nach folgendem *u;* Rv. II, 33, 9.

vāivasvata-, m. 10., patron. (steiger. u. secund. suff. *-a-;* §. 216), son des Vivasvant.

vāiçvānará- (*viçva* + *nár-*; mit steigerung u. secund. suff. *-a-* gebildet; vgl. §. 216), adj. 10., alle menschen umfaßend, bebezeichnung des Agni.

vōkat (§. 292, s. 755), s. *vak*.

vjāghrá-, subst. m. 10., tiger.

vj-ā-pār-a- (wurz. *par* mit *vi*, *ā*, beschäftigt sein; §. 216), subst. 10., mühe, beschäftigung, geschäft.

vjòman-, subst. n. 3., himmel; *vjòmant* (*t* wegen des folgenden *s* an getreten oder es ligt hier suffix *-mant-* vor; §. 219), Rv. X, 129, 7, loc. sg. In der vedischen sprache nimt man nämlich locative one das casussuffix *-i* an; also die bloße stamform als locativ.

vrağ, I, b, verb. act. *vráğ-a-ti*, gehen, fort schreiten.

vratá-, subst. n. 10., heiliges werk, gelübde, frömmigkeit.

Ç.

Çak, verb. IV, a, act., *çak-nō-ti*, können, vermögen.

çakaṭa-, subst. m. n. 10., wagen.

çak-ja- (part. necess. v. *çak*, §. 217), adj. 10., möglich.

çaṅk, verb. I. a, med., *çáṅk-a-tē*, argwönen, fürchten. Mit *abhi-* anzweifeln *nābhiçaṅkjam idam vakanam*, Matsj. 34, nicht ist dise rede an zu zweifeln.

çatá-, subst. n. 10., hundert (§. 240).

çanāis, adv. (alter instr. pl.), almählich, langsam.

çán-tama- (superl. v. *çam*; §. 236), adj. 10., am meisten beglückend, heilkräftigst.

çábda-, subst. m. 10., laut, ton; *çabda-çāstra-*, lautlere, sprachlere.

1. *çam*, verb., act., med.; V., *çám-ja-ti*, oder I, b, *çám-a-ti*, perf. *ça-çam-ē*, ruhig sein; *çaçamāná-*, part. perf. med., ruhig, sicher; Rv. I, 24, 4.

2. *çám*, subst. n. 1., heil, glück; acc. *çám*, zum heile; Rv. II, 33, 13.

çámī, subst. f. 10., tat, handlung, werk.

çar-aṇá- (wurz. *çar* in entsprechender function als verb. nicht nachweisbar; §. 221, a), subst. n. 10., zuflucht, schutz.

çár-man- (s. d. vor.; §. 219), subst. n. 3., schutz; *kúha kásja çármann* (loc. sg. one casussuffix; vgl. unter *vjòman-*), wo in wessen schutze war es; Rv. X, 129, 1.

çaçamāná-, Rv. I, 24, 4, s. u. *çam*.

çáçvant-, adj. 4., fortdauernd, beständig; ntr. *çáçvat* adv. immer.

çán-ti- (wurz. *çam*; §. 226), subst. f. 9., beruhigung, ruhe.

çārdūlá-, subst. m. 10., tiger; am ende von compp., bester, treflichster.

çās, verb. I, a, *çás-ti*, part. praet. pass. *çiš-ṭá-* (§. 130, 1), befehlen; med., an flehen. Mit
ā- beten, an beten, wünschen, her sagen.

çās-tra- (s. d. vor.; §. 225), subst. n. 10., vorschrift, lere.

çi, verb. II, a, med., *çḗ-tē*, ligen; part. praes. *çáj-āna-* (§. 219), ligend.

çilā, subst. f. 10., stein, fels.

çiš, verb. IV, c, 1, act., *çináš-ṭi*, perf. *çi-çḗš-a*, übrig laßen; pass. V, *çiš-já-tē*, perf. *çi-çiš-é*, part. *çiš-ṭá-*, übrig bleiben. Mit *pari* das s.

çuk-rá- (wurz. *çuḱ* rein sein, glänzen; §. 220), adj. 10., leuchtend, glänzend.

çúḱ-i- (s. d. vor.; §. 216, a), adj. 9., leuchtend, weiß, rein.

çúnaç-çēpa- (*çun-as* gen. sg. zu nom. *çvā*, st. *çvan-* hund; *çēpa-*, msc. 10., penis), nom. pr., msc. 10., eines *Rši* der von *Viçvāmitra* an kindesstatt auf genommen den namen *Dēvarāta* erhielt. Nach der *Anukramaṇikā* ist er verfaßer von Rv. I, 24.

çubh-a- (wurz. *çubh* glänzen; §. 216), adj. 10., glänzend, schön.

çubha-datta-, nom. pr. m. 10. (s. d. vor. u. 1. *da*).

çŕṅga-, subst. n. 10., horn.

çṙṅg-ín- (s. d. vor.; suff. *-in-*; §. 221), adj. 3., gehörnt.

çāila- (v. *çilā* mit steig. u. secund. suff. *-a-*; §. 216), 1) adj. 10., steinig, felsig; 2) subst. m., berg; Spr. 11.

çrath, verb. I, b, act., *çráth-a-ti* und *çrāth-ája-ti* lösen, verzeihen; *çi-çrath-as*, Rv. I, 24, 14, conj. aor.; *çrathāja*, Rv. I, 24, 15, gedenter imperat. Mit *ava-*, *ud-*, *vi-* das s.

çram, verb. V, act., *çrám-ja-ti*, 1) müde werden, ermüden (instr.); part. praet. pass. *çrān-tá-*, ermüdet, ermattet; 2) sich kasteien; Çatap. 7.

çri, verb. II, b, act., med., *çráj-a-ti*, perf. med. *çi-crij-é*, gehen. Mit *ud-* auf richten, erheben; part. *uḱ-ḱhri-ta-* (s. o. s. 10, 3, a), erhoben, hervor ragend.

çrī́-, subst. f. 1., heil, glück; *çrḗšṭha°* *çrijā́*, der treflichste an heil, an macht. Es wird vor namen von personen und schriften gesezt, welche in ansehen stehen: *çrīmahābhāratam.*

çru, verb. IV, a, act., selten med., *çr-ṇṓ-ti*, imperat. ved. *çr-ṇu-hí*, klass. *çr-ṇú*; perf. *çu-çrā́v-a*; aor. 2. du. *çru-tám*, imperat. *çru-dhí*; part. praet. pass. *çru-tá-*, hören; *çru-tvā́*, Matsj. 48 (gerund., §. 227), nach hörung, d. h. nachdem sie (die *Ršiʼs)* gehört hatten; pass. V, *çrū-já-tē.*

çru-tá- (s. d. vor.), adj. 10., berümt.

çrḗšṭha- (superl. zu *çrī-mant-* oder *çrī-la-*; §. 232. 234), adj. 10., bester, treflichster.

çvitikḗ, dat. sg. v. *çvitjáṅk-*.

çvitj-ánk- (*çviti-* + *ank* in weiße gehend; *çvit-i-*, wurz. *çvit* leuchten; §. 216, a), adj. 1., weißlich, leuchtend; Rv. II, 33, 8, beiwort des sturmgottes Rudra wegen der den sturm begleitenden elektrischen erscheinungen. Das *n* des stammes wird wie bei 4. behandelt; wenn es auß fält wird außerdem *ja* in *ī* contrahiert (§. 15, c); über die decl. vgl. Bopp, kl. skr.-gr. III. aufl. §. 179.

çvā́it-ara- (wurz. *çvit* leuchten), f. *-ī*, adj. 10., leuchtend, weiß; *çvā́itarī dhēnúm*, Rv. IV, 33, 1, eine leuchtende, weiße milchkuh oder eine kuh mit weißer milch.

Ś.

Śáš-, num., sechs (§. 234, 6).

šō-daçá-, adj. 10., der sechszehnte (§. 241).

S.

1. *Sá*, f. *sā́*, n. *tát*, pron. dem., der, die, das; den cass. obliqui ligt der stamm *ta-* zu grunde (§. 264). Der nom. sg. m. lautet meist *sá*, vor einer pause *sá°*, vor folgendem *a* *só.*

2. *sa-* in zusammensetzung: mit, versehen mit dem, was im zweiten glide der zusammensetzung bezeichnet ist.

sā̃jata s. *jam* mit *sam.*

sā̃-vátsa- (*sam* + *vatsa-*), subst. n. 10., jar.

sā-vatsará- (sam + vatsara- m. das s.), subst. m. 10., jar.

sā-hati- (sam + ha-ti-; wurz. *han, ha;* §. 226), subst. f. 9., vereinigung, verbindung.

sāhitā s. *dha* mit *sam*.

sa-kala- (sa-, kalā, fem., teil), adj. 10., ganz.

sakhjá- (vgl. *sakhi-* m. freund), subst. n. 10., freundschaft.

saṅ-kšaja- (sam + kšaja-, wurz. *kši* vernichten; §. 216), subst. m. 10., untergang, verderben.

saṅ-graha- (sam + grah-a-; wurz. *grah, grabh;* §. 216), subst. m. 10., zusammenfaßung, samlung.

saḱ, verb. I, b, med., act., *sáḱ-a-tē,* 1) folgen mit dem acc.; 2) insofern das folgen, geleiten zugleich ein schützen ist, behüten, beschützen; Rv. I, 1, 9.

sáḱ-ā (s. d. vor.), adv., zugleich, in begleitung von; *tátra pūšā́bhavat sáḱā,* Rv. VI, 57, 4, da war *Pūšan* in seinem gefolge.

saṅ-ḱaja- (sam + ḱaj-a-; wurz. *ḱi* sammeln; §. 216), subst. m. 10., haufe, menge.

sat-krta-, adj. 10., bewirtet, s. *kar*.

sat-tama-, superl. v. *sant-* (§. 236).

sát-pati-, subst. m. 9., herr der guten *(sant-, pati-)*.

satjá-, adj. 10., warhaftig; *satjānrtám (satjá- + anrtá-),* subst. ntr. (dvandva-compositum), warheit und lüge.

satjá-dharman- (s. d. vor.; *dhárman-* ntr. 3. = *dhárma-),* adj. 3., wares gesetz, ware pflicht habend, d. h. das gesetz, die pflicht erfüllend.

sad, verb. III, b, act., *sīd-á-ti* (§. 293, altind.), sitzen, sich setzen. Mit

ā- sich hinzu setzen, sich nähern; part. praet. pass. *ā-sanna-* (§. 222; §. 130, 1; nachtr. zu s. 181), nahe, *atj-āsanna-,* alzu nahe. Mit

upa- herbei kommen zu (acc.), sich nähern, erlangen;

pra- geneigt, gnädig sein.

sádā, adv., in einem fort, immer, stäts.

sa-dŕç-a- (sa + drç-a-; wurz. *darç,* §. 216), adj. 10., änlich.

sadjás, adv., augenbliklich.

sánā, adv., in einem fort, immer; *júvānā sánā,* Rv. IV, 33, 3, ewig jung.

sanā-tana- (s. d. vor.), f. *-ī*, adj. 10., fortwärend, ewig.

s-ánt- (part. praes. v. 1. *as*; §. 229), 1) adj. 3., a) seiend; b) gut, rechtschaffen; 2) *sát-*, subst. n., das seiende, das sein.

san-dŕç- (*sam* + *darç*; §. 215), subst. f. 1., das erblicken, anblick.

sapta-daçá-, adj. 10., der sibzehnte (§. 241).

saptán-, zalw., siben (§. 237, 7).

sapta-má-, adj. 10., sibenter (§. 241).

saptaršajas s. *rši*.

sám, praep. c. instr., mit; häufig in verbalzusammensetzungen, welche man unter dem betreffenden simplex suche.

samá- (vgl. §. 237, 1, griech.), adj. nach der pronominalen decl., änlich, gleich; *samēnāpi hatō bhrçam*, Spr. 9, wenn er auch nur von einem seines gleichen hart an gestoßen wird.

sámā, subst. f. 10., jar.

sam-udrá- (*sam* + *ud-ra-* das in der function 'waßer' als simplex nicht vor komt; wurz. *ud* benetzen, baden; §. 220), subst. m. 10., ocean, mer.

samudrá-ģjēšṭha-, adj. 10., den ocean als vorzüglichsten habend, d. h. unter seiner macht stehend.

samudrārtha- (*samudra* + *artha*), adj. 10., den ocean zum zile habend; Rv. VII, 49, 2 von den gewäßern, welche dem mere zu strömen.

sam-pra-kšāl-ana- (wurz. *kšal* spülen; §. 221, a), subst. n. 10., abspülung, wäsche.

sárg-a- (wurz. *sarģ*; §. 216), subst. m. 10., schepfung.

sarģ, verb. I, b, act., med., *srģ-á-ti*, perf. *sa-sárģ-a*, opt. *sa-srģ-jā-t*, inf. *sráš-ṭum* (§. 129), 1) auß gießen, sprengen, loß laßen; 2) emanieren laßen, schaffen; part. necess. *sraš-ṭavja-* (§. 217, 2), zu schaffen. Mit

ava- herab gießen, loß laßen, befreien, Rv. I, 24, 13; hin werfen, hinein werfen; Matsj. 23.

sarp, verb. I, b, act., *sárp-a-ti*, perf. *sa-sárp-a*, kriechen, gehen. Mit

anu-ava- hinterher hinab steigen.

sárva-, adj. 10., ganz, all, jeder, ntr. *sárva-m*, im übrigen ganz nach der pronominalen decl.

sarva-tás-, adv. (§. 251, altind., anm. 3), von allen seiten, überall.

sarva-pāpa-hara-, adj. 10., alles böse weg nemend (s. d. einzelnen worte).
sarva-pūrṇārtha-, adj. 10., der alle seine zile erreicht hat, dessen wünsche alle erfült sind (*pūrṇa-* s. u. 1. *par*).
sarva-lōka-, subst. m. 10., pl. die gesamtheit der welten.
salilá-, subst. n. 10., waßer.
sáv-ana- (wurz. 2. *su*; §. 221, a), subst. n. 10., opfer.
sáv-itar- (wurz. 1. *su*; §. 225), subst. m. 5., der gott Savitar, bezeichnung der sonne.
sas, verb. I, a, act., *sás-ti*, perf. *sa-sā́s-a*, schlafen.
sahá, praep. c. instr., mit.
saha-ǵa- (s. d. vor.; wurz. *ǵa* s. u. *ǵan*), adj., angeboren.
sáh-as- (wurz. *sah* ertragen, auß halten; §. 230), subst. n. 2., kraft.
sahásra- (§. 240), subst. n. 10., tausend.
sa-hita- (*sa-* + *hita-*, wurz. *dha*), adj. 10., verbunden, vereint.
sá-hū-ti- (wurz. 2. *hu*; §. 226), subst. f. 9., anrufung zu gleicher zeit; *sáhūtī*, Rv. II, 33, 4, instr. sg. I (§. 258) durch mitanrufung (anderer götter), indem wir außer dir zugleich andere götter an rufen.
sākšā́t (*sa* + *akša-* auge), adv., offenbar.
sāgara-, subst. m. 10., ocean, mer.
sā-tí- (wurz. *san*, *sa* spenden; §. 226), subst. f. 9., spende.
sādh-aka- (wurz. *sādh* vollenden), f. *sādhikā* (mit suff. *-ika-*), adj. 10., vollendend, zum zile fürend.
sādh-ú- (wurz. *sādh*; §. 216, 6), adj. 8., gut, treflich.
sā́jaka-, subst. n. 10., pfeil.
sāja-, subst. m. 10., abendzeit, abend.
sājāhna- (*sāja-* + *ahan-*; sec. suff. *-a-*; §. 216), subst. m. 10., abend.
sāra-, subst. n. 10., mark, kraft, das wesentliche einer sache.
sā́-rathi- (vgl. *ratha-*; *sa-ratha-* mit wagen versehen; davon mit steigerung und sec. suff. *-i-*), subst. m. 9., wagenlenker.
sārddham (*sa-* + *ardha-* hälfte), praepositionell gebraucht: in begleitung, mit; c. instr.
síndhu-, subst. m. 8., tropfe, see; pl. flüße.
1. *su*, verb. II, a, b, act., *sáv-a-ti*, *sā́u-ti*, perf. *su-šā́v-a*, erzeugen, gebären; part. praet. pass. *su-tá-*, son, f. *su-tā́*, tochter.

2. *su*, verb. IV, a, act., med., *su-nṓ-ti*, perf. *su-šā́v-a*, part. perf. pass. *su-tá-*, ursprünglich mit 1. *su* identisch, dann, weil das verfaren der somabereitung in allen dabei vor kommenden acten mit der zeugung verglichen wird: den soma auß pressen.

3. *sú*, adv., schön, gut, ser häufig als erster teil von zusammensetzungen.

sú-karman- (*kár-man-*, ntr. 3., werk; wurz. *kar*; §. 219), subst. 3., woltäter, helfer, beistand.

su-kšḗtra- (*kšḗ-tra-*, ntr. 10., feld; wurz. *kši* wonen; §. 225), adj. 10., schönlandig, fruchtbar (vom lande gebr.); *sukšētrā́kṛṇvan* (scil. *kšētrā́*), Rv. IV, 33, 7, sie machten die lande fruchtbar.

su-khá- (als zweiter teil der zusammensetzung gilt *kha-* luft; vgl. *duḥ-kha-* unangenem, leid), 1) adj., frölich, erfreut, erfreulich; 2) subst. n., freude, vergnügen; *sukhḗna*, *sukhám*, gern, leicht; comparat. *sukha-taram*.

sukh-in- (d. vor. 2. mit suff. *-in-*; §. 221), adj. 3., frölich, freudig.

su-pratā́pa-vant- (s. *pratā́p.*), adj. 4., ser würdig, majestätisch.

su-matí-, subst. f. 9., wolwollen.

su-mahant-, adj. 4., ser groß.

su-mná- (*su-* + *man*; vgl. §. 206 am ende; §. 215), subst. n. 10., güte, wolwollen.

su-júǵ- (§. 215), adj. 1., gut, leicht an zu spannen (von rossen).

su-vī́ra-, adj. 10., heldenreich.

su-vṛ́t- (wurz. *vart*; §. 215), adj. 1., schön rollend (vom wagen); Rv. IV, 33, 8.

su-vratá-, adj. 10., fromm (wörtl. gute gelübde, *vratá-*, habend).

su-çiprá- (*çipra-* wange oder nase), adj. 10., schönwangig.

su-štutí- (*stu-ti-*, wurz. *stu*, §. 226; vgl. §. 126, 2), subst. f. 9., schöner lobgesang.

su-saṅ-gupta- (vgl. *gup*), adj. 10., wol bewart.

su-háv-a- (wurz. 2. *hu*; §. 216), adj. 10., schön an zu rufen.

su-hásta-, adj. 10., schönhändig, geschikte hände habend.

sū-tra- (wurz. wol *siv*, *sju* nähen, vgl. lat. *su-ere*; §. 226), subst. n. 10., faden.

sūtra-dhāra- (d. vor. *dhāra-* am ende von zusammensetzungen haltend; wurz. *dhar*, §. 216), subst. m. 10., zimmermann (der den faden der richtschnur hält).

sū-nú- (wurz. 1. *su*; §. 223, a), subst. m. 8., son.

sūpājaná- (*su* + *upājana-* [*upa-i*; §. 221, a], das herbeikommen), adj. 10., einer zu dem man leicht zutritt hat, zugänglich.

súr-a- (wurz. *svar*, leuchten; vgl. *svàr-*; §. 216), subst. m. 10., sonne.

súr-ja- (s. d. vor.; §. 217), subst. m. 10., sonne.

sḗnā, subst. f. 10., her, kriegsher.

sēv, verb. I, b, med., *sḗv-a-tē*, besuchen, verkeren mit (acc.), vereren; pass. V *sēv-já-tē*.

sṓ-ma- (wurz. 2. *su*; §. 219; vgl. altbaktr. *haoma-*), subst. m. 10., der auß der asclepias acida gepreste somatrank, ein berauschendes getränk, welches den göttern dar gebracht wird, um sie zum kampfe gegen die dämonen zu stärken. Rv. VII, 49, 4 als gotheit.

stambh, verb. IV, a, b, act., *stabh-nṓ-ti*, *stabh-nā́-ti*, befestigen, part. praet. pass. *stabh-itá-*; IV, c, 2, med., *stámbh-a-tē*, unbeweglich werden, fest stehen; part. perfecti medii (§. 219, s. 413) *ta-stabh-āná-*, Rv. X, 121, 6.

stambh-á- (d. vor.; §. 216), subst. m. 10., pfosten, säule.

star, verb. IV, a, b, act., med., *str-ṇṓ-ti*, *str-ṇā́-ti*, breiten, strecken. Mit

vi-, part. praet. pass. *vistrta-*, auß gebreitet, breit; Matsj. 16.

stu, verb. I, a, *stā́u-ti*, pl. *stu-mási* (ved.), imperat. *stu-hí*, preisen, singen; med. I, b, *stáv-a-tē* vedisch in pass. bedeutung; part. med. (§. 219) *stávāna-*, Rv. II, 33, 11, geprisen werdend; part. praet. pass. *stu-tá-* (§. 224).

stū́pa-, subst. m. 10., haufe, menge; *vánasja stū́pam*, Rv. I, 24, 7, des glanzes masse (= sonne).

stṓ-ma- (wurz. *stu*; §. 219), subst. m. 10., loblied.

strī́-, subst. f. 7., weib.

1. *stha*, verb. III, act., med., *ti-ṣṭha-ti*; perf. *ta-sthā́u*, 3. pl. med. *ta-sth-irē*, part. *ta-sthi-vā́s-*; aor. *á-sthā-t*, 3. pl. *sth-us*, Rv. I, 24, 7; part. praet. pass. *sthi-tá-*, stehend (§. 7, 1); inf. *sthā́-tum*, part. necess. *sthā-tavja-*; 1) stehen, 2) sein, sich befinden; caus. *sthā-pája-ti* (§. 209), stellen, setzen. Mit

ā- kommen zu (acc.); *dhánvātišṭhann óšadhīr nimnám ápa°*, Rv. IV, 33, 7, in die wüste kamen kräuter, in die niderung gewäßer;

ud- auf stehen, sich erheben (das *s* von *stha* schwindet zwischen den beiden dentalen; §. 130, 1; nachtr. zu s. 181); *āughá útthitē*, Çatap. 4, wenn die flut sich erhoben hat;

sam- stehen;

sam-upa- herbei kommen, nahen.

2. *stha-*, adj. 10. am ende von compp., stehend, befindlich (§. 215).

sthal-a- (wurz. *sthal*, unbelegt, fest stehen; §. 216; richtiger *stha-la-*; §. 220), subst. n. 10., ort, boden, festland.

sthā́-na- (wurz. *stha*, §. 222), subst. n. 10., stelle, platz, ort.

sthāvará- (wurz. *stha)*, adj. 10., stehend, fest, unbeweglich; *sthāvara-ǵaṅgamam*, Matsj. 27, unbewegliches und bewegliches.

sthi-rá- (wurz. *stha*; §. 7, a; §. 220), adj. 10., fest.

sthus s. 1. *stha*.

sparç-a- (wurz. *sparç* berüren; §. 216), subst. m. 10., 1) berürung; 2) wind, luft.

sphaṭ, verb. I, b, act., *sphāṭ-ája-ti*, spalten.

sma, verstärkende partikel; einem praes. verleiht es präteritale bedeutung; Çatap. 7.

smi, verb. II, b, act., med., *smáj-a-ti*, lachen, lächeln.

sjá-, nur ved. pron. dem., nom. sg. msc. *sjá-s*, f. *sjā́*, n. *tjá-t*, er, diser, jener.

sraštavja- s. *sarǵ*.

sraštu-kāma- (sraštu- nom. action. v. *sarǵ* [§. 227; §. 129] + *kāma-)*, adj. 10., lust zum schaffen habend; mit d. acc., Matsj. 54.

sru, verb. II, b, act., *sráv-a-ti*, fließen.

svá-, adj. 10., eigen, sein.

svad, verb. I, b, act., kosten, geschmack finden an. Mit

ā- geschmack finden an, verzeren.

sva-dhā́ (sva- + wurz. *dha*, §. 215), subst. f. 10., 1) selbstsetzung, freiheit; *svadhájā*, Rv. X, 129, 2, durch selbstsetzung, durch sich selbst; *svadhā́ avástāt prájati° parástāt*, X, 129, 5, freiheit nach unten, streben nach oben; 2) sitte gewonheit; *ánu svadhā́m*, Rv. IV, 33, 6, nach gewonheit, wo indes das *ánu* auch zu *ǵagmus* bezogen werden kann.

sv-ápas- *(su-+ápas-)*, adj. 2., tatenreich, schöne taten volbringend.
svajaṅ-ǵá- *(svajám+ǵa;* wurz. *ǵan, ǵa;* §. 215), adj. 10., selbst geboren, auß sich selbst entstanden.
svajám, pron. indecl., selbst.
svàr (vgl. *sū́ra-, sū́rja-;* §. 215), subst. n. indecl. 1., himmel.
svargá-, subst. m. 10., Indra's himmel, der sitz der götter.
svarga-lōka-, subst. m. 10., die himmelswelt.
sv-alpa- *(su-+alpa-)*, adj. 10., ser gering, ser kurz.
sv-ávas- *(su-+avas-)*, adj. 2., schöne gunst, beistand habend, verleihend.
sv-as-ti- *(su-+as-ti-,* wurz. *as;* §. 226), subst. f. oder n. 9., wolsein, seligkeit; dat. *svastájē*, Rv. I, 1, 9; VI, 57, 1, zum heile; *svastí*, zum heile, Rv. II, 33, 3.
svid, fragepartikel, *svid — svid*, utrum — an.

H.

Ha, conj., ja, nun.
hãsá-, subst. m. 10., gans, flamingo.
hatá- s. *han.*
han, ha, verb. I, a, act., *hán-ti*, imperat. *ǵa-hí* (vgl. §. 130, 3). 3. *hán-tu*, imperf. 2. 3. sg. *á-han;* III, act., med., *ǵí-ghna-ti*, perf. *ǵa-ghā́n-a*, 3. pl. *ǵa-ghn-ús*, part. praet. pass. *ha-tá-*, schlagen, stoßen. Mit
ni- nider schlagen, zu boden schlagen.
1. *har*, verb. I, b, act., med., *hár-a-ti*, perf. *ǵa-hā́r-a*, 3. pl. *ǵa-hr-ús*, nemen, ergreifen. Mit
abhi-ava- hinab schaffen;
ā- herbei bringen;
ud- herauß nemen, herauß ziehen; *uddhṛtja*, Matsj. 14, gerund. (§. 226; §. 130, 2).
2. *har*, verb. IV, b, med., *hr-ṇī-tḗ*, glühen, zürnen, part. *hrṇānā́-*, zürnend, wütend.
har-a- (wurz. 1. *har;* §. 216), adj., am ende von compp., nemend, weg nemend.
hár-i- (wurz. 2. *har;* §. 216, a), adj. 9., feuerfarbig, falb, subst., falbes ross; *hárī*, dual. die beiden rosse Indras.

havana-çrút- (wurz. 2. *hu*, §. 221, a; wurz. *çru*, §. 226, altind., 2.), adj. 1., die anrufung erhörend.

hav-ís (wurz. 1. *hu)*, subst. n. 2., opfer.

háv-ī-man- (wurz. 2. *hu*; §. 219; §. 15, f.), subst. 3., anrufung.

has, verb. I, b, act., *hás-a-ti*, perf. *ǵa-hás-a*, lachen, lächeln. *pra-* lachen.

hásta-, subst. m. 10., hand.

hí, conj., denn.

hīs, his, verb. IV, c, 1 und 2, act., *hinás-ti, hís-a-ti*, aor. *á-hīs-īt*, verletzen, beschädigen, töten.

hitá- (part. v. *dha)*, 1) adj. 10., s. *dha*; 2) subst. n., vorteil, heil, glück; Matsj. 28.

hitōpadēça- (*hita-* + *upadēça-*; *upa-dēça-*, wurz. *diç*, §. 216), subst. m. 10., 'die anweisung zum guten', name einer fabelsamlung, durch welche moralische leren für die jugend illustriert werden.

híma-, subst. m. 10., winter; *çatám himā°*,. Rv. II, 33, 2, hundert winter, d. h. hundert jare. Die hymnen, in denen nach wintern gezält wird, sind die ältesten, sie sind noch in den nördlichen gegenden verfaßt, wärend in späterer zeit, zum teil schon in den Veden, das jar nach der regenzeit, *varša-*, benant wird.

himá-vant- (s. d. vor.; sec. suff. *-vant-*; §. 218), adj. 4., 1) schneeig, *himávantas*, Rv. X, 121, 4, die schneeberge; 2) nom. pr. des gebirges Himālaja.

hiraṇja-, 1) adj. 10., golden; 2) subst. n., gold; n. pl., goldener schmuck; Rv. II, 33, 9.

hiraṇja-garbha-, adj. 10., einen goldenen schoß habend.

1. *hu*, verb. III, act., *ǵú-hō-ti*, perf. *ǵu-háv-a*, Çatap. 7 *ǵuhavā́ kakāra* (§. 216, s. 379), aor. 2. sg. *á-hāu-š-īs*, opfern.

2. *hu (hva, hvē)*, verb. II, b, act., med., *háv-a-tē*; class. V, *hvájati*, aor. 1. sg. *á-hv-ē, á-huv-ē, huv-ē*, 3. *á-hv-at*, pl. med. *á-hū-mahi*, opt. *huv-é-ma*, conj. *hū-mahē*, part. act. *huv-ánt-*, med. *huv-āná-*; pass. V, praes. *hū-já-tē*, part. necess. *hávja-*, rufen, an rufen.

hŕd-, subst. n. 1., herz.

hrdajā-vídh- (*hrdaja-*, ntr. herz, + wurz. *vjadh, vidh* schlagen, verletzen; §. 215; §. 6), adj. 1., das herz verletzend, betrübend.

hḗḍas-, *hḗḷas-*, subst. n. 2., zorn.
hēti-, subst. f. 9., waffe.
hētú-, subst. m. 8., ursache, grund, zweck, zil.
hṓ-tar- (wurz. 1. *hu*; §. 225), subst. m. 5., opferer, priester.

Johannes Schmidt.

II.

Altbaktrisch.

Das **alphabet** (vgl. Comp. §. 16), das man in lexicis nach dem altindischen alphabete an zu ordnen pflegt, besteht auß folgenden zeichen:

𐬀 *a*, 𐬁 *ā*, 𐬌 *i*, 𐬍 *ī*, 𐬎 *u*, 𐬏 *ū*, 𐬈 *e*, 𐬆 *ə*, 𐬉 𐬉 *ē* *), 𐬊 *o*, 𐬋 *ō*, 𐬃 *āo*, 𐬄 𐬅 *ą*, 𐬢 *ṅ*, 𐬣 *ń*, 𐬐 *k*, 𐬑 *kh*, 𐬒 *qh*, 𐬔 *g*, 𐬖 *gh*, 𐬗 *k'*, 𐬘 *g'*, 𐬲 *ž*, 𐬰 *z*, 𐬧 *n* (vor consonanten), 𐬙 *t*, 𐬝 *ṭ*, 𐬚 *th*, 𐬛 *d*, 𐬜 *dh*, 𐬥 *n*, 𐬞 *p*, 𐬟 *f*, 𐬠 *b*, 𐬨 *m*, 𐬫 (an lautend) 𐬪 (inlautend) *j*, 𐬭 𐬭 (nach 𐬟 *f*) *r*, 𐬬 (an lautend) 𐬬 (inlautend) *v*, 𐬡 *w*, 𐬯 *ç*, 𐬱 *š*, 𐬴 *s*, 𐬵 *h*.

Die diphthonge werden als zwei vocale geschriben (𐬀𐬌 *ai*, 𐬀𐬉 *aē* u. s. f.). Bisweilen werden zwei zeichen mit einander verbunden, so 𐬯𐬙 *st*, 𐬯𐬐 *sk*, 𐬩 *hm*, 𐬀𐬵 *ah*, 𐬀𐬥 *aṅ* u. a

Die schrift geht (wie arabisch, hebräisch u. s. w.) von der rechten zur linken und dem gemäß folgen sich auch die seiten.

---

*) Auß Spiegels eigenen angaben (altb. Gr. §. 13) ergibt sich, daß die von im durch gefürte scheidung von 𐬉 als kürze von 𐬉 als länge nicht in der überliferung begründet ist.

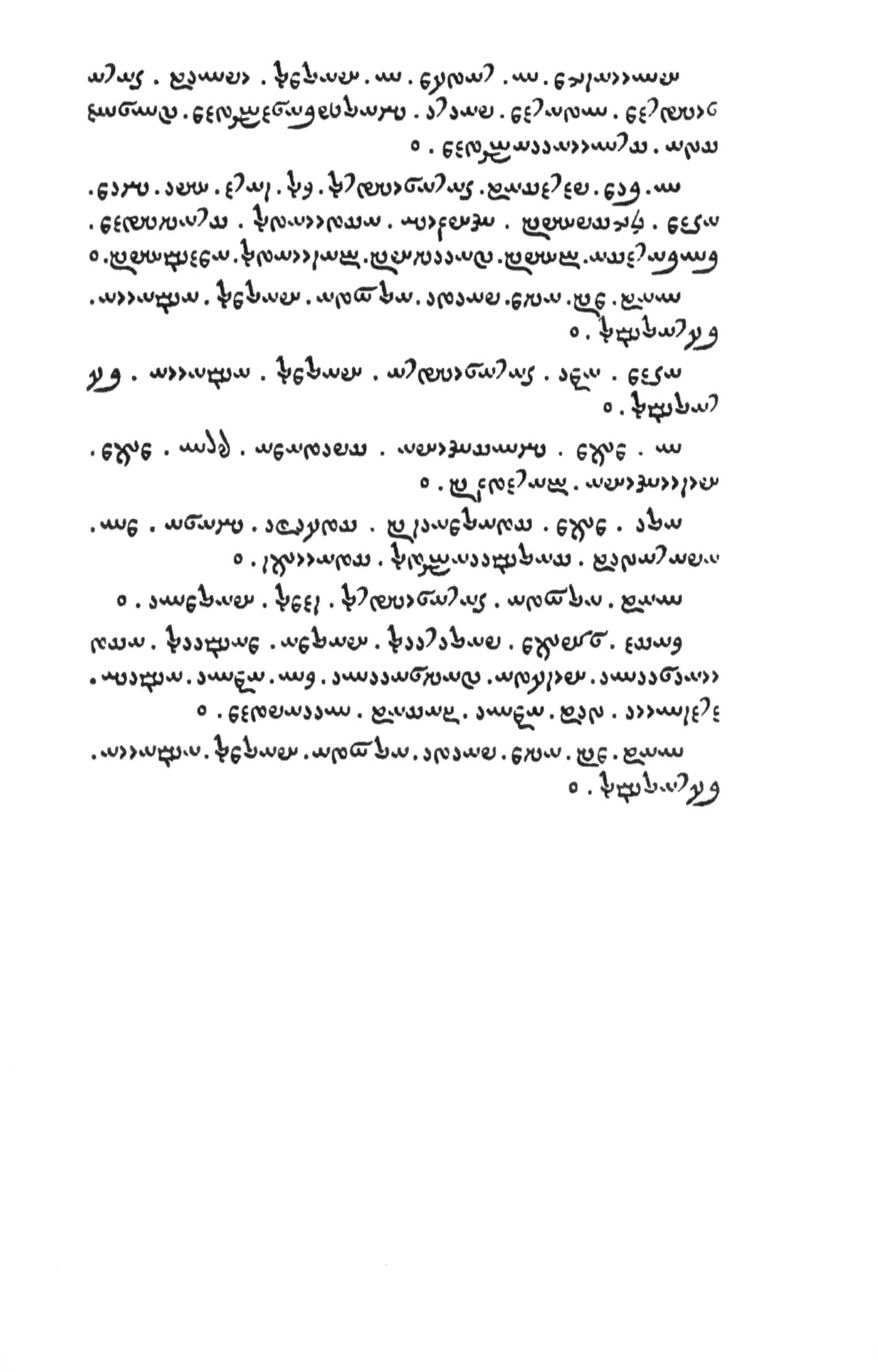

Jaçna IX, 1—43 *).

1. *Hāvanīm ā ratūm ā Haomō upāiṭ Zarathustrem*

2. *ātarem pairi jaoždathentem, gāthāoçka çravajantem.*

3. *ā dim pereçaṭ Zarathustrō: kō nare ahi,*

4. *jim azem vīçpahē añhèus açtvatō çraēstem dādareça ghahē gajēhē, ghanvatō, amešahē?*

5. *āaṭ mē aēm paiti aokhta Haomō ašava, dūraošo:*

6. *azem ahmi, Zarathustra, Haomō, ašava, dūraošō.*

7. *ā mām jāçañuha, çpitama, frā mām hunvañuha gharetèē.*

8. *aoi mām çtaomainē çtūidhi, jatha mā aparakiṭ çaošjantō çtavān.*

9. *āat aokhta Zarathustrō: nemō Haomāi.*

10. *kaçe thwām paoirjō, Haoma, mašjō açtvaithjāi hunūta gaēthajāi? kā ahmāi ašis erenāvi? kiṭ ahmāi jaçaṭ ājaptem?*

11. *āat mē aēm paiti aokhta Haomō ašava, dūraošō:*

---

*) Dr. Fr. Spiegel, Avesta die heiligen Schriften der Parsen. II., Leipz. 1858, s. 78 flg. Des selben Avesta u. s. f. Aus dem Grundtexte übersetzt u. s. f. II., Leipz. 1859, s. 68 flg. N. L. Westergaard, Zendavesta or the religious books of the Zoroastrians etc. Copenhagen, 1852—54, s. 24 flg. Ferd. Justi, Handbuch der Zendsprache, Lpz. 1864, s. 413. Dr. Caj. Kossowicz, decem Sendavestae excerpta etc., Parisiis MDCCCLXV, pg. 3 flg.

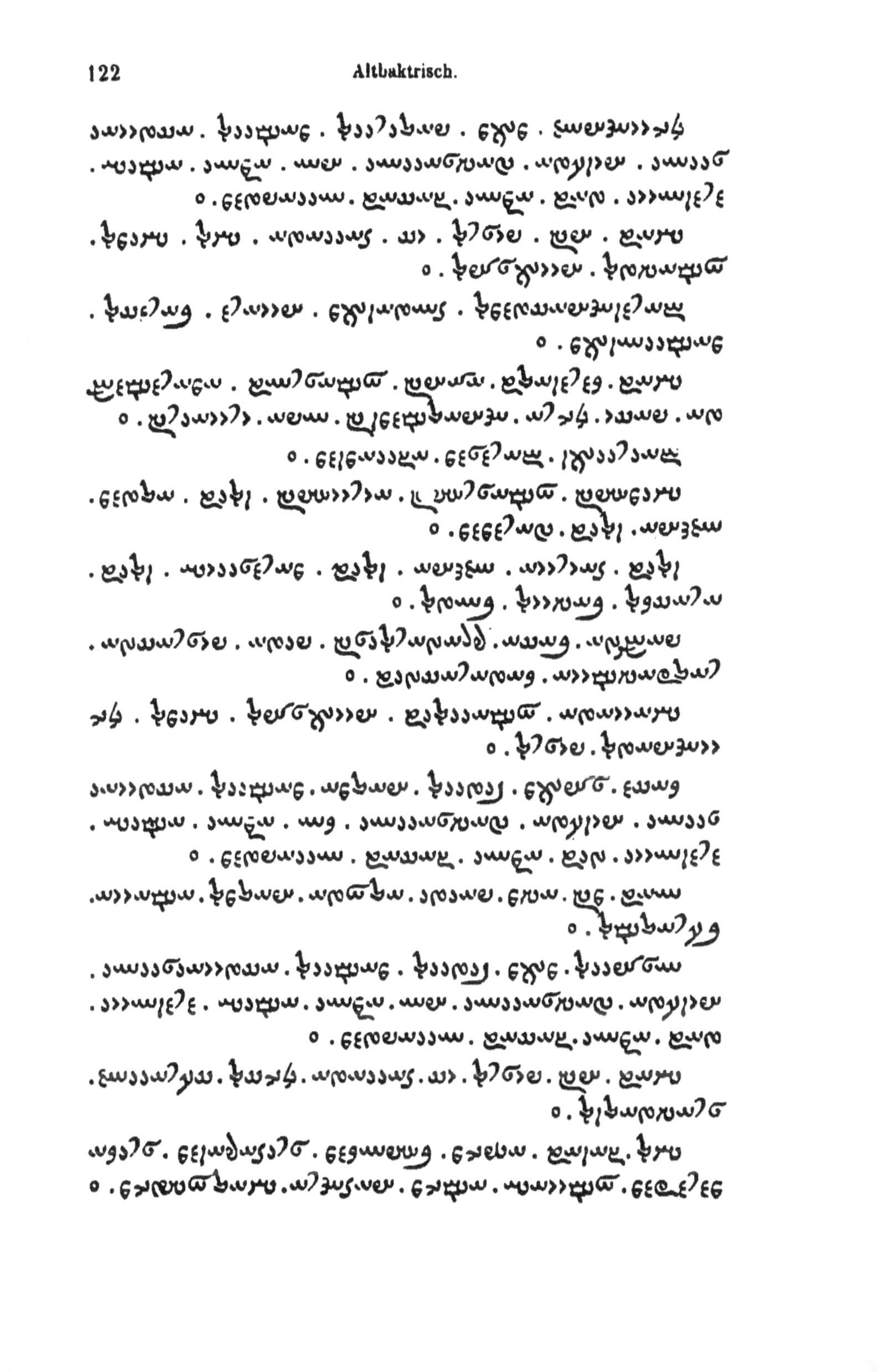

12. *Vīvaṅhāo mām paoirjō mašjō açtvaithjāi hunūta gaēthajāi; hā ahmāi ašis crenāvi, taṭ ahmāi ǵaçaṭ ājaptem,*

13. *jaṭ hē puthrō uç zajata, jō Jimō khšaētō, hvāthwō,*

14. *qharenaṅhaçtemō zātanām, hvare-dareçō mašjānām;*

15. *jaṭ kerenaoṭ aṅhē khšathrāṭ amarešenta*) paçu-vīra, aṅhaošemnē**) āpa-urvairē.*

16. *qhairjān qharethem aǵjamnem.*

17. *Jimahē khšathrahē***) aurvahē nōiṭ aotem āoṅha, nōiṭ garemem,*

18. *nōiṭ zaurva āoṅha, nōiṭ marethjus, nōiṭ araçkō daēvōdātō.*

19. *panḱa-daça fraḱarōithē pita puthraçḱa raodhaēšva, kataraçḱiṭ,*

20. *javata khšajōiṭ hvāthwō Jimō, Vīvaṅhatō puthrō.*

21. *kaçe thwām bitjō, Haoma, mašjō açtvaithjāi hunūta gaēthajāi? kā ahmāi ašis crenāvi? ḱit ahmāi ǵaçaṭ ājaptem?*

22. *āaṭ mē aēm paiti aokhta Haomō ašava, dūraošō:*

23. *Āthwjō mām bitjō mašjō açtvaithjāi hunūta gaēthajāi; hā ahmāi ašis erenāvi, taṭ ahmāi ǵaçaṭ ājaptem,*

24. *jaṭ hē puthrō uç zajata vīçō çūrajāo, Thraētaonō,*

25. *jō ǵanaṭ ažīm Dahākem thrizafanem, thrikameredhem, khšvas-ašīm, hazaṅra-jaokhstīm.*

---

*) *amarešinta* Westerg. Vgl. §. 18, 1.

**) *aṅhaošemnē* Spieg., Koss. Vgl. §. 136, 2, s. 195.

***) 'Thus all copies, except K 4, which has ‚[illegible]' u. s. f. Westerg. anm.

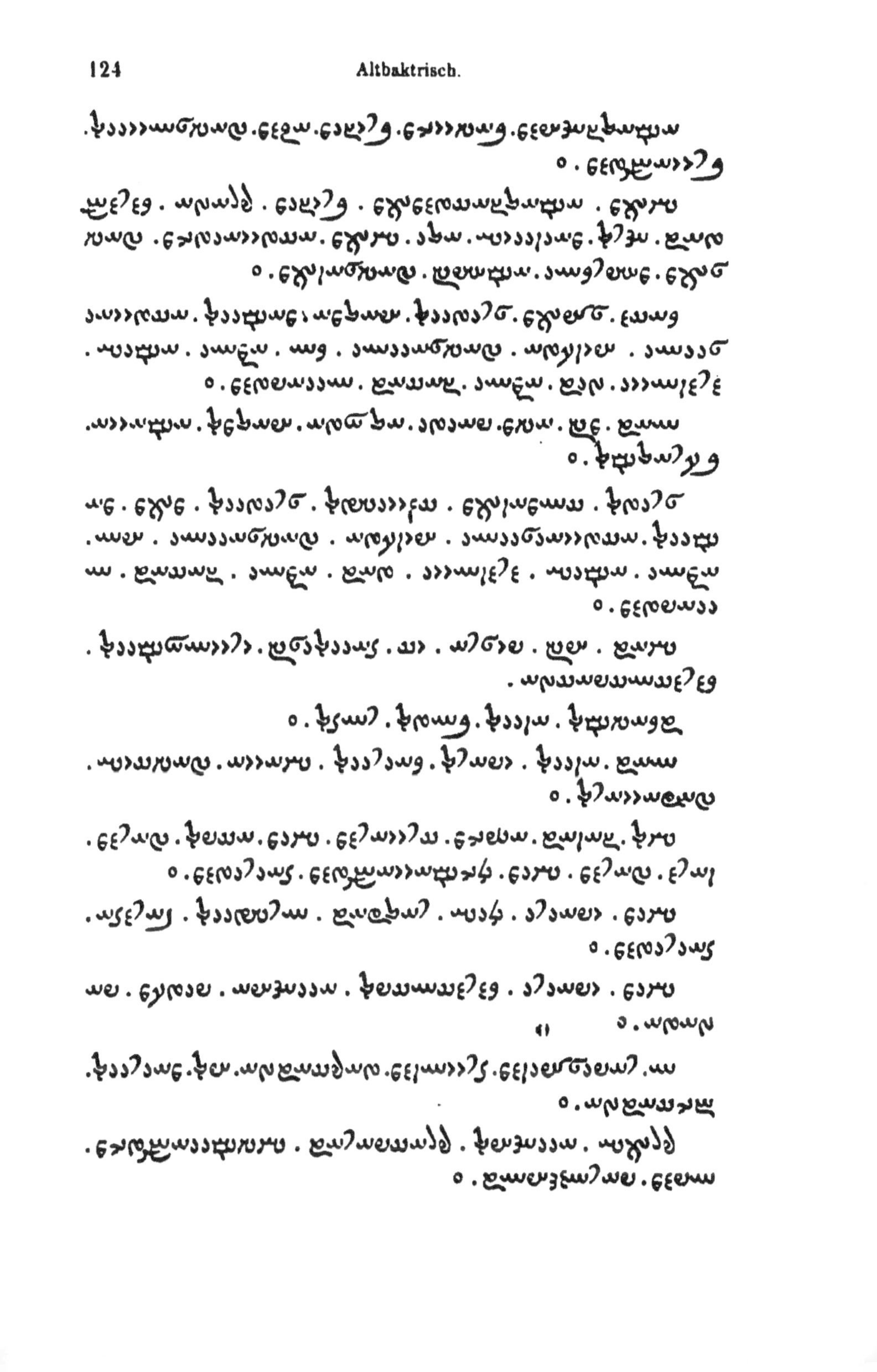

26. *ašaoǵaṅhem daēvīm Druǵim*), aghem gaēthāvjō, drvantem,*

27. *jãm ašaoǵaçtemãm Druǵim*) fraka kerentat Aṅrō Mainjus aoi**) jãm açtvaitīm gaēthãm mahrkāi ašahē gaēthanãm.*

28. *kaçe thwãm thritjō, Haoma, mašjō açtvaithjāi hunūta gaēthajāi? kā ahmāi ašis erenāvi? kit ahmāi ǵaçat ājaptem?*

29. *āat mē aēm paiti aokhta Haomō ašava, dūraošō:*

30. *Thritō, Çāmanãm çèvistō, thritjō mãm mašjō açtvaithjāi hunūta gaēthajāi; hā ahmāi ašis erenāvi, tat ahmāi ǵaçat ājaptem,*

31. *jat hē puthra uç zajōithē Urvākhšjō***) Kereçāçpaçka.*

32. *tkaēšō anjō dātō-rāzō,*

33. *āat anjō uparō-kairjō java, gaēçus gadhavarō.*

34. *jō ǵanat ažīm Çrvarem, jim açpō-garem, nare-garem, jim vīšavantem, zairitem,*

35. *jim upairi viç raodhat ārstjō-bareza, zairitem.*

36. *jim upairi Kereçāçpō ajaṅha pitūm pakata.*

37. *ā rapithwinem zrvānem tafçatka hō mairjō qhīçatka.*

38. *frās ajaṅhō fraçparat, jēšjantīm āpem parāoṅhāt.*

---

*) *Druǵem* West.; vgl. §. 249.

**) *avi* West.

***) *Urvākhšajō* West.

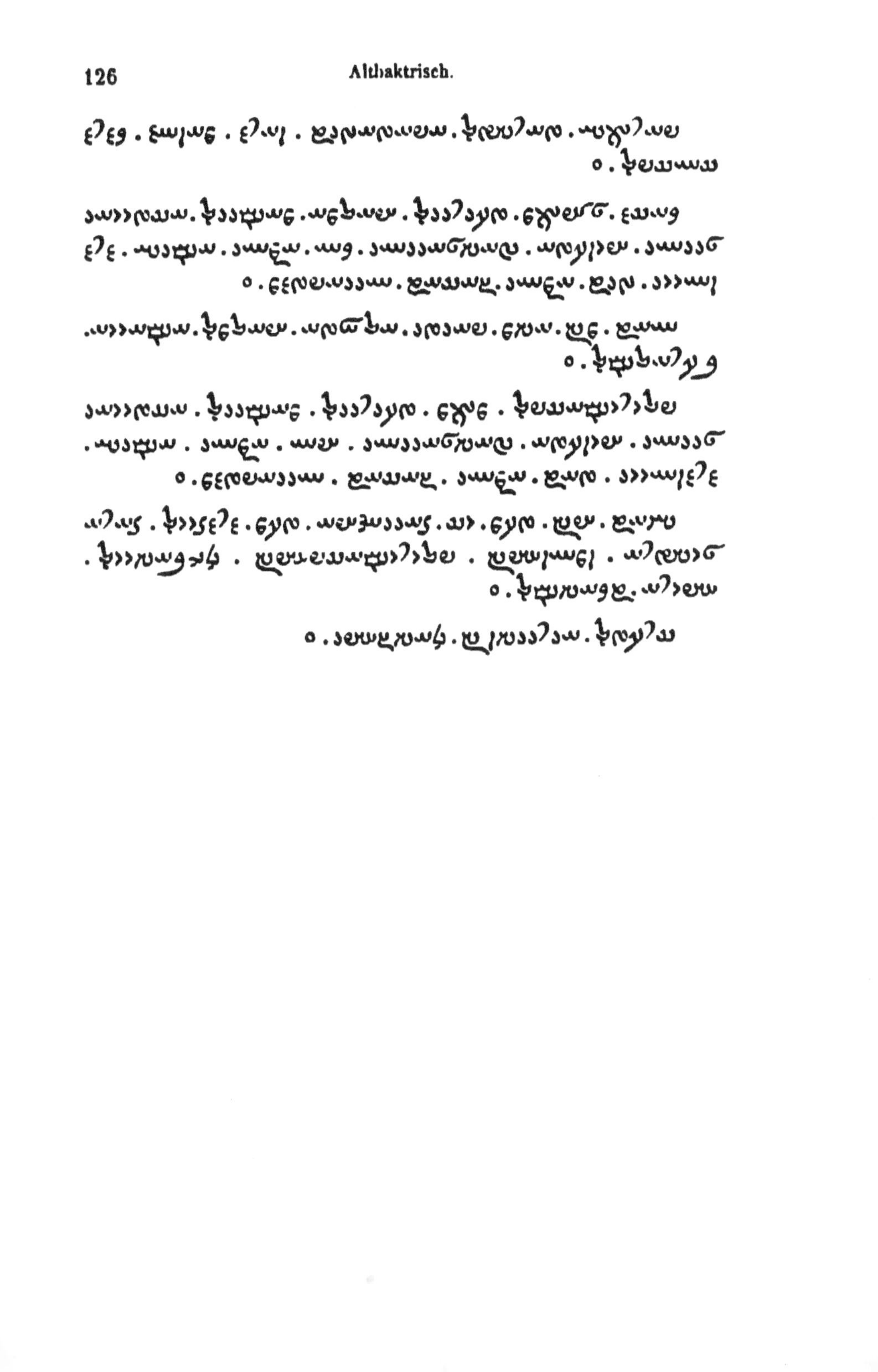

39. *parās tarstō apatakiṭ**) *nare-manāo***) *Kereçāçpō.*

40. *kaçe thwām tūirjō, Haoma, mašjō açtvaithjāi hunūta gaēthajāi? kā ahmāi ašis erenāvi? kiṭ ahmāi ġaçaṭ ājaptem?*

41. *āaṭ mē aēm paiti aokhta Haomō ašava, dūraošō:*

42. *Pourušaçpō mām tūirjō mašjō açtvaithjāi hunūta gaēthajāi; hā ahmāi ašis erenāvi, taṭ ahmāi ġaçaṭ ājaptem,*

43. *jaṭ hē tūm uç zajaṅha, tūm erezvō Zarathustra, nmānahē****) *Pourušaçpahē, vīdaēvō, ahura-ṭkaēšō,*

44. *çrūtō Airjēnē Vaēġahi.*

---

*) *-takaṭ* West.; vgl. §. 18, 1 nachtr.

**) So emendiert West.; Spiegel list *nairī. manāo.*

***) 'Thus all copies, instead of [illegible] (?)' Westerg. anm.

Glossar.

A.

Airjana-, adj. 10., arisch; vgl. *airja-*, altind. *arjá-*, *árja-* Arier, stamname der alten Inder und Eraner. Vgl. *vaēgaṅh-*.

aurva-, adj. 10. (grundf. *ar-va-*, §. 26, wurz. *ar* gehen, sich erheben, suff. *-va-*, §. 218), schnell, treflich (17. zieht Justi nach Kossowicz *aurvahē* zu *Jimahē;* Spiegel dagegen übersezt: 'in der weiten Herrschaft des Yima').

aēm (§. 234), nom. sg. msc., diser; fem. *īm*, ntr. *imaṭ*, acc. sg. msc. *imem*, fem. *imām;* dat. sg. msc. ntr. *ahmāi;* gen. msc. ntr. *ahē*, *aṅhē*, dial. *ahjā* (grundf. *a-sja)*, fem. *aṅhāo* u. s. f.; verschidene stämme, die in bestimten casus bräuchlich sind, ergänzen sich.

aoi, variante von *avi*, adv., oft vor verben, praepos. und postpos., in, zu, gegen; mit dem accus., seltener mit dem dativ; 8. ist *aoi* zum verbum *çtūidhi* zu ziehen, s. u. *çtu; aoi jām gaēthām* 27. hin zu der welt (schuf er), in die welt.

aokhta s. *vać*.

aota-, adj. 10., kalt; subst. ntr. kälte.

Aṅrō Mainjus, nom. sg. nom. propr., der böse geist, teufel, Ahriman, Ἀρειμάνιος; *aṅra-*, adj. 10., böse; *mainju*, subst. msc. 8., geist (wurz. *man* denken, suff. *-ju-)*.

aṅh, verbalwurzel (= altind. *as)*, werfen; mit *para* (vor, weg von) weg werfen, auß schütten; *jēšjantīm āpem parāoṅhāt* 38., conj. imperf., (so daß er, der drache) das wallende waßer (auß dem keßel) schüttete.

aṅhaošemna-, adj. 10., nicht vertroknend; *a-*, *an-*, negation in zusammensetzung; *haošemna-*, part. praes. med. (§. 219) zu wurz. *huš*, troknen (§. 136, 2, s. 195; über den casus vgl. §. 248).

aṅhu-, subst. msc. 8. (wurz. *ah* sein. suff. *-u-* ; §. 216, 6), welt.
aṅhē s. *aēm*.
agha-, adj. 10., böse, arg (= altind. *aghá-*).
aǵjamna-, adj. 10., unversigbar, nicht auß gehend, unvergänglich; *a-*, *an-* negation in zusammensetzungen; *ǵjamna-*, part. praes. med. (§. 219) von wurz. und praesensst. *ǵja-* altern, verkommen; dise wurzel findet sich im altbaktr. nur in disem stamme.
aži-, subst. m. 9., drache, schlange.
azem, nom. sg. des pron. der I. pers. (§. 265 flg.).
anja-, adj. pronom., anderer; *anjō—anjō*, der eine, der andere.
ap-, *āp-*, subst. f. 1., waßer; sg. nom. *āf-s*, acc. *ap-em*, gen. *ap-ō* und *āp-ō*, nom. plur. *āp-ō* u. s. f.
apa, praep., von; oft als adv. mit verben in zusammenrückung.
apara-, adj. 10., folgender, späterer, anderer; *apara*, nom pl. m., §. 247; 8. mit *-kit*, s. d.
amarešent-, *amarešint*, adj. 4., unsterblich; *a-*, *an-*, negat.; *marešent-*, *marešint-*, particip. praes. act. einer wurz. *mareš*, *mereš*, grundf. **mar-s*, weiterbildung von *mar*, *mere*, sterben.
ameša-, adj. 10., unsterblich (*a-*, *an-* negat., *meša-* tot; vgl. altind. *a-mŕta-* unsterblich).
ajaṅh-, d. i. **ajas-* (altind. *ájas-*), subst. ntr. 2., metall, eisen; metalgefäß, keßel; instr. *ajaṅha* 36. mit, d. h. in einem keßel.
araçka-, subst. m. 10., neid.
aša-, adj. 10., rein; subst. ntr., reinheit, heiligkeit, gerechtigkeit.
ašaoǵaṅh-, adj. 2., ser kräftig, stark; *as-*, *aš-*, nur in zusammensetzungen, adv. ser; *aoǵaṅh-*, **aoǵas-*, subst. ntr. 2., kraft, altind. *ṓǵas-*; *ašaoǵaç-tara-* comparat., *ašaoǵaç-tema-*, superlativst. dazu (§. 236).
ašavan-, adj. 3. (*aša-* ntr. reinheit, suff. *-van-*, §. 218), rein; nom. sg. msc. *ašava*, acc. *ašavanem*.
aši-, subst. fem. 9., reinheit (vgl. *aša-*).
açtvant-, adj. 4., für **açtu-vant-* (§. 28, 3), d. i. *açtu-*, subst. msc. 8. (§. 227), körper, mit suff. *-vant-* (§. 218), mit körper versehen, körperhaft; fem. stamm *açtvaithja-*, *açtvaiti-*; *açtvaithjāi gaēthajāi* ist dativ in der function des locativs: in der körperhaften welt.

açpō-gara-, adj. 10., rosse verschlingend; *aç-pa-*, subst. m. 10. (§. 218); *gar-a-* (§. 216).

ah-, *aç-*, verbalwurz. I, a, sein; 1. sg. praes. *ahmi*, 2. *ahi*, 3. *açti* u. s. f.

ahura-ṭkaēša-, adj. 10., die satzungen, das gesetz des Ahurōmazdāo (Ormazd, Ὠρομάζης) befolgend; *ahura-*, m. 10., herr, name des höchsten gottes, der auch (nom. sg.) *mazdāo* (st. *mazdā-*; §. 246), *ahurō mazdāo* und *mazdāo ahurō* genant wird; *ṭkaēša-*, s. d.

ahmāi s. *aēm*.

Ā.

Ā, praepos. und postposition mit dem accusat., an, in, bis, zu; *hāvanīm ā ratūm ā* 1. ist als apposition zu faßen, da dise construction mit zwei mal gesaztem *ā* sich öfters findet: zum *hāvanis* zur zeit, d. h. zur zeit *hāvanis*, um die morgenzeit (andere ziehen hier das zweite *ā* als adverbium zum folgenden verbum: er kam hinzu); *ā dim pereçaṭ* 3. den, in fragte; hier gehört *ā* zum verbum *pereçaṭ*, obschon auch der accusativ *dim* mit *ā* zu verbinden ist; *ā* steht überhaupt oft bei verben, z. b. 7.: *ā mām jaçaṅuha* verlange mich; *ā rapithwinem zrvānem* 37. zur mittagszeit. — Mit anderen casus komt *ā* in anderer function vor.

āaṭ, *āṭ* (§. 251), ablat. sg. ntr. zu pronominalst. *a-* (dessen gewönliche ablativform *ahmāṭ* ist, §. 264), dann, hierauf.

ātar-, subst. msc. 5. (§. 246), feuer.

Āthwja-, nom. pr. 10.

āpa-urvairē, beide worte im nominat. dual. (§. 248), copulative uneigentliche zusammensetzung, waßer und pflanze; vgl. *ap-* und *urvara*.

āpem s. *ap*.

ārstjō-barez-, subst. fem. 1., dicke eines daumens; instr. sg. *ārstjō-bareza* mit daumensdicke, daumensdick (adverbiell); *ārstja-*, subst. msc. 10., daume; *barez-*, subst. fem. 1., höhe (wurz. *berez* wachsen, part. praes. act. *berez-ant-* hoch).

ājapta-, subst. ntr. 10., gnade, gunst, gnadengabe, gabe.

I.

I, verbalwurzel II, a, gehen; mit praep. *upa* herzu gehen, kommen, mit dem accusat. der richtung; 3. sg. praes. *upāiti* = *upa-aēiti*, 3. sg. imperf. *upāiṭ*.

U.

Upairi = altind. *upári*, adv., praepos. und postpos., auf, über; *jim upairi* 35. auf welchem.

uparō-kairja- (§. 27, 5), adj. 10., hohe wirksamkeit habend; *upara-*, adj. 10., der obere (*upa*, praepos., zu, gegen; suff. *-ra-*, §. 233); *kairja-* (wurz. *kar* machen, suff. *-ja-*; §. 217).

upāiṭ s. *i*.

urvara, subst. fem. 10., pflanze; *urvairē*, nom. dual. (§. 248, §. 26); vgl. unter *āpa-urvairē*.

Urvākhšja-, nom. propr. 10.

uç, vor tönenden auch *uz*, adv. und praepos. in zusammensetzungen und in zusammenrückung mit dem verbum, herauß, auß, hervor.

E.

Ere oder *ar*, verbalwurz., praesensst. *ere-nu-*, IV, a, gehen; *erenāvi*, 3. sg. imperf. pass. (§. 281), ward gebracht, ward getan, ward zu teil.

erezu-, adj. 8. (§. 216, b), gerade, recht, war; *erezvō*, vocat. (§. 263).

Āo.

Āonha (§. 291); vgl. *ah-*.

K.

Ka-, interrogat. pronominalst., nom. sg. msc. *kō*, ntr. *kaṭ*, fem. *kā*, wer, was; welcher, welches, welche.

katara-, adj. pron. 10., comparat. zu st. *ka-* (§. 233), welcher von beiden, uter; *kataraç-ķiṭ* jeder von beiden.

kaçe thwām (§. 28) für *kaç thwām*, beide worte wie ein wort behandelt. S. *ka-*.

kere, *kar*, verbalwurz. IV, a, machen, zu etwas machen.

keret, verbalwurz. IV, c, 2, schneiden (altind. *kart*); mit *fra* schaffen, hervor bringen (von bösen wesen gebraucht).

Kereçāçpa-, nom. propr. 10. (magere rosse habend; *kereça-* = altind. *krçá-*, *açpa-*).

Kh.

Khšaēta-, adj. 10., glänzend (wurz. *khši*, altind. *kši*, herschen, mächtig sein).

khšathra- (altind. *kšatrá-*), subst. ntr. 10., reich, herschaft; *jaṭ kerenaoṭ aṅhē khšathrāt amarešenta* u. s. f. 15. weil er machte durch seine herschaft (in folge, wegen seiner herschaft) nicht sterbend vih und menschen, nicht vertroknend waßer und pflanzen; *khšathrāṭ*, ablativ der ursache, des grundes; *Jimahē khšathrahē aurvahē* 17. in dem reiche des treflichen *Jimā*; der genit. *khšatrahē* in der function des locativs wie nicht selten im altbaktrischen (wenn nicht etwa *khšathrē* zu lesen ist, das eine handschrift hat, vgl. 43.; die endung *-ahē* könte leicht durch die neben stehenden worte bedingt sein).

khšajōiṭ s. *khši*.

khši (altind. *kši*), verbalw. I, b, praesensst. *khšaja-*, herschen; *javatha khšajōiṭ* so lange herschte; der optativ, hier wie öfters fast in der function des imperfects, ist durch *javatha* bedingt.

khšvas-aši-, adj. 9., sechsäugig; *khšvas* (§. 237, 6); *aši-*, subst. ntr.? 9. = altind. *ákši-*, ntr. (§. 139, 1), auge.

Qh.

Qha-, adj. pron., eigen, sein (urspr. und altind. *sva-*; §. 136, 2). Die genitive *qhahē gajēhē* u. s. f. 4. sind nach Spiegel (altb. gramm. §. 277) etwa genitive der eigenschaft, absoluten genitiven änlich: 'eigenen glänzenden, unsterblichen lebens', d. h. 'mit eigenem' u. s. f.

qhairjān 16. ist zimlich dunkel; daß es zu wurz. *qhar*, I, b (3. pl. *qharenti*), eßen, gehört, ist klar. Spiegel und Justi faßen es als acc. sg. ntr. eines stammes *qhairjan-*, eßbar: 'weil er machte die essbare Speise unversiegbar'; bei diser faßung ist aber die form grammatisch nicht erklärbar (vgl. §. 249). Kossowicz faßt *qhairjān* als 3. pl. imperf. conj. eines mit activer function sonst nicht vor kommenden praesensstammes V, *qhairja-* und übersezt: '(utque) fruerentur (animantia) cibum non deficientem'; er machte, daß sie äßen unversigbare speise.

qhanvant-, adj. 4., part. praes. act. zu wurz. *qhan*, praesensst. *qhanu-*, 3. pl. *qhanvainti*, IV, a, anm. 2, glänzend.

qhareti-, subst. fem. 9. (wurz. *qhar* eßen, verzeren; suff. *-ti-*, §. 226), das eßen, trinken (d. Haomō), genießen; dat. *qharetèē* (§. 255), zum genießen.

qharetha-, subst. ntr. 10. (wurz. *qhar*, suff. *-ta-*), speise.

qharenaṅhaçtema-, superlativst. (§. 236) für **qharenaṅhat-tema-* (§. 139, 3) zu st. *qharenaṅhant-*, *-ṅhat-* 4., grundf. *svaranas-vant-* (§. 218, s. 402; §. 136, 2, s. 196), glanz habend, mit glanz begabt, glänzend, majestätisch (*qharenaṅh-*, ntr. 2., glanz, majestät; wurz. *qhar*, d. i. *svar*, leuchten, glänzen).

qhīç, verbalwurz. I, b, sich auf die füße machen, sich auf machen.

G.

Gaētha, subst. fem. 10. (wurz. *gi* leben), welt; *aghem gaēthavjō* 26. den bösen (Dahākō) für die welten (dat. pl., §. 261). Vgl. unter *açtvant-*.

gaēçu-, subst. msc. 8., dunkeles wort 33.; nach Spiegel nom. propr. einer keule: 'Träger der Keule Gaeçus'; Justi vermutet, daß es den träger eines *gaēçus* bedeute, mag dises nun keule oder lanze bezeichnen, also: keulenträger, lanzenträger.

gadha-vara-, adj. oder subst. msc. 10., keule tragend; *gadha*, subst. fem. 10. (= altind. *gadā*), keule; *-var-a-* für *-bar-a-* (§. 135, 3; §. 216) tragend.

gaja-, subst. msc. 10. (wurz. *gi* leben; suff. *-a-*; §. 216), leben.

garema-, adj. 10. (altind. *gharmá-*, subst. msc. 10., wärme, glut), warm, heiß; subst. ntr., hitze.

gātha, subst. fem. 10. (wurz. *ga* singen), lied, hymnus, heiliges lied.

Ḱ.

-ḱa, an gehängte partikel, und; es wird nicht selten dem zum verbum tretenden adverb. an gehängt, z. b. *fra-ḱa kerentaṭ* 27.; häufig steht es da, wo wir 'und' hinweg laßen.

ḱar, verbalwurz. I, b, gehen (altind. *ḱar)*; mit *fra* vor schreiten, einher wandeln; 3. sg. praes. med. *fraḱaraitē*, 3. dual. *fraḱarōithē* (§. 286). Das praesens steht 17. im sinne eines imperfectums (fals es nicht wirkliches imperf. mit primärer personalendung ist; vgl. §. 283).

ḱi-, interrog. pronominalst., nom. sg. msc. *ḱis* quis, ntr. *ḱiṭ* quid, wer, was; diß *-ḱiṭ* wird anderen worten an gehängt mit veralgemeinernder, hervor hebender function.

Ǵ.

Ǵan, verbalwurz. I, a, 3. sg. praes. *ǵainti* (= altind. wurz. *han*, 3. sg. praes. *hanti)*, auch I, b, so 3. sg. imperf. *ǵanaṭ*, schlagen, töten.

ǵaça-, praesensst. VI zu wurz. *ǵa*, *ǵam*, gehen, kommen; *ǵaçaṭ*, 3. sg. imperf.; *ḱiṭ ahmāi ǵaçaṭ āyaptem*, welche gnade kam im, ergieng im, welche gnadengabe ward im gewärt.

Z.

Za, *zan*, verbalwurz. III (§. 293; altind. *ǵa*, *ǵan)*, erzeugen, gebären; passivstamm *zaja-* V (§. 293), mit *uç* im med. gegeboren werden; *uç zajata*, 3. sg. imperf., *uç zajaṅha*, 2. sg. imperf., *uç zajōithē*, 3. dual. (§. 286) praes. (villeicht imperf. mit primärer endung, wie 1. plur. *-maidē* beim opt., §. 283; vgl. *fraḱarōithē* unter *ḱar)*.

zairita-, adj. 10., grüngelb (= altind. *hárita-*, wurz. urspr. *ghar*; vgl. §. 153, 1).

zaurva, subst. fem. 10., alter, greisenalter (wurz. *zar*, altind. *ǵar*, urspr. *gar*, altern; suff. *-va-*, §. 218; §. 26).

Zarathustra-, nom. pr. m. 10., Zarathustra (Zoroaster, *Ζωρόαστρος*, *Ζωροάστρης)*. Etymologie vil besprochen, doch nicht ermittelt. Vgl. Justi s. v.; Spiegel, Commentar über das Avesta, I., Lpz. 1864, s. 3 flg.

zāta-, part. praet. pass. zu wurz. *za* (s. d.), geboren (§. 224), geborenes, lebendes wesen.

zrvāna-, subst. ntr. 10. (auch *zrvan-* 3.), zeit.

T.

Ta-, demonstr. pronominalst. (im nom. sg. msc. fem. durch st. *ha-* ergänzt; s. d.), acc. nom. ntr. *taṭ*, dises, das.

taḱ, verbalwurz. I, b, laufen, 3. sg. praes. *taḱaiti*; mit *apa* zurück, davon laufen.
tafç, verbalwurz. I, b (weiterbildung von altbaktr. und altind. *tap* brennen), heiß werden.
tarsta-, part. praet. pass. (§. 224) zu wurz. *tareç* (3. sg. praes. *tareçaiti*, I, b, er fürchtet sich; altind. *tras* zittern), erschrocken.
tüirja-, s. §. 241, 4.
tūm, nom. sg. des pron. d. 2. pers. sg. (§. 265).

Ṭ.

Ṭkaēša-, subst. msc. 10., gesetz, herkommen; adj., dem gesetze treu, das gesetz übend.

Th.

Thraētaona-, nom. propr. 10.
thri-kameredha-, adj. 10., dreiköpfig; *thri-*, §. 237, 3; *kameredha-*, ntr. 10., kopf, schedel.
thri-zafan-, adj. 3., drei rachen habend; *thri-* §. 237, 3; *zafan-*, ntr. 3., mund, rachen.
Thrita-, nom. propr. 10.
thritja-, §. 241, 3.
thwām, acc. sg. zu *tūm* (§. 265).

D.

Da, verbalwurz. III, 1) urspr. und altind. *dha*, setzen, tun; 2) urspr. und altind. *da*, geben; part. praet. pass. *dāta-* (§. 224), 1) geschaffen, 2) gegeben.
daēva-, subst. msc. fem. 10., böser geist, Dev (altind. *dēvá-* gott; wurz. *div* leuchten, suff. *-a-*; §. 216); *daēvō-dāta-*, adj. 10., von den Dēvs geschaffen (§. 27, 5); vgl. unter *da*.
daēvi-, d. i. *daēvja-* (§. 29, 2), adj. 10., von den Dēvs ab stammend, daēvisch (*daēva-* mit secund. suff. *-ja-*; §. 217).
dareç, verbalwurz. I, b, sehen, erblicken; 1. sg. perf. *dādareça* (§. 291).
dareça-, adj. 10., sehend (s. u. *hvare* u. d. vor.).
Dahāka-, nom. propr. eines drachen (Spiegel, Kossowicz); nach Justi adj. verderblich.

dātō-rāza, adj. 10., das gesetz ordnend (§. 27, 5); *data-*, subst. ntr. 10., satzung, gesetz (s. *da)*; *rāza-*, wurz. *rāz* ordnen (3. sg. *rāzajēiti;* altind. *rāģ* regieren) mit suff. *-a-*.

di-, demonstrat. pronominalst., ans vorher gehende wort sich an lenend, der, er; *ā dim pereçat* in fragte.

dūraoša-, adj. 10., den tod ferne habend, den tod fern haltend, d. i. unsterblichkeit verleihend, beiwort des Haomō *(dūra-*, adj., fern; *aošaṅh-*, subst. ntr. 2., tot; der außlaut des stammes ist jedoch im zusammen gesezten worte *-a-*, nicht **-as-;* dergl. ist häufig).

Druģ-, subst. fem. 1., weiblicher daemon (wurz. *druģ* lügen; §. 215).

drvant-, adj. (particip.) 4., schlecht, böse (wurz. *dru* laufen?).

N.

Nar-, subst. msc. 5., nom. sg. *nā*, mann, mensch; voc. *nare* (§. 28).

nare-gara-, adj. 10., männer, menschen verschlingend (vgl. *açpōgara-)*.

nare-manaṅh-, adj. 2., mänlichen sinn *(manaṅh-*, ntr. 2., §. 230) habend, manhaft, heldenmütig.

nemaṅh-, subst. ntr. 2., acc. nom. sg. *nemō*, gebet, anbetung, preis (altind. *namas-*, wurz. *nam* sich neigen).

nōiṭ, adv., nicht (wol auß *na*, *iṭ; na* negation, *iṭ*, ntr. des demonstrat. pronominalstammes *i-*, hebt hervor; urspr. *ai* = altbaktr. *aē* und *ōi;* §. 22).

nmana-, subst. ntr. 10., haus, wonung; *nmānahē Pourušaçpahē* 43. im hause des P.; genit., wie öfters, mit der function des locativs; villeicht ist *nmānē* zu corrigieren (vgl. die anm. zum texte u. *khšathrahē* 17.).

P.

Paiti, adv., hinzu; verbindet sich mit verben; praeposition und postposition mit verschidenen casus, auf, an, zu, für, um, nach, gegen.

pairi, adv., um herum, oft bei verben: praepos. und postpos. mit dem accus., um; auch mit anderen casus in anderer function. Vgl. *jaožda-*.

paoirja- s. §. 241, 1.

pak̆ (altind. eben so), verbalwurz. I, b, kochen; *pak̆ata*, 3. sg. imperf. medii.

pank̆a-daça-, adj. num. 10., fünfzehnter (§. 241); fünfzehnjärig 19.; *pank̆adaça* (nom. dual. masc.) *frak̆arōithē* als fünfzehnjärige wandelten (beide) einher.

parāoṅhāṭ s. *aṅh*.

parās, adv., rükwärts, hinweg; gebildet wie *frās* (s. d.; vgl. altind. *parāṅk̆-*, adj., weg gewant, auß *parā*, altbaktr. *para*, *aṅk̆-*).

paçu-, subst. msc. 8., vih; *paçu-vīra*, copulative zusammensetzung im nomin. dualis (§. 248), vih (und) menschen.

pitar-, *patar-*, subst. msc, 5., nom. sg. *pita*, vater (altind. *pitár-*).

pitu- (altind. *pitú-*), subst. msc. 8., speise.

puthra- (altind. *putrá-*), subst. msc. 10., son.

pereç, verbalwurz. I, b, fragen.

Pourušaçpa-, nom. propr. 10.; *pouru-* (§. 216, 6), *açpa-*, zalreiche rosse habend (das *š* ist dunkel).

F.

Fra, *frā* (altind. *pra*), adv. in zusammensetzung und vor verben, vor, hervor, vorwärts.

frak̆a, *fra* mit *-k̆a* (s. d.).

frak̆arōithē s. *k̆ar*.

frās, adv., vorwärts, hervor; praep. mit dem genit.: *frās ajaṅhō* 38. hervor vom keßel; vgl. *fra* und altind. *prāṅk̆-*, adj., vorwärts, auß *pra-aṅk̆* (wurz. *ak̆*, *ank̆* gehen); von einem entsprechenden stamme scheint altbaktr. *frās* eine verkürzte casusform zu sein.

B.

Bitja-, §. 241, 2.

M.

Mainju- s. *Aṅrō Mainjus*.

mairja-, adj. 10., verderblich, tod bringend; *hō mairjō* 37. der verderbliche, nämlich die große schlange, auf der Kereçāçpō feuer gemacht hat und seine speise kocht.

marethju-, merethju-, subst. msc. 8., tod (wurz. *mar, mere* sterben, suff. *-thju-)*.

mašja-, subst. msc. 10., mensch; gen. plur. *mašjānām* (§. 253).

mahrka-, subst. msc. 10. (wurz. *mereḱ, merenḱ-* töten, weiterbildung von *mere, mar* sterben, suff. *-a-*; über *hr* s. §. 138), tod; *mahrkāi ašahē gaēthanām* 27. zum tode der reinheit der welten, damit er die reinheit der welten vernichte.

mā, nebenform zu *mām*.

mē, dat. sg. zu nom. *azem* (§. 265).

mām, acc. sg. zu nom. *azem* (§. 265).

J.

Ja-, relativer und, wie es scheint, auch demonstrativer pronominalstamm, nom. sg. msc. *jō*, ntr. *jaṭ*, fem. *jā* welcher, welches, welche; accus. sg. *jim* für *jem* (§. 18, 1). Dises pronomen wird im altbaktrischen artikelänlich gesezt vor attributiven zusätzen, z. b. *puthrō jō Jimō* ein son, Jimō; *ǵanaṭ ažīm jim açpōgarem* er tötete die schlange, die rosse verschlingende; auch sonst steht es da, wo wir das demonstrativum setzen, z. b. *aoi jām gaēthām* hin zu der welt.

jaož-da-, zusammen gesezte verbalwurzel, reinigen; *jaos*, adv., rein; *da*, verbalw. III (s. d.), setzen, machen; 3. sg. praes. *jaoždathāiti*, 1. sg. *jaoždathāmi* (§. 134, 2; §. 135, 2); mit *pairi* eigentlich 'umreinigen'; *pairi jaoždathentem*, acc. sg. msc. partic. praes. act.

jaṭ (acc. sg. ntr. zu pronominalst. *ja-*, s. d.), conjunct., daß, wenn, wann; 15. weil.

jatha (ja-, pron. relat.), conjunct., wie, damit. Über die stelle 8. s. u. *çtu*.

javat-, javant-, adj. pron. 4. *(ja-*, pron. relat., mit suff. *-vant-*; §. 218), quantus; *javatha*, instrum. sg. ntr. adverbiell gebraucht, so lange, so lange als.

javan-, subst. msc. 3., jüngling.

jaçna-, subst. msc. 10., opfer, gebet; name eines der bücher des Avesta (wurz. *jaz* opfern, preisen, altind. *jaǵ*, suff. *-na-*; §. 222, s. 428; §. 139, 1, s. 201).

jāç, verbalwurz. I, b, 3. sg. praes. *jāçaiti*, wünschen, verlangen;

mit *ā*, herbei wünschen, verlangen. Über die form *jāçanuha* s. §. 280.

jim s. *ja*-.

Jima-, nom. propr. msc. 10. (§. 18, 1).

jēšjant-, adj. 3., fem. *jēšjanti-*, *jēšjantja-* 10., wallend, kochend; nach Justi partic. praes. eines praesensstammes *jēšja-*, wurz. *jaš*, ban brechen; ich halte es für part. fut. act. zu wurz. *ja* gehen, futurst. *jē-šja-*, vgl. §. 298; 'gehen werdend', vom waßer gesagt, das auf dem feuer steht um kochend zu werden, kann wol so vil bedeuten als 'kochend werdend, beginnend zu kochen'.

R.

Raodha-, subst. msc. 10., wuchs, ansehen, gesicht (wurz. *rud*, *urud*, gesteigert *raodh*, wachsen, suff. *-a-)*; *raōdhaēšva*, loc. plur. 19. 'in (iren) wüchsen, im wuchse, im ansehen'; zu *pankadaça* zu ziehen: als fünfzehnjärige von ansehen schritten einher u. s. f.

ratu-, subst. msc. 8. (wurz. *ar*, *ra* gehen, suff. *-tu-*; §. 227), 1) bestimte zeit; 2) herr.

rapithwina-, subst. msc. 10., name der tageszeit von mittag (*rapithwa* fem.) bis zur dämmerung; *ā rapithwinem zrvānem* zur zeit rapithwina, zur mittagszeit.

rud, verbalwurz. II, b, auch I, a, fließen; 3. sg. imperf. *raodhaț*.

V.

Vaēǵanh-, nom. propr. neutr. 2. Nach Justi und Westergaard (Spiegel, Commentar über d. Avesta I, Lpz. 1864, s. 12) bedeutet *vaēǵanh-* 'Ursprung, Quellenland' (vgl. altind. *vīǵa-* ntr. same). In verbindung mit *airjana-* (s. d.), acc. nom. sg. *Airjanem Vaēǵō*, 'arisches quellenland', loc. sg. *Airjēnē Vaēǵahi* (§. 27, 3), name eines als herlich geschilderten landes, des geburtslandes des Zarathustrō.

vaḱ, verbalwurz. III, praesensst. *vaoḱa-* (§. 293), reden, sprechen; mit *paiti*, antworten; *aokhta*, 3. sg. aor. med. (§. 292).

vis, subst. ntr. 1., gift (vgl. *viša-* unter *vīšavant-)*.

vī-daēva-, adj. 10., den Devs feindlich, antidaemoniacus; *vi*, *vī* (altind. *vi)*, adv., außeinander, fort, weg; *daēva-*.

vīra-, subst. msc. 10., mann, held, mensch.

Vīvaṅhant-, nom. propr. 4., nom. sg. *Vīvaṅhāo*, gen. *Vīvaṅhatō* (altind. *Vivásvant-)*.

vīç-, subst. fem. 1. (§. 215), haus, familie, 'clan' (Spiegel, Justi); *vīçō çūrajāo* 24., gen. sg. nach Justi abhängend von *Thraētaonō:* 'Thraētaona (der Sohn) des Heldenhauses'. Kossowicz faßt hier den genitiv in der im nicht selten zu kommenden function des locativs und übersezt: 'filius progenitus est vico (in) forti'. Ich möchte mit hinblick auf eine von Justi unter *vīç-* an gefürte parallelstelle übersetzen: daß im geboren ward der son des heldenhauses, Thraētaonō; den genitiv *vīço çūrajāo* also von *puthra* ab hängig sein laßen. Spiegel übersezt: 'ein Sohn mit tapferem Clane: Thraetaonô'.

vīçpa- (altind. *víçva-;* §. 136, 3), adj. 10., ganz, all.

višavant-, adj. 4., mit gift *(viša-, vīša-)* versehen, giftig (§. 218).

Ç.

Çaošjant-, adj. 4., part. praes. zu wurz. *çuš*, -weiterbildung von *çu* (s. u. *çèvista-)*, nützen, praesensst. V *çaošja-*, nüzlich; name des künftigen heilandes und seiner genoßen, retter. Über 8. s. u. *çtu*.

Çāma-, nom. propr. 10. eines heldengeschlechtes.

çèvista-, adj. superl. (§. 234), nüzlichster; vgl. *çavaṅh-*, subst. ntr. 2., nutzen; *çèv-is-ta-* ist nach der regel (§. 232) unmittelbar von der wurz. *çu, çav,* nützen, gebildet (über *è* = *a* vgl. §. 27, 4).

çūra-, adj. 10., stark, heldenhaft. Vgl. unter *vīç-*.

çtaoman-, subst. ntr. 3. (wurz. *çtu*, suff. *-man-*, §. 219), lob, preis.

çtavān s. u. *çtu*.

çtu, verbalwurz. I, a, loben, preisen, ein lobgebet sprechen; mit *aoi* das selbe; *aoi mām çtaomainē çtūidhi* (§. 272) 8. lobe mich zum lobe, auf daß ich (auch von anderen) gelobt werde; *çtavān*, 3. pl. conj. imperf.; *jatha mā aparakit çaošjantō çtavān* übersezt Justi (unter d. w. *çaošjant-):* 'wie mich die künftigen Retter anrufen werden', und allerdings komt dem conj. imperf. die function als futurum zu, wie dem des praesens (Spiegel, gramm. §. 310). Spiegel dagegen übersezt: 'wie mich auch die anderen Nützlichen gepriesen haben'. Diser deutung schließt sich Kossowicz an, indem er den conjunctiv zu erklären sucht: 'sicuti me alii śaośjantes celebrarent (celebraverint) i. e. potuerunt ut celebrarent, nempe pares celebrando mihi sese praestiterunt, quod redit ad: rite celebraverunt'. Die stelle ist, wie man siht, schwirig. Man könte sie auch deuten: damit mich u. s. f. preisen werden.

çpar, verbalwurz. I, b, gehen, treten; mit *fra*, vor treten, hervor springen.

çpitama-, *çpitāma-*, nach Burnouf adj. très-excellent; Spiegel übersezt es mit 'heilig, rein'; Kossowicz mit justissimus; nach Justi: Çpitamide, nachkomme des Çpitama. Es ist beiwort des Zarathustrō. Nach Spiegel (Commentar I, s. 3) ist es ursprünglich adjectivum, das aber bald als eigenname gefaßt ward, da es nur in verbindung mit Zarathustrō vor komt. Über diß wort vgl. Kossowicz, Gât'a Ahunavaiti, Petrop. 1867, s. 24, anm. 2., wo Koss. die deutung 'justissimus' rechtfertigt.

çraēsta-, superlativst. 10., schönster (comparativst. *çra-jas-*, §§. 232. 234; vgl. *çrī-*, *çrīra-* schön; altind. *çrḗjās-*, *çrēšṭha-* melior, optimus).

çrāvajantem s. d. flg.

çru, verbalw. IV, a, 3. sg. praes. *çurunaoiti*, hören; causativst. (§. 209) *çrāvaja-* hören machen, singen.

çrūta-, part. praet. pass. zu *çru* (§. 224), berümt.

Çrvara-, nom. propr. msc. 10., name einer schlange (nach Justi: gehörnt, zu *çrva*, fem. 10., nagel, horn).

H.

Ha-, demonstrat. pronominalst., nom. sg. msc. *hō*, fem. *hā* (ntr. von einem anderen stamme *ta-*, von dem auch die anderen casus gebildet werden, s. d.), der, die; diser, dise.

Haoma-, nom. propr. 10., name einer pflanze, auß welcher ein heiliger trank bereitet wird, name des genius der selben (wurz. *hu*, s. d., suff. *-ma-*, altind. *sṓma-*; §. 219).

hazaṅra-jaokhsti-, adj. 9., tausend kräfte habend; *hazaṅra-* §. 240; *jaokhsti-*, subst. fem. 9., kraft (wurz. *jukhš*, weiterbildung von *juǵ*, ursprüngl. *jug*, verbinden, suff. *-ti-*; §. 223).

hāvani-, subst. msc. 9., eine tageszeit, von sonnenaufgang bis mittag (wurz. *hu*, s. d.).

hu (altind. u. urspr. *su)*, verbalwurz. IV, b (praesensst. *huna-)* und IV, a (praesensst. *hunu-* und *hunva-)*, auß pressen, den trank Haomō zu bereiten; *frā mām hunvaṅuha* 7. bereite mich zu; *hunūta*, 3. sg. imperf. med.

hē, dat. (der form nach loc.) sg. zu pronominalst. *ha;* oft reflexiv gebraucht: im, sich.

hvare (grundf. u. altind. *svar)*, subst. ntr. 1., sonne; *hvaredareça-*, adj. 10., sonne-sehend (wurz. *dareç* sehen, suff. *-a-;* §. 216), die sonne an sehen könnend, beiwort des Jimō; *hvaredareçō mašjānām*, der sonnenseher der menschen, der unter den menschen (allein) in die sonne zu sehen vermag.

hvāthwa- (für **hu-vāthwa-;* §. 28, 3), adj. 10., gute herde, gute versamlung (von menschen) habend, beiwort des Jima; *hu-*, altind. *su-*, gut; *vāthwa*, fem. 10., herde (wurz. *van* beschützen).

August Schleicher.

III.

Altpersisch.

Auch das altpersische alphabet pflegt man nach dem vorbilde des altindischen an zu ordnen. Es ist folgendes*) (vgl. Comp., nachtr. zu §§. 16. 132).

𐎠 *a*, *ā*, 𐎡 *i*, 𐎢 *u*, 𐎣 (vor *a*, *i*) 𐎤 (vor *u*) *k*, 𐎧 *kh*, 𐎥 (vor *a*) 𐎦 (vor *u*) *g*, 𐎨 *k'*, 𐎩 (vor *a*) 𐎪 (vor *i*) *g'*, 𐎫 (vor *a*, *i*) 𐎬 (vor *u*) *t*, 𐎰 *th* (𐏂 *tr* od. *thr*), 𐎭 (vor *a*) 𐎮 (vor *i*) 𐎯 (vor *u*) *d* (𐏌 *dah*), 𐎴 (vor *a*, *i*) 𐎵 (vor *u*) *n*, 𐎱 *p*, 𐎳 *f*, 𐎲 *b* (𐏏 *bum*), 𐎶 (vor *a*) 𐎷 (vor *i*) 𐎸 (vor *u*) *m*, 𐎹 od. 𐎹 *j*, 𐎼 (vor *a*, *i*) 𐎽 (vor *u*) *r*, 𐎺 (vor *a*, *u*) 𐎻 (vor *i*) *v*, 𐏁 *ç*, 𐎿 *s*, 𐏀 *z*, 𐏃 *h*.

𐏋? (Spiegel list *qa*, Lassen *rpa*, Oppert *rthaha*; komt nur in 𐎴 𐏋 'könig' vor); 𐎾? (nach Spiegel ein nasal, nach Oppert *l*).

Die schrift geht von der linken zur rechten.

Im anlaute wird *a* durch 𐎠 bezeichnet, im inlaute und außlaute bleibt es unbezeichnet; 𐎠 im inlaute und außlaute ist stäts *ā*.

Die schrift, teilweise noch silbenschrift, hat merfach verschidene consonantenzeichen je nach dem folgenden vocale; wo diß der fall ist, bezeichnet das vor *i* und *u* nicht gebräuchliche consonantenzeichen zugleich den consonanten und folgendes *a*.

---

*) Spiegel, die altpersischen Keilinschriften u. s. f., Leipzig 1862 In disem werke findet man die übrige litteratur an gefürt.

Im außlaute wird 𐎡 𐎹 *ij*, nach *h* nur 𐎹, für *i*, 𐎢 𐎺 *uv* für *u* geschrieben.

Im inlaute scheint *uv* für *ū* zu stehen, z. b. 𐎫 𐎢 𐎺 𐎶 *tuvm* = altbaktr. *tūm* (du).

ai und *au* wird an lautend durch 𐎠 𐎡 und 𐎠 𐎢 gegeben; nach consonanten durch das zeichen für consonant + *a* mit nach folgendem 𐎡 und 𐎢 z. b. 𐎴 𐎡 lis *nai*, 𐎣 𐎢 lis *kau* u. s. f.

Ob ein consonant mit oder one folgendes *a* zu lesen sei, drükt die schrift nicht auß; z. b. 𐎠 𐎼 𐎫 𐎧 𐏁 𐏂 𐎠 *artakhsatrā* (Artaxerxes), nicht *arata-* oder *aratkh-*. Hier kann natürlich nur die einsicht in den bau der sprache oder vorhandene umschreibung in anderer sprache entscheiden. Vereinzelt finden sich so auch *i* und *u* nicht geschriben. Die schreibung schwankt bisweilen zwischen *a* und *ā*, *u* und *uv*, *i* und *ij* (vgl. das schwanken zwischen länge und kürze im altbaktrischen).

Vor anderen consonanten werden die nasale nicht geschriben; daß sie vorhanden waren, wird durch die griechischen umschreibungen erwisen; z. b. 𐎣 𐎲 𐎢 𐎪 𐎡 𐎹 *ka(m)buǵija* (Καμβύσης).

𐏃 *h* steht oft da nicht, wo es zu erwarten war; zwischen vocalen aber auch da, wo im wol keine phonetische geltung zu komt, z. b. in der genitivendung *-ahus* zu dem u-stamme *dārajavu-* (Δαρεῖος).

Worttheiler ist 𐏐.

Die zalzeichen sind (* bezeichnet nicht belegte zeichen) 𐏑 1, 𐏒 2, *𐏒𐏑 oder *𐏑𐏑𐏑 3, *𐏒𐏒 4, * 𐏒𐏒𐏑 5, 𐏒𐏒𐏒 6, 𐏒𐏒𐏒𐏑 7, 𐏒𐏒𐏒𐏒 8, 𐏒𐏒𐏒𐏒𐏑 9, 𐏓 10, * 𐏓𐏑 11, *𐏓𐏒 12, 𐏓𐏒𐏑 13, 𐏓𐏒𐏒 14, 𐏓𐏒𐏒𐏑 15, * 𐏓𐏒𐏒𐏒 16, * 𐏓𐏒𐏒𐏒𐏑 17, 𐏓𐏒𐏒𐏒𐏒 18, * 𐏓𐏒𐏒𐏒𐏒𐏑 19, 𐏔 20, 𐏔𐏒 22, 𐏔𐏒𐏑 23 u. s. f. * 𐏓𐏓𐏓 30, 𐏔𐏔 40 u. s. f.

Um den raum diser seite zu nützen füge ich hier den schluß einer inschrift des Xerxes (D) mit übersetzung und erklärung der im glossar nicht vor kommenden worte bei.

Thātij Khsajārsā khsājathija: mām Auramazdā pātuv, uta-maij khsatram, utā tja manā kartam, utā tja maij pitra kartam, avaskij Auramazdā pātuv.

Es spricht Xerxes der könig: Mich schütze Auramazda, und mein reich, und das von mir gemachte, und das von meinem vater gemachte, das schütze Auramazda.

Khsajārsā, acc. *-sām*, - nom. propr.; etymologie unsicher, vgl. jed. d. gloss. unter *khsājathija-*, mit welchem worte der erste teil dises nom. propr. in der wurzel überein stimt.
mām, §. 265.
pātuv, wurz. *pa* I, a; §. 275.
utā, vor *maij* zu *uta* verkürzt, altb. *uta*, altind. *utá*.
maij, §. 265, locat. genit.
khsatra-, 10. ntr., altb. *khšathra-*, s. d.
tja s. *hja* im gloss.; *tja* nach den lautgesetzen für *tjat*, §. 264, s. 626.
kar-ta-m s. gloss. u. §. 224.
pitra s. im gloss. *pitar-*.
avaskij, grundf. *avat-kit*, *-kij*, acc. nom. sg. ntr. des pronominalst. *ki-*, veralgemeinernde partikel, *avas-*, one *-kij ava*, acc. nom. sg. ntr. des pronominalst. *ava-*; s. gloss.

𐏐 𐎠𐎭𐎶 𐏐 𐎤𐎢𐎽𐎢𐏁 𐏐 𐎧𐏁𐎠𐎹
𐎰𐎡𐎹 𐏐 𐏃𐎧𐎠𐎶𐎴𐎡𐏁𐎡𐎹

𐏐 𐎠𐎭𐎶 𐏐 𐎭𐎠𐎼𐎹𐎺𐎢𐏁 𐏐 𐎧𐏁
𐎠𐎹𐎰𐎡𐎹 𐏐 𐎺𐏀𐎼𐎣 𐏐 𐎧𐏁𐎠𐎹
𐎰𐎡𐎹 𐏐 𐎧𐏁𐎠𐎹𐎰𐎡𐎹𐎠𐎴𐎠𐎶
𐏐 𐎧𐏁𐎠𐎹𐎰𐎡𐎹 𐏐 𐎱𐎠𐎼𐎿𐎡𐎹
𐏐 𐎧𐏁𐎠𐎹𐎰𐎡𐎹 𐏐 𐎭𐏃𐎹𐎢𐎴𐎠𐎶
𐏐 𐎻𐏁𐎫𐎠𐎿𐎱𐏃𐎹𐎠 𐏐 𐎱𐎢𐏂 𐏐 𐎠𐎼𐏁
𐎠𐎶𐏃𐎹𐎠 𐏐 𐎴𐎱𐎠 𐏐 𐏃𐎧𐎠𐎶𐎴𐎡
𐏁𐎡𐎹 𐏐 𐎰𐎠𐎫𐎡𐎹 𐏐 𐎭𐎠𐎼𐎹𐎺
𐎢𐏁 𐏐 𐎧𐏁𐎠𐎹𐎰𐎡𐎹 𐏐 𐎶𐎴𐎠 𐏐 𐎱𐎡
𐎫𐎠 𐏐 𐎻𐏁𐎫𐎠𐎿𐎱 𐏐 𐎻𐏁𐎫𐎠𐎿
𐎱𐏃𐎹𐎠 𐏐 𐎱𐎡𐎫𐎠 𐏐 𐎠𐎼𐏁𐎠𐎶 𐏐
𐎠𐎼𐏁𐎠𐎶𐏃𐎹𐎠 𐏐 𐎱𐎡𐎫𐎠 𐏐 𐎠𐎼
𐎡𐎹𐎠𐎼𐎶𐎴 𐏐 𐎠𐎼𐎡𐎹𐎠𐎼𐎶𐎴
𐏃𐎹𐎠 𐏐 𐎱𐎡𐎫𐎠 𐏐 𐎨𐎡𐏁𐎱𐎡𐏁 𐏐 𐎨
𐎡𐏁𐎱𐎠𐎡𐏁 𐏐 𐎱𐎡𐎫𐎠 𐏐 𐏃𐎧𐎠𐎶𐎴
𐎡𐏁 𐏐 𐎰𐎠𐎫𐎡𐎹 𐏐 𐎭𐎠𐎼𐎹𐎺𐎢
𐏁 𐏐 𐎧𐏁𐎠𐎹𐎰𐎡𐎹 𐏐 𐎠𐎺𐏃𐎹𐎼𐎠𐎮
𐎡𐎹 𐏐 𐎺𐎹𐎶 𐏐 𐏃𐎧𐎠𐎶𐎴𐎡𐏁𐎡
𐎹𐎠 𐏐 𐎰𐏃𐎹𐎠𐎶𐏃𐎹 𐏐 𐏃𐎨𐎠 𐏐 𐎱
𐎽𐎢𐎻𐎡𐎹𐎫 𐏐 𐎠𐎶𐎠𐎫𐎠 𐏐 𐎠𐎶𐏃

Inschrift von Murghāb.

Adam Kurus khsājathija Hakhāmanisija.

Zwei der kleineren inschriften von Bisutun (Behistan d. i. altpersisch *Bagaçtāna 'götterort').

A. Über dem bilde des Darius.

1. *Adam Dārajavus khsājathija vazraka, khsājathija khsājathijānām, khsājathija Pārçaij, khsājathija dahjunām, Vistāçpahjā putra, Arsāmahjā napā, Hakhāmanisija.*

2. *Thātij Dārajavus khsājathija: manā pitā Vistāçpa, Vistāçpahjā pitā Arsāma, Arsāmahjā pitā Arijārāmna, Arijārāmnahjā pitā Ḱaispis, Ḱaispais*) pitā Hakhāmanis.*

3. *Thātij Dārajavus khsājathija: avahja-rādij vajam Hakhāmanisijā thahjāmahj; hakā paruvijata āmātā amahj,*

---

*) Auf der tafel des X. bandes des Journal of the Roy. As. Soc. steht 𐎣𐎡𐏁𐎱𐎡𐏁𐎠𐏃𐎹 *Ḱaispisahjā*, was nach Spiegel s. 41 anm. in *Ḱaispais* berichtigt ward. Leztere form steht auch col. I, z. 5 der großen inschrift von Behistan.

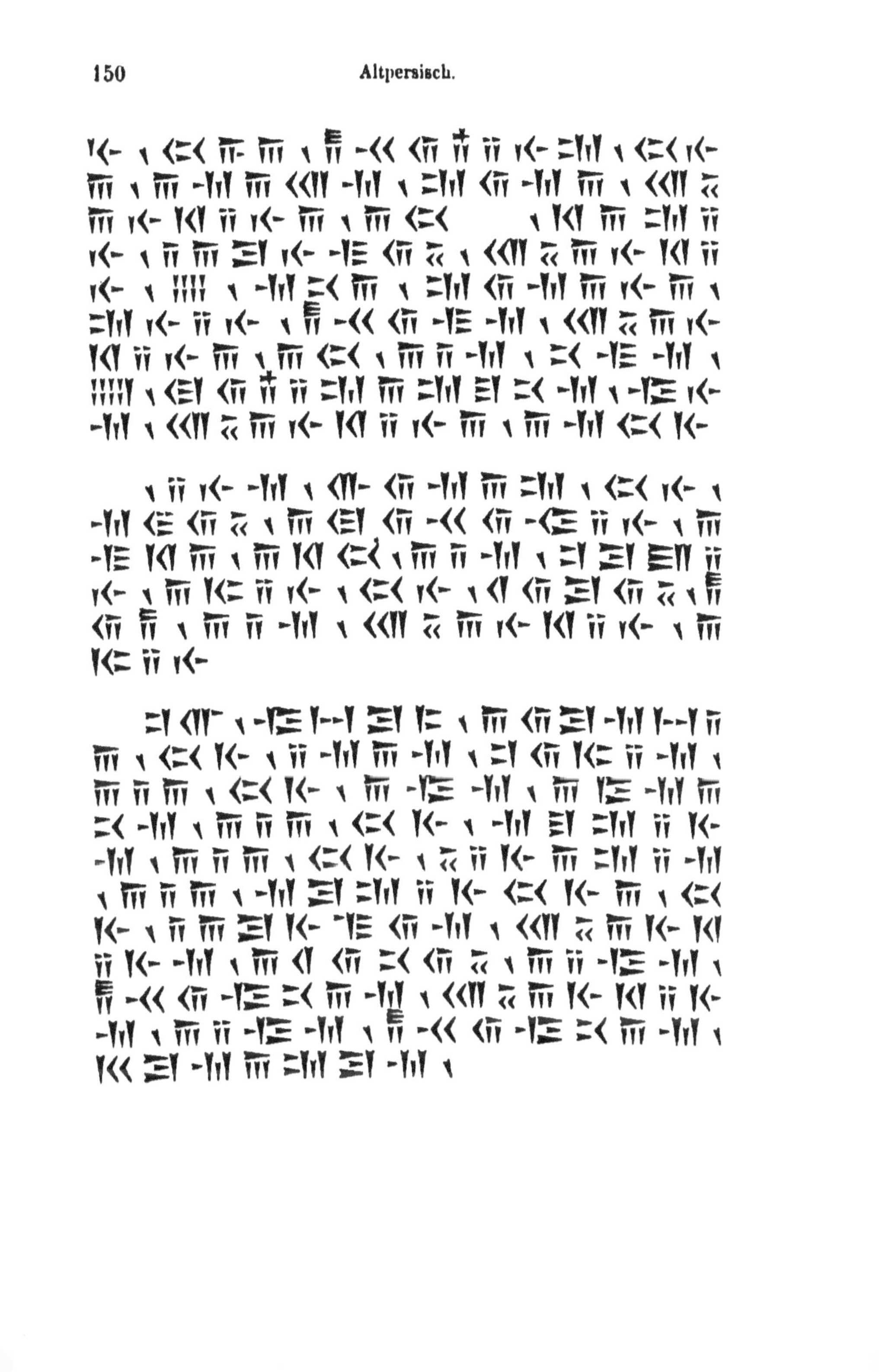

hakā paruvijata hjā amākham taumā khsājathijā āha.

4. *Thātij Dārajavus khsājathija: VIII manā taumājā tjaij paruvam khsājathijā āha, adam navama; IX duvitātaranam vajam khsājathijā amahj.*

B. Unter der ligenden figur.

Ijam Gaumāta hja Magus aduruǵija; avathā athaha: adam Bardija amij hja Kuraus putra, adam khsājathija amij.

Anfang der inschrift NR a) von Persepolis*).

*Baga vazraka Auramazdā, hja imām bumim adā, hja avam açmānam adā, hja martijam adā, hja sijātim adā martijahjā, hja Dārajavum khsājathijam akunaus, aivam paruvnām framātaram***).

---

*) Zeitschrift für die Kunde des Morgenlandes, Bd. VI, Taf. II.

**) In anderen inschriften *framātāram*.

Glossar.

A.

Aiva-, zalw., eins (= altbaktr. *aēva-;* §. 237, 1); *aivam paruvnām khsājathijam* u. s. f. NRa. nämlich *akunaus:* er machte in zum einen (alleinigen) könig viler, zum einen (alleinigen) gebieter viler.

Auramazdā = altbaktr. *Ahurō Mazdāo* (s. d.), name des höchsten gottes *(aura-*, msc. 10., = altbaktr. *ahura-* herr; §. 136, 2, nachtr.).

akunaus s. *kar.*

athaha s. *thah.*

adam ich; §. 253.

adā s. *da.*

aduruǵija s. *duruǵ.*

amākham unser; §. 266, s. 652.

āmāta-, part. praet. pass. zu wurz. *ma* (altind. und altbaktr. meßen) mit dem adverb. *ā* (= altbaktr. und altind. *ā* zu; adverb. und praepos.). Auch im altbaktrischen komt *āmāta-* vor in der function 'fähig, kundig'; Spiegel überseзt es dem gemäß im altpersischen mit 'erprobt'.

amahj s. *ah.*

Arijārāmna-, nom. propr. 10., *Ἀριαράμνης.*

Arsāma-, nom. propr. 10., *Ἀρσάμης.*

ava-, demonstrat. pronominalst. (= altbaktr. *ava-*, altbulg. *ovŭ)*, jener, der; *avahja-rādij* deshalb, deswegen (vgl. *rādij);* nicht verknüpft mit einem folgenden worte lautet der genit. sg. msc. ntr. nach den lautgesetzen (§. 29, 1, nachtr.) *avahjā.*

avathā, adverb., so, also *(ava-*, adverbialendung *-thā).*

açman-, subst. msc. 3., himmel (= altbaktr. *açman-* himmel, stein; altind. *áçman-* stein).

ah, verbalwurz. I, a (= altbaktr. *ah*, altind. u. urspr. *as)*, sein; praes. 1. sg. *amij* für **ah-mij*, 2. *ahj* für **ah-hj*, 3. *aç-tij*, 1. plur. *amahj* für **ah-mahj*, 3. *hantij;* imperf. (§. 294) 1. sg. *āham*, 3. sg. *āha* (§. 140 nachtr.).

āha s. *ah*.

I.

Ima-, *imām* s. d. flg.

ijam (schwerl. *ijm* d. i. *īm* zu lesen), nom. sg. msc. fem. pron. demonstr., diser, dise (vgl. altind. nom. sg. msc. *ajám*, fem. *ijám)*; in den anderen casus erscheinen andere stämme, z. b. acc. sg. msc. *imam*, fem. *imām* (= altind. *imám*, *imā́m)*; instr. sg. *anā* u. s. f.

K.

Kar, verbalw. IV, a, machen. Praesensst. ist *kunu-* (nachtr. zu §. 293, s. 774) für **kur-nu-*, **kar-nu-*; 3. sg. imperf. *akunaus* (nachtr. zu §. 140, s. 205).

Kuru-, nom. propr. 8., nom. sg. *Kurus*, gen. sg. *Kuraus*, *Κῦρος*, Cyrus.

Kh.

khsājathija-, subst. msc. 10., könig (wurz. *khsi*, altbaktr. *khši*, altind. *kši* herschen; nach Spiegel ist *khsājathija-* wol ein secundärer nominalstamm von **khsajati-*, das etwa herschaft bedeutete. Neupers. *šāh)*.

G.

Gaumāta-, nom. propr. msc. 10.

Ḱ.

Ḱaispi-, nom. propr. msc. 9., nom. sg. *Ḱaispis*, gen. sg. *Ḱaispais*, *Τείσπης*.

T.

Taumā, subst. fem. 10., familie, stamm.

tjaij s. *hja*.

Th.

Thah, verbalwurz. I, b, sprechen, sagen; 3. sg. praes. *thātij,* zusammen gezogen auß **thahatij,* er (es) spricht; 3. sg. imperf. *athaha (t* muß ab fallen); passivstamm V, *thahja-* genant werden, mit activen personalendungen; 1. pl. praes. *thahjāmahj (thah*=altbaktr. *çañh,* altind. *ças;* §§. 132. 133 nachtr.).

thātij s. d. vorher geh.

D.

Da, verbalwurz. III, 1) setzen, schaffen, machen; 2) geben; 3. sg. imperf. *adadā,* 3. sg. aor. *adā,* er schuf, machte (wie im altbaktrischen = *dha* und *da).*

Dārajavu-, nom. propr. msc. 8., *Δαρεῖος,* Darius. Vgl. oben s. 146.

dahju-, subst. fem. 8., provinz. In mereren casus ligt ein stamm *dahjāu-* vor; so z. b. nom. sg. *dahjāus,* acc. sg. *dahjāum* und *dahjum* (altbaktr. *dañhu-, daqhju-;* altind. *dásju-* in anderer function).

duruǵ, verbalwurz. V, lügen; 3. sg. imperf. *aduruǵija,* grundf. *a-drugja-t* (altbaktr. *druǵ).*

duvitātaranam, Beh. A, 4, ein schwiriges wort. Spiegel zieht das vorher gehende zalzeichen als überflüßigen zusatz zu *navama,* begint also mit *duvitātaranam* einen neuen satz und übersezt: von sehr langer Zeit her sind wir Könige. Allein das zalzeichen steht schwerlich one grund da; wir ziehen es also nach Oppert zum folgenden satze und enden den vorher gehenden mit dem worte *navama.* Das wort *duvitātaranam* zerfält deutlich in *duvitā* und *taranam* (oder etwa in *duvita-* und *ā-taranam?). Duvitā* ist = altind. *dvitā* (vgl. altpers. *duvitija-* = altind. *dvitīja-* zweiter), eine partikel der hervorhebung 'allerdings, besonders' (Böhtl.-Roth); die grundbedeutung ist jedoch warscheinlich 'zweifach, doppelt' (st. *dvita-* = altpers. *duvita-* vom stamme des zalwortes 2 mit suff. *-ta-;* es könte, wie bereits gesagt, auch diser stamm hier vor ligen mit *ātaranam* zus. gesezt). Dise leztere haben wir hier im altpersischen worte an zu nemen. *Taranam (ātaranam?)* ist sicher ein stamm mit suff. *-ana-* (§. 221, a) von der wurz. *tar* überschreiten, hinüber gehen, bedeutet also zunächst 'das überschreiten, hinübergehen'.

Oppert übersezt: neuf de nous sommes rois en deux branches; *duvitātaranam* wäre also, wie *paruvam*, adverbieller acc. neutr. 'in doppeltem übergange', was sovil bedeuten müste als 'in doppelter reihe, in doppelter linie' d. h. in zwei verwantschaftslinien.

N.

Napā, subst. msc. nom. sg., enkel. Es komt nur dise form vor; vgl. altbaktr. st. *napāt-* neben *napa-*, *naptar-*, *nap-*; altind. *napāt-* und *naptar-*, lat. *nepōt-*; wir haben also auch für das altpersische einen stamm *napāt-* an zu nemen, dessen nominativ (**napāt-s*, **napās*) nach den lautgesetzen des altpers. *napā* lauten muß.

navama-, ordinalzal, neunter (§. 241, 9).

P.

Paru-, adj. 8., vil; gen. plur. *parunām* und *paruvnām* (= altbaktr. *pouru-*, altind. *purú-*).

paruva-, adj. 10., früherer; adverbieller acc. neutr. *paruvam*, früher, vorher (altind. *pūr-va-*, §. 7, 2; altbaktr. *paour-va-*, §. 27, 5; grundf. *par-va-*, §. 214, 1). S. d. flg.

paruvija-, adj. 10., früherer; *hakā paruvijata* Beh. A., 3., adverbieller ablativ, von früher her, von je her (*-ta*, d. i. *-tas*, §. 140 nachtr., ist ablativendung, wie im altindischen, §. 251, altind., anm. 3; der stamm *paruvija-* = altind. *pūrvja-*, altbaktr. *paourvja-*, §. 241, 1, grundf. *parvja-*, ist weiterbildung durch suff. *-ja-* vom stamme *parva-*). Vgl. d. vor.

pārça-, adj. 10., persisch; als subst. 1) Perser, 2) Persien; loc. sg. *Pārçaij* (§. 254) in Persien.

pitar-, subst. msc. 5., vater; nom. sg. *pitā*, gen. *pitra* (= altbaktr. u. altind. *pitar-*).

putra-, subst. msc. 10., son (= altbaktr. *puthra-*, altind. *putrá-*).

F.

Fra-mātar-, subst. msc. 5., gebieter (wurz. *ma* meßen, schaffen, denken, mit *fra* gebieten, wie neupers. 1. sg. praes. *fer-mājem*, inf. *fer-mūden* befehlen, *fer-mān*, grundf. des st. *pra-māna-*, befehl, dar tut; suff. *-tar-*, §. 225).

B.

Baga-, subst. msc. 10., gott (= altbaktr. *bagha-*, altind. *bhága-)*.
Bardija-, nom. propr. 10. des bruders des *Ka(m)bujija*, Καμβύσης, von den Griechen Σμέρδις genant.
bumi-, subst. fem. 9., erde (= altbaktr. *būmi-*, altind. *bhūmi-)*.

M.

Magu-, nom. propr. eines volksstammes.
manā, gen. zu *adam* (§. 265, s. 648). Die genitive der personalpron. stehen auch in possessivem sinne, z. b. *manā taumā* meine familie.
martija-, subst. msc. 10., mensch (wurz. *mar* sterben; davon **mar-ta-* = altind. *mar-ta-*, griech. βροτό-, §. 148, 1, f; diß ward durch suffix *-ja-*, §. 217, 2, weiter gebildet. So Spiegel).

R.

Rādij, loc. sg. eines stammes *rād-*, subst. 1., wegen (vgl. altbulg. *radi* wegen; wurzelform ist *radh;* vgl. Ebel, Beitr. I, 426 flg.).

V.

Vajam, wir (§. 266).
vazraka-, adv. 10., groß (nach Spiegel durch suffix *-ka-* von **vazra-* = altind. *vaǵra-*, m. n. donnerkeil, gebildet; neupers. *buzurg)*.
Vistāçpa-, auch *V(i)stāçpa-* one zeichen für *i* geschriben, so Beh. A, 1, 2 (s. o. s. 146), nom. propr. 10., altbaktr. *vīstāçpa-*, Υστάσπης, neupers. *Guštasb (vista-*, nicht sicher deutbar; *açpa-* subst. 10., ross).

S.

Sijāti-, subst. fem. 9., wolbefinden, annemlichkeit (nach Spiegel ist altpers. wurz. *sija*, d. i. *sja*, = altbaktr. *ša* sich freuen; dises ist aber nebenform von *ska* sich freuen, praesensstamm *skja-*, der wol die vermittelung mit altpers. **sja, sija* bietet; suff. *-ti-*, §. 226)? *hja sijātim adā martijahjā* NRa. der annemlichkeit schuf des menschen, d. h. für den menschen.

H.

Hakhāmanisija-, adj. u. subst. 10., achämenidisch, Achämenide, *Ἀχαιμενίδης* (secund. *-ja*-stamm, §. 217, 2, von *Hakhāmani-* *Ἀχαιμένης*, stamvater des nach im benanten königsgeschlechtes).

hakā, praepos. mit d. ablat., auß, von.

hja-, relativer und demonstrativer pronominalstamm (= altind. *sja-* demonstr.), nom. sg. msc. *hja*, fem. *hjā*, der sich in den anderen casus durch stamm *tja-* (eben so altind. *tja-* demonstr.) ergänzt; z. b. acc. sg. msc. *tjam*, nom. pl. msc. *tjaij* u. s. f. Diß pronomen wird eben so wie *ja-* im altbaktr. (s. d.) artikelartig gebraucht, z. b. *hakā paruvijata hjā amākham taumā khsājathijā āha*, Beh. A., 3, von altersher die unsere familie könige war, war unsere familie könige; *VIII manā taumājā tjaij paruvam khsājathijā āha*, eben das. 4., acht meiner familie die früher könige waren, waren früher könige; *ijam Gaumāta hja Magus*, Beh. B., diser Gaumāta der Mager.

August Schleicher.

IV.

Altgriechisch.

I. Aeolischer dialekt.

A.

Bundesvertrag der Eleer und Heraeenser.

Corpus inscriptionum graecarum 11.

Die inschrift ist ab gefaßt (nach Boeckh C. I. p. 28 a) um olympiade 50, d. h. vor der mitte des 6. jarhunderts vor Christo. Die schrift ist ser altertümlich, *ε* vertritt *ε*, *η*, *ει*; *o* vertritt *o*, *ω*; *:* ist interpunctionszeichen. Der spiritus asper, auf älteren inschriften sonst durch *H* oder *Ͱ* gegeben, wird nirgend geschriben, daher *A* für *HA* = *ἡ*. Nach Ahrens, de graecae linguae dialectis I p. 226 ist diser mangel kein entscheidendes zeichen, daß der Elische dialekt den laut *h* überhaupt nicht kante. Da jedoch der Aeolische dialekt die neigung zum aufgeben dises lautes hat, ist bei der unten folgenden umschreibung in die spätere orthographie der spiritus lenis gesezt, wie sonst bei vocalischem anlaut. Doppelconsonanten sind stäts mit dem einfachen zeichen geschriben.

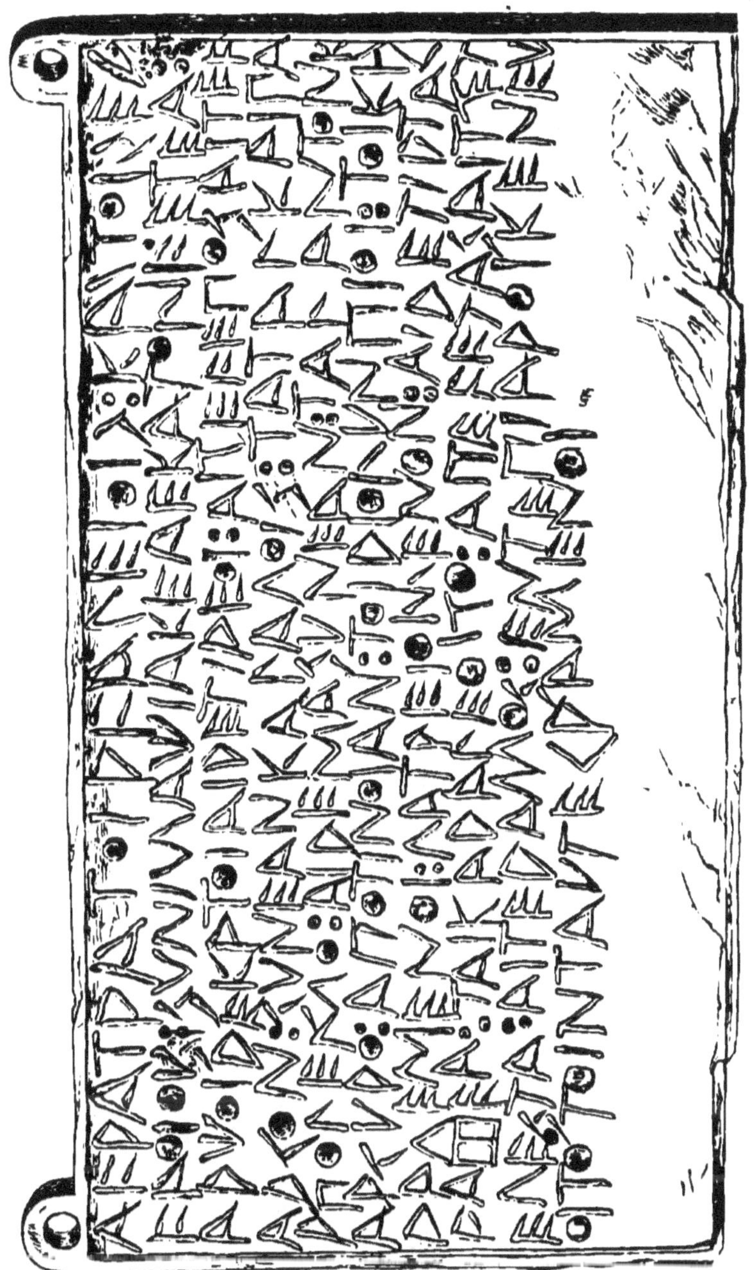

	Buchstäbliche umschreibung.		Umschreibung in die spätere orthographie.
	αϝρατρατοιρϝαλειοις: καιτοισερ		Ἀ ϝράτρα τοῖρ ϝαληΐοις καὶ τοῖς Ἡρ-
2.	ϝαοιοις: συνμαχιακεαεκατονϝετεα:	2.	ϝαώοις. συνμαχία [1]) κ' εἴα ἕκατον ϝέτεα,
3.	αρχοιδεκατοιαιδετιδεοι: αιτεϝεποσαιτεϝ	3.	ἄρχοι δέ κα τῷ· [2]) αἰ δέ τι δέοι αἴτε ϝέπος αἴτε ϝ-
4.	αργον: συνεανκαλαλοις: ταταλκαιπα	4.	ἄργον, συνεῖαν κ' ἀλλάλοις τά τ' ἄλλ καὶ πὰ-
5.	ροπολεμο: αιδεμασυνεαν: ταλαντονκ	5.	ρ πολέμω· αἰ δὲ μὰ συνεῖαν, τάλαντον κ'
6.	αργυρο: αποτινοιαν: τοιδιολυνπιοι: τοικα	6.	ἀργύρῶ ἀποτίνοιαν τῷ Δὶ Ὀλυνπίῳ [3]) τοὶ καδ-
7.	δαλεμενοι: λατρειομενον: αιδετιρταγ	7.	δαλήμενοι λατρηϊώμενον· αἰ δέ τιρ τὰ γ-
8.	ραφεα: ταικαδαλεοιτο: αιτεϝετασαιτετ	8.	ράφεα τᾷ [4]) καδδαλέοιτο αἴτε ϝέτας αἴτε τ-
9.	ελεστα: αιτεδαμος: εντεπιαροικενεχ	9.	ελέστα αἴτε δᾶμος, ἐν τἠπιάρῳ κ' ἐνέχ-
10.	οιτοτοινταυτεγραμενοι.	10.	οιτο τῷ 'νταῦτ' ἐγραμμένῳ.

Nach Ahrens, de linguae graecae dialectis I, p. 280.

[1]) später συμμαχία. [2]) Boeckh C. I, p. 28 τοί. [3]) später Ὀλυμπίῳ. [4]) Boeckh a. a. o. ταί.

B.

Ein gedicht der Sappho.

Olymp. 38 — 53, c. 620 — 560 v. Chr.

Ahrens, de ling. gr. dial. I, p. 256; Bergk, poëtae lyrici graeci p. 598.

Ποικιλόθρον' ἀθάνατ' Ἀφρόδιτα,
παῖ Διὸς δολόπλοκε, λίσσομαί σε,
μή μ' ἄσαισι μηδ' ὀνίαισι δάμνα,
πότνια, θῦμον.
ἀλλὰ τυῖδ' ἔλθ', αἴ ποτα κἀτέρωτα
τᾶς ἔμας αὔδως ἀΐοισα πήλυι
ἔκλυες, πάτρος δὲ δόμον λίποισα
χρύσιον ἦλθες
ἄρμ' ὑπαζεύξαισα· κάλοι δέ σ' ἆγον
ὤκεες στροῦθοι περὶ γᾶς μελαίνας
πύκνα δίνεντες) πτέρ' ἀπ' ὠράνω αἴθε-*
ρος διὰ μέσσω.
αἶψα δ' ἐξίκοντο· τὺ δ', ὦ μάκαιρα,
μειδιάσαισ' ἀθανάτῳ προσώπῳ
ἤρε', ὄττι δηὖτε πέπονθα κὤττι
δηὖτε κάλημι,
κὤττ' ἔμῳ μάλιστα θέλω γένεσθαι
μαινόλᾳ θύμῳ· τίνα δηὖτε Πείθων
λαῖς ἄγην εἰς σὰν φιλότατα, τίς σ' ὦ
Ψάπφ' ἀδικήει;
καὶ γὰρ αἰ φεύγει, ταχέως διώξει,
αἰ δὲ δῶρα μὴ δέκετ', ἀλλὰ δώσει,
αἰ δὲ μὴ φίλει, ταχέως φιλήσει
κωὐκ ἐθέλοισαν.
ἔλθε μοι καὶ νῦν, χαλεπᾶν δὲ λῦσον
ἐκ μεριμνᾶν, ὄσσα δέ μοι τέλεσσαι
θῦμος ἰμέῤῥει, τέλεσον, σὺ δ' αὔτα
σύμμαχος ἔσσο.

---

*) var. *δινεῦντες*.

II. Dorischer dialekt.

C.

Auß den tabulae Heracleenses.

C. I. 5774, 5775.

Die beiden erztafeln auß Heraclea, einer dorischen colonie in Unteritalien, enthalten den bericht einer commission zur vermeßung und grenzberichtigung von tempelland, und die darüber ab geschloßenen pachtcontracte. Die inschriften sind warscheinlich ab gefaßt zwischen olymp. 112, 2 u. 125, 3 (331—278 vor Chr.); C. I. III, p. 705 a.

Taf. I, z. 144—154.

τῶν δὲ ξύλων τῶν ἐν τοῖς δρυμοῖς οὐδὲ τῶν ἐν τοῖς σκίροις οὐ πωλησόντι οὐδὲ κοψόντι οὐδὲ ἐμπρησόντι οὐδὲ ἄλλον ἐασόντι· αἰ δὲ μή, ὑπόλογοι ἐσσόνται καττὰς ῥήτρας καὶ καττὰν συνθήκαν. ἐς δὲ τὰ ἐποίκια χρησόνται ξύλοις ἐς τὰν οἰκοδομὰν οἷς κα δήλωνται καὶ ἐς τὰς ἀμπέλως, τῶν δὲ ξηρῶν κοψόντι ὅσσα αὐτοῖς ποτ' οἰκίαν ἐς χρείαν, τοῖς δὲ σκίροις καὶ τοῖς δρυμοῖς χρησόνται τοὶ μισθωσάμενοι ἂν τὰν αὐτῶ μερίδα ἕκαστος· ὅσσαι δέ κα τᾶν ἀμπέλων ἢ τῶν δενδρέων ἀπογηράσωντι, ἀποκαταστασόντι τοὶ καρπιζόμενοι ὡς ἦμεν τὸν ἴσον ἀριθμὸν ἀεί. οὐχ ὑπογραψόνται δὲ τὼς χώρως τούτως οἱ μισθωσάμενοι οὐδὲ τίμαμα οἰσόντι οὔτε τῶν χώρων οὔτε τᾶς ἐποικοδομᾶς, αἰ δὲ μή, ὑπόλογος ἐσσῆται καττὰς ῥήτρας. αἰ δέ τίς κα τῶν καρπιζομένων ἄτεκνος ἄφωνος ἀποθάνῃ, τᾶς πόλιος πᾶσαν τὰν ἐπικαρπίαν ἦμεν· αἰ δέ χ' ὑπὸ πολέμω ἐγϝηληθίωντι, ὥστε μὴ ἐξῆμεν τὼς μεμισθωμένως καρπεύεσθαι, ἀνέωσθαι τὰν μίσθωσιν, καθά κα τοὶ Ἡρακλεῖοι διαγνῶντι, καὶ μὴ ἦμεν ὑπολόγως μήτε αὐτὼς μήτε τὼς πρωγγύως τῶν ἐν τᾷ συνθήκᾳ γεγραμμένων.

III. Ionischer dialekt.

D.

Ilias XIII, 10—31.

Altionisch-epischer dialekt.

Οὐδ' ἀλαοσκοπιὴν εἶχε κρείων ἐνοσίχθων·
καὶ γὰρ ὁ θαυμάζων ἧστο πτόλεμόν τε μάχην τε
ὑψοῦ ἐπ' ἀκροτάτης κορυφῆς Σάμου ὑληέσσης
Θρηικίης· ἔνθεν γὰρ ἐφαίνετο πᾶσα μὲν Ἴδη,
φαίνετο δὲ Πριάμοιο πόλις καὶ νῆες Ἀχαιῶν.
ἔνθ' ἄρ' ὅ γ' ἐξ ἁλὸς ἕζετ' ἰών, ἐλέαιρε δ' Ἀχαιοὺς
Τρωσὶν δαμναμένους, Διὶ δὲ κρατερῶς ἐνεμέσσα.
αὐτίκα δ' ἐξ ὄρεος κατεβήσετο παιπαλόεντος,
κραιπνὰ ποσὶ προβιβάς· τρέμε δ' οὔρεα μακρὰ καὶ ὕλη
ποσσὶν ὑπ' ἀθανάτοισι Ποσειδάωνος ἰόντος.
τρὶς μὲν ὀρέξατ' ἰών, τὸ δὲ τέτρατον ἵκετο τέκμωρ,
Αἰγάς, ἔνθα τέ οἱ) κλυτὰ δώματα βένθεσι λίμνης*
χρύσεα μαρμαίροντα τετεύχαται, ἄφθιτα αἰεί.
ἔνθ' ἐλθὼν ὑπ' ὄχεσφι τιτύσκετο χαλκόποδ' ἵππω,
ὠκυπέτα, χρυσέῃσιν ἐθείρῃσιν κομόωντε,
χρυσὸν δ' αὐτὸς ἔδυνε περὶ χροΐ· γέντο δ' ἱμάσθλην
χρυσείην εὔτυκτον, ἑοῦ δ' ἐπεβήσετο δίφρου,
βῆ δ' ἐλάαν ἐπὶ κύματ'. ἄταλλε δὲ κήτε' ὑπ' αὐτοῦ
*πάντοθεν ἐκ κευθμῶν, οὐδ' ἠγνοίησεν ἄνακτα·**)*
γηθοσύνη δὲ θάλασσα διίστατο. τοὶ δ' ἐπέτοντο
ῥίμφα μάλ', οὐδ' ὑπένερθε διαίνετο χάλκεος ἄξων.
τὸν δ' ἐς Ἀχαιῶν νῆας ἐΰσκαρθμοι φέρον ἵπποι.

---

*) ϝοι.

**) ἠγνοίησε ϝάνακτα.

Glossar.

A.

Ἀγνοέω, episch *ἀγνοιέω*, verb. V, 4 (vgl. *ἀγνοία* unkentniss; *ἀ* privativum, wurz. *γνο*, *gna*, suffix §. 217), nicht kennen; *ἠγνοίησεν*, 3. sg. act. aor. comp. mit *ν ἐφελκυστικόν*; §. 149, §. 297; *οὐδ' ἠγνοίησεν* (doppelte verneinung), sie erkanten wol.

ἄγω, verb. I, b, füren; *ἆγον*, 3. pl. act. imperf., §. 294; *ᾱ* = *η* anderer dialekte durch contraction mit dem vocal des augments; *ἄγην*, aeol. inf. act. praes., §. 221, a.

ἀδικέω, verb. V, 4 (von *ἄδικο-ς* adj. 10., ungerecht; diß von *δίκη*, subst. fem. 10., recht, mit *α* privativum; §. 290), unrecht behandeln, kränken; *ἀδικήει*, 3. sg. act. praes.; die verlängerung des *ε* ist eine eigentümlichkeit des lesbisch-aeolischen dialekts, villeicht nachwirkung des *j* von **ἀδικεjει*.

ἀεί, älter *αἰεί*, adv., immer; wurz. *ι*, vgl. die ableitungen §. 36, 1.

ἀϑᾰ́νᾰτο-ς, *-ο-ν*, adj. 10. (*ἀ* priv., *ϑάνατο-ς* tod), unsterblich; *ἀϑάνατ'(ε)*, voc. sg.; *ἀϑανάτῳ*, dat. sg.; *ἀϑανάτοισι*, dat. pl.; die denung des an lautenden *α* (B, 1 und sonst) ist dichterische freiheit.

αἰ, conj., wenn, mit dem optativ A, 3, 5; *αἴτε* (d. i. *αἰ, τε*) — *αἴτε*, eigentlich: so wol wenn — als auch wenn, entweder — oder, sei es — sei es.

Αἰγαί, subst. fem. pl. 10., name einer statt.

αἰϑήρ, aeol. *αἴϑηρ*, subst. msc. 5., die obere luft, aether; stamm *αἰϑερ-*, *η* des nom. §. 42, 3; etymol. §. 36, 1; B, 12, 13 verbinde *διὰ μέσσω αἴϑερος*.

αἶψα, adv., sogleich, schnell.

ἀΐω, verb. V, 1, hören; B, 6 mit dem genitiv des objects; *ἀΐοισα*, nom. sg. fem. part. praes. act., §. 229, vgl. §. 217; *οι* aeolische weise der ersazdenung, gewönlich *ου*, vgl. §. 42, 1.

ἄκρο-ς, -α, -ο-ν, adj. 10. (suffix §. 220), oberst, höchst; *ἀκροτάτης*, gen. sg. fem. superl., §. 234.

ἀλαοσκοπία, ion. *ἀλαοσκοπίη*, subst. fem. 10. (*ἀλαό-ς* blind, *σκοπιά* das umherspähen, die warte, *σκέπ-το-μαι* umher blicken; suff. §. 127, *ο* §. 34, 1), blinde wacht; *ἀλαοσκοπίην*, acc. sg.

ἀλλά, conj. (wol eine casusform von *ἄλλο-ς*), aber, sondern, doch.

ἀλληλο-, aeol. *ἀλλᾱλο-*, adjectivstamm 10., zusammen gerükt auß doppeltem *ἀλλο-*, §. 148, 1, b), mit dissimilation der zweiten silbe; nur in den cass. obliquis des pl. gebräuchlich; *ἀλλάλοις*, dat. pl. msc.

ἄλλο-ς, -η, -ο, adj. pron. 10., §. 148, 1, b, andere; *ἄλλ* A, 4 = *ἄλλα*, acc. pl. ntr. (villeicht nur ein versehen des verfertigers der platte); *τά τ' ἄλλ*, acc. der beziehung, *τά τ' ἄλλ καὶ πὰρ πολέμω*, 'so wol in den übrigen dingen als auch in bezug auf krieg'; *ἄλλον*, acc. sg. msc.

ἅλ-ς, subst fem. 1., mer; *ἁλός*, gen. sg.; *λς* §. 149.

ἄμπελο-ς, subst. fem. 10., weinstock; *ἀμπέλως*, acc. pl.; *ω* dorische ersazdenung für *ο* + nasal, vgl. §. 42; *ἀμπέλων*, gen. pl.

ἀνά, verkürzt *ἄν*, praep. mit dem acc., auf.

ἄναξ für *ϝάναξ*, §. 145, 3, b; subst. msc. 1. (stamm *ἀνακτ-*), könig; *ἄνακτα*, acc. sg.

ἀνέῶσθαι s. *ἀνίημι*.

ἀνία, aeol. *ὀνία* (vgl. §. 33), subst. fem. 10., schmerz, kummer; *ὀνίαισι*, dat. pl. §. 256; B, 3 im sinne des instrum.

ἀνίημι (*ἀνά*, *ἵημι* §. 203, s. 778; ' = *j* §. 115, 1, d), verb. III, erlaßen; *ἀν-έ-ῶ-σθαι*, inf. perf. med. (auf älteren sprachdenkmälern wird bißweilen auch das inlautende *h*, ' noch geschriben), grundf. 1. sg. perf. med. *ja-jā-mai*, *ἑ* = *ja* §. 145, 1, d; *ω* §. 34, 2; infinitivsuffix §. 228.

ἄξων, subst. msc. 3 (stamm *ἀξον-*; *ω* §. 42, 3), achse.

ἀπό, *ἀπ'*, aeol. *ἀπύ* (vgl. §. 32), praep. mit dem gen., von.

ἀπο-γηράσκω (*γῆρας* alter, vgl. §. 210, s. 369), verb. VI, alt werden, ab sterben; *ἀπογηράσωντι*, 3. pl. act. conj. aor. comp. (vom stamme *ἀπο-γηρα-*), §. 297; personalendung §. 276.

ἀπο-θνήσκω, verb. VI, sterben; *ἀποθάνῃ*, 3. sg. act. aor. simpl. 2, §. 292; *θαν-*, *θνα* §. 148, 1, h, anm.

ἀποκαθίστημι (ἀπό, κατά, ἵστημι), verb. III, wider hin setzen, wider her stellen; *ἀποκαταστασόντι*, 3. pl. act. fut., §. 298, B; personalendung §. 276; *α* der wurzelsilbe = ion.-att. *η*; die form ist accentuiert nach der analogie des singulars (Ahrens, de ling. gr. dial. II, s. 213), dessen erste person *στασίω, στασέω, στασῶ* lauten würde.

ἀπο-τίνω, verb. IV, b, büßen, bezalen; *ἀποτίνοιαν*, 3. pl. praes. opt., §. 290; in der personalendung das ältere *α* erhalten, vgl. §. 276.

ἄρα, ἄρ', conj., also.

ἄργυρο-ς, subst. msc. 10., silber; *ἀργύρω*, gen. sg., *ω* auß *οο* contrahiert, §. 252, s. 557; dise contraction ist dem aeolischen und strengeren dorischen dialekt eigentümlich, ion.-attisch wird *οο* zu *ου*; vgl. §. 145, 1, c.

ἀριθμό-ς, subst. msc. 10. (suffix §. 219), zal; *ἀριθμόν*, acc. sg.

ἅρμα, ἅρμ', subst. ntr. 1. (stamm *ἁρματ-*, suffix §. 219), wagen.

ἄρχω, verb. I, b, der erste sein, den anfang machen (unter mereren); *ἄρχομαι* beginnen (im gegensatz zur fortsetzung der handlung). Ist A, 3 Ahrens umschreibung *ἄρχοι δέ κα τῷ* richtig, so muß das activum hier die dem medium gewönliche bedeutung haben: 'es (das bündniss) fange an in disem (nämlich jare)'; nach Boeckh's umschreibung *ἄρχοι δέ κα τοΐ* dagegen: 'den anfang mache eben diß (jar)'.

ἄση, aeol. *ἄσα*, subst. fem. 10., überdruß, traurigkeit; *ἄσαισι*, dat. pl. (§. 256), B, 3 im sinne des instrum.

ἀτάλλω (von *ἀταλό-ς* jugendlich, munter; §. 210), verb. V, 3, munter umher springen; *ἄταλλε*, 3. sg. act. imperf. one augment, vgl. §. 292.

ἄτεκνο-ς, -ο-ν (ἀ- priv., *τέκνο-ν* kind, §. 222, s. 430), adj. 10., kinderlos.

αὔδω, subst. fem. (aeol., in den übrigen dialekten *αὐδή*, subst. fem. 10.), stimme, rede; *αὔδως*, gen. sg. = *αὔδοος*, *ω* s. u. *ἄργυρος*.

αὖτε, adv., widerum.

αὐτίκα, adv., sogleich.

αὐτό-ς, -ή, -ό, adj. pron. (aeol. auf der ersten silbe betont), selbst; *αὔτα* = ion.-att. *αὐτή*; *αὐτοῖς*, dat. plur. msc.; *αὔτοῦ, αὔτῶ*, gen. sg. msc., *ω* s. u. *ἄργυρος*; *αὔτώς*, acc. pl. msc., *ω* s. u. *ἄμπελος*.

ἄ-φθιτο-ς, -ο-ν (φθιτό-ς zerstörbar, part. praet. pass., §. 224, s. 437, von *φθί-νω*, IV, b, zerstören), adj. 10., unzerstörbar, unvergänglich; *ἄφθιτα*, nom. pl. ntr.

Ἀφροδίτη, aeol. *Ἀφρόδιτα*, subst. fem. 10., eigenname, göttin der liebe; *Ἀφρόδιτα* B, 1, voc.; §. 263.

ἄφωνο-ς, -ο-ν (α- priv., *φωνή* laut, sprache, wurz. *φα*, §. 144, 3; suffix §. 222, s. 430), sprachlos.

Ἀχαιό-ς, adj. 10., Achäer, Grieche; *Ἀχαιῶν*, gen. pl.; *Ἀχαιούς*, acc. pl.

B.

Βαίνω, verb. IV, 2, vgl. s. 780, anm., gehen; *βῆ*, 3. sg. act. aor. simpl. (§. 292, 1), oft mit specielleren verben der bewegung im infinitiv verbunden, wie es scheint, zur verstärkung des begriffes; z. b. *βῆ ἐλάαν* schnell fur er.

βένθος, subst. ntr. 2. (vgl. *βαθ-ύ-ς* tief, *βάθ-ος* tiefe), tiefe; *βένθεσι*, dat. pl.; D, 12 noch als locativ.

Γ.

Γάρ, conj., denn.

γέ, γ', part., dient zur hervorhebung des wortes, dem es nach gestelt wird, namentlich der pronomina; *ὅ γ'*, er eben.

γενέσθαι s. u. *γίγνομαι*.

γέντο, 3. sg. med. aor. simpl. one augment (§. 292, 1) einer sonst in der sprache nicht vor kommenden wurzel *γεν;* er faßte.

γῆ, aeol. *γᾶ*, subst. fem. 10., erde.

γηθόσυνο-ς, -η, -ο-ν, adj. 10. (suffix §. 227), froh.

γίγνομαι, verb. III u. IV, b (vgl. §. 32, 1), geboren werden, entstehen, geschehen; *γενέσθαι*, aeol. *γένεσθαι*, inf. aor. simpl. (§. 292, 2; *-σθαι* §. 228).

γράφος (γράφ-ω), subst. ntr. 2., buchstabe; *γράφεα*, acc. plur. ntr., buchstaben, schrift; suffix §. 230; schwund des *σ* §. 145, 2, c.

γράφω, verb. I, b, schreiben; *γεγραμμένων*, gen. pl. part. perf. med.; *ἐγραμμένῳ*, dat. sg. msc. des selben; der anlaut der reduplicationssilbe ist geschwunden, vgl. §. 148, 4.

Δ.

Δάμνημι, verb. IV, b, bändigen, bezwingen; *δάμνᾱ (= δάμνη,* wie ἵστη, möglich ist auch δάμνᾰ), 2. sg. imperat., §. 272; δαμναμένους, acc. pl. msc. part. praes. med., §. 219.

δέ, δ', conj., aber; bezeichnet oft einen leichteren gegensatz als unser 'aber', so daß jeder neue gedanke in der fortsetzung der rede dadurch an geknüpft werden kann.

δέει, verb. impers. I, b, es ist nötig.

δένδρεον, att. δένδρον, subst. ntr. 10., baum; δενδρέων, gen. pl.

δέχομαι, aeol., dor., ion. δέκομαι (vgl. §. 142, 3, anm. 2), verb. I, b, an nemen; δέκετ'(αι), 3. sg. med. praes.

δή, eine hervor hebende partikel, 'eben'; in fragen unserm 'denn' entsprechend.

δήλομαι, verb. I, b (nur im dorischen), wollen; δήλωνται, 3. pl. med. praes. conj.; χρησόνται ξύλοις . . ., οἷς κα δήλωνται 'sie dürfen holz gebrauchen, welches sie in jedem gegebenen falle (κα mit dem conj.) brauchen wollen'.

δῆμος, aeol., dor. δᾶμος, subst. msc. 10., volk; A, 9 nach Boeckh C. I. I, s. 31, a unterabteilung des volkes, gau; der sinn von A, 8, 9 αἰ δέ τιρ . . δᾶμος ist also: 'wenn aber jemand die schrift hier zerstört oder verlezt, sei es ein privatmann, sei es eine obrigkeitliche person, sei es ein einzelner gau'.

δηὖτε = δὴ αὖτε s. d.

διά, praep. mit dem gen. und acc., durch.

δια-γιγνώσκω, verb. VI (III), genau (διά) erkennen, entscheiden, beschließen; διαγνῶντι, 3. pl. act. conj. aor. simpl. 1. (§. 292; personalendung §. 276).

διαίνω, verb. V, 2, benetzen; διαίνετο, 3. sg. med. imperf. one augment, bedeutung passiv.

δίδωμι, verb. III, geben; δώσει, 3. sg. act. fut.; §. 298.

Δί, Διί, Διός s. u. Ζεύς.

δι-ίστημι, verb. III, auß einander (διά) stellen; med., sich auß einander stellen, auß einander treten, sich trennen; διίστατο, 3. sg. med. imperf.

δινέω, verb. V, 4, aeol. δίνημι, da der aeolische dialekt die ab geleiteten verba, 1. sg. praes. -έω, -άω, -όω, in manchen formen als stamverba nach classe II, a u. III behandelt, z. b. φίλημι = φιλέω vom nominalstamm φιλο-, wie τίθημι von wurz. θε, dha; δοκίμωμι = δοκιμόω vom nominalst. δοκιμο-, wie δίδωμι von wurz. δο, da (vgl. s. 665, anm.); γέλᾶμι wie ἵστᾶμι komt nicht vor, dafür *γέλαιμι* mit epenthese des *ι*, wie auch *δοκίμοιμι* im lesb.-aeol., *φίλειμι* im boeot.-aeol., doch kann hier *ει* auch als boeot. ersatz für *η* gefaßt werden, da boeot. oft *ει* = *η* der andern dialekte; *δινέντες*, aeol. betont *δίνεντες*, nom. pl. msc. part. praes. act. von *δίνημι* (§. 229, §. 42, 1); die variante *δινεῦντες* gibt das regelmäßig gebildete part. von *δινέω*, für *δινέοντες*; *εο* wird auch sonst im aeol. in *ευ* contrahiert.

δίφρο-ς, subst. msc. 10., wagenkasten, der obere teil des wagens, in dem der lenkende steht, überhaupt wagen; *δίφρου*, gen. sg.

διώκω, verb. I, b, verfolgen; *διώξει*, 3. sg. fut. act.; §. 298.

δολοπλόκο-ς, aeol. *δολόπλοκος*, *-ο-ν* (*δόλο-ς* list, *πλέκ-ω* flechten, *-πλοκο-ς* flechtend; *ο* §. 34, 1; suffix §. 216, s. 380), adj. 10., listen flechtend, ränke spinnend; *δολόπλοκε*, voc. sg.

δόμο-ς (wurz. *dam*, *δεμ*, *δέμ-ω* bauen; suffix §. 216, s. 380; *ο* §. 34, 1), subst. msc. 10., haus; *δόμον*, acc. sg.

δρυμό-ς, subst. msc. 10., wald, gehölz; *δρυμοῖς*, dat. pl.

δύνω, verb. IV, b, an ziehen; *ἔδυνε*, 3. sg. act. imperf.

δῶμα (stamm *δωματ-*, suffix §. 219), subst. ntr. 1.; *δώματα*, nom. pl. ntr.; D, 12 ist nicht so wol an merere häuser, als an ein großes zu denken.

δῶρο-ν (wurz. *δο*, suffix §. 220), subst. ntr. 10., geschenk; *δῶρα*, acc. pl.

E.

Ἐάω, verb. V, 4, zu laßen, erlauben; *ἐασόντι*, 3. pl. act. fut.; §. 298, B; personalend. §. 276; accent s. u. *ἀποκαθίστημι*.

ἐγϝηληθίωντι s. u. *ἐξειλέω*.

ἐγώ, aeol. *ἔγων*, pron. 1. pers., §. 265; *μ'(ἑ)*, acc. sg.; *μοί*, dat. sg.

ἕζομαι (wurz. *sad*, *ἑδ*; §. 145, 2, b, *ζ*; §. 148, 1, c), verb. V, 3, sich setzen; *ἕζετ'(ο)*, 3. sg. med. imperf. one augment.

ἔθειρα, subst. fem. 10., har, pl. mäne; *ἐθείρῃσιν*, dat. pl., §. 256; mit *ν* *ἐφελκ.*, §. 149.

ἐθέλω s. u. *θέλω*.

εἰμί (§. 293, s. 776), verb. I, a, sein; *εἴᾱ*, 3. sg. opt. praes., §. 290, s. 716; schwund des *σ*, §. 145, 2, c; *α*, §. 34, 2; *ἔσσο*, 2. sg. med. imper., §. 280; *ἐσσῆται*, 3. sg. med. fut., *η* dor. = *εε*; *ἐσσόνται*, 3. pl. fut., accent s. u. *ἀποκαθίστημι*; *ἦμεν*, inf. praes. (att. *εἶναι*), *η* dor. ersazdenung für *ε* + consonant; suffix §. 219, s. 415.

εἶμι, verb. II, a (vgl. §. 36, 1), gehen; *ἰών*, nom. sg. part. praes. act.; D, 6 construiere *ἐξ ἁλὸς ἰὼν ἔνθα ἕζετο*; *ἰόντος*, gen. sg. des selben.

εἰς, *ἐς*, praep. mit dem acc., in (mit dem acc.).

ἕκαστο-ς, *-η*, *-ο-ν*, pron. adj. 10., jeder; *ἂν τὰν αὐτῶ μερίδα ἕκαστος* jeder auf seinem stücke (landes).

ἑκατόν, aeol. *ἕκατον*, hundert; §. 240, §. 33.

ἐλαύνω, verb. IV, a (vgl. s. 779, anm.), und *ἐλάω*, V, 4, treiben, one object, faren; *ἐλάαν*, inf. praes. act. für *ἐλάειν* durch assimilation der vocale; suffix §. 221, a.

ἐλεαίρω, verb. V, 2, bemitleiden; *ἐλέαιρε*, 3. sg. imperf. one augment.

ἔλθε, *ἔλθ'* s. u. *ἔρχομαι*.

ἐμό-ς, aeol. *ἔμος*, *-ή*, *-ό-ν*, declin. wie adj. 10., pron. possess. 1. pers.; *ἔμας* (ion.-att. *ἐμῆς*), gen. sg. fem.; *ἔμῳ*, dat. sg. msc.; *ε* §. 43, 2.

ἐμπίπρημι (*ἐν*, *πίμπρημι*; der nasal der reduplicationssilbe fält in der composition mit *σύν* und *ἐν* weg), verb. III. (s. 778), verbrennen; *ἐμπρησόντι*, 3. pl. act. fut.; §. 298 B; accent s. u. *ἀποκαθίστημι*.

ἐν, praep. mit dem dat., in (mit dem dat.).

ἐν-έχω, verb. I, b, fest halten, med.-pass. fest gehalten werden, in dem fluche fest gehalten werden, dem fluche unterworfen sein; s. u. *ἐπίαρος*.

ἔνθα, *ἔνθ'*, adv., dort; auch relativ. gebraucht, wo; D, 12.

ἔνθεν, adv., von dort; *-θεν* §. 251, s. 552, anm. 2.

ἐνοσίχθων (*ἐν-οσι-*, auch *ἐννοσι-* in *ἐννοσίγαιος*, von wurz. *vadh*, griech. *ὠθ-έ-ω* schlagen, stoßen; *χθον-*, nom. *χθών*, erde; Curtius, Grundzüge 2. aufl., s. 235), subst. msc. 3., erderschütterer, beiwort des Poseidon.

ἐνταῦτα, *'νταῦτ'*, gewönlich *ἐνταῦθα*, adv., hier.

ἐξ, *ἐκ*, praep. mit dem gen., auß; außlaut §. 149.

ἐξειλέω, dor. *ἐγϝηλίω*, *ἐγϝηλέω* = *ἐκ-ϝηλέω*, *γ* wegen des folgenden tönenden lautes, verb. V, eigentlich verdrängen, C ab halten, verhindern (Curtius, Grundz. 2. aufl., s. 483, vgl. skrt. *vārajā-mi* arceo, impedio, wurz. *var*); *ἐγϝηληθίωντι*, 3. pl. conj. aor. pass. II = *ἐξειληθέωσι*, *ἐξειληθῶσι*; §. 300, 5; personalend. §. 276; *ι* für *ε* hat der dorische dialekt bei den ab geleiteten verben auf *-έ-ω*, z. b. *ἀδικίω* = *ἀδικέω*, eben so in den änlich gebildeten conjunctivformen des aor. pass.

ἔξ-εστι, verb. imp. (vgl. *εἰμί)*, es ist möglich; *ἐξῆμεν*, inf. praes. act., s. u. *εἰμί*, construiert mit dem acc. c. inf.; C, 15 *ὥστε μὴ ἐξῆμεν τὼς μεμισθωμένως καρπεύεσθαι* so daß es nicht möglich ist, daß die pächter ernten.

ἐξ-ικνέομαι, verb. IV, b, an kommen *(ἱκνέομαι* kommen, *ἐξ* bezeichnet in zusammensetzungen mit verben oft die vollendete handlung); *ἐξίκοντο*, 3. pl. med. aor. simpl. 2., §. 292; *ῑ* durch das augment, doch erlaubt der vers *ῐ* zu meßen, dann wäre das augment, wie oft, weg gelaßen; vgl. den anfang von §. 292.

ἑό-ς s. u. *ὅς*.

ἐπί, *ἐπ'*, praep. mit dem gen. und dat., auf, bei; mit dem acc. auf, über — hin.

ἐπίαρο-ς, adj. 10., nach Boeckh C. I, s. 31, b und Ahrens, de ling. graec. dial. I, s. 282 = *ἐφίερος (ἐπί*, *ἱερός*, aeol. *ἴαρος)*, eigentlich eine bezeichnung von dingen, die zum opfer dar gebracht werden. Nach Ahrens a. a. o. ist A, 9 *τἠπιάρῳ* auf zu lösen in *τᾷ ἐπιάρῳ* und *ἁ ἐπίαρος* ein subst. fem. mit der bedeutung von *ἡ ἐπαρά* fluch, verwünschung; der sinn von A, 9, 10 *ἐν τἠπιάρῳ . . ἐγραμμένῳ* ist nach dem selben: 'der soll dem fluche unterworfen sein durch das hier geschribene', d. h. 'die hier geschribenen worte sollen in dem fluche unterwerfen'. Änliche verwünschungen finden sich auch auf anderen inschriften.

ἐπι-βαίνω, verb. V, 2 (vgl. s. 780), hinauf gehen, besteigen, mit dem genitiv des objects; *ἐπ-εβήσετο*, 3. sg. med. aor. comp.; §. 297, s. 814.

ἐπικαρπία (ἐπί, *καρπό-ς* frucht; suff. §. 217, s. 395), subst. fem. 10., nuznießung; *τᾶς πόλιος πᾶσαν τὰν ἐπικαρπίαν ἦμεν* C, 14, acc. c. inf., abhängig von dem hinzu zu denkenden 'der contract sezt fest', also 'daß der statt (dann) die ganze nuznießung gehört'.

ἐποίκιο-ν (ἐπί, *οἶκο-ς*, haus; suffix §. 217, s. 396), subst. ntr. 10., eigentlich nebengebäude, überhaupt kleineres gebäude, hütte; *ἐποίκια*, nom. acc. pl.

ἐποικοδομή, *ἐπιοικοδομή* (s. u. *οἰκοδομή)*, subst. fem. 10., auf einem grundstücke stehender bau *ἔρομαι*, ion. *εἴρομαι*, verb. I, b oder V, 2, fragen; *ἤρε'(ο)*, 2. sg. med. imperf., *η* durch zusammenziehung mit dem augment; personalendung §. 280; schwund des *σ* §. 145, 2, c.

ἔρχομαι, verb. VI (§. 293, s. 782; vgl. §. 148, 1, d), kommen; *ἔλθ'(ε)*, *ἐλθέ*, 2. sg. act. imper. aor. simpl. 2.; §. 292, vgl. §. 38, anm. *); *ἤλθες*, 2. sg. act. des selben; *ἐλθών*, nom. sg. msc. partic. des selben.

ἐτέρωτα, adv. (von *ἕτερο-ς*, aeol. *ἔτερο-ς* einer von zweien, der andere), zu einer anderen zeit, bei anderer gelegenheit, sonst. Das wort gehört nur dem aeol. dialekte an; *-τα* = gewönl. *-τε* in *ὅ-τε*, *τό-τε* (wann, damals); vgl. §. 33.

ἐΰσκαρθμο-ς, *-ο-ν* (*ἐΰ*, *εὐ* gut, §. 136, 2; *σκαίρω*, verb. V, 2, hüpfen, springen; suffix §. 219), adj. 10., gut springend; *ἐΰσκαρθμοι*, nom. pl. msc.

ἐΰτυκτο-ς, *-ο-ν* (*ἐΰ*, *εὐ* gut, §. 136, 2; *τυκ-τό-ς*, part. praet. pass. von wurz. *τυκ*, s. u. *τιτύσκομαι*), schön gemacht; *ἐΰτυκτον*, acc. sg.

ἔχω, verb. I, b (wurz. §. 145, 2, c), halten, haben; *εἶχε*, 3. sg. imperf. = **ἔσεχε*, **ἔεχε*.

ϝ.

ϝαλήϊο-ς, später *Ἠλεῖος*, adj. 10., bewoner der landschaft Elis (*ϝᾶλις*, *Ἦλις*) im westlichen Peloponnesos; nach Ahrens, de ling. graec. dial. I, 229 ab geleitet vom namen des heros eponymus *ϝαλεύς* (*Ἠλεύς*), wie *βασιλήϊος* (*βασίλειος*) von *βασιλεύς*; suffix *-ja-*, §. 217, s. 395; *ϝαληΐοις*, dat. pl.

ϝάργο-ν, subst. ntr. 10., tat, werk (§. 145, 3, b); die übrigen dialekte *ϝέργον*, *ἔργον*; vgl. §. 33.

ϝέπος, subst. ntr. 2., wort; §. 145, 3, b, suffix §. 230, s. 470.

ϝέτᾱ-ς, ion. *ἔτη-ς*, subst. msc. 10., bürger als privatmann im gegensatz zur obrigkeitlichen person, *τελέστα*.

ϝέτος, subst. ntr. 2., jar; suffix §. 230; *ϝέτεα*, nom. acc. pl., §. 250; schwund des *σ*, §. 145, 2, c.

ϝράτρᾱ, *ῥήτρᾱ*, subst. fem. 10., vertrag, bündniss in A, gesetz in C; wurz. *ϝερ*, *ϝρα*, sagen, vgl. §. 206; *α* = *η*, §. 32, 2, anm. 3; die dort bemerkte eigentümlichkeit des dorischen dialekts teilen in gewissem grade auch die aeolischen; suffix §. 225; *ἀ ϝράτρα τοῖρ ϝαληίοις* u. s. w., 'der vertrag für die Eleer und Heraeenser', so vil als 'diß ist der vertrag für die E. und H.', als ankündigung des folgenden vertrages.

Z.

Ζεύ-ς, subst. msc. 6. und 1., name des höchsten gottes; vgl. §. 148, 1, d; *Διός* = *Διϝός*, gen.; *Δί* contrahiert auß *Διί* = *Διϝί*, dat.; schwund des *ϝ* §. 145, 3, b.

H.

Ἤ, conj., oder.

ἦλθες s. u. *ἔρχομαι*.

ἧμαι, perf. med. zur wurz. *as* (§. 145, 2, b), sitzen; *ἧστο*, 3. sg. plusquamperf.; §. 295.

ἦμεν s. u. *εἰμί*.

Ἡρακλεῖο-ς, adj. 10., der Herakleer, bewoner der statt Heraklea (*Ἡράκλεια*); *Ἡρακλεῖοι*, nom. pl.

Ἠρϝαῷο-ς, adj. 10., bewoner der statt Heraea, *Ἡραία*, in Arkadien; nach Ahrens, de ling. graec. dial. s. 280 ab geleitet wie *Γελῷο-ς* von *Γέλα*; suffix *-ja-* §. 217, s. 395; *Ἠρϝαῴοις*, dat. pl.

Θ.

Θάλασσα, subst. fem. 10., mer.

θαυμάζω, verb. V, 3 (*θαῦμα*, stamm *θαυματ-* wunder; §. 219, 210), sich wundern, bewundern; *θαυμάζων*, nom. sg. msc. part. praes. act.; D, 2 verbinde *θαυμάζων πτόλεμόν τε μάχην τε*.

θέλω, *ἐθέλω*, verb. I, b, wollen; *ἐθέλοισαν*, acc. sg. fem. part. praes. act.; §. 229, fem. §. 217, s. 396; *οι* aeol. ersazdenung für *ο* + consonant, vgl. §. 42, 1; B, 23 *ταχέως* — *ἐθέλοισαν*, 'wird schnell lieben (sc. dich) auch die nicht wollende', d. h. selbst wenn du dann nicht wilst.

θυμό-ς, aeol. *θῦμο-ς*, subst. msc. 10., mut, gemüt; suffix §. 219, s. 409; *θῦμον*, acc. sg.

I.

Ἴδη, subst. fem. 10., name eines gebirges in der gegend von Troja.

ἱκνέομαι, verb. IV, b, kommen; *ἵκετο*, 3. sg. med. aor. simpl.; §. 292, 2; *ῑ* durch zusammenziehung mit dem augment; der aorist als verb. perf. bedeutet erreichen.

ἱμάσθλη, subst. fem. 10., peitsche.

ἱμείρω, aeol. *ἰμέῤῥω*, verb. V, 2 (*ρρ* §. 148, 1, b; §. 40, b, 3), verlangen, ersenen; B, 26, 25 *ὄσσα* — *τέλεσον*, 'was nur das herz ersent zu vollenden, das vollende'; *ἰμέῤῥει*, 3. sg. praes.

ἵππο-ς, subst. msc. 10. (§. 145, 2, b; §. 32), pferd; *ἵππω*, acc. dual.; *ἵπποι*, nom. pl.

ἴσο-ς, -η, -ο-ν, adj. 10., gleich; *ἴσον*, acc. sg. msc.

K.

Καδδāλέομαι (κατα-δηλέομαι), verb. V, zerstören; vom bündniss: brechen, verletzen; *καδδαλήμενοι*, nom. pl. msc. part. praes. med. (suff. §. 219), gebildet wie von *καδδάλημι*, vgl. *δινέω*; im part. praes. med. bleibt im aeol. dialekt der lange vocal, daher *δαλήμενος, τιθήμενος*, gegenüber gewönlichem *τιθέμενος*; *καδδαλέοιτο*, 3. sg. med. opt. praes.

καθά = καθ' (κατά) ἅ (s. *ὅς)*, dem gemäß was, d. i. wie.

καί, conj., und, auch.

καλέω, aeol. *κάλημι* (vgl. *δινέω)*, verb. V, rufen; villeicht von einem stamme *καλεσ-*, vgl. §. 297, s. 815.

καλό-ς, aeol. *κάλος, -ή, -ό-ν*, adj. 10., schön; *κάλοι*, nom. pl. msc.

καρπεύω, καρπεύομαι (von einem voraus zu setzenden **καρπεύ-ς*, vgl. §. 210), verb. V, 4, ernten; *καρπεύεσθαι*, inf. praes. med.; suffix §. 228.

καρπίζομαι (von *καρπό-ς* frucht, §. 210), verb. V, 3, eigentlich 'früchte für sich sammeln, ernten'; C: im nießbrauch haben; *τοὶ καρπιζόμενοι* (nom. pl. msc. part. praes. med.) sind die vorher *τοὶ μισθωσάμενοι* genanten, die pächter des landes; *καρπιζομένων*, gen. pl. msc. des s. part.

κατά, praep., mit dem gen. herab, unter; mit dem acc. bei, auf — zu, gemäß; in C verliert *κατά* vor dem artikel den auß lautenden vocal und fügt sich dem selben proklitisch an; *καττὰς ῥήτρας*, gemäß den gesetzen.

κατα-βαίνω, verb. IV u. V (vgl. *βαίνω)*, herab gehen; *κατεβήσετο*, 3. sg. med. aor. comp.; §. 297, s. 840.

κἀτέρωτα = καὶ ἑτέρωτα, s. d.

κέ, κ', χ' (vor spir. asper), dor.-aeol. *κά*, part., drükt im algemeinen, namentlich in abhängigen sätzen, die bedingtheit der rede auß; in A entspricht die verbindung *κά* mit dem optativ dem latein. conj.-optativ im sinne eines befehls; *συμμαχία κ' εἴα ἔκατον ϝέτεα* foedus sit centum annos.

κευθμό-ς, subst. msc. 10., auch *κευθμών*, 3. (stamm *κευθμον-*;

wurz. *κυθ*, urspr. *ghudh*; *κ* vgl. §. 148, 3; *ευ* §. 38; suffixe §. 219, s. 409), schlupfwinkel, namentlich in der tiefe verborgener; *κευθμῶν*, gen. pl.

κῆτος, subst. ntr. 2., jedes größere seetier; *κήτε'(α)*, nom. pl.; schwund des *σ*, §. 145, 2, c.

κλυτό-ς, -ή, -ό-ν, adj. 10. (part. praet. pass. von *κλύ-ω*, §. 224, s. 437), berümt; *κλυτά*, nom. pl. ntr.

κλύω, verb. I, b (wurz. §. 142, 1), hören, erhören; mit dem gen. des objects; B 5 — 7 *ἀλλὰ* — *ἔκλυες* (2. sg. aor. simpl., §. 292, 2): 'sondern komm hier her, wenn du je auch sonst meine stimme in der ferne vernemend (sie) erhörtest', d. h. 'meine stimme vernamst und erhörtest'; der gen. des objects gehört nach einem häufigen syntaktischen gebrauch des griechischen zum particip wie zum hauptverbum.

κομάω (von *κόμη* har, §. 209), langes har haben, damit prangen; *κομόωντε* = *κομάοντε*, acc. dual. part. praes. act., vgl. §. 41, anm.

κόπτω, verb. VII, hauen, schlagen; *κοψόντι*, 3. pl. act. fut., §. 298 B; personalend. §. 276; accent s. u. *ἀποκαθίστημι*.

κορυφή, subst. fem. 10., gipfel; *κορυφῆς*, gen. sg.

κραιπνό-ς, -ή, -ό-ν, adj. 10., schnell; *κραιπνά*, acc. pl. ntr., als adverb.

κρατερῶς, adv. (ablativform, §. 251, s. 552, vom stamme *κρατερό-)*, gewaltig.

κρείων, subst. msc. 4. (stamm *κρειοντ-)*, herscher; eigentlich part. praes. act. vom praesensstamme *kra-ja-*, wurz. *kra*, *kar*, griechisch z. b. in *κραίνω* vollenden.

κῦμα, subst. ntr. 1. (stamm *κυματ-*; wurz. *κυ* schwellen; suffix §. 219, s. 410); *κύματ'(α)*, acc. pl. ntr.

κὤττι = *καὶ ὄττι*, s. u. *ὅστις*.

κὠὐκ = *καὶ οὐκ* s. d.

Λ.

Λατρηϊώμενον, acc. sg. ntr. part. praes. med. eines sonst nicht vorkommenden verbums *λατρηϊόω*; wie von *οἰκεύ-ς* hausgenoße, *οἰκεῖο-ς* zum hause gehörig, davon *οἰκειόω*, *οἰκηϊόω* zum hausgenoßen machen, zu eigen machen, so (nach Ahrens, de ling. graec. dial. I, 281) von *λατρεύ-ς* diener, *λατρήϊο-ς* zum dienste gehörig, λατρηϊόω zum dienste bestimmen, d. h. ungefär so vil als 'zu eigen geben'; ω = οο, s. u. ἄργυρος. Der satz A, 6, 7 ist zu construieren: τοὶ καδδαλήμενοι ἀποτίνοιαν κα τάλαντον ἀργύρω τῶ Δὶ Ὀλυνπίῳ λατρηϊώμενον, d. h. die, welche es (das bündniss) verletzen, sollen ein talent silbers zalen, welches dem Olympischen Zeus zu eigen gegeben wird (an seinen tempel gezalt wird).

λάω, verb. V (wurz. λας, Curtius, Grundzüge 2. aufl., s. 324; praes. = *λασjω; schwund von σj, §. 145, 1, e), aeol. *λῆμι, *λᾶμι, wollen; λαῖς, 2. sg. praes. = *λῆσι, *λᾶσι, dor. λῇς, mit epenthese, §. 40, a; B, 18 construiere: τίνα λαῖς Πείθων ἄγην (acc. c. inf.) εἰς σὰν φιλότατα, 'wen wilst du, daß Peitho füre zu deiner liebe'.

λείπω, verb. II, 2, verlaßen; ει §. 36, 1; λίποισα = att. λιποῦσα, nom. sg. fem. part. aor. simpl., §. 292, 2; suffixe §. 229, §. 217, s. 395; οι aeol. ersazdenung, vgl. §. 42, 1.

λίμνη, subst. fem. 10., see.

λίσσομαι, verb. V, 3, bitten, beten zu; σσ §. 148, e, α.

λύω, verb. V, 4, lösen; λῦσον, 2. sg. act. imper. aor. comp., §. 297; aor. 'erlösen'.

M.

Μαινόλη-ς (μαίνομαι rasen, toben; suffix, vgl. §. 220), adj. 10. (mit gedentem — gesteigertem — stammaußlaut), rasend, tobend; μαινόλᾳ (ᾳ = ion.-att. ῃ), dat. sg.

μάκαρ-ς und μάκαρ, adj. 1., selig; fem. μάκαιρα, suffix. §. 217, s. 396; epenth. §. 40, b, 3; ntr. μάκαρ.

μακρό-ς, -ά, -ό-ν, adj. 10., lang, hoch; suffix §. 220; μακρά, nom. pl. ntr.

μάλα, μάλ', adv., ser; scheint eine casusform (acc. pl. ntr.?) eines stammes μαλο- zu sein; comp. μᾶλλον = *μαλιον, §. 232; λλ §. 148, 1, b; das j scheint den vocal der ersten silbe afficiert zu haben, daher ᾱ; superl. μάλιστα, §. 234, am meisten, am liebsten.

μαρμαίρω, verb. V, 2 (volständige reduplication einer wurz. μαρ), glänzen; μαρμαίροντα, nom. pl. ntr. part. praes. act.

μάχη, subst. fem. 10., kampf, schlacht; μάχην, acc. sg.

μ'(έ) s. u. ἐγώ.

μειδιάω, verb. V, 4, lächeln; *μειδιάσαισ'(α)*, nom. sg. fem. part. aor. comp., §. 297; participialbild. §. 229, §. 217, s. 396; *αι* aeol. ersazdenung für *α* + cons., vgl. §. 42, 1.

μέλᾱς, μέλαινα, μέλαν, adj. 3. (stamm *μελαν-*; nom. sg. msc. §. 246, s. 528; fem. 217, s. 396; §. 40, b, 3), schwarz; *μελαίνᾱς*, gen. sg. fem.

μέν, conj., zwar; *μέν — δέ* verbindet in leichtem gegensatz stehende sätze, für uns oft unübersezbar.

μέριμνα, subst. fem. 10. (wurz. *smar*, §. 145, 2, c), sorge; *μεριμνᾶν*, gen. pl., §. 253; *ᾱ* aeol.-dor. contraction auß *αω*.

μερίς, subst. fem. 1. (stamm *μεριδ-*, wurz. *mar*, vgl. §. 217, s. 390), teil; *μερίδα*, acc. sg.

μέσσο-ς, -η, -ο-ν (später *μέσος*), adj. 10., mitten; *σσ* §. 148, 1, c, *β*, vgl. §. 153, 2; *μέσσω*, gen. sg. msc.; *ω*, s. u. *ἄργυρος*; B, 12 verbinde *διὰ μέσσω αἴθερος* mitten durch den aether.

μή, μά, part. u. conj., nicht; vorzüglich in bedingungs- und absichtssätzen und beim imperativ gebraucht.

μηδέ, μηδ', conj., auch nicht; syntaktisch wie *μή*, s. d.

μήτε — μήτε (vgl. *οὔτε — οὔτε*), conj., weder — noch; syntaktisch wie *μή*, s. d.

μισθόω (von *μισθό-ς* lon, nach §. 209), verb. V, 4, vermieten; med. mieten, pachten; *μισθωσάμενοι*, nom. pl. msc. part. med. aor. comp., §. 297; suff. §. 219, s. 415; *μεμισθωμένως*, acc. pl. msc. part. perf. med.; *-ως*, dor. für *-ους*, §. 42, 1.

μίσθωσι-ς (*μισθόω*; suff. *τι*, §. 226), subst. fem. 9., pacht.

μοί s. u. *ἐγώ*.

N.

Ναῦ-ς, subst. fem. 6., schiff; *νῆες*, nom. pl., §. 247; §. 145, 3, b; *νῆας*, acc. pl.

νεμεσάω, älter *νεμεσσάω* (= **νεμετιαω*, von **νεμε-τι-ς*, *νέμε-σι-ς* unwille, zorn; *σσ* §. 148, 1, c, *β*; später *σ*, vgl. §. 148, a), verb. V, 4, zürnen; *ἐνεμέσσα* = *ἐνεμέσσαε*, 3. sg. imperf.

'νταῦτ' s. *ἐνταῦτα*.

νῦν, adv., nun, jezt.

Ξ.

Ξηρό-ς, -ά, -ό-ν, adj. 10., trocken, dürr; *ξηρῶν* (sc. *ξύλων*), gen. pl.

ξύλο-ν, subst. ntr. 10., holz; ***τῶν ξύλων*** C, 1, partitiver gen. pl.: von den hölzern u. s. w. sollen sie nicht verkaufen (subject des ganzen: die pächter des landes).

O.

Ὁ, ἡ, τό, pron. dem. und artikel (§. 254), der, die, das; ***ἁ*** A, 1 = ***ἡ***, §. 34, 2; ***τόν***, acc. sg. msc.; ***τάν*** = ion.-att. ***τήν***, acc. sg. fem.; ***τοΐ*** (A, 3 nach Boeckh's lesung), ***τό*** mit der verstärkenden partikel ***ι***, vgl. s. 625, 'eben diß'; ***ταΐ*** A, 8, acc. pl. ntr. mit der selben part.; ***τᾶς*** = ion.-att. ***τῆς***, gen. sg. fem.; ***τῷ***, dat. sg. msc. ntr., A, 3 im locativ. sinne; ***τᾷ***, dat. sg. fem. = ion.-att. ***τῇ***; A, 8 nach Ahrens lesung als adverb: ***τὰ γράφεα τᾷ*** die schrift hier; ***τοί***, nom. pl. msc., att. ***οἱ***; ***τά***, nom. acc. pl. ntr.; ***τώς***, acc. pl. msc., ***ω*** dor. ersazdenung für ***ο*** + nas., vgl. §. 42, 1; ***τάς***, acc. pl. fem.; ***τῶν***, gen. pl.; ***τᾶν***, gen. pl. fem., ***ᾶ*** dor. contraction für ***αω***, §. 253, s. 563; ***τοῖρ*** = ***τοῖς***, dat. pl. msc.; der elische dialekt zeigt, wie unter den dorischen der lakonische, die neigung, auß lautendes ***σ*** in ***ρ*** zu wandeln, doch in A nicht consequent; ***τυῖδε***, aeol. für ****τοῖδε***, adverbieller loc. sg. msc., hierher, §. 254, s. 568, vgl. §. 32; ***-δε*** ist an gehängte partikel, welche die richtung an gibt, bei substantiven mit dem acc. verbunden, z. b. ***δόμον-δε***, nach hause.

οἰκία (***οἶκο-ς***, haus; wurzel §. 36, 2; suffix §. 217), subst. fem. 10., haus, hauswesen; ***ὅσσα αὐτοῖς ποτ' οἰκίαν ἐς χρείαν*** (sc. ***ἐστί***) so vil inen fürs hauswesen zum bedürfniss ist, wie vil sie fürs hauswesen brauchen.

οἰκοδομή, dor. ***οἰκοδομά*** (***οἶκο-ς***, s. u. ***οἰκία***; ***δομή*** bau, von ***δέμ-ω*** bauen; ***ο*** §. 34, 1; suffix §. 216), subst. fem. 10., hausbau; ***οἰκοδομάν***, acc. sg.

οἰσόντι s. u. ***φέρω***.

Ὀλύμπιο-ς, adj. 10. (***Ὄλυμπο-ς***; suffix §. 217, s. 395), auf dem Olymp wonend, olympisch, beiname des Zeus und der götter überhaupt; A, 6, der in der elischen statt Olympia vererte; ***Ὀλυμπίῳ*** (geschriben ***Ὀλυνπίῳ*** A, 6), dat. sg. msc.

ὀνία s. ***ἀνία***.

ὀρέγω, verb. I, b (vgl. lat. ***rego***; ***ο*** §. 43, 2), recken, strecken; med. sich strecken; ***ὀρέξατ'(ο)***, 3. sg. med. aor. comp., §. 297; one augment; ***τρὶς ὀρέξατ' ἰών*** dreimal holte er im gehen auß.

ὄρος, subst. ntr. 2., berg; **ὄρεος**, gen. sg.; schwund des **σ**, §. 142, 2, c; **οὔρεα**, episch für **ὄρεα** (vgl. §. 38, anm. 1), nom. pl., subject zu **τρέμε** D, 9; im griechischen wird der nom. pl. ntr. mit dem sg. des verbums verbunden, in der älteren sprache aber nicht durchgängig.

ὅ-ς, **ἥ**, **ὅ**, pron. relat., welcher; §. 264; ʽ = *j*, §. 145, 1, d; **ἅ**, nom. acc. pl. ntr.

ὅ-ς, **ἥ**, **ὅ-ν**, pron. possess. 3. pers., sein; episch **ἑός**, §. 145, 2, a, anm.; **ἑοῦ**, gen. sg. msc.

ὅσο-ς, **-η**, **-ο-ν**, älter und aeol. **ὅσσος**, adj. relat. 10., wie vil, wie groß; **ὅσσα**, nom. acc. pl. ntr.; **ὅσσαι**, nom. pl. fem.

ὅστις, pron. rel. und (in indirecten fragesätzen) interrog., wer auch immer; zusammen gerükt auß den pronom. **ὅ-ς** und **τί-ς**, beide elemente werden decliniert; aeol. ***ὄττις** (**ὄττινας**, acc. pl., komt vor), nur das lezte element decliniert; ntr. sg. **ὅττι**, später **ὅτι**, aeol. **ὄττι**, §. 145, 1, e; als conjunction: daß, weil; B, 15 was, warum.

ὅττι s. u. **ὅστις**.

οὗ, **οἷ**, **ἕ**, pron. reflex. 3. pers.; declin. §. 265; stamm §. 145, 2, b.

οὐδέ (**οὐ**, **δέ**), **οὐδ'**, conj., aber nicht, auch nicht; **οὐδέ** — **οὐδέ**, weder — noch.

οὐκ, **οὐχ** (vor spir. asper), **ου**, adv., nicht; außlaut §. 149.

οὐρανό-ς, aeol. **ὤρανος** neben **ὄρανος**, subst. msc. 10., himmel; **ου**, **ω**, vgl. §. 38, anm. 1; **ὠράνω**, gen. sg.; **ω** = **οο**, s. u. **ἄργυρος**.

οὔτε — **οὔτε**, conj., weder — noch (**οὔ-τε** und nicht).

οὗτος, **αὕτη**, **τοῦτο**, pron. demonstr., diser; **τούτως**, acc. pl. msc.; **ω** dor. ersazdenung für **ο** + nas., s. §. 42, 1.

ὄχος, subst. ntr. 2. (wurz. §. 34, 1; suffix §. 234), wagen; pl. **ὄχεα**, bedeutung singularisch; **ὄχεσφι**, instr. pl., §. 260, s. 583.

Π.

Παιπαλόεις, **-εσσα**, **-εν**, adj. 4. (stamm *παιπαλοϝεντ-*; suffix §. 218; fem. §. 217; schwund des *ϝ* §. 145, 3, b), schroff, jäh (?); **παιπαλόεντος**, gen. sg. msc. ntr.

παῖς, subst. msc. fem. 1. (stamm *παιδ-*), kind, son oder tochter; **παῖ**, voc. sg., §. 263, vgl. §. 149.

πάντοθεν, adv., von überall her, von allen seiten; **-θεν** §. 251, s. 552, anm.

πάρ s. u. **περί**.

παρά, verkürzt **πάρ**, praep., mit dem gen. von, mit dem dat. bei, mit dem acc. zu, neben.

πᾶς, πᾶσα (= **παντjα*, §. 217, s. 396), **πᾶν**, adj. 1. (stamm *παντ-*), all, ganz; *ᾱ* ersazdenung, §. 42, 1; **πᾶσαν**, acc. sg. fem.

πάσχω, verb. VI (§. 293; wurz. §. 153, 3, anm.), leiden; **πέπονθα**, 1. sg. perf. von der wurzelform **πενθ**, §. 291, s. 736; **ο** §. 34, 1.

πατήρ, subst. msc. 5., vater; **πατρός**, aeol. **πάτρος**, gen. sg., vgl. §. 132, 1.

Πειθώ, aeol. **Πείθω**, subst. fem. (stamm **Πείθο-**, consonant. decliniert), göttin der überredung; **Πείθων**, aeol. acc. sg., gewönlich **Πειθό-α, Πειθώ**.

πέπονθα s. u. **πάσχω**.

περί, praep., um, construiert mit dem acc., gen., dat.; **πάρ** A, 5 nach Boeckh C. I., s. 878 a und Ahrens = **περί** mit erhaltung des ursprüngl. **α** und abwerfung des außlauts; **πὰρ πολέμω**, in bezug auf den krieg.

πέτομαι, verb. I, b, fliegen, laufen; **πέτοντο**, 3. pl. med. imperf., one augment.

πήλυι, adv., fern, in der ferne; loc. sg. msc. eines stammes **πηλο-**, §. 254, vgl. §. 32; **πηλο-** = dem gewönlichen **τηλο-, τηλοῦ** fern.

ποικιλόθρονο-ς, -ο-ν (*ποικίλο-ς* bunt; wurz. **πικ**, lat. *pic-tor*; **οι** §. 36, 2; **θρόνο-ς** seßel, tron), adj. 10., bunten sitz, tron habend; **ποικιλόθρον'(ε)**, voc. sg.

πόλεμο-ς, πτόλεμο-ς (§. 148, f, anm.), subst. msc. 10., krieg; **πολέμω**, gen. sg.; **ω** s. u. **ἄργυρος**; **πτόλεμον**, acc. sg.

πόλι-ς, subst. fem. 9., statt; wurz. *par* §. 147; suffix §. 216, a; **πόλιος**, gen. sg.

Ποσειδάων, contrah. **Ποσειδῶν**, subst. msc. 3. (stamm *Ποσειδαων-*), name des mergottes.

πότε, adv., wann; **ποτέ**, aeol. **πότα**, irgend wann, je.

ποτί s. **πρός**.

πότνια, subst. fem. 10., herrin.

πούς, subst. msc. 1. (stamm **ποδ-**, §. 33), fuß; **ποσσίν, ποσίν** (§. 148, 1, a), dat. pl. mit **ν ἐφελκ.**, §. 149; D, 9 im sinne des instrum.

πρό, praep. mit dem gen., vor.

Πρίαμο-ς, subst. msc. 10., name des königs von Troja; **Πριάμοιο**, gen. sg., §. 252; §. 145, 1, e.

προ-βιβάς, nom. sg. msc. part. praes. act. (§. 229, §. 42, 1) eines praesens **προ-βίβημι*, verb. III, wurz. *βα*, gewönlich *προ-βαίνω*, vorwärts gehen.

πρός, dorisch und episch *ποτί*, *ποτ'*, praep., mit dem acc. zu, mit dem gen. von — her, mit dem dat. bei.

πρόσωπο-ν (πρός; wurz. *ὀπ*, urspr. *ak*, sehen, vgl. §. 142; *ω* §. 34, 2), subst. ntr. 10., antlitz.

προύγγυο-ς, dor. *πρώγγυο-ς = προ-έγγυος (ἔγγυος* bürge), subst. msc. 10., bürge; *πρωγγύως*, acc. pl.; *-ως*, dor. für *-ονς*, vgl. §. 42, 1.

πτερό-ν, aeol. *πτέρο-ν* (wurz. §. 142, 2; suffix §. 220, s. 419), subst. ntr. 10., feder, flügel; B, 11 verbinde *πύκνα πτέρα* als object zu *δίνεντες*.

πυκνό-ς, *-ή*, *-ό-ν*, adj. 10., dicht; *πυκνά*, aeol. *πύκνα*, acc. pl. ntr.; bei Homer lautet das wort noch *πυκινό-ς;* suffix §. 222, s. 430.

πωλέω, verb. V, 4, verkaufen; *πωλησόντι*, 3. pl. act. fut., §. 298, B; personalend. §. 276; accent s. u. *ἀποκαθίστημι*.

P.

'Ρίμφα, adv., schnell.

ῥήτρα s. *ϝράτρα*.

Σ.

Σάμο-ς, subst. fem. 10., *Σάμος Θρηϊκίη*, das thrakische Samos, später *Σαμοθρηΐκη*, *Σαμοθράκη*, insel im nördlichen aegeischen mere; *Σάμου Θρηϊκίης*, gen. sg.

Σαπφώ, aeol. *Ψάπφω*, subst. fem. (stamm *Σαπφο-*, consonant. decliniert), name der dichterin; *Ψάπφ'* B, 20 voc., nach Ahrens, de ling. graec. dialectis I, 115 auß *Ψάπφο;* der gewönliche voc. diser subst. fem. auf *ω* lautet *-οῖ*.

σκῖρο-ς, subst. oder adj. 10.; *σκίροις*, dat. pl.; wie es scheint, sind stellen gemeint, die nicht bebaut werden können, auch nicht wälder *(δρυμοί)* tragen, sondern mit unterholz und gebüsch bewachsen sind.

σό-ς, *σή*, *σό-ν*, pron. poss. 2. pers., dein; vgl. §. 40, b, 2, anm.; *σάν* = ion.-att. *σήν*, acc. sg. fem.

στρουθό-ς und *στροῦθο-ς*, subst. msc. 10., sperling; *στροῦθοι*, nom. pl.

σύ, aeol. *τύ*, in B daneben *σύ*, pron. pers. 2. pers., du; §. 265; *σέ*, *σ'*, acc. sg.

συμμαχία, in A geschriben *συνμαχία (σύν, μάχη;* suffix §. 217, s. 395; eigentlich mitkämpfung), subst. fem. 10., bündniss.

σύμμαχο-ς (σύν, μάχη), subst. msc. fem. 10., mitkämpfer, bundesgenoß.

σύν, praep. mit dem dat., mit.

σύν-ειμι, verb. I, a, zusammen sein; mit dem dat.: zusammen sein mit jemandem, im bei stehen; *συνεῖαν*, 3. pl. opt. praes., §. 290; personalendung §. 276; *α* = späterem *ε*, *συνεῖεν; συνεῖαν κ' ἀλλάλοις* sie sollen mit einander verbunden sein, einander bei stehen.

συνθήκη, dor. *συνθήκα (σύν, θή-κη* von *τί-θη-μι;* suffix §. 231), vertrag, contract; *συνθήκᾳ* = ion.-att. *συνθήκῃ*, dat. sg.; *συνθήκαν* = ion.-att. *συνθήκην*, acc. sg.

T.

Τά, τᾷ, ταί, τάν, τᾶν, τάς, τᾶς s. *ὁ*.

τάλαντο-ν, subst. ntr. 10., eigentlich wage (wurz. *ταλ* halten, tragen); A, 5 und sonst: ein bestimtes gewicht oder die disem in silber entsprechende geldsumme, talent.

ταχέως, adv., schnell; ablativ vom adj. stamme *ταχυ-*, §. 251, s. 552.

τέ, conj., und, §. 142, 1; *τέ — τέ, τέ — καί*, sowol — als auch; im homer. dialekt oft zum relativpronomen oder zu relat. partikeln hinzu gefügt zur verbindung der sätze, da jene urspr. demonstrativ sind; s. D, 12.

τέκμωρ, subst. ntr. (casus außer nom.-acc. kommen nicht vor), ziel.

τελέστα (τελες-, nom. *τέλος*, u. a. obrigkeitliches amt; suffix *-τα-)*, subst. msc. 10., beamter, magistratus; nom. sg. §. 246, s. 529; auf der selben tafel *ϝέτᾶς* mit erhaltenem *ς*.

τελέω (von *τέλες-*, nom. *τέλος*, ende; vgl. §. 297, §. 210, §. 145, 1, c), verb. V, 5; *τελέσσαι*, aeol. *τέλεσσαι*, inf. act. aor. comp., §. 297, §. 215; *τέλεσον* (auß *τέλεσσον*, vgl. §. 148, 1, a), 2. sg. act. imper. aor. comp.

τέταρτο-ς, homer. *τέτρατο-ς, -η, -ο-ν*, adj. 10., der vierte; §. 241, 4; *τὸ τέτρατον*, das vierte mal.

τεύχω, verb. II, 2. machen, verfertigen; **τετεύχαται**, 3. pl. med. perf. (personalend. §. 282, §. 291) 'sie sind gemacht worden', so vil als 'sie bestehen, sind vorhanden'.

τήπιάρῳ s. u. **ἐπίαρος**.

τίμημα, dor. **τίμᾱμα**, subst. ntr. 1. (stamm **τιμηματ-**; suffix §. 219, s. 410; **τιμή** schätzung, §. 219, s. 409), wert; in C der pfandpreis.

τί-ς, τί, pron. interr. und indef., wer, irgend wer; §. 264, s. 626: casusbildung vom stamme **τιν-**; **τ** §. 142, 1; **τίϱ** = **τίς**, vgl. u. **ὁ**; **τίνα**, acc. sg.

τιτύσκομαι, verb. VI u. III (wurz. **τυκ**; **τε-τυκ-έσθαι**, aor. simpl. med., zu bereiten; vgl. auch **τεύχω** und **ἐΰτυκτος**), für sich her richten; D, 14 an spannen; **τιτύσκετο**, 3. sg. med. imperf., one augment.

τό, τοί, τόν, τοῖϱ, τοῖς s. u. **ὁ**.

τούτως s. u. **οὗτος**.

τρέμω, verb. I, b, zittern; **τρέμε**, 3. sg. imperf., one augment.

τρίς, adv., dreimal (stamm **τρι-**, §. 237, 3).

Τρώ-ς, subst. msc. (stamm **Τρω-** consonant. decliniert), Troer, bewoner der statt Troja; **Τρωσίν**, dat. pl. mit **ν ἐφελκ.**, §. 149; D, 7 im sinne des instrum.

τύ s. **σύ**.

τυΐδ' s. u. **ὁ**.

τῷ, τῶν, τώς s. u. **ὁ**.

Υ.

Ὕλη, subst. fem. 10., wald.

ὑλή-εις, ὑλή-εσσα, -ή-εν, adj. 4. (stamm **ὑλη-ϝεντ-**, §. 218, s. 402, vgl. §. 148, 1, a), waldreich; **ὑληέσσης**, gen. sg. fem.; **σσ** §. 148, 1, c, **β**.

ὑπένερθε (**ὑπό, ἔνερθε** unten), adv., unterhalb.

ὑπό, ὑπ', aeol. **ὑπά**, praep., mit dem acc. unter — hin, mit dem dativ unter, mit dem gen. unter, von (beim passivum).

ὑπο-γράφομαι, verb. I, b, verschreiben, verpfänden; **ὑπο-γραψόνται**, 3. pl. med. fut., §. 298, B; accent. s. u. **ἀποκαθίστημι**.

ὑπο-ζεύγνυμι, aeol. **ὑπαζ.** (wurz. *jug*, §. 143, 1; **ευ** §. 38, 1; **ζ** §. 145, 1, c), verb. IV, a, an jochen, an schirren; **ὑπαζεύξαισα**, nom. sg. fem. part. aor. comp., §. 297, §. 229, vgl. §. 217, s. 396; **αι** aeol. ersazdenung für **α** + conson., vgl.

§. 42, 1; B, 7—9 *πάτρος — ὑπαζεύξαισα* construiere: *χρύσιον ἅρμα ὑπαζεύξαισα ἦλθες πάτρος δόμον λίποισα* nachdem du den goldenen wagen an geschirt hattest, kamst du das haus des vaters verlaßend (verließest du das haus des vaters und kamst hierher).

ὑπό-λογο-ς, -ο-ν (λόγο-ς u. a. rechenschaft, von *λέγ-ω* sagen; *ο* §. 34, 1; suffix §. 216), adj. 10., der rechenschaft unterworfen, verantwortlich für etwas (mit dem gen. verbunden); *ὑπολόγως*, acc. pl.; *ω* dor. ersazdenung für *ο* + cons., vgl. §. 42, 1; C, 18 verbinde: *ὑπολόγως τῶν ἐν τᾷ συνθήκᾳ γεγραμμένων* 'verantwortlich für das im contracte geschribene'.

ὑψοῦ, adv.; in der höhe, hoch oben.

Φ.

Φαίνω, verb. V, 2, (s. 780, anm.), zeigen; med. erscheinen, sichtbar sein; *ἐφαίνετο, φαίνετο*, 3. sg. med. imperf.

φέρω, verb. I, b, tragen, bringen, nemen; *οἰσόντι* (von einem stamme *οἰ*, dor. *οἱ* wol mit unursprüngl. aspiration, vgl. §. 145, 2, b), 3. pl. act. fut., §. 298, B; personalendung §. 276; accent. s. u. *ἀποκαθίστημι; φέρον*, 3. pl. act. imperf., one augment.

φεύγω, verb. II, b (wurz. §. 37, 3, §. 38, 1), fliehen; *φεύγει*, 3. sg. act. praes.

φιλέω, verb. V, 4, aeol. *φίλημι*, vgl. *δινέω* (von *φίλο-ς* lieb, §. 209), lieben; *φίλει*, 3. sg. act. praes. (aeol.), gebildet wie *τίθει* von *τίθημι* auß **τιθετι*, §. 275, mit ungesteigertem oder verkürztem wurzelvocal; *φιλήσει*, 3. sg. act. fut., §. 298, B, vgl. §. 297, s. 815.

φιλότη-ς, subst. fem. 1. (stamm *φιλοτητ-*, aeol. *φιλοτᾱτ-; φίλο-ς* lieb; suffix §. 224), liebe; *φιλότᾱτα*, acc. sg.

Χ.

Χ' s. *κέ*.

χαλεπό-ς, -ή, -ό-ν, adj. 10., schwer; *χαλεπᾶν*, gen. pl. fem., §. 253; *ᾱ* aeol.-dor. contraction auß *αω*; B, 25 verbinde *ἐκ χαλεπᾶν μεριμνᾶν*.

χάλκεο-ς, -α, -ο-ν, für älteres *χάλκειος (χαλκό-ς* erz; suffix §. 217), adj. 10., ehern.

χαλκόπους (χαλκό-ς erz; *πούς* s. d.), adj. 1., erzfüßig; *χαλκόποδ'(ε)*, acc. dual.

χράομαι, verb. V, brauchen; mit dem dativ construiert; *χρησόνται*, 3. pl. med. fut., §. 298, B; accent. s. u. *ἀποκαθίστημι*.

χρεία (χρά-ομαι; suffix §. 217), subst. fem. 10., bedürfniss, gebrauch.

χρυσό-ς, subst. msc. 10. (vgl. §. 198, 1), gold; *χρυσόν*, acc. sg.

χρύσιο-ς, -α, -ο-ν (aeol.), adj. 10., golden; ion. *χρύσειος, χρύσεος (χρυσό-ς;* suffix §. 217); *χρυσείην*, acc. sg. fem.; *χρύσεα*, nom. plur. ntr.; *χρυσέῃσιν*, dat. pl. fem., §. 256, s. 575, mit *ν ἐφελκ.*, §. 149.

χρώς, subst. msc. 1. (stamm *χρο-* und *χρωτ-*, beide nach 1.), haut, leib; *χροΐ*, dat. sg.

χῶρο-ς, subst. msc. 10., ort, land, pl. ländereien; *χώρως*, acc. pl.; *ω* dor. ersazdenung für *ο* + cons., vgl. §. 42, 1; *χώρων*, gen. pl.

Ψ.

Ψάπφω s. *Σαπφώ*.

Ω.

Ὦ, partikel des außrufes vor dem voc.

ὠκυπέτη-ς (ὠκύ-ς, πέτ-ομαι), adj. 10. (mit gesteigertem stammaußlaute), schnell laufend; *ὠκυπέτα*, acc. dual.

ὠκύ-ς, -εῖα, -ύ (ω §. 34, 2; fem. vgl. §. 217, s. 396), aeol. *ὦκυς*, adj. 8., schnell; *ὤκεες*, nom. pl. msc., §. 247.

ὠράνω s. u. *οὐρανός*.

ὡς, conj., wie; drükt mit dem infin. verbunden die absicht auß; C, 10 *ὡς ἦμεν τὸν ἴσον ἀριθμὸν ἀεί* damit immer die gleiche zal sei.

ὥστε (ὥσ-τε), conj., so daß; mit dem infin. verbunden.

A. Leskien.

V.

Altlateinisch.

Grabschrift des L. Cornelius Scipio

(sones des L. Cornelius Scipio Barbatus), consuls a. u. c. 495 (v. Chr. 259). Corpus Inscr. Latin. Tom. I. ed. Theod. Mommsen, Berol. 1863, n. 32.

HONC · OINO · PLOIRVME · COSENTIONT R
DVONORO · OPTVMO · FVISE · VIRO
LVCIOM · SCIPIONE · FILIOS · BARBATI
CONSOL · CENSOR · AIDILIS · HIC · FVET · A
HEC · CEPIT · CORSICA · ALERIAQVE · VRBE
DEDET · TEMPESTATEBVS · AIDE · MERETO

Die verse hat Ritschl folgendermaßen her gestelt:

Honc oino ploirumé co — séntiónt R(ómai)
Duonóro óptumó fu — íse viró (viróro)
Lucíom Scipióne — fíliós Barbáti
Consól censór aidílis — híc fuét a(púd vos)
Hec cépit Córsica Áleri — áque urbé (pugnándod)
Dedét Témpestátebus — aide méreto(d vótam)

Grabschrift des L. Cornelius Scipio Barbatus,

consuls a. u. c. 456, v. Chr. 298. C. I. L. n. 30.

Obgleich einem älteren grabmal angehörig, fält dise inschrift doch erst ins 6. jarh. der statt, und ist jünger als die vor stehende. Die ganze erste zeile und ein teil der zweiten sind zerstört. Die querstriche bezeichnen auf dem steine selbst die enden der saturnischen verse.

CORNELIVS · LVCIVS · SCIPIO · BARBATVS · GNAIVOD ·
PATRE · PROGNATVS · FORTIS · VIR · SAPIENSQVE —
QVOIVS · FORMA · VIRTVTEI · PARISVMA · FVIT —
CONSOL · CENSOR · AIDILIS · QVEI · FVIT · APVD · VOS
— TAVRASIA · CISAVNA · SAMNIO · CEPIT — SVBIGIT ·
OMNE · LOVCANAM · OPSIDESQVE . ABDOVCIT

Die verse hat Ritschl folgendermaßen her gestelt:

Cornélius Lucíus — Scípió Barbátus
Gnaivód patré prognátus — fórtis vír sapiénsque,
Quoiús fórma virtu — teí parisuma fúit,
Consól censór aidílis — queí fúit apúd vos,
Taurásiá Cisaúna — Sámnió cépit,
Subigít omné Loucánam — ópsidésque abdoúcit.

v. 3 nach Bücheler, Grundriß der lat. Declination, Lpz. 1866, s. 39:

Quoiús formá virtútei — párisumá fúit.

Inschriften auß dem hain von Pisaurum.

C. I. L. n. 173.	C. I. L. n. 177 (mit weglaßung der lezten drei zeilen).
IVNONE · RE[GINA]	MATRE
MATRONA	MATVTA
PISAVRESE	DONO · DIIDRO
DONO · DEDROT	MATRONA

Die inschriften gehören der zeit vor dem zweiten Punischen kriege an, fallen also etwa ins ende des fünften oder in den anfang des sechsten jarhunderts der statt.

Sendschreiben der consuln an die Teuraner in betreff der Bacchanalien

(senatus consultum de Bacchanalibus) a. u. c. 568 (v. Chr. 186).
C. I. L. n. 196.

Q. Marcius L. f., S(p.) Postumius L. f. cos. senatum consoluerunt n. Octob. apud aedem Duelonai. Sc(ribendo) arf(uerunt) M. Claudi(us) M. f., L. Valeri(us) P. f., Q. Minuci(us) C. f.

De Bacanalibus quei foideratei esent ita exdeicendum censuere.

Neiquis eorum Bacanal habuise velet. Sei ques esent, quei sibei deicerent necesus ese Bacanal habere, eeis utei ad pr(aetorem) urbanum Romam venirent deque eeis rebus, ubei eorum verba audita esent, utei senatus noster decerneret, dum ne minus senatorbus C adesent, quom ea res cosoleretur. Bacas vir nequis adiese velet ceivis Romanus neve nominus Latini neve socium quisquam, nisei pr(aetorem) urbanum adiesent isque de senatuos sententiad, dum ne minus senatoribus C adesent, quom ea res cosoleretur, jousiset. Censuere.

Sacerdos nequis vir eset. Magister neque vir neque mulier quisquam eset. Neve pecuniam quisquam eorum comoinem habuise velet neve magistratum, neve pro magistratud neque virum neque mulierem quiquam fecise velet. Neve post hac inter sed conjourase neve comvovise neve conspondise neve conpromesise velet neve quisquam fidem inter sed dedise velet. Sacra in oquoltod ne quisquam fecise velet, neve in poplicod neve in preivatod neve exstrad urbem sacra quisquam fecise velet, nisei pr(aetorem) urbanum adieset isque de senatuos sententiad, dum ne minus senatoribus C adesent, quom ea res cosoleretur, jousiset. Censuere.

Homines plous V oinvorsei virei atque mulieres sacra ne quisquam fecise velet, nere inter ibei virei plous duobus mulieribus plous tribus arfuise velent, nisei de pr(aetoris) urbani senatuosque sententiad, utei suprad scriptum est.

Haice utei in coventionid exdeicatis ne minus trinum noundinum; senatuosque sententiam utei scientes esetis — eorum sententia ita fuit: sei ques esent, quei arvorsum ead fecisent, quam suprad scriptum est, eeis rem caputalem faciendam censuere — atque utei hoce in tabolam ahenam inceideretis, ita senatus aiquom censuit; uteique eam figier joubeatis, ubei facilumed gnoscier potisit; atque utei ea Bacanalia, sei qua sunt, exstrad quam sei quid ibei sacri est, ita utei suprad scriptum est, in diebus X, quibus vobeis tabelai datai erunt, faciatis utei dismota sient.

Das Soranische epigramm.

C. I. L. n. 1175.

Die weiteren zwischenräume bezeichnen auf dem steine selbst die enden der saturnischen verse.

M · P · VERTVLEIEIS · C · F ·
QVOD · RE · SVA · D[I]FEIDENS · ASPER[E]
AFLEICTA · PARENS · TIMENS
HEIC · VOVIT · VOTO · HOC
SOLVT[O] · [DE]CVMA · FACTA
POLOVCTA LEIBEREIS . LVBE[N]
TES DONV · DANVNT ·
HERCOLEI · MAXSVME ·
MERETO SEMOL · TE
ORANT · SE · [V]OTI · CREBRO ·
CONDEMNES

Die verse von Ritschl (de miliario Popilliano deque epigr. Sorano, progr. v. 3. Aug. 1852, Bonn) folgendermaßen her gestelt:

Quod ré suá d[i]feidens — ásper[é] afleicta
Paréns timéns heic vóvit — vóto hóc solút[o]
[De]cumá factá poloúcta — leibereís lubé[n]tes
Doná danúnt Hércolei — máxsumé méreto.
Semól te oránt se [v]óti — crébro cóndémnes.

Die lezte zeile bedeutet: zugleich bitten sie dich, sie noch oft (zur zalung) eines gelübdes zu verurteilen, nämlich indem du das gebet erhörst, für dessen erhörung sie etwas gelobt haben.

Glossar.

Da in allen vor stehenden denkmälern doppelconsonanten nicht geschriben werden, genügt es für alle fälle, wo ein einfacher consonant statt des doppelten steht, auf §. 157, a (s. 258) zu verweisen.

A.

Abdoucit (abdūcit); *ou* §. 50; §. 293 (s. 785, II, b).
adiese für *adiise* (adiisse); dissimilation §. 52 (s. 95, 97); schwund des *v* §. 157, f.
adieset (adiisset), *adiesent* (adiissent), s. *adiese*.
afleicta (afflīcta). Die etymologie von *flīgo* ist nicht klar, daher *ei* villeicht nicht steigerungsvocal, sondern bloß graphischer außdruck für *ī*; der lange vocal ist auß dem praesensstamm in die übrige verbalbildung ein gedrungen.
aide (aedem); *ai* und wurzel §. 49 (s. 91); schwund des *m* §. 159 (s. 272).
aidilis (aedilis) s. *aide*.
aiquom (aequum); *ai* §. 49 (vgl. Corssen, Krit. Beitr. s. 255 u. des selb. Krit. Nachtr. s. 237); *o* §. 46, 3.
Aleria (Aleriam); schwund des *m* §. 159 (s. 272).
arf(uerunt) (adfuerunt); *r* vgl. das Umbrische §. 161.
arfuise (adfuisse) s. *arfuerunt*.
arvorsum (adversum); *r* s. *arfuerunt*; *o* §. 46, 3. — Construction, ab weichend vom späteren gebrauche, mit dem ablativ.
asperē; §. 251 (s. 553, anm. 2).

B.

Baca (*Βάκχη*), Bachuspriesterin, davon *Bacānal*, Bachusfest: *c* für *cc*, diß für *κχ*, da in älterer zeit die Römer die griech. aspiraten durch die entsprechenden tenues auß drükten.

C.

Caputalem (capitalem); *u* vgl. §. 52 (s. 97).

ceivis (civis); wurzel nach Curtius, Grundzüge n. 45, *ki* (vgl. qui-es, κεῖ-μαι §. 151, 1); *ei* §. 49 (s. 90).
censōr (censŏr); *s* = ält. *st*, §. 157, b; suffix §. 225 (s. 447); nominativform §. 246 (s. 529), §. 55 (s. 100).
censuere; außlaut §. 159 (s. 273).
Cisauna (Cisaunam); schwund des *m* §. 159 (s. 272).
comoinem (commūnem); *oi* §. 49 (s. 91).
conjourase (conjūrasse, conjūravisse); *jourare* für **jous-are* von *jous*, s. zu *jousiset;* *r* §. 157, e; perfectbild. §. 301, 2; schwund des *v* §. 157, f.
conpromēsise (compromīsisse); da *mīsi* auß **mit-si* durch ersazdenung (§. 157, a, vgl. §. 301, 1), ist *ē* der graph. außdruck für die irrationale, nach *e* neigende außsprache des *ī*, wofür sonst *ei* geschriben wird, z. b. *promeisserit.*
consol (consul); ableitung u. form s. Corssen, Krit. Nachtr. s. 280 ff.; *o* vor *l* vgl. §. 52 (s. 96); nominativform §. 246 (s. 529).
cōsentiont (consentiunt); *ō*, schwund des *n* §. 157, a; *o* §. 46, 3, §. 267 (s. 683).
Corsica (Corsicam), schwund des *m* §. 159 (s. 272).
cōsoleretur (consuleretur); schwund des *n* §. 157, a; neben *consoluerunt* im senatus cons. de Bacch.; *o* s. *consol.*
cōventionid (conventione, contione); schwund des *n* in der zusammensetzung vor *j, v, s* in der älteren sprache ser häufig, vgl. §. 157, a; ablativform §. 251 (s. 553).

D.

Danunt (dant); §. 293, IV (s. 785).
datai (datae); *ai* §. 247 (s. 535.)
decuma (decima); grundform §. 241, 10; *u* §. 46, 3.
dedēt (dedit); §. 291 (s. 739, 742).
dedro (dedĕrunt, dedērunt); schwund des *ĕ* §. 46, 1; §. 56; *o* §. 46, 3, §. 47, 3; außlaut §. 159 (s. 273).
dedrot s. *dedro;* schwund des *n*, vgl. §. 157, a.
deicerent (dīcerent); *ei* §. 49 (s. 90), §. 293, II, b.
difeidens (diffīdens); *ei* §. 49 (s. 90); §. 293 (s. 785), II, b; construiere: *re sua aspere afleicta difeidens,* d. h. 'besorgt über sein hart gefärdetes vermögen' (*res* hier warscheinlich 'vermögen', villeicht 'verhältnisse' überhaupt).

dismota (dīmota), vgl. §. 157 (s. 260).
dono (donum); *o* §. 47, 2 (s. 85); schwund des *m* §. 159 (s. 272).
donu (donum); schwund des *m* § 159 (s. 272).
Duelonai (Bellonae); *dv* = späterem *b*, §. 158 (s. 269); *ai* §. 252 (s. 558).
duonoro (bonorum); *dv* s. *Duelonai*; *-ro(m)* §. 47, 2, §. 159 (s. 272), §. 253 (s. 563).

E.

Eād (eā); §. 251 (s. 553).
ecis (eīs); §. 261 (s. 587).
exdeicatis (ēdīcatis) s. *deicerent.*
exdeicendum (ēdīcendum) s. *deicerent.*
exstrād (extrā); *xs* ältere pleonast. schreibung für *x*; *d* §. 251 (s. 553).

F.

Facilumēd (facillimē); *u* §. 46, 3; superlativbild. §. 157 (s. 262, b), §. 236; *-ēd* §. 251 (s. 553, anm. 2).
figier (figi); §. 230 (s. 474).
filios (filius); *o* §. 47, 2.
foideratei (foederati); *oi* §. 49 (s. 91); endung §. 247 (s. 534).
formā (formā); §. 55.
fuēt, fūit, fuīt (fūit); *ē*, *ī* §. 291 (s. 739); *ū* §. 291 (s. 740).

G.

Gnaivōd (Gnaeō); §. 159 (s. 272); §. 251 (s. 553).
gnoscier (nosci); *g* §. 158 (s. 269); infinitivform §. 230 (s. 474).

H.

Haice (haec), nom. acc. pl. ntr., §. 264; vgl. s. 625.
heic (hīc), adv.; nachtr. zu s. 629; vgl. *quiquam.*
Hercolei (Herculi); *o* §. 52 (s. 96); endung §. 254 (s. 568).
hīc, hēc, nom. sg. msc., §. 264 (s. 625).
hoce (hoc); §. 264 (s. 626), §. 157 (s. 260).
honc (hunc); §. 47, 2; §. 264 (s. 625, 626).

I.

Ibei (ibi) s. *ubei.*

inceideretis (inciderctis); *ei* auß *ae (caedo)*, §. 54; wurzel warscheinlich *scid (scind-o)*; *ae* §. 49, §. 293 (s. 785).

J.

Joubeatis (jubeatis); *joubeo* nach Corssen, Ausspr. u. Vocalism. II, 50, auß **jous-hibeo* (habeo) durch die mittelstufen **jous-ibeo, *jousbeo; jous* §. 50 (s. 93), §. 230 (s. 471); in *joub-eo* (später *jŭbeo)* wurde *joub* als verbalstamm auf gefaßt, daher perf. **joub-si, jous-si (jussi)*, §. 301, 1 (doch s. Corssen, Krit. Beitr. 420).

jousiset (jussisset) s. *joubeatis.*

Junone (Junoni); §. 254 (s. 568).

L.

Leibereis (liberi); *ei* der stamsilbe, da die ältere form *loebesum* überlifert ist, geschwächt auß *oe, oi*; *oi* villeicht zweite steigerung von *i* der wurzel *lib*, vgl. Curtius. Grundzüge n. 545; pluralform §. 247 (s. 534).

Loucanam (Lucaniam); *ou* §. 50 (s. 94).

Lūcīus (Lūcīus), *Luciom; ū* §. 50 (s. 94); *ī*, vgl. die entsprechenden osk. formen §. 68, 2; *o* §. 47, 2.

M.

Magistratūd (magistratū); §. 251 (s. 553).

matrē (matri); §. 254 (s. 568).

matronā (matronae), nom. pl. fem.; nachtr. zu s. 535.

Matutā (Matutae), dat. sg. fem., §. 255 (s. 572).

maxsumē (maxumē); *xs* s. *exstrad; ē* §. 251.

meretō[d] (merito); *e*= späterem *i*, vgl. §. 57; *-ō[d]* §. 251 (s. 553).

N.

Necesus (necesse); nach Corssen, Krit. Nachtr. 273 erstarte nominativform, an gewant wie der daneben vor kommende accusativ *necessum*, etymol. ebenda.

nei (nē).

nisei (nīsī) s. *sei.*

nominus (nominis); §. 252 (s. 557).

O.

Oino (ūnum); *oi* §. 49 (s. 91); *o* §. 47, 2; schwund des *m* §. 159 (s. 272).

oinvorsei (universi); *oi* §. 49 (s. 91); schwund des *i* vgl. §. 56; *o* §. 46, 3 ende; *ei* §. 247 (s. 534).

omne (omnem); schwund des *m* §. 159 (s. 272).

optumo (optimum); grundform §. 46, 3; superlat. §. 236; schwund des *m* §. 159 (s. 272).

oquoltōd (occultō); wurzel *kal; qv* nach §. 151, 1; *o* der stamsilbe §. 46, 3 ende; ablat. §. 251 (s. 553).

P.

Parisumā (parissimā); *u* §. 46, 3; *ā* §. 55.

patrē; ē §. 55, §. 251 (s. 553 u. nachtr. dazu); schwund des *d* §. 159 (s. 272).

·*Pisaurēse* (Pisaurensēs); außfall des *n* §. 157 (s. 258); schwund des außlaut. *s* §. 159 (s. 271); nach Bücheler, Grundriss der lat. Decl., s. 16, auß *Pisaurensĕs* mit erhaltener ursprüngl. endung der cons. declin., vgl. s. 534.

ploirumē (plurimi), nom. pl. masc.; grundform §. 235 (s. 491), vgl. §. 232 (s. 481); *r* §. 157, c; *u* §. 57; *ē* §. 49 (s. 91), §. 247 (s. 534).

plous (plūs); §. 232 (s. 481).

poloucta (pollūcta) von *poloucēre, pollūcēre;* der lange vocal ist auß dem praesensstamm in die flexion ein gedrungen; *pollucere* heißt ein opfer mit opfermalzeit dar bringen, deren kosten hier bestritten werden durch die *decuma* (den zehnten) irgend einer nicht näher bezeichneten summe; *decuma facta poloucta* (ablat. absol.): 'nachdem sie den zehnten gemacht (ab geteilt) und dar gebracht haben'.

poplicōd (pūblicō); C. I. L. n. 185, 186 *poublicom,* nach Corssen, Aussprache und Vocal. durch steigerung auß dem stamme *pŏpulo-, pŏplo-,* doch widerspricht *ou,* dem *u* zu grunde ligen müste; ablativform §. 251 (s. 553).

potisit (possit); *poti* §. 47, 2, §. 226 (s. 453); außfall von *i,* vgl. §. 56.

preivatōd (prīvatō); ablativf. §. 251 (s. 553).

Q.

Quei (quī), nom. sg. msc., §. 264 (s. 625).
quei (quī), nom. pl. msc., §. 264 (s. 627).
quēs (quī), nom. pl. pron. indef. (nom. sg. *quis);* im senatus cons. immer von dem selben casus des pron. relat. *(quei,* nom. sg. *quei)* unterschiden; §. 264 (s. 627).
quīquam, für älteres *quei-quam,* loc. sg. des stammes *quo-,* s. nachtrag zu s. 629; bedeutung 'in irgend einem puncte, irgendwie', vgl. Bücheler, Grundriss 63.
quoius (cujus); §. 264 (s. 628); *cu-* = *quo-,* §. 158 (s. 270).
quom (quum); *o* §. 46, 3.

R.

Re[ginā] (reginae), dat. sg. fem., §. 255 (s. 572).

S.

Samnio (Samnium); *o* §. 47 (s. 85); schwund des *m* §. 159 (s. 272).
Scipiō; ō §. 55.
Scipione (Scipionem); schwund des *m* §. 159 (s. 272).
sēd (sē); §. 265 (s. 648).
sei (sī), auß ursprüngl. *svai,* osk. *svae,* loc. fem. des reflexiostammes *sva-* (Corssen,Ausspr. u. Vocal. I, 340); schwund des *v,* vgl. §. 47, 2, §. 154, 3.
semol (simul); *e,* vgl. *semel, simplex* §. 237, 1 (griech.).
senatorbus (senatoribus); im senatus cons. einmal neben mermaligem *senatoribus,* daher villeicht nur schreibfeler; wenn richtig, ein beispil von erhaltener conson. declination (Bücheler, Grundriss 64).
senatuos (senatūs); §. 252 (s. 558); lautgesetze §. 50 (s. 93), §. 154, 3.
sententiād (sententiā); §. 251 (s. 553).
sibei (sibī); §. 265 (s. 647).
sient (sint); §. 290 (s. 717), §. 48, 2.
socium (sociorum); §. 253 (s. 563).
suprād, wie *exstrād.*

T.

Tabelai (tabellae); *ai* §. 247 (s. 535).

tabolam (tabulam); *o* §. 52 (s. 96).
Taurasia (Taurasiam); schwund des *m* §. 159 (s. 272).
Tempestatebus (Tempestatibus); §. 49 (s. 90).
trinum noundinum (tr. nūndinum); *ou* §. 50 ende; ursprüngl. gen. pl., §. 253 (s. 563), doch *noundinum* nach Büchcler, Grundriss 44, nicht von *noundinae* (der neunte tag), sondern von *noundinum* (der zeitraum zwischen zwei *noundinae*).

U.

Ubei (ubi); nach Corssen, Musspr. u. Voc. II, 148, Krit. Beitr. 203, ist *-bei* dativsuffix, s. §. 265; anlaut §. 158 (s. 270).
urbe (urbem); schwund des *m* §. 159 (s. 272).
utei (uti, ut); nach Corssen, Ausspr. u. Voc. II, 262 (vgl. jedoch dess. Krit. Nachträge 27) auß **cu-tei*, älter **quo-tei; -tei*, loc. des pronominalstammes urspr. *ta-*, vgl. §. 254 (s. 568), nachtr. zu s. 629; anlaut §. 158 (s. 270).

V.

Vertuleieis (Vertuleji); §. 247 (s. 534).
virei (virī); §. 247 (s. 534).
viro (virum); *o* §. 47, 2; schwund des *m* §. 159 (s. 272).
virtutei (virtutī); §. 254 (s. 568).
vobeis (vobīs); §. 266 (s. 654).

A. Leskien.

VI.

Oskisch.

Nationales alphabet.

Mommsen, Unterital. Dialekte, taf. I.

Die schrift läuft von rechts nach links.

Inschrift eines steines auß Pompeji,

gefunden auf der zwischenwand zwischen dem Isistempel und der so genanten curia Isiaca, in nationaler schrift (Mommsen, Unterit. Dial. s. 183, taf. X). Lange vocale sind zum teil durch verdoppelung auß gedrükt.

---

* die in diser zeile vor kommenden ligaturen sind mittels der folgenden umschreibung und des oben mit geteilten alphabetes leicht zu deuten.

\+ auf dem steine steht irtümlich ein punct nach prú.

Umschreibung.

v. aadirans v. eítiuvam paam vereiiaí púmpaiianaí trístaamentud deded eísak eítiuvad v. viínikiís mr. kvaísstur púmpaiians trííbúm ekak kúmbennieís tanginud úpsannam deded ísídum prúfatted.

Lateinische übersetzung.

Vibius Adiranus Vibii (filius) pecuniam quam reipublicae Pompejanae testamento dedit, illa pecunia Vibius Vinicius Marae (filius) quaestor Pompejanus aedificium hic conventus sententia operandum (faciendum) dedit, idem probavit.

Auß der tabula Bantina.

Die so genante tabula Bantina, das bruchstück einer größeren bronzetafel, enthält einen teil des zwischen den jaren 573 und 636 d. st. dem Lucanischen stätchen Bantia von Rom auß gegebenen statrechts in lateinischer schrift (*e* und *u* nicht geschiden). Mommsen, Unterital. Dial. s. 145. Kirchhoff, Das Stadtrecht von Bantia, Berlin 1853.

Sanctionsformel am schluß von §. 2.

svae pis contrud exeic fefacust avti comono hipust molto etanto estud n. ∞∞ in) svae pis ionc fortis meddis moltaum herest ampert minstreis aeteis eituas moltas moltaum licitud.*

Lateinische übersetzung.

Si quis contra hoc fecerit aut comitia habuerit, multa tanta esto n. MM. Et si quis eum forte magistratus multare volet, intra minorem partem familiae (pecuniae?) multae multare liceto.

---

*) abbreviatur für *inim*.

Anfang von §. 4.

pon censtur bansae) tortam**) censazet pis cers bantins fust censamur esuf in eituam.*

Lateinische übersetzung.

Quum censores Bantiae populum censebunt, qui civis Bantinus fuerit, censetor — et pecuniam.

Auß §. 5.

*svae pis op eizois com altrud***) ligud acum herest auti pru medicatud manim aserum eizazunc egmazum pas exaiscen ligis scriftas set ne pim†) pruhipid mais zicolois X nesimois.*

Lateinische übersetzung.

si quis apud illos (den vorher genanten magistratspersonen) cum altero lege agere volet aut pro (coram) magistratu manum asserere illarum rerum, quae hisce in legibus scriptae sunt, ne quem prohibuerit (subject des verbums einer der vorher genanten magistrate) magis diebus X proximis.

---

*) auf der tafel verschriben *sansae.*

**) auf der tafel verschriben *tavlam.*

***) auf der tafel *atrud.*

†) auf der tafel *phim.*

Glossar.

Für die bedeutung der worte sehe man die lateinische übersetzung. Die ordnung nach dem osk. alphabet; neuosk. *c* unter *k*, *i* unter ĭ, *x* unter k, *o* unter *ú*.

A.

Aadirans; §. 68, 2; §. 246 (s. 530).

acteis, gen. sg., §. 252 (s. 559); bedeutung *pars* sicher, doch die herleitung zweifelhaft.

acum; §. 164, §. 65 anm., §. 216 (s. 381).

altrud; u = ū §. 65; §. 251 (s. 553).

ampert, praepos.; bedeutung nach Corssen, Ztschr. V, 108.

aserum; s = ss, asserum für *az-serum, az = at-s* (§. 165); der bedeutung nach = lat. *ad*, vgl. Corssen, Ztschr. III, 293.

B.

Bansae, loc. sg. fem., §. 254 (s. 568); *s* §. 164.

Bantins; §. 68, 2; §. 246 (s. 529).

D.

Deded; §. 291 (s. 745); über den außlaut vgl. §. 159 (s. 272).

E.

Egmazum; §. 253 (s. 563); *z* §. 165; nom. sg. *egmo.*

ekak, adverbiell gebrauchter ablat. sg. fem. des pronominalstammes *eko-;* der form wegen vgl. eísak.

exo-, pronominalstamm; *exeic (exei-c)*, loc. sg. ntr., §. 258 (s. 568), mit an gehängter partikel (lat. *ce, c*); *exaiscen (exais-c-en)*, abl. pl. fem., §. 261 (s. 587), mit der selben partikel und suffigierter praeposition *en* (lat. *in;* osk. *e*, lat. *i* = urspr. *a* §. 65).

estud; u = *ū* §. 65; *d* §. 159 (s. 273), §. 275 (s. 678).

esuf, ntr. sg. Die bedeutung ist nicht sicher gefunden; am warscheinlichsten nach Curtius, Ztschr. IV, 236, 'Gewese, Gut'.

etanto; §. 65, anm. 2; §. 246 (s. 530).

eísù-, *eizo*, pronominalstamm; *z* §. 165; eísak, abl. sg. fem., mit verlust des auß lautenden *d* (§. 251, s. 553) vor d. an gehängten partikel *k* (vgl. *exei-c); eizois*, §. 261 (s. 587); *eizazunc* (= *eizazum-c)*, §. 253 (s. 563).

eítiuva-, nom. eítiuvù; wurzel warscheinlich *i* (gehen), daher eí, §. 66; neuosk. *eitua*, §. 165; *eituam*, acc. sg. eítiuvad, §. 251 (s. 553); *eituas*, §. 252 (s. 559).

V.

Vereiiaí (= verejaí), §. 255 (s. 572); ableitung und bedeutung nicht ganz klar; die übersetzung *reipublicae* nach Mommsen.

viínikiís; ií §. 66, anm.; suffix und nominativform §. 68, 2; §. 246 (s. 530).

Z.

Zicolois, §. 261 (s. 587); *z* §. 165.

H.

Herest, §. 302, 2; für den stamm vgl. §. 293, V. umbr. (s. 789).

hip-; §. 68, anm., §. 164; *hipust*, §. 291 (s. 745), §. 302, 4. 7; *pru-hipid*, 3. sg. opt. perf., §. 302, 3.

C.

Cevs; §. 68, 2, §. 246 (s. 529); *e* = *ē*, vgl. lat. *ceivis*.

**censaum* (censere); *censamur*, 3. sg. imp. med.-pass.; *mu* vgl. §. 287 (s. 785 umbr.), *r* wäre dann das reflexivpron., §. 287; construction wie lat. *rem censeri; censazet*, §. 302, 2; *z* §. 165, *-et* = *ent*, §. 164, vgl. §. 65.

censtur, §. 247 (s. 535); *st* §. 164; *u* = *ū*, §. 65.

K.

Kvaísstur; ss nur graphisch für s; aí §. 66; u = ū, §. 65; nominativform §. 246 (s. 529).

kúmbennieís; nn nur graphisch für n; §. 252 (s. 559); wurzel §. 164; suffix -iú-m, §. 217 (s. 390). lateinisch entspräche ein st. **conveniu-m*. Bedeutung nach Mommsen *conventus i. e. senatus.*
comono, acc. pl. ntr. (nom. sg. *comonom),* §. 65, §. 250 (s. 548).
contrud, praepos. (vgl. lat. *extrad, suprad);* form §. 251 (s. 553); *u* = *ū*, §. 65. Construction mit dem locativ: *contrud exeic.*

L.

Lig-, nominalstamm; *ligud* §. 251 (s. 553); *ligis* für *ligiss,* §. 261 (s. 587).
licitud, §. 159 (s. 273), §. 275 (s. 678); *u* = *ū*; §. 65.

M.

Mais (zu sprechen *maïs,* weil der diphthong *ai,* altosk. aí, auf der tab. Bant. durch *ae* gegeben wird), zunächst für **majis,* vgl. altosk. Maiiúí d. i. Majiúí = lat. Magio (nom. propr.. dat. sg.), und lat. *major,* §. 232 (s. 481).
manim, acc. sg., als *i*-stamm behandelt, vgl. *castrūd;* §. 251 (s. 553).
meddis, altosk. meddíss; *ss (s)* assimilation auß *ks* (μεδδειξ auf einer inschrift mit griech. buchstaben), dat. medíkeí; vgl. Corssen, Ztschr. XI, 332.
medicatud, §. 251 (s. 553); als *o*-stamm behandelt.
minstreis, wörtlich = lat. ministri, §. 233 (s. 487); osk. *mins-* für *minis,* vgl. §. 232 (s. 481); gen. sg. §. 252 (s. 559).
moltaum; §. 65, anm. 1, §. 216 (s. 381).
molto; §. 65, anm. 2; §. 246 (s. 530); *moltas,* §. 252 (s. 559).

N.

N., römische nota für *nummi.*
nesimois, §. 261 (s. 587); ableitung von wurzel *nec (nec-tere), neh,* s. Corssen, Ztschr. III, 249.

P.

Po-, pronominalstamm, §. 164; *pas,* §. 264 (s. 627) u. §. 247 (s. 535); paam, acc. sg. fem.; das *ā*, wenn es nicht ein feler der schreibung ist, zeigt die ursprüngliche länge des femininstammes, gegen §. 65, anm. 2.

pis, §. 164; *pim*, acc. sg.
pru; *u* = *ū* (lat. prō), §. 65.
pruhipid s. *hip-*.
prúfatted, §. 302, b; *f*, vgl. §. 164.
púmpaiians (das zweite i = *j*); §. 68, 2, §. 246 (s. 530); *p* §. 164; púmpaiianaí, §. 255 (s. 572).
pon = lat. *quu-m*, älter *quo-m*, §. 164.

S.

Set; *e* §. 65; schwund des *n*, §. 164.
svae s. das lat. *sei*.
scriftas, §. 247 (s. 535); *f*, §. 164.

T.

Tanginud, auf andern denkmälern tanginúd; §. 251 (s. 553); u = ū, §. 65.
trístaamentud; §. 251 (s. 553); u = ū, §. 65.
tríibum, acc. sg. Bedeutung *aedificium* nach Corssen, Ztschr. XIII, 179 ff.
tovtam, nom. *tovto*, altosk. túvtú, vgl. 165; *ov*, úv, §. 67.

F.

Fefacust, §. 291 (s. 745), §. 302, 7; *a*, §. 68, 1.
fust, §. 302, 4.

I.

I-, pronominalst.; ísídum, ís-í-dum, nom. sg. mit den partikeln í, vgl. §. 264 (s. 625), und dum (lat. *dem*); í, §. 66, 2; *ionc*, acc. sg. msc. = *iom-c*, mit angehängter partikel *c*.

U.

úpsannam; ú §. 65; vocalausstoßung §. 68, 2; s, §. 165; nn, §. 165.

A. Leskien.

VII.

Umbrisch.

Nationales alphabet.

Aufrecht und Kirchhoff, Umbrische Sprachdenkmäler, taf. 1.

Vgl. Comp. §. 58. Die schrift läuft von rechts nach links. Die umbrisch-latein. schrift scheidet nicht *v* von *u*, bezeichnet aber ç durch ς.

Auß den Iguvinischen tafeln.

Diese (7 erztafeln) wurden gefunden in der umbrischen statt Iguvium (jezt Gubbio) und bilden den bedeutendsten rest der umbrischen sprache, da außerdem nur eine geringe anzal kleiner inschriften in der selben erhalten ist. Von inen sind taf. I, a, b (vorder- und rükseite), II, a, b, III, IV, V, a, ein teil von V, b in nationaler, der andere teil von V, b, VI, a, b, VII, a, b in lateinischer schrift. Taf. I, a, b stimt zum teil überein mit VI, a, b und VII, a, indem die lezteren drei stücke eine weitere außfürung des inhalts der ersteren sind. Die genanten tafeln enthalten die vorschriften über die verschidenen opfer, die bei einer sünung des hügels (ocris, okar), auf dem die statt Iguvium oder der innere teil der selben ligt, und des ganzen stattgebiets (popler anferener et ocrer pihaner i. e. populi lustrandi et collis piandi sc. causa) vor zu nemen sind und die dabei an zu wendenden gebetsformeln in großer außfürlichkeit (die lezteren nur auf den tafeln in lateinischer schrift). Das ganze ist ein geleitet durch die beschreibung eines vorher ein zu holenden auguriums. — Taf. II, a enthält die beschreibung von opfern des Attidischen priestercollegiums (frater Atiieriur), III und IV bestimmungen über privatheiligtümer der selben brüderschaft, V, a, b decrete und andere aufzeichnungen der Attidier, II, b die beschreibung eines bundesopfers von 10 verbündeten umbrischen stätten. Das nähere s. man bei Aufrecht und Kirchhoff.

Taf. I, a, z. 2, 3.

Pre veres Treplanes Juve
Krapuvi tre buf fetu.

Übersetzung.

Ante portam Trebulanam Jovi Grabovio tres boves facito (i. e. sacrificato).

Taf. I, b, z. 10.

Pune puplum aferum heries, avef
anzeriatu etu.

Übersetzung.

Quum populum circumferre (i. e. lustrare) voles, aves observatum ito.

Taf. V, a, z. 22—27.

𐌀𐌐𐌄:𐌚𐌓𐌀𐌕𐌄𐌓:𐌜𐌄𐌓𐌔𐌍𐌀𐌕𐌖𐌓:𐌚𐌖𐌓𐌄𐌍𐌕:

𐌄𐌇𐌅𐌄𐌋𐌊𐌋𐌖:𐌚𐌄𐌉𐌀:𐌚𐌓𐌀𐌕𐌓𐌄𐌊𐌔:𐌖𐌕𐌄:𐌊𐌅𐌄𐌔𐌕𐌖𐌓:

𐌔𐌅𐌄:𐌓𐌄𐌇𐌕𐌄:𐌊𐌖𐌓𐌀𐌕𐌖:𐌔𐌉:𐌔𐌅𐌄:𐌌𐌄𐌔𐌕𐌓𐌖:𐌊𐌀𐌓𐌖:

𐌚𐌓𐌀𐌕𐌓𐌖:𐌀𐌕𐌉𐌉𐌄𐌛𐌉𐌖:𐌐𐌖𐌓𐌄:𐌖𐌋𐌖:𐌁𐌄𐌍𐌖𐌓𐌄𐌍𐌕:

𐌐𐌓𐌖𐌔𐌉𐌊𐌖𐌓𐌄𐌍𐌕:𐌓𐌄𐌇𐌕𐌄:𐌊𐌖𐌓𐌀𐌕𐌖:𐌄𐌓𐌖:𐌄𐌛𐌄𐌊:

𐌐𐌓𐌖𐌚𐌄:𐌔𐌉:

*z. 𐌚𐌖𐌓𐌄𐌍𐌕

Ape frater çersnatur furent,
ehvelklu feia fratreks ute kvestur,
sve rehte kuratu si. Sve mestru karu
fratru Atiieṛiu, pure ulu benurent,
prusikurent rehte kuratu eru, eṛek
prufe si.

Übersetzung.

Postquam fratres cenati fuerint, decretum faciat magister aut quaestor, si recte curatum sit. Si major pars fratrum Attidiorum, qui illuc (?) venerint, censuerint recte curatum esse, tum probe sit. Aufrecht u. Kirchhoff, U. Spr. II, 335.

Taf. VI, a, z. 22—25.

Pre vereir Treblaneir Ivve Grabovei bvf treif fetv (s. oben, tafel I, a); *eso naratv vesteis: tcio**) *svbocav svboco, Dei Grabovi, ocriper Fisiv, totaper Iiovina, erer nomneper, erar nomneper; fos sei, pacer sei ocre Fisei, tote Iiovine, erer nomne, erar nomne.*

Übersetzung.

Ante portam Trebulanam Jovi Grabovio boves tres facito; hoc narrato vestitus: te precor preces, Dium Grabovium, pro colle Fisio, pro civitate Iguvina, pro ejus (collis) nomine, pro ejus (civitatis) nomine; favens sis, pacatus sis colli Fisio, civitati Iguvinae, ejus (collis) nomini, ejûs (civitatis) nomini.

Taf. VI, b, z. 10, 11.

Fisovie Sançie, ditv ocre Fisi, tote Iovine, ocrer Fisie, totar Iovinar dvpvrsvs, petvrpvrsvs fato —

Übersetzung.

Fisovie Sancie, dato colli Fisio, civitati Iguvinae, collis Fisii, civitatis Iguvinae bipedibus, quadrupedibus fatum (?) —

Taf. VI, b, z. 48.

Pone poplo afero heries, avif aseriato etv (s. o., taf. I, b).

Übersetzung.

Quum populum circumferre (i. e. lustrare) volet, aves observatum ito.

---

*) l. *tio*.

Taf. VI, b, z. 62—65.

Ape este dersicvrent, eno deitv: etato, Iiovinvr (I, b. enumek: etatu, Ikuvinus), *porse perca arsmatia habiest. Ape este dersicvst, dvti ambretvto evront. Ape termnome covortvso, svrvront pesnimvmo, svrvront deitv: etaians, deitv. Enom tertim ambretvto. Ape termnome benvso, svrvront pesnimvmo, svrvront deitv: etaias. Eno prinvatvr çimo etvto erafont via, pora benvso* (taf. I, b. enumek prinuvatus çimu etutu, erahunt vea çimu etutu prinuvatus).

Übersetzung.

Postquam ita (das voran stehende gebet) dixerint (subject der volzieher der handlung, aṛfertur, und seine begleiter, prinuvatus, die der selbe sogleich als Iguvini an redet), tum dicito: itatum Iguvini, qui — — habebit (d. i. der aṛfertur). Postquam ita dixerit, iterum ambeunto iidem. Postquam ad terminum (se) converterunt, deinde precantor, deinde dicito: itent (indirecte rede, des aṛfertur an seine begleiter, dem directen *itatum* entsprechend). Tum tertium ambeunto. Postquam ad terminum venerunt, deinde precantor, deinde dicito: itent (wie oben). Tum privati retro eunto easdem vias, quas (?) venerunt (I, b. Tum privati retro eunto, eadem via retro eunto privati).

Glossar.

Die bedeutung der worte gibt die lateinische übersetzung. Die ordnung ist die des lateinischen alphabets, doch steht *c* unter k; ç, ṛ am ende.

A.

Aferum, *afero,* auß *amb* (lat. *amb,* vgl. umbr. *ambr-etuto)* und wurzel *fer* (vgl. *anferener* circumferendi); infin. §. 216 (s. 381); abfall von *m,* §. 160.

ambretuto s. *etu.*

anzeriatu, *aseriato,* supinum (vgl. §. 227, s. 459 lat.) vom ab geleiteten verbalst. *seria-* (vgl. §. 290, s. 718), zusammen gesezt mit einer praeposition, deren reine form nicht klar ist, daher auch z unerklärt.

arsmatia s. *perca.*

Atiieṛiu, gen. pl., §. 253; nom. sg. Atiieṛis; abfall von m §. 160; u §. 60; ṛ §. 161.

avef, *avif,* acc. pl., §. 250 (s. 548); e, *i,* §. 61.

B.

Ben-; §. 161; *benuso,* §. 303, 3, für *benusont,* vgl. lat. unter *dedro;* benurent, §. 303, 4.

buf, *buf;* §. 250 (s. 548); stamm *buv-,* *bu-,* z. b. ablat. *bue.*

D.

Dei, acc. sg. msc.; stamm **deivo (ei* §. 61), **deio-,* (schwund des *v,* §. 162), **dīo-,* acc. **dīo-m,* darauß **dīm* (§. 162, §. 249), *dī, dei (ī, ei* §. 161); schwund des *m* §. 160.

deitu; §. 275 (s. 679), vgl. *feitu, fetu,* §. 293 (s. 789 V); *u* = *ū* §. 60.

dersicurent; §. 303, 4; perfectst. §. 291 (s. 745); *rs* §. 161; *e* der reduplicationssilbe für *i; dersicust,* §. 303, 4.

ditu; §. 275 (s. 679); praesensstamm §. 293 (s. 789); *i* §. 60; *u* = *ū* §. 60.

dupursus; §. 261 (s. 587); auß laut. *s* §. 162; *du-*, vgl. §. 62, 3; *purs-*, §. 60, §. 161.

duti, adverb. acc. sg. (stamm *dutio-)* für *dutim,* §. 63, §. 249 (s. 542), vgl. *tertim;* wie *ter-tio-* so *du-tio-* vom zalwort ursprüngl. *dva-*, vgl. §. 62, 3.

E.

Ehvelklu, acc. sg.; abfall von m, §. 160.

eno für *enom (m* §. 160), altumbr. enum in enum-e-k, mit an gehängter partikel, s. eṛek.

ero-, pronominalstamm; *erēr,* gen. sg. msc.; *erar,* gen. sg. fem. §. 252 (s. 559); *ē* §. 61; auß laut. *r* §. 162; erahunt, abl. sg. fem., §. 251 (s. 553); *erafont,* acc. pl. fem., §. 250 (s. 548), beide mit an gehängter partikel, die nach vocalen hunt, *hont,* nach consonanten unt, *ont* lautet und in der bedeutung dem latein. *-dem* in *i-dem* entspricht, vgl. *euront.*

eru; §. 216 (s. 381); abfall von m §. 160; r §. 162.

eso, acc. sg. ntr. des pronominalstammes *eso-*.

este, adverbialform vom pronominalstamm *esto-* (lat. isto-).

eta-, ab geleiteter verbalstamm (ita-re), §. 293 (s. 789); etatu, *etato* für etatum, *etatom,* §. 160, nach Aufrecht und Kirchhoff I, 149, II, 271 supinum, hier im sinne einer aufforderung gebraucht, so vil als '(macht euch auf) zu gehen'; *etaians, etaias (i = j,* §. 59) §. 290 (s. 718), vgl. aṛhabas, §. 276 (s. 684).

etu, *etu;* §. 275 (s. 679); etutu, *etuto, ambr-etuto,* §. 276 (s. 684); praesensst. §. 61, §. 293 (s. 789); in *ambr-* (osk. *amfr-), b* außnamsweise für ursprüngl. *bh.*

euront, nom. pl. des pronominalstammes *i-*, umbr. e-, (s. eṛek), vgl. §. 264 (s. 626); §. 247 (s. 535); *r* §. 162; *-ont* s. unter *ero-*.

eṛek, nom. sg. ntr. des pronominalstammes *i-*, e- §. 264 (s. 626), mit an gehängter partikel *k,* vgl. osk. ĭdik, der vocal vor *k* (e, ĭ) villeicht die partikel, von der §. 264 (s. 625); ṛ §. 161.

F.

Fato; §. 224 (s. 439); abfall von *m* §. 160.
feia, 3. sg. conj. praes. = façia, §. 289 (s. 711), vgl. feitu, fetu; praesensstamm §. 293 (s. 789); abfall von *t* §. 160.
fetu, *fetu,* auch feitu geschriben (e, ei §. 61), §. 275 (s. 679), §. 293 (s. 789 V), vgl. aṛveitu §. 161; *u* = *ū,* §. 60.
Fisio-; Fisiu, abl. sg. msc., §. 251 (s. 553); *u* = *ū,* §. 60; *Fisei, Fisi,* dat. sg. msc., §. 251 (s. 568), §. 61; *-ī, -ei* für *-iei, -ie* durch contraction.
Fisovie, voc. sg. msc., §. 263 (s. 592).
fos neben *fons* für **fonis,* stamm *foni-* (gen. *fonĕr),* vgl. osk. *cevs,* §. 246 (s. 529); assimilation des *n,* vgl. §. 157 (s. 258) latein.
frater-; frater, §. 247 (s. 535); fratru §. 253, abfall von m §. 160; u = ū, §. 60.
fratreks, weiterbildung von frater mit suffix -ko-, -eko-; nom. sg. nach §. 63, §. 246 (s. 530); bedeutet den vorsteher des collegiums der fratres Attidii.
fuṛent; §. 303, 2.

G.

Grabovio-; Krapuvi, *Grabovei,* dat. sg. msc., §. 254 (s. 568); i, *ei* §. 61; erweichung von p zu *b* vgl. §. 161; *Grabovi,* acc. sg. msc., §. 162, §. 249 (s. 542); abfall von *m* §. 160. — *Grabovius* ist beiname mererer auf den tafeln erwänter götter, unbekanter bedeutung.

H.

Habiest; §. 303, 1; verbalst. §. 293 (s. 789).
heries; auf taf. I, b dem zusammenhange nach 2. sg. fut., §. 303, 1; verbalst. vgl. §. 293 (s. 789); *heries* auf taf. VI, a 3. sg. fut. für *heriest;* abfall von *t* §. 160.

I.

Ijovino-, Ikuvinu- (lat. Iguvino-); *Ijovina,* abl. sg. fem., §. 251 (s. 553); *Iovinar,* gen. sg. fem., §. 252 (s. 559); *r* §. 162; *Ijovine,* dat. sg. fem., §. 254 (s. 568), §. 61; Ikuvinus, *Ijovinur,* voc. pl. msc., §. 247 (s. 535); *r* §. 162.
Iuve, *Iuve;* §. 254 (s. 568), §. 61; §. 162.

K.

Karu, nom. sg. fem., §. 60; dem sinne nach mit dem verbum im plural.

covortuso, §. 303, 3, für *covortusont*; vgl. unter *ben-*; *cov-*, vgl. lat. unter *coventionid*; perfectst. *vort-* für *vert-*, §. 291 (s. 745); *o* vgl. das latein. §. 46, 3.

kuratu, part. perf. pass., §. 224 (s. 439); abfall von m §. 160.

kvestur; ē §. 61; *u* = *ū*, §. 60; nom. sg. §. 246 (s. 529).

M.

Mestru; §. 61, vgl. §. 233 (s. 487) und osk. *maïs* und *minstreis*; nom. sg. fem., §. 60.

N.

Naratu; §. 275 (s. 679); *u* = *ū*, §. 60.

nomen- (§. 60), nom. sg. *nome*; schwund des *n* §. 160; *nomne(-per)*, abl. sg., §. 251 (s. 553); *-per*, suffigierte praeposition; *nomne*, dat. sg., §. 254 (s. 568); *e* = *ë*, §. 61; vocalaußfall §. 63, 2.

O.

Ocri-; nom. sg., *okar*, ukar, §. 246 (s. 529); *ocri(-per)*, abl. sg., §. 251 (s. 553); *ocre*, dat. sg., §. 254 (s. 568); *e*=*ē*, §. 61.

P.

Pacer, nom. sg., §. 246 (s. 529), vgl. §. 162; stamm *pacri-* (gen. sg. *pacrēr*).

-per, suffigierte, mit dem ablativ verbundene praeposition (*nomneper*, *ocriper*).

perca arsmatia (lezteres adject.), acc. sg. fem.; abfall von *m* §. 160. Die worte bezeichnen ein werkzeug oder einen schmuck, den der volzieher der handlung trägt, daher der selbe durch den relativsatz *porse perca arsmatia habiest* bezeichnet wird.

pesnīmumo für *persnīmumo*; §. 287 (s. 705); *ī* weil *persnihimumo* vor komt (über *h* §. 60); zum verbalst. *persni-* vgl. latein. §. 293 (s. 785); *pers-* für *persc-* (latein. *posc-o* für *porsc-o*).

peturpursus; -pursus s. *dupursus; petur-* §. 60, §. 161.

pora, in dem satze *erafont via, pora benuso* als relativum auf *via* (acc. pl.) bezogen, daher villeicht für *poraf*, acc. pl. fem. eines relativstammes *poro-* (so die übersetzung); Aufrecht und Kirchhoff II, 274 vermuten, daß *erafont* auf taf. VI, a verschriben sei für *erahont* (so taf. I, b erahunt), dann wäre *erahont via* abl. sg., und eben so *pora*.

porse, altumbr. puṛi, der form nach ntr. sg. des pron. rel. *pu-, po-*, §. 264 (s. 626), mit an gehängter partikel, vgl. §. 264 (s. 625); ṛ, *rs* §. 161. Die form scheint als indeclinables pron. rel. zu gelten.

pre, *pre* = lat. *prae; ē* §. 61.

prinuvatus, *prinvatur;* §. 247 (s. 535); *r* §. 162; prinuvatu-, nach Corssen, Ztschr. III, 284 zu teilen prinu-vatu-; pri-nu- mit dem selben suffix wie z. b. lat. *pro-no-;* das lat. *privus, privare, privatus* dagegen unmittelbar von *pri-*.

prufe; *f* §. 161, vgl. osk. prúfatted.

prusikurent; §. 303, 4; wurz. urspr. *sak*, lat. *sec* in *in-sec-e* (sag an); i = urspr. *a*, §. 60; prū = lat. *prō;* ū, ō §. 60.

pune, *pone*, conjunction vom relativstamm pu-, *po-* (vgl. osk. *po-n*, lat. *quo-m); nach* Aufrecht und Kirchhoff I, 161 für punne auß punde (§. 161), lat. *ali-cunde*.

puplum, *poplo; u, ŏ*, grundform §. 60; abfall des *m* §. 160.

pure, nom. pl. msc. §. 247 (s. 535) vom relativpron. pu-, *po-* (*p* §. 161), mit an gehängter partikel ē, auch ī (purī), osk. í. lat. *i*, vgl. §. 264 (s. 625); r §. 162.

R.

Rehte; §. 161.

S.

Sançie, voc. sg. msc., §. 263 (s. 592); ç §. 161.

si, *sei;* ī, *ei* §. 61; §. 290 (s. 718); verlust des *t* §. 160.

subocau (l. *-aū);* §. 293 (s. 789).

suboco, acc. pl. ntr., §. 60, §. 250 (s. 548).

sururont; surur (tum, deinde) mit an gefügtem *-ont*, s. unter *ero-;* nur neuumbrisches wort.

sve s. lat. *sei;* ē = *ai* §. 61.

T.

Termnome; nach Aufrecht und Kirchhoff I, 93, 111 loc. sg. für volständiges *termnomem*, locativsuffix *-mem* (diß ser selten, dafür trat *-men*, und meistens *-me* ein) = urspr. *-bhjam*. Doch ist der übergang von altem *bh* in *m* den ital. sprachen unbekant, dise erklärung des suffixes also zu verwerfen. Villeicht sind alle dise formen accusative mit einer suffigierten praeposition, wie solche im umbrischen häufig sind, vgl. *nomneper*, asamar (ad aram), *verisco* (ad, juxta portam), und *termnome* also *termnom-e* zu teilen; *termno-*, vocalaußfall §. 160.

tertim, adverbieller acc. sg., §. 249 (s. 542); §. 63; §. 162.

tio; §. 62, 3; §. 265 (s. 644).

tota-, nom. sg. tutu, *toto; tota(-per)*, abl. sg., §. 251 (s. 553); *totar*, gen. sg., §. 252 (s. 559); *r* §. 162; *tote*, dat. sg., §. 254 (s. 568); *ē* §. 61; *ō* §. 62.

tre, *treif*, acc. pl., §. 250 (s. 548), abfall von *f* §. 160; e, *ei* §. 61.

Treplanes, *Treblaneir;* §. 261 (s. 587); p, *b* vgl. §. 161; e, *ei* §. 61; *r* §. 162; lat. Treb*u*lanis; vocalaußfall, vgl. §. 63, 2.

U.

Ulu, unbekanter bedeutung, villeicht einem pronominalstamme ulu- angehörig und latein. *illuc* entsprechend.

ute, osk. *avti;* ū für den diphthong, vgl. §. 62, 3.

V.

Vea-, *via-* (etymol. §. 153, s. 246); vea, abl. sg., §. 251 (s. 553); *via*, acc. pl., §. 250 (s. 548); abfall von *f* §. 160.

veres, *vereir;* §. 261 (s. 587); e, *ei* §. 61; *r* (§. 162) vereinzelt im neuumbrischen auch im dat. abl. pl.; nom. pl. verus, *veror*, pl. tant.

vesteis; s = z, §. 161; nominativform §. 63, 2, §. 246 (s. 530); *ei* = *ī* §. 61.

Ç.

Çersnatur, nom. pl. msc., §. 247 (s. 535), vom part. perf.

pass. §. 224 (s. 439) des ab geleiteten verbalstammes çersna-, vgl. §. 293 (s. 789); ç §. 161; r §. 162.

çimu, *çimo*, warscheinliche bedeutung *retro*; Corssen, Ztschr. III, 290, vergleicht lat. *ci-tro*; çimu wäre eine superlativbildung wie lat. pri-mu-s.

A. Leskien.

VIII.

Altirisch.

A	a	*a*		
B	b	*b*		
C	c	*c* (immer wie k)	asp.	ċ, ch *ch*
Ꝺ	ꝺ	*d*		
E	e	*e*		
Ꝼ	ꝼ	*f*	asp.	ꝼ̇ (ꝼh) stumm
Ᵹ	ᵹ	*g*		
H	h	*h*		
I	ı	*i*		
L	l	*l*		
M	m	*m*		
N	n	*n*		
O	o	*o*		
P	p	*p*	asp.	ṗ, ph *f*
R	ꞃ	*r*		
S	ꞅ	*s* (immer scharf)	asp.	ꞅ̇ (ꞅh) stumm
Ꞇ	ꞇ	*t*	asp.	ꞇ̇, ꞇh *h*
U	u	*u*		

Stehende abkürzungen.

ſ̄c oder 7 (lat. et) für *acus, ocus* (und).

ɫ (lat. vel) für *na, no.*

.ı. *idón.*

ım̄ *immorro.*

In den folgenden sprachproben sind alle eigenheiten (z. b. verdoppelung der langen vocale) und feler (außlaßung von längen- und aspirationszeichen) beibehalten, nur zur erleichterung des verständnisses einige interpunctionszeichen hinzu gefügt. Eingesprengte lateinische wörter und formen sind durch den druck bezeichnet.

Würzburger handschrift.

Fognad cach dialailiu. Taibred cach airmitin dialailiu, et *nách taibred dofessin. Ní tabarthi dímess doneoch for nachnénirt arafoirbthetu fadessin. Dlegair dochách umaldóit frialaile. Níuisse domug dé buith fridebuid. Mabeid hibarcumung, cip cruth, biid* páx *libsi fricách ciabethir ocfarningrim. Fáilte cáich bad fáilte dúibsi. brón cáich bad brón dúibsi. Ammi corp do cr.,* et *is comsom duunni. Am. fongni cach ball dialailiu isinchorp, arafogna talland cáich uanni dialailiu, arammi óin chorp hi cr. Rondlúmigedni in óenchorp tribaithis. Inti bes anirlithe l. nádchomalnathar anasberar friss, rambia digal taraéssi .i. cid incoimdiu dodgné friamug cid inmug friachoimdid. rambia digal tarhési adrogníma.*

Isachorp fessin arafóim cach síl. Beoigidir inspirut incorp. Issain dán cáich, am. rombói cuit cáich dinrath diadu. Nitat apstil huili huct inna æcolsa. nitat forcitlidi uili. nidénat firtu úili. ni tectat rath denma ferte uili. ni labratar uili ó ilbélrib. nitat sóir huili oc tintuúth abélru innalaill. nitat sóir huili ocsaigid forsunu, octabairt ruún essib. Taibred formbriathar ráth spirito dochách trefoirbthetith farprecepte. Maso dorchide lanech apredchimmeni, ni lanech nodchomalnadar, act is lanech nadidchreti. Rofitir inti imbii inspirut nóib, rúna dée. Inti adeirrig treprecept dó, ispreceptóir side iarnaithirgi.

Ni imthesid cen imdeícsin. Isirlam indanim do thuil dée, dodiusgadar dana indanim dodénam maith. Nabad doreír far colno beithe. Inrect comaccobuir filc imballaib cáich, doaccobor pectho, doforchossol cách inrechtsin hoadam. Indleire doratsam frisechim gníme adim hipecdib, taibrem frisechim gníme cr. Inrect rósárichset, istriit atbélat. Am. nád robe mesrugud forsindimmarmus, nibia mesrugud forsindígail. Isfiadnisse doib ácúbus. imrádat imráti cid maith asdéntí, et *nertit adénum, inmaidsin, connessat im̄ inguíim nolcc* et *arangairet. Cid intain ronmoitsem, ní bo arseirc móidme, act conrobad torbe dúibsi triit .i. conrochretesi,* et *conrointsamlithe mo bésusa,* et *connáruchretesi doneuch, act nech dogned nagnimusin. Islib atá arogu tra: mad ferr, cotobsechfider dichosscc alailiu; aithirgid bésu; diandaithirsid ón, isindeseircc* et *spirut rigthir cuccuib.*

Atluchur dodia, cerubaid fopheccad, nachibfel. Diambad mathi, ropia indfochricc dobérthar dúnni. Diacomalnammar apredchimme, nininoébthar iarum. Amal isilóu, bad sochrud arnimthecht, hore isfride imtiagam et *adciam arconair. Am. arrograd descad fobairgin isollumun* agni, síc *ni coir descad pectho dobuith isollumun* agni *.i.* xpi. *Isindectsa rofetarsa aspeccad comaccobor, hore adrograd. doménarsa ba marb peccad, hóre nánrairigsiur. doménarsa ropsa beo, intain nád rairigsiur peccad, condanicc recht. Ingét abullu arcr.* et *indigén bullu mertrige* *diib? inti téte adochumsi, doecmalla side foir indluim mair inchoirpsin* et *inphectasin. ardoecmalla inmertrech cuicce pecthu indlína dodaaidlea, combi oinchorp pectho asmberar inpeccad bis forsinmertrich .i. corp inna pecthe bite forsinmertrich. Nítad lib fésin. isglé limm, ni condigénte etrad, marufeste inso.*

Creitem hi cridiu imfolngi induine fírian. indfoisitiu ingiun imfolngi induine slán. istrissandedesin biid duine slán et *fírian, combi bidslán* et *bidfírian. Ciabeid cr. indibsi trefóisitin hirisse, isbeo indanim trisodin, ismarb incorp im̄ trisnasenpectu. Hóre attá innarleid, cia conicc ní dúun? Cia connesfea tuicsiu dé? Isdichéin immunrordad, condan maicc togu. Fobesad fir trebuir crenas tiir diachlainnd, cid risiu robǽ cland les, issamlid arrobertsom arnícceni, cid risiu robeimmis etir. Nípathé indii beta thuicsi di iudeib nammá, acht bieit cit geinti hiressich beite isindinduchbáilsin. Tairchechuin farmbratir fadisin ossæ, á iudeiu, airitiu* et *togu geinte. Doarrchet dichéin nombiad adrad dǽ la genti. Bieid nach dréct diib hícfider, cinbat huili; articfea indsom briathar foirbthigedar induine indirgi caingníma.*

Isbéss didu indliacc: berir ilbéim friss, et *intí dothuit foir, combоing achnámi; intí foratuitsom im̄, atbail side. Ní ceilsom tra asné cr. inlie asrubart.*

Ishé intecttaire maith, conduig indocbáil diathigerni. Isbeic lim inbrígsin, cedmolad cedtatháir domberaidsi domsa, isbeic limsa abríg. Comalnid annupredchim, ni epur brithemnact fornech na form féin.

Nibadimicthese libsi, ciabeo hifochidib. Indhí lasmbi accobur tol dæ, ishecen doib ingremmen dofoditiu isinbiuth. Isdessimrecht comdíthnatha et *sóire dochách arsóireni. Fonsegar arimp díthnad* et *hícc dúibsi foditiu fochide dúnni.*

Ambás tiagmeni doáirci bethid dúibsi. Hore adib foirbthisi, ni conairigursa na immed. hore doṅgniithsi arnintsamilni hi cacha bésaib. Is assu linn scarad friarcorp, massu diing anrogadammar .i. techt innarcorp fornem.

Ni epur frib etarscarad frisuidiu .i. frigenti, fobíith precepte dóib, dnás inducatar fohiris. Cechoníis cor dosétche nait, níiscoirther, act indnite dús im comchétbuid dúib.

Isferr precept olduas labrad ilbéelre. Ropad maith limsa labrad ilbelre dúibsi. acht nammáa issamlid istorbe són, coetercerta anasbera, et conitucca in ætarcne caich, corrochraitea sochuide triit. Mabeith nech and tra labrathar ilbélre, nabad lia diis no thriur dam. Islour da preceptóir inæclis nothrii, descipuil olchene et *foglimthidi. Bad chách darési áréli .i. nabad immalle labritir. Isdochruth comirsire na desse l. intriir.*

Glossierungsprobe 2. Cor. 1, 1. Paulus apostolus etc.: *augtortás apstalachte inso tra aainm fessin dosuidigud itóssoch na epistle.* — et Timotheus frater: *forcetlid doibsom* timotheus et *brathir inhiris, nípu decming, cid icolin* — ecclesiae Dei quae est Corinthi, cum omnibus sanctis qui sunt in universa Achaia: *ni luct corint nammá dianduthraccarsa amaithsin, acht daduthraccar donaib huilib nóibaib file* in achaia.

Mailänder handschrift.

Dorimther hí libur essaiæ *áscelso .i. asbert side* contra ezechiam: *atbéla, doich side. 7 dognaith athirgi, 7 luid ingrian foraculu coic brotu deac, 7 ised inchoisecht trisodin [.in]coic*) bliadni deac dothormuch forasaigulsom.*

---

*) Das *in* ist offenbarer schreibfeler (dittographie).

Ised berat indheritic, aslaigiu deacht maicc inda as deacht athar, aris hoathir arróet macc cumachtae.

Inna degmaini rongeni dia isintsechmadachtu arinpopul. isgell son toraisse dam nondasoirfea dia 7 dombera fortachtain doib airchiunn.

Carlsruher handschrift.

Teora cethramdin huare aequinocht, indid mailliu atuile arcachóen laithiu.

Glosse zu: salva ratione saltus. *aris airchenn ṁbes salt hiciunn nóidécdi, mad indib ṅuarib deac nammá bas laigu cachmí acscai oldaas trichtaige. ised dim slán dliged salto, noichtiche colleuth duárim in ǽscu. Armad iarnaicniud adrimther, cutesbat dicachthrichtaigi di huáir deac 7 IIII. bro. 7 unga 7 atom, niconbia salt etir. issaithrech im̄. isairi is assu lasna rímairu dihuáir deac namma duthesbuith, dligud slán salto, conidécen salt iartain duslúnd comláinso inna tesbuithe iarnaicniud aslaigu anésca oldoas trichtaige.*

St. Galler handschrift.

Euripides ab Euripo: *laithe roṅgenairsom. diairisin dorutad foir anainm̄sin* quia in illo die natus est quo atheniienses cum persis in eurypo bellum commiserunt *ní airindí roṅgenadsom isindlucsin.*

Genetivus verbo adjungitur ad perfectionem sensus, ut mei vel illius potior: *do línad intsliuchta* uerbi; *airciasberasu* potior, *ní lán chiall and, confeiser ciadiacumachtaigther .i. induit fein fa donach ailiu.*

Glossar.

Im nach folgenden glossar ist bei den wörtern, die besonders einfluß auf den anlaut des folgenden wortes haben, der ursprüngliche außlaut durch *(s)*, *(n)* und (ab gefallener vocal hinter consonanten) ' bezeichnet; hier gelten also ein- für allemal die bestimmungen der §§. 173, 174, wonach *s*-außlaut in erhaltung des folgenden consonanten nach wirkt, auß lautender nasal nur vor vocalen und tönenden consonanten erhalten, resp. (vor *b, m, r, l)* assimiliert wird, vor stummen lauten weg fält, auß lautender vocal aspiration der stummen laute bewirkt. Formen, die man mit den umlauten *ai, oi, ui, ei* nicht findet, suche man mit den grundlauten *a, o, u, e;* bei formen, die auß vilen elementen zusammen geschmolzen sind, z. b. *no-n-da-ṡóirfea,* fange man bei den ersten elementen an; übrigens s. die bemerkungen zu einzelnen lauten. Zwei syntaktische eigenheiten des altirischen sind von vornherein ins auge zu faßen: 1) der so genante infinitiv ist ein wirkliches substantiv und wird entweder als solches mit dem genitiv (oder den possessiven fürwörtern) verbunden, z. b. *cor doṡétche uait* (wörtlich: positionem tuae uxoris a te, d. h. deine gattin von dir tun), *adénum inmaidsin* (es zu tun, jenes gute), oder das objectssubstantiv geht, meist im nom., voran, und das verbalsubstantiv folgt mit *do* nach: *aainm do ṡuidigud* (seinen namen zu setzen); 2) das passiv wird fast nur in der 3. person gebraucht und das eigentliche subject als object durch pron. infixa bezeichnet: *ni-n-incébthar* (wir werden nicht getadelt werden, man wird uns nicht tadeln).

A.

A statt *o: dénam;* statt *e* im außlaut: *beta;* auß *ai* im außlaut. daher mit *e, i* wechselnd im nom. pl. der *u*-stämme: *gnímai, gníma, gníme, gními,* in 2. sg. conj. und fut.: *bere bera, bére béra;* auß *au,* daher mit *o* wechselnd im gen. sg. 8: *gnímo gníma.*

a, pron. der 3. pers. (beitr. V, 58): 1) possess., sein, ir, gen. sg. msc. ntr. *á,* fem. *á(s),* pl. *á(n),* meist *a* geschriben: *chanámi, di-athigerni, ar-a'foirbthetu, for-aṡaigul; adochumsi, for-acúlu; ácúbus;* 2) pers. inf. acc. und dat. sg. msc. *a(n),* ntr. und pl. *a: ar-an-gairet, r-am-bia,* mit vor geschlagenem *d:* ntr. *da-duthraccar,* pl. *non-da-ṡoirfea;* fem. sg. *do-da-aidlea (!);* 3) dat. pl. *-aib, -ib,* suff. hinter praep.: *diib, doib, essib(as).*

á (ex) s. *as.*

a-bélru s. *as.*

accobor, accobur (= adc.), ntr. 10., begirde, wunsch; als inf. *doaccobor pectho* sünde zu begeren; *comaccobor* concupiscentia.

ac(h)t außer, nur, aber, sondern (engl. *but);* mit rel. *(n),* wenn nur, wenn.

ad- (gall. lat. *ad),* praefix: *adrímther,* assimiliert *accobor, atá;* aber auch für *ath': adciam, adeirrig.*

Adam, msc. 10., gen. *Adim.*

ad-ib ir seid (unklare bildung, wie *at* du bist).

adrád (zu §. 227), msc. 8., adoratio.

a-drogníma s. *gním.*

ae, áe: 1) diphthong = *ai, ái,* auch umlautsfähig: *ái (aei);* 2) *ae, æ* häufig statt *e* (und *é),* namentlich im an- und außlaut: *æclis, cumachtæ; dæ, dǽ, hæ.*

ai: 1) umlaut (epenthesis) von *a* (§. 74, 1) wechselt mit *e, i* (vgl. *ath');* nebenformen *oi, ui;* 2) assimilation des *i* nach *a* oder *o* (zu §. 74, 2), später geseczlich, altir. hie und da: *taraisse, toraisse, fortachtain;* 3) misbräuchlich für *ei: corro-chraitea,* für *e: dognaith.*

ái (ai): 1) umlaut von *á: cáich, máir, sáin;* 2) diphthong = *ae (aei): fáilte.*

aicned (= aithgned von *gen?),* ntr. 10., natur.

aile alius, ntr. *aill'* = *ali(u)d, ἄλλο* §. 246, 264 (vgl. 174, nachtr.); *alaile* der andere, ein anderer, quidam; auch *aréle* (dissim.).
ainm̄, ntr. 3., name; dise neutra weichen ab im gen. sg. *anm̄a(-e)*, dat. sg. (instr. zu §. 259) *anm̄imm'* (**anmambi, *anmanbi)*.
air', airi, airindí s. *ar'*.
airchenn (s. *cenn)* bestimt.
airigiur, dep., beobachte, merke; perf. *r-airigsiur* (§. 304, 1, §. 287).
airitiu (ar-em §. 173, 1), fem. 3., an-, aufname.
airmitiu (ar-men §. 173, 1), fem. 3., honos, reverentia.
alaile s. *aile*.
am, ammi (as), §. 293, I, a.
amal, amail (ṡamal), nominale praep. (instar) mit acc., conj. mit rel. *(n): am. fongní*.
a(n) = *ṡa(n)* — der anlaut hinter den praep. *as, fri(s), la(s), tri(s), co(s), for, tar, co(n), i(n), iar(n), re(n)* erhalten — 1) acc. nom. ntr. des artikels: *anainm̄, atuile, ascél, ambás, a(m)maith; trissandéde*; 2) rel. pron. (beitr. V, 17): a) zu anfang (was, das was): *anasberar, apredchimme, annupredchim, anrogádammar*; b) hinter praep. *dianduthraccar, diacumachtaigther* (s. *do), foratuit* (sonst *fors.)*, daher die conj. *ara(n), dia(n)*; c) inf. statt *(n)* hinter *ar', imm': arafóim (ar-fo-em)*.
an-asberar, was gesagt wird *(as-ber)*.
and, demonstr. locativ: in ihm, darin, da (ibi, tum), pleonastisch *is and* (il y a, there is).
anim, fem. (3.), animus, anima; gen. sg. außschließlich, dat. acc. in nebenformen nach 10. a.
an-irlithe un-gehorsam, vgl. *irlam*.
a-predchimme s. *a(n)*.
apstal (§. 74, 2), msc. 10., apostolus.
apstalac(h)t, fem. 10., apostolatus.
ar' (air') vor, an, für (statt, wegen): 1) mit dat. acc.: *airchiunn, a(i)r-indí, ar-in-popul, ar-a-foirbthetu, ar-a(n)*, mit pron.-suffix *airi* dafür, deshalb; 2) praefix (auch *ir', er')*: *ar-ber, ar-a-fóim, ar-róet (fo-em)*; mit *do: do-ar-r-chet*

(can); 3) conj., denn, weil (engl. *for*): *arammi, ardoecmalla, armad, articfea (do-ic)*.

ar-a-fóim (quem accipit) s. *a(n)* und *em*.

áram, fem. 10., zal, auch infin.: *duárim* zu zälen.

ar-ammi denn wir sind, s. *ar*.

ar-a(n) damit (pour que): *arimp* (s. *in* rel.); auch statt des imper.: *arafogna (fo-gen)*.

ar-an-gairet (ar-gar) s. *a*.

ar-ind-í, airindí deshalb; mit rel. *(n)*, weil: *ni airindi ro-n-genadsom*.

ar-mad denn wenn.

ar(n), poss. gen. pl., unser: *arnimthecht, arconair, innarleid*.

as nur im praes., §. 293, I, a; 3. sg. *is* (meist mit dem folg. worte zusammen geschriben) im hauptsatz (aber auch nach *óre, amal*, bei emphatischer hervorhebung eines sazglides). fält nach *ni* und fragewörtern auß; *as* im nebensatz nimt das rel. *(n)* hinter sich: *asné*; 3. pl. verkürzt in *cit, mat*; 2. pl. scheint in *adib* und *mad*, wenn ir seid, enthalten.

as, ass (ex) 1) mit dat. vor art. und pron., mit suff. 3. pl. *essib*, sonst *á(s)*, meist *a* geschriben: *abélru*; 2) in zusammensetzung: *as-ber*.

asse leicht, comp. *ass(i)u*.

atá = *ad-tá*.

atbéla, atbélat s. *atbal* = *ath-bal*.

ath', aith', ith' (auch *ad, id, ed; at)* = gall. *ate-*, nur in zusammensetzung (lat. re-): *adgar, atbal*, assim. *eper (=et-ber)*; mit *do: doadall, tatháir*.

ath-, aith-, ithirge (got. *idreiga)*, fem. 10., buße, besserung; *aithirgim* (vgl. *corrigo)* ändere, bessere: 3. sg. *adeirrig*, 2. pl. imper. *aithirgid*, fut. und conj. *aithirsid* (§. 304, 1, anm.).

athir (§. 167, 3), msc. 5. a, vater.

atluchur, attluchur (= ath-l. oder *ath-dl.)*, dep., sage dank (mit und one *buidi)*.

atom = *atomus* augenblick, 1/47 *unga*.

augtortás (g = ch) auctoritas.

B.

B (statt *f*) = *v*: *-b*, *-ib*, *bar(n)*; davor der nasal wie vor *f* (§. 173, 1) behandelt: *hi-barcumung*, *coibse* (confessio), *cúbus*.

b, rest der wurzel *bu* in allen nicht anderweitig aufgefürten formen.

-b (*-b*), pron. der 2. pl., euch: 1) inf. (acc. dat.) *nachibfel*, *ropia* (*p* = *bb*); mit vor geschlagenem *d*: *cotobsechfider* (*t* = *td*); 2) suff. hinter praep. *cuccuib* (*co*), *frib*, *dúib*, *lib*(*la*) und in *adib*.

ba, *bad* s. *bu*.

bairgen, fem. 10., brot.

baithis, (msc.?) 10., taufe.

bal sterben (perf. *bebla*); mit *ath-*, fut. *atbél*; 2. sg. *-bélu*.

ball, msc. 10., glid, §. 74, 1.

bar(n) = *far(n)*.

bás, ntr. 10., tod.

becc klein, gering; gen. ntr. (pretii) *beicc*.

bélre, ntr. 10., sprache.

1. *béo* bin, s. *bu*.

2. *béo*, *biu* vivus, pl. msc. *bí*, fem. *béoa*.

béoig-idir, in verbindung *-edar*, er macht lebendig.

ber 1) ferre; 2) sagen, §. 293, I, b, conj. *-ber*, fut. *-bér*, perf. (§. 304, 2) 3. sg. *-bert*, *-bart*; passiv (§. 287) 3. sg. praes. *berir*, conj. *berar* (§. 173, 3), fut. *bérthar*; mit
ar- hervor bringen: *ar-ro-bert*;
do- bringen, geben: 2. pl. (conj.) *do-beraid*;
as- sagen: *asbert*, *as-ru-bart*.
aith- sagen: *epiur*, *epur* (*p* = *tb*).

bés, msc. 8., sitte.

bésád, msc. 8., sitte.

bethu, msc. (*t*-stamm, vgl. 4, a), gen. *-ath*, d. a. *-ith* (dafür wie bei allen auf *-tat* oft nominativform).

bith, msc. 8., welt.

bith'-, immer, in zusammensetzungen *bid'firian*, *bid'slán*.

bíth causa; *fo-bíth(n)*, praep. mit gen., wegen.

bliadin, fem. 9., jar, gen. *bliadna* (§. 75, 2).

bong (= **bhang*), brechen; mit
con, *com* (confringere), 3. sg. *comboing*.

bráthir, msc. 5., bruder.
briathar, fem. 10., wort, gen. *bréithre* (§. 75, 2).
brig, rum, wert, bedeutung.
brithemnac(h)t, fem., judicium.
brón, msc., traurigkeit.
brothád, msc. 8., minute, gen. *brotto* (§. 75, 2).
bu (= **bhu*) in doppelformen: a) da sein, sich befinden; b) sein (werden). Praes. a) 1. sg. *biu*, 3. *biid*, verbunden *bii*, *bí*, rel. *bis*, pl. *bite*. Secundärformen 3. sg. b) *bed*, *bad*, *bid*, *ba*, 1. pl. a) *beimmis (rob.)*, 2. *beithe* (auch conj.). Fut. a) 3. sg. *bieid*, verbunden *bia (ro-bia)*, 3. pl. *bieit*; b) *ni-pat*; secund. 3. sg. a) *nobiad*; b) *ropad*. Conj. 1. sg. a) *béo*, 3. a) *bé (robé)*, *beid (?)*, b) *ba*, meist verkürzt *ci-p*, *arim-p*, *im-p* (s. *in)*, 2. pl. *bad*, 3. *bat*. Rel. (conj. und fut.) sg. b) *bes*, *bas*, pl. a) *béite*, b) *bete*. Praet. 1. sg. b) *ropsa*, 3. a) *ro-bói*, mit rel. *rombói*, *ro-be*, b) mit neg. *níbo*, *ní-pu*, 2. pl. a) *rubaid*. Imper. 3. sg. a) *biid'*; b) *bad'*. Pass. 3. sg. (conj.) a) *bethir*, man ist. Einzelnes noch unklar. Als infin. steht
buith (= *φύσις*), fem. 9. (§. 226).

C.

C auß *g* verhärtet hinter *r*: *etarcne*, auß *dg* oder *thg* (durch *tg*, *tc*) assimiliert: *incab*, *indocbál*, *aicned (?)*, *tuicse*.
cach, *cech* (quisque), adj. pron., öfters nachlässig für
cách, subst. pron., gen. *cáich*.
cáin (caein) gut, nur in zusammensetzung: *cáingnim*.
can canere, perf. §. 291, perf. pass. §. 224; mit
do-ar'- vorher sagen: *tair-chechuin*, *do-ar-r-chet*.
ce, *ci*, *cia*: 1) pron. quis? und quisquis: *cip* (s. *bu*) *cruth* (quomodocunque); ntr. auch *ca*, *co*, *cid'*, *ced'* (= *ci* + *ta*) §. 174, nachtr.; 2) conj. (ut), gesezt daß, wenn auch; (quod), daß, weil: *cechonis* (s. *con-ic)*, *cerubaid*, *cinbat (= ci-ni-b.)*, *ciasberasu*, *ciabéo*, *ciabethir*; 3) *cid*, *ced*, pl. *cit (=ci-it)*, sogar, auch: *cit geinti*; 4) doppelt: *ce — ce*, *cid — cid* (sive — sive).
cel, celare.
cen', mit acc., one.

cenn, msc. 10., haupt, ende: d. *hiciunn*, (adv.) *airchiunn* am ende, endlich; s. *airchenn*.

cer kaufen: praes. IV, b, rel. *crenas*, perf. red. (zu §. 291) 3. sg. *rochíuir* (= *céir* auß *cechr*); s. *fochricc*.

cethramad (§. 241), fem. 3., viertel, pl. *cethramdin*.

cht häufig statt *ct*, immer wie es scheint, wenn *ct* statt *pt* steht: *necht* neptis, *secht* septem, *cacht* capta.

ci, *cia* s. *ce*.

ciall, fem. 10., sinn, gen. *céille*.

cian (gall. *cēni-* und *cēno-*) longinquus: d. *dichéin* (adv.) seit lange, längst.

cid, *cip*, *cit* s. *ce*.

ciu sehe, erkenne, mit *ad-* oder *ath-*: 3. sg. *accí*, *atchí*, 1. pl. mit rel. *(n)*: *adciam* (§. 173, 1); perf. pass. *adchess* weist auf dentalaußlaut der wurzel; vgl. *imdéicsiu*.

cland, fem. 10., proles.

cnám, msc. 9., bein, knochen.

1\. *co* (ut) daß, so daß, gesezt daß: *cocterccrta*; s. *con*.

2\. *co*, *co(s)* mit acc. zu, bis zu; vor suff. *cuccu-* (= *conco?*): 2. pl. *cuccuib*, 3. sg. fem. *cuicce*.

cóic fünf, §. 237.

coimdiu, msc. (*t-* oder *d*-stamm, vgl. 4, a), herr, gen. *-ed*.

cóir congruus.

colinn, fem. 9., fleisch, gen. *colno*.

com', *cum'*, praefix: *comaccobor*, *comdíthmád*.

comalna- (*lán*), dep. erfüllen (§. 287).

com-chétbuid, fem. 9., con-sensus.

comirsire, (fem.?) 10., zugleich reden.

comláinius, msc. 8., außfüllung, gen. *comláinso*.

1\. *co(n)* cum, con-: 1) praep. mit dat. *colleuth*; 2) praefix: *con-daig* (*tag*), *com-boing*; wechselt mit *cum'-* in *con-ic*, *cum-ang*, mit *cot-* in *cosecha-*.

2\. *co(n)* und *con'* (= *co-no?*): 1) bis: *con-danicc* (*t-ic*), *confeiser* (*fid*), *combi*; 2) daß: *condan* (*tá*), *con-id-écen*, so daß (es) nötig ist, *con-i-tucca*, *cu-tesbat*; pleonastisch hinter *ni* (non quod): *ni conairigur*, *ni condigénte*; mit *ro*: *conro-*, *corro-* damit, *connáru-*, damit nicht.

conar (*ar* gehen), fem. 10., pfad, straße.

connáru s. 2. *con.*
connessa- verdammen: 3. pl. *-at*, fut. 3. sg. *-fea.*
conro s. 2. *con.*
cor, cur, 10., positio, als infin. von *cuiri-*, dep. ponere: 2. sg. conj. *coirther.*
corp, msc. 10., corpus: *óenchorp.*
cosc (auß *co(n)sech)*, ntr. 10., zurechtweisung, unterweisung.
cossal mit *do-fo-* empfangen: perf. 3. sg. *dofo-r-chossol.*
cot- (brit. *cant-)* wechselt mit *co(n)*: *cotob-sechfider.*
cr. = *críst.*
cren- s. *cer.*
cretem, creitem, fem. 10., glaube, gen. *creitme*, infin. von
cretim (*t* = *dd*, skr. *çraddadhāmi)* credo, conj. 3. sg. *cretea*, imperf. 2. pl. *crete* (= *cretithe).*
cride (*κραδίη)*, ntr. 10., herz.
cruth (= *kratu)*, msc. 8., gestalt, art und weise:
dochruth, adj., misgestalt, unzimlich;
sochruth, adj., wolgestalt, wolanständig.
cu s. 2. *co(n).*
cúbus (= *co(n)fius*, vgl. *dúus)*, msc. 8., gewissen.
cucc-, cuicc- s. 2. *co.*
cuit (= quota?), fem. 9., anteil.
cúl (cūlus), msc. 10., rücken: a. pl. mit *for* (adv.) rükwärts.
cumac(h)taigimm (*do)* potior, meist dep., 2. sg. *-ther*; von
cumac(h)te, ntr. 10., potestas; von
cum-ang (vgl. *con-ic)*, 10., potentia, können.

D.

D statt *th* (§. 167) namentlich im außlaut beliebt; selten inlautend wie in *pecdib*; statt *t* (oder auch wider her gestellt) nach *n*: *condan, condanicc, condaig, induccatar*; nach *l*: *oldaas.*
-d' (*-id')*, pron. der 3. sg.: 1) inf. (in, es), *nodchomalnadar, dodgné, diandaithirsid, nadidchreti, conitucca* (*t* = *dt)*; pleonastisch in *nád*; 2) suff. dat. msc. ntr. *indid*, acc. *indtrít* (*th* + *d)*; vgl. *cid, conid, mad.*
d, verstärkung der pron. inf. *da(n), did, dob.*
dá zwei, fem. *dí*, ntr. *dá(n)*, dat. *dib(n)*, §. 262.

dag, deg gut, nur in zusammensetzung: *degmáin.*
dam auch.
dán, msc. 8., gabe, kunst.
dana, dano, dono also.
de, pron. im dat. *di-diu* und in den zusammensetzungen *side, ade, sodi-n.*
de = *di* in zusammensetzung: *dešere.*
deac = *déc* (= **denca* auß **decna?*) hinter kleineren zalen: *cóicdeac, indib inarib deac* um 12 stunden.
déac(h)t, fem. 10., gotheit.
de-buith, fem. 9., zwist, streit.
de-cming (= **de(n?)-cumangi*) unmöglich; vgl. *diing.*
déde, adj., binus; als subst. ntr. zwei dinge.
dénim tue: 3. pl. *ni dénat,* part. necess. *dénti.*
dénum, msc. 8., gen. *dénma, -o,* tun, infin.
descad sauerteig.
descipul, msc. 8., discipulus.
dessimrec(h)t, ntr. 8., beispil.
1. *di, de* (de): 1) mit dat. *dichéin, dichose; dia(n), didiu;* mit suff. pron. 3. pl. *diib;* 2) praef. *digen.*
2. *di* vor *a* statt *du: dia(n)* welchem, *dialailiu* dem andern, *diachlaind, dia-thigerniu.*
dia tag; mit anomaler formenmischung dat. (abl.) *indiu* heute, acc. *fridéi, fridé* bei tage, gen. *cach dia* täglich.
dia (= gall. *deivo-s*), msc. 10., deus, gen. *déi, dé.*
diade götlich.
di-airi-sin darum, davon.
dialailiu s. 2. *di.*
dia(n), 1) = *do-a(n)* welchem; 2) conj. wenn: *diambad, diacomalnammar.*
dias, fem. 10., zwei personen, gen. *désse,* d. a. *diis.*
di-diu, didu (davon) also.
digal (*gal* schlagen), fem. 10., abwer, rache, strafe.
diib von (auß) inen, s. 1. *di.*
diing (= **di-angi*) unmöglich; vgl. *decming.*
dimeccim verachte, part. perf. (§. 224) *dimicthe.*
di-mess (zu §. 227; *ss* = *st, dt*), msc. 8., absprechendes urteil, verachtung.

dirge (vgl. *athirge* und *dirigo), fem.* 10., geradheit, gerechtigkeit.

dithnáth, richt. *didnáth* (zu §. 227, infin. von *dodonaim̄* statt *did-),* msc. 8., aufrichtung, tröstung;

comdidnáth, trost.

dlegair (= **dligathir* §. 173, 3) *dom* debeo; conj. *dlegar.* Davon

dliged, ntr. 10., (debitum) pflicht, gesetz, regel.

dlúm, fem. 10., menge, masse.

dlúmigi- zusammen drängen, sammeln; perf. pass. (§. 224) *rodlúmiged.*

1. *do, du,* poss. gen., dein; *doṡétche.*

2. *do, du* (got. *du,* slaw. *do), di* vor *a,* zu: 1) praep. mit dat., auch bezeichnung des dat. und des infin. (engl. *to): dochách, dothuil;* mit suff. *dom* mir, *dún* uns, *duit* dir, *dúib* euch, *dó* im, *dí* ir, *dóib* inen, *duárim, duthesbuith, dothórmuch, dodénom;* bezeichnet den possess. gen. (s. den 8. satz im ersten abschnitt) und das subject der handlung beim infin. *foditiu fochide dúnni* (passio tribulationum nobis. i. e. nostra, daß wir trübsale leiden); 2) praef. *dober, dorím* (zum teil mit *di* wechselnd: *dogní, digén); do-fo-r-chossol, do-diusgadar (sech),* vor vocalen meist in *t* über gegangen, s. *tar-, tór-.*

3. *do, du* = δύς, skr. *dus,* aber mit abfall des s: *do-chruth.*

dó im, zu im, s. 2. *do.*

doaidella- (do-aith-) besuchen, heim suchen, 3. sg. *do-aidlea.*

do-áirci (= ar-icci) bewirken (3. sg. praes.).

dochum(n), nomin. praep. (mit gen.) zu: *a-dochum-si.*

do-d-gné (id faciat) s. *do-gen.*

doecmalla sammeln (3. sg. praes.).

dófessin im selbst, sich selbst.

dóib inen, s. 2. *do.*

doich an zu nemen, warscheinlich.

doneoch, doneuch, s. *nech.*

doratus, defect. perf., pass. *doratad,* geben.

dorchide dunkel (von *do-r'che,* adj. und subst.).

drée(h)t, msc., teil.

droch böse, nur in zusammensetzung *drochgním.*

du s. *do*.
dúib, dúib-si euch, s. 2. *do*.
duine, msc. 10., mensch, pl. *dóini (doeini)*, 9.
dúnn, dún-ni uns, s. 2. *do*.
dús, dúus (= *dofius* zu wissen, nämlich), einleitung der indirecten frage.
duthraccar, med. perf. wünschte; scheint redupl.

E.

E auß *i* vor *a*: *fer* §. 74, 1, neben *ai* und *i* umlaut von *a* s. *ai*.
é (hé), msc. und pl., ntr. *éd, ed* (= **é* + *ta*), fem. *sí*, er, sie, es.
é = *es* (ex), negativpraef.: *énirt (nert)*.
ea auß *a* in den endungen nach *i* (seltener *e*): *creitea, doaidlea, sóirfea, ticfea, connesfea* (zu §. 74, 2), später gesetz.
écen notwendig.
eclis, fem. 9., ecclesia, gen. *ecolsa, -o*.
ei, umlaut von *e*: *ceil*.
em (emere, nemen), nur in zusammensetzungen (mit *ar'* s. *airitiu*), mit *ar-fo-* auf nemen, empfangen: 3. sg. *ar(a)fóim*, perf. (zu §. 301, 2, vgl. 173, 1) *arróéit* = *ar-ro-fo-éi(n)t*.
eper s. *aith-ber*.
epistil (§. 74, 2), fem., epistula, gen. *epistle* (§. 75, 2).
équinoc(h)t = aequinoctium.
heritic, pl. msc. 10., = haeretici.
ésca, ésce, ntr. 10., mond, mondmonat, gen. *-ai, -i*.
essib auß inen, s. *as*.
etar, eter, etir (§. 173, 1) inter; adv. omnino, meist nach negationen; praef. *etar-scarád*.
etarcne (-gne), ntr. 10., erkentnis.
etercert, fem. (interpretatio); verbum 3. conj. *co etercerta* (ut interpretetur).
ét-rad, ntr., wollust.

F.

F statt *v*, §. 170, 3, aspiriertes *f* auß gelaßen in *indectsa (fect), arroéit, tór-* = *do-for-*; statt *p* in *fri(s), frith'* = πρός, προτί, auch wol in *fo, for* (= **(u)pha*, **(u)phar*);

statt *b (bh)* in *fa* = *ba*, auch wol in *féin*, *fessin*, *fadésin* (mittelirisch *budéin*, *bodésin*).

fa = *ba* (3. conj. von *bu*) oder, in der frage.

fadésin (fadisin), *fésin*, *fessin*, *féin* (= *féšin?*) selbst (jedenfals formen von *bu*, (*bad*, *bes*, *bé?*) und pron. *sin* enthaltend, obwol im einzelnen noch unklar): *form féin*, *duit féin*, *dó fessin*, *achorp fessin*, *lib fésin*, *farmbráthir fadésin*.

fail, *fel*, *fil*, impers., es ist, es gibt: *nach-ib-fel* daß ir nicht seid; rel. *file*.

fáilid, 9., freudig; *fáilte*, fem. 10., freude, wilkommen.

far(n), poss. gen., euer: *farmbráthir*, *farprecepte*, *far colno*, auch *bar(n)*, *for(n)*: *hibarcumung* (s. *b*), *formbriathar*.

fec(h)t gang, mal; adv. abl. *indectsa* (s. *f*) jezt.

féin s. *fadésin*.

fel s. *fail*.

fer (§. 74), msc. 10., vir.

ferr beßer, §. 232.

fessin s. *fadésin*.

fiadnisse (*fiad*, *féd* steigerungsform von *fid*; vgl. got. *-nassus* §. 227, ahd. *-nissi*; *giwizznessi*, Tat., ags. *gevitnessi*), ntr. 10., zeugnis.

fid wissen; perf. (§. 168, 2. 287. 304, 1) *rofetar*, 3. *rofitir*, zum teil mit praesensbedeutung; *s*-formen (zu §. 304, 2, anm.) 2. pl. secundär *ma-rufeste*, 3. sg. conj. pass. *con-feiser*.

fírian gerecht; *bidfírian* immer gerecht.

firt, msc. 8., virtus, wunderwerk: pl. gen. *ferte*, acc. *firtu*.

fo (= *upa*) unter: 1) mit dat. *fophecead* und acc. *fohiris*; 2) praef. *fo-gnad*, *fo-gní* (*gen*), *fo-n-segar*; doppelt *ar(a)-fóim* (*em*), *dofo-r-chossol*, *imfoleng*.

fochaid, *fochith*, fem. 9., trübsal, gen. sg. *fochodo* (§. 74), gen. pl. *fochide*.

fochricc (*fo-cher*), fem., lon.

foditiu (infin. von *fo-dam* §. 173, 1), fem. 3., ertragung; auch bei disen stämmen steht öfters die nominativform im dat. acc. sg.

foglimthid (*foglim* lernen, vgl. *glé*), msc. 9., schüler.

fognad s. *gen* 1.

fóisitiu (fo-es-sem? jedenfals vor *t* ein consonant auß gefallen), fem. 3., bekentnis.

fo-n-gní s. *gen* 1. und *(n)*.

for (= upari) über, an, auf, bei: 1) mit dat. acc., mit pron. suff. 1. *form*, 3. *foir*, mit rel. *foratuit*, sonst *forsa(n)-*; 2) praef.

forb- vollenden: part. pass. (§. 224) *foirbthe* volkommen; *foirbthetu* (msc. *-t*, vgl. 4, a) volkommenheit (s. *bethu)*; *foirbthigi-*, dep. (§. 287, 304, 1), vervolkomne.

forcetlid, -citlid (-cetal, ntr. 10. von *-can* lere), msc. 9., lerer.

form-briathar s. *far(n)*.

for(n) s. *far(n)*.

for-sunu s. *son*.

forsind-immarmus, forsin-digail s. *ind*.

fortacht (for-tag), fem. 9. und 3. gemischt *(-ti* und *tin*, §. 226), hilfe.

fri(s) = πρός (in allen wendungen der bedeutung), mit acc. *friccách, fridebuid* (beim, im streit), *fri-a-choimdid, fri-a-mug* (gegen seinen hern, sclaven), *frisechim* (zu folgen), mit suff. 2. pl. *frib*, 3. sg. msc. *friss*, pl. *friu*.

G.

G statt *ch*, §. 167: *mertrige*, vile verbalstämme auf *-igi*, *augtortás*.

gab (capere), perf. §. 304, 1; fut. *-géb*, 3. pass. *-gébthar*; mit *ind'*: *incab* tadeln.

gád (= gagád?), red. perf. zu *guid* bitten: sg. 1. *rogád*, 3. *-gáid*, 1. pl. *-gádammar*.

gar rufen, perf. §. 304, 2, fut. *-gér*, perf. pass. *rograd*; mit *ar-* und *ath- (ad-)* verbieten.

gat stelen *(ar)*; fut. *-gét*.

gell, ntr. 10., pfand.

gen, 10., mund, dat. *giun* (§. 74).

gen: 1) act., tun: 3. sg. praes. *-gní*, pass. *-gníther*, conj. *gné*, perf. *ro-geni* (304, 1), mit

di-, do- tun, machen: secund. *dogned dognaith*, fut. 1. sg. *digén*, secund. 2. pl. *digénte*;

fo dienen: 3. sg. *fogni*, conj. *fogna*, imper. *fognad*;

2) dep. geboren werden, perf. red. (verkürzt) 3. sg. *rogénair*, secund. (plusq.) *ro-genad*.

genti, *geinti*, pl. msc. 9., gentes, heiden.

glé klar, offenbar (vgl. *foglim*).

gni s. *gen*.

gním, msc. 8. (infin.), tat: *cáingn.* gute, *drognim* = *droch gn.* böse tat.

grían, f. 10., sonne, gen. *gréine*.

H.

H one etymologische bedeutung, in lehnwörtern auch wilkürlich fort gelaßen.

I.

I auß lautend statt *iu*: *diathigerni*, statt *ai* s. *a*, umlaut von *a* s. *ai*, von *e* meist scheinbar (vgl. *fer*).

i, *i* (in) mit dem folgenden worte verbunden, s. 2. *in*.

-i, pron. suff. 3. sg. msc. ntr. *airi*.

i, demonstr. (adv.) hinter dem artikel: *inti* derjenige, z. b. *inti imbí*, *inti bes*, *inti téte*, pl. *indi beta*, *indi lasmbí*, dat. *a(i)rindí* (s. oben).

iar(n) mit dat. hinter, nach (post, secundum): *iarn-a-ithirgi*, *iarnaicniud*, *iartain*.

(h)ibarcumung = 2. *i(n)-bar(n)-c.* s. *cumang*.

ic, *icc* (= *inc*, *anc*, §. 173, 1), praes. §. 293, IV, c, kommen, gelangen, erlangen; mit

con- können (vgl. *cumang*), conj. und fut. mit *s*: 2. sg. *cechonis* (ut possis);

do- kommen: perf. red. 3. sg. *tanic* (**do-ananci*), *con-danic*, fut. *ticfea*.

(h)icc (= *jaccā*), fem. 10., heilung, rettung, erlösung; auch infin. von

icca- salvare; fut. pass. *iccfider*.

id' s. *d'*.

idón, abgekürzt *.i.* (= *éd-ón?*) das ist, nämlich.

il (= got. *filu*, §. 167, 3) vil, pl. *ili*, meist in zusammensetzung: *ilbélre*.

ilbéim, ntr. (3.), anstoß.

im', imm', imb' (= gall. *ambi)* um: 1) praep. mit acc.; 2) praef. *im-thecht, -thésid, -tiag;* reflexiv in *imrádim.*

im statt *imb, imp* = *in* + *b' (bu).*

im statt *i(n): im-ballaib.*

imdéicsiu (= imm-de-ith-castiu? vgl. *ad-cí),* fem. 3., umsicht.

imfolengi bewirken, machen, 3. praes. *imfolngi.*

immalle (imm-a(n)-leth?) zugleich.

immarmus, immormus, msc. 8., sünde.

immorro (abgekürzt *im̄)* vero.

imm-un-rordad unser ist gedacht worden *(imrádi).*

immed, ntr. 10., angst, sorge.

imrádim rede mit mir, denke, 3. pl. *-at,* perf. pass. (§. 224) *im-ro-rdad* (§. 75, 2).

imrádud, msc. 8., gedanke, gen. *imráto (t = dth).*

1. *in, i(n),* rel. (beitr. V, 21): 1) locativ *i(n): imbi;* 2) statt *an* vor nasal und tönenden momentanen (dumpfen im außlaut): *arimp.*

2. *in* in: 1) praep. *i(n)* mit dat. acc. *ícridiu, íbarcumung, ísollumun, ílibur, imballaib, indirgi, inóenchorp;* mit art. *ísind-* u. s. w.; vor pron., die mit *a* an lauten, *inn: innalaill, innarcorp;* vor suff. *ind', indi: indid* in im, *ind* in in, *indib* in euch (bezeichnet mit dat. das maß beim comp. *indid mailliu, indib ńuarib deac laigiu);* 2) praef. *in': inchoisecht (co(n)-sech).*

3. *in,* fragepartikel: *ingét, indigén, induit féin,* indir. *dús in, dús imb.*

4. *in = ind,* artikel.

5. *in = ind': incébthar.*

ind = ṡind, artikel — das *ṡ* nach praep., s. *a(n): ísinchorp, forsindimmarmus, trisnasenphecthu* — acc. nom. ntr. sg. *(s)a(n);* nom. sg. fem. und pl. msc., gen. msc. ntr. und dat. msc. fem. ntr. sg. *ind* vor vocalen und dauerlauten, *int* vor *ṡ, in'* vor momentanen; acc. msc. fem. sg. *inn* vor vocalen, *in* vor cons.; gen. fem. sg., nom. fem. ntr. und nom. acc. msc. fem. ntr. pl. *inna(s), na(s);* dat. pl. *naib, nab.* Regelwidrig *in[d]mertrech, din[d]ráth.*

ind in in, s. 2. *in.*

ind' (gall. *ande*), praef. = *ἀντί*: *indnite*, *incab* = *indgab*, *intsamil* = *inds.*
inda quam nach comp.
indnad- abwarten; 2. sg. imper. *indnite* (= *indnaidithe*), verstärkte form.
indochál, *inducbál* (= *ind-uad-gabál*), fem., glanz, herlichkeit.
ingrim, msc. 8. und ntr. (3., s. *ainm*), verfolgung; dat. *oc-farn-ingrim*, nom. pl. *ingremmen*.
innalaill, *innarcorp*, *innarleid* s. 2. *in*.
int s. *ind*.
intain s. *tan*.
inti s. *i*.
intṡamil (= *ind-ṡamil*), 9., beispil, nachamung.
intṡamlur, dep., ame nach, 2. pl. secund. *intṡamlithe*.
intṡliuc(h)t (= *ind-ṡliuc(h)t*, mit zufälligem anklang an *intellectus*, msc. 8., sinn.
iress, fem. 10., glaube: *iressach*, adj., gläubig (vgl. *tarisse*).
irlam (= *air-flam?*) bereit, willig; vgl. *an-irlithe*.
is s. *as*; *is-a-chorp*, *is-in-deṡeirc*, *is-i-lóu*, *is-sáin*, *is-preceptóir*, *is-lib* (*la*) u. a.
isin-chorp, *isind-inducbáil-sin*, *isint-ṡechmadachtu* s. 2. *in*.
ith s. *ath*.
iude (judaeus), msc. 10., pl. gen. *iude*, dat. *-éib*, acc. (voc.) *-eiu*, *-eu*.

L.

La(s), bei (penes, secundum) mit acc., mit rel. *lasmbi*, mit suff. pron. 1. *lim*, pl. *linn*, 2. *lat*, pl. *lib*, 3. *less* (fem. *lae*), pl. *leu*.
lá, *lae* s. *lathe*.
labra-, sprechen, dep. (§. 287); 2. sg. *labrither*, 3. sg. *labrathar*, pl. (auch conj.) *labritir*, *ni labratar*. Inf. verbunden (auch conj.)
labrád, msc. 8., locutio, gen. **labartha*.
laigiu, *laigu*, comp. §. 232.
lán (§. 167, 3) plenus, vgl. *comalna-*.
lathe, *laithe*, ntr. 10., tag; auch *lae*, *lá*, dat. *lóu* (§. 173, 3. 74, 1).
lebor (§. 74, 1), msc. 10., liber, gen. *libuir*, dat. *libur*.

léire, fem. 10., tätigkeit, mühe, eifer.
less bei im s. *la*.
1. *leth*, ntr. (*as*-stamm), seite, gen. sg., nom. gen. pl. *leithe*, dat. sg. *leith*.
2. *leth*, ntr. 10., hälfte, dat. *leuth*.
leu bei inen s. *la*.
lia, *lie*, msc. 1. (*cc*-stamm), stein, gen. *liacc*.
lia = πλεῖον, plus; §. 167, 3. 232.
lib, *libsi* euch, bei euch; *lim̄*, *limsa* bei mir s. *la*.
lin, msc. 8., anzal; collectiv: *pecthu indlína doduaidlea* die sünden derjenigen, welche sie besuchen.
linád, msc. 8. (infin.), an-, außfüllung.
locc, *lucc*, msc. 10., locus.
lóur genug.
lu (= *plu*?) gehen; 3. sg. praes. abs. *lui*, perf. (§. 304, 2, aber nach 173, 3 (166) *th*, *d* statt *t*) *luid*, pl. *lotar* (=**luthatar*; §. 74, 1. 75).
luc(h)t, msc. 8., volk, leute; collectiv: *luct corint* die Corinther, *uili luct inna ecolsa* alle die zur gemeine gehören.

M.

M vor *b* und *m* statt *n* §. 173, 2.
m', pron. der 1. sg.: 1) inf.; 2) suff. hinter praep. *lim̄*, *dom*.
ma (*má*?) wenn: *mabeith*, *massu*, *mad'* wenn es ist, wäre (pleonastisch wie *is*), aber *mad ferr* wenn ir beßer seid.
macc (= *maqvas*), msc. 10., son.
máin (*maein*) oder *móin*, fem. 9., munus; pl. *degmáini* bona munia.
maith, 9., gut, gen. *maith* (wie fast bei allen adj. *i*-stämmen), pl. *ma(i)thi*.
mall langsam, spät; comp. *mailliu*.
már groß.
marb tot.
maso = *massu*, s. *ma* und *su*.
men, dep., perf. red. (verkürzt): *-ménar*, praes. *-muiniur* (vgl. *gád*, *guidim̄*); in zusammensetzungen (s. *airmitiu*); mit *do-*: denke, meine.
mertrech, fem. 10., meretrix, gen. *mertrige*, dat. acc. *mertrich*.
mesrugud, msc. 8., mäßigung (von *mensura*; §. 173, 1).

mí (μήν, μείς), msc. 1., monat, gen. *mís.*
mo, mu, possess. gen., mein.
móidem, fem. 10., rum, gen. *móidme* (§. 75, 2); infin. von *móidim,* rüme, meist refl. *no-m-móidim,* perf. §. 304, 1, pl. *ro-n-móitsem.*
molád, msc. 8., lob.
mug (= got. *magus*), msc. 8., sklave, gen. *moga* (§. 74, 1).

N.

(N) casusendung am folgenden worte geschriben, z. b. acc. sg. *ingním nolc,* dat. dual. *indib ñuarib.*
(n) rel. (beitr. V, 22): 1) direct (acc.) *domberaid, rongeni;* 2) indirect (franz. que): *inbes, asné, laithe rongénair, imtiagam (t = nt), adciam (c = nc),* besonders nach uneigentlichen conj.: *am. fongní, óre dongníith, ní airindí rongenad.* Oft unkentlich: *intain ronmóitsem, óre nánrairigsiur (n = nn), intain nádrairigsiur (r = rr).*
n', pron. inf. der 3. sg., in *nánrairigsiur* mit rel. *(n)* verschmolzen; suff. in den zusammensetzungen *sin, sodin.*
n, pron. der 1. pl.: 1) infin. *ni-n-incébthar, rondlúmigedni, fonsegar, imm-un-rordad* (impers. construction), mit rel. *(n)* verschmolzen: *intain ronmóitsem;* 2) suff. hinter praep. *dún-ni, uan-ni.*
na, no oder.
na, ntr., s. *nach.*
ná 1) (ne) im hauptsatz: *na bad* (ne esto); hinter *con: connáru-* damit nicht; 2) (non, quod non) in nebens.: *óre nánrairigsiur;* verstärkt *nách* (quod non): *náchibfel,* (ne) *náchtaibred; nád'* (non): *intí nádchomalnathar, am. nádrobe, nadidchreti.*
nach, adj. pron., irgend ein; acc. msc. *fornachnénirt;* acc. nom. ntr. stäts *na* geschriben: *na inned.*
nách, nád s. *ná.*
nammá nur.
nech, subst. pron., jemand, gen. *neich,* dat. *neuch, neoch;* vertritt das rel. *lanech nadidchreti, lanech nodchomalnadar, act nech dogned.*

nem (§. 169, 3), ntr. (*as*-stamm), himmel, gen. sg. (und nom. gen. pl.) *nime*, dat. *nim*, acc. *nem*; *fornem* (zum himmel auf).
nert (vgl. *ner-io*), ntr. 10., kraft, stärke:
énirt schwach, *sonirt* stark.
nerta- stärken, ermanen; 3. pl. *nertit*.
ni nos; verstärkend an gefügt: *dún-ni, ar-sóire-ni, tiagme-ni, ro-n-dlúmiged-ni*.
ni, ní, negation des hauptsatzes: 1) non: *nidénat, nipu* (s. *bu*), *nitat* (s. *tá*), mit auß gelaßenem *is*: *ní tabarthí doneoch* (non danda cuiquam), *ní uisse, ni lanech*; 2) ne (mit conj.): *ni imthésid*. Aber auch hinter *ce, ma*, oft verkürzt: *cin-bat*.
ní ding, etwas: *cia conicc ní dúnn?*
no, nu, verbalpartikel der unvollendeten handlung: *no-d-chomalnadar, no-n-da-sóirfea, an-nu-predchim*.
nóib, 10., heilig.
nóichtiche (= *nói-fichtiche*), fem. 10., 'neunundzwanzigkeit', 29 tage.
nóidécdc, adj. als subst. msc., der 19järige cyclus.
nolc s. (*n*).
nu s. *no*.
nuarib s. (*n*).

O.

O statt *u*: 1) wirkung eines folgenden *a* (§. 74, 1): *cor*; 2) regellos namentlich im außlaut: *muso, do-, so-*, aber auch in der epenthesis: *do neoch*. — *o* statt *au*: 1) umlaut von *a* (§. 74, 1): *ítossoch*; 2) im außlaut neben *a*: *gnímo, pectho*.
ó häufig in *ua* auf gelöst; umlaut *ói* oder *uai*.
ó, ua mit dat., von (a, de): *hóadam, hóathir*; mit suff. pron. *uan-ni*; in zusammensetzungen *ód, uad, ud*.
oc bei, mit dat., beim infin.: *oc-farn-ingrim* (bei eurer verfolgung).
óen, óin (§. 237. 72) unus, meist zusammensetzung: *óenchorp* (§. 173, 3).
oi umlaut von *o*: *coimdiu*; *ói* von *ó*: *preceptóir*.
oi, ói = *óe* (umlaut *oei*), diphthong §. 72.
ói contrahiert auß *o-e*: *ar(a)fó-im, fó-isitiu*.

ol (ul-s, ul-tra) nach dem comp. (quam) mit *tá*.
olcc, *ulcc* böse.
olchene übrigens, sonst, ceteri.
ón demonstr. (id), auch verstärkend: *dian-d-aithirsid ón*.
óre, *uare* weil, mit folgendem rel. *(n)*.
Ossæ Hoseas.

P.

P für *b* im außlaut: *imp*, *cinip*, *arimp*; *p* = *bb*: *ropia*. in anderen formen von *bu* villeicht reduplication: *ropad*; *p* = *tb*: *epur* (s. *t*).
peccád, msc. 8., peccatum, gen. *pectha* (§. 75, 2. 173, 3); *senpheccád*, alte sünde.
popul, msc. 10., populus.
precept (praeceptum), fem. 9., doctrina.
preceptóir, msc. 9., praeceptor.
predchim, *pridchim* predige.

R.

R' = *ro*: *rambia*, *rairigsiur*, *dofo-r-chossol*.
rambia im wird sein (= *ro-an-bia*).
ráth, ntr. 10., gnade, gabe von gott.
rec(h)t, msc. (auch ntr.) 8., gesetz.
re(n) — vgl. prae, prius — mit dat., vor; *risiu* bevor.
riar wille, dat. *doréir* (praep. mit gen.) zu willen.
rig kommen; fut. pass. *rigthir* (venietur).
rímaire, msc. 10., rechner, von:
rími- rechnen, zälen; mit
ad- zälen, rechnen;
do- erzälen.
ro, *ru-* (§. 167, 3. 304) — vgl. *r'* — verbalpartikel der vollendeten handlung: 1) perf. *ropsa* (s. *bu*), *rofetar*, *rofitir* (s. *fid*), *ro-n-dlúmiged-ni* (wir sind gesammelt), *ro-m-bói* (s. *bu*); *ad-ro-grad*, *arroét* (= *ar-ro-fo-éit*), *asrubart*, auch auß gelaßen *asbert*; 2) fut. und conj. *robia*; *conro-*, *corro-*, *arnáru-*. — *ró* = *ro(n)*: *rósárichset*.
rogu (vermutlich s-stamm) wal, vgl. *togu*.
ru s. *ro*.
rún (got. *runa*), fem. 10., geheimnis.

S.

S suff. pron. 3. msc. ntr. in *friss; s(n)* inf. pron. 3. fem. *ni-s-coirther.*

sa, se, so, demonstr. (adv.): 1) hinter subst. (mit artikel, wie franz. *ci); 2) sa (se* §. 74, 2) verstärkt die erste person: *domsa, mo bésusa, ropsa,* hinter dem prädikat *niba dimicthese.*

saegul, sáigul (=saeculum?), 10., lebenszeit (später: saeculum, welt).

saethrech, sáithrech mühselig.

saigid (= got. *sakan?)* disputieren, reden.

sáin singularis.

salt, msc. 8., saltus (speciell der saltus lunae).

samlid, adv. (vgl. caelitus, divinitus) von *samal,* so.

sárigi- verachten; perf. 3. pl. *rósárichset (ró = ron).*

scaráil, msc. 8., scheidung, (infin.) sich trennen *(fri); etarscaráil* gänzliche scheidung.

*scél (= *secitlon),* ntr. 10., sage, erzälung, bericht.

se, pron. demonstr., dat. *risiu;* als adv. s. *sa.*

sech (= secus), praep. in zusammensetzungen *sechm', sechma: sechmadachte* (s. *tag).*

sech (sequi); infin. *sechem,* fem., acc. *frisechim;* mit

co(n)-, cot- unterweisen, zurecht weisen; fut. pass. *cotob- (= cot-dob-)sechfider,* imperf. (ir werdet);

in-cho(n)- bedeuten, bezeichnen, perf. (§. 304, 2) *inchoisecht;*

fo- verfolgen; praes. pass. *fo-n-segar* (§. 287. 173, 3) wir werden verfolgt.

do-di-ud- erwecken; conj. pass. *dodiusgadar.*

sen (= sen-ex) alt, in zusammensetzungen: *senphecead.*

serc, fem. 10., liebe, begirde:

deṡerc liebe (caritas).

sétche, fem. 10., gattin.

1. *si* sic; verstärkend: *a-dochum-si.*

2. *si* ir; verstärkend: *dúibsi, indibsi, libsi, hóre doigniith-si,* hinter dem prädikatsnomen *hóre adib foirbthisi.*

side (= se + de, das um gekerte *diser, dëser),* demonstr.; seltener *sede, sode.*

sil, ntr. 10., same.

sin (= se + n'), demonstr. suff. (wie franz. *là); hinter subst. *unainmsin, inrechtsin,* seltener hinter pron. *diairisin, fadésin.*

slán (= **salán*) salvus; *bidšlán* sempersalvus.
slond, 10., bedeutung, andeutung.
so, *su* = εὐ: *sochrud*, *sonirt* (*nert*).
so, demonstr., s. *sa*; *inso* one genusunterschid wol eigentlich adverbialer dativ (abl.), hier, da (also *so* statt *su*, *siu*).
sochuide, fem. 10., menschenmenge; collectiv: *corrochreitea sochuide* daß vile glauben.
sodin (= *sode* + *n'*), demonstr. ntr., diß: *trisodin*.
sóer, *sóir* frei, edel (ingenuus; gegensatz *dóir*), mit *oc*: kundig, geschikt;
sóira- befreien, erretten; 3. sg. fut. *sóirfea*;
sóire, fem. 10., freiheit, befreiung, salus.
sollumun (sollemne) festmal.
som selbst; verstärkt die 3. person im sg. msc. ntr. und im pl.: *indsom*, *doibsom*, *friusom*; *foraśaegulsom*; *ni ceilsom*.
son (sonus), msc. 10., wort, gen. *suin*, acc. pl. *sunu* (§. 74, 1).
són diß (stärker als *ón*).
spirut (§. 74, 1), msc. 8., spiritus, gen. *spirito*, *spiruto*, *spírto*.
su (*so*) 1) verstärkung der 2. person: *ciasberasu*; 2) in *massu* (*maso*) und *ciasu* (*ceso*) wol mit dem *so* in *inso* identisch: **ma-as-su*?
suidigud, msc. 8., (infin.) setzen.

T.

T nach außfall von vocalen bleibt unaspiriert nach *n*, *l*, *s*: *dénti*; tritt ein: 1) im anlaut für *d'* (*do*) vor vocalen (und *f*, *ś*): *tic*, *tanic*, *tucc-*, *tes-*, *tar-*, *tath-*, *tind-*, *tór-*; 2) im silbenaußlaut für *d* vor *s*: *ronmóitsem*, *int(s)* nom. msc., namentlich vor *ś*: *isintśechmadachtu*, *intśamil*, *tintúth*; seltener für *th* vor anderen cons.: *atbail*; 3) *t* oder *tt* für *d* + *d*: *cretim*, *th* + *th*: *brotto*, *d* + *th*: *imráto*, *t* + *th*: *crete*, *th* + *t*: *lotar*, *d* + *t*: *conitucca*.
-t (*-it*), pron. suff. der 2. sg. nach praep.: *uait*, *dúit*.
tá (nach Stokes = *do* + *vas*) esse, exstare; nur praes. 2. pl. *tad*, 3. *tat*, conj. 1. pl. *con-dan*; rel. *ol-daas*, *ol-doas* (quam est); mit
ad: *atá*, *hóre attá* = **ad(n)tá*.
tabairt, *tabart*, fem. 9. 10, geben, infin von

tabur (wol = *do-ath-b.*, trotz ab weichender behandlung des *th)*, gebe; perf. §. 304, 2, fut. *tibér;* 1. pl. imper. *taibrem,* 3. sg. *taibred,* part. necess. *tabarthí.*

tag nebenform für *teg, tiag* (s. *tec(h)t, fortac(h)t),* mit *con-* suchen, fordern; 3. sg. *contaig, condaig;* *sechma-;* part. pass. *sechmadac(h)te* praeteritus, auch subst. ntr.

tair-chechuin s. *can.*

talland (= *do-elland),* 10., fähigkeit, talent.

tan (= *do-an?)* weile, zeit; adv. *intain* mit rel. *(n)* als, wenn (cum); *iartain* hernach.

tanic s. *do-ic.*

tar, dar (trans) über, durch, mit acc.; *tar-éssi(n)* uneig. praep. nach, für; *tar-a-éssi* danach, dafür.

tatháir (= *doath-áir)* tadel, vorwurf,

tec(h)t (zu §. 226), fem. 9., gang, infin. von *tiag;* davon *tec(h)taire,* msc. 10., gesanter.

tec(h)ta- haben; 3. pl. *tectit,* verbunden *tectat.*

teora, fem., von *tri* (§. 237) drei.

tesbuith (= *do-es-b.),* fem. 9., lücke, infin. felen; conj. 3. pl. *cu-tesbat.*

tét gehen; rel. *téte.*

tiag auf ein zil loß gehen (tendere, subire); 1. pl. *tiagme-ni;* *imm'-* wandeln, conj. statt imper. 2. pl. *ni imthésid* (§. 304, 1, anm.); als infin.
imthecht, fem. 9., wandeln.

tic = *do-ic.*

tigerne (von *teg,* ntr. *as*-stamm, haus), msc. 10., herr.

tintúth (do-ind-śúth von *só* wenden, beitr. IV, 172), msc. 8., übersetzung.

tír, ntr. 9., land.

togu (= *dofogu,* vgl. *rogu)* berufung, gen. acc. ebenso (!).

tol (= *dofol?* s. *irlam),* fem. 10., wille, dat. *tuil, toil,* gen. pl. *tol.*

toraisse = *taraisse, tarisse* fest, beständig (vgl. *iress).*

torbe (= *doforbe),* adj., nüzlich, subst. ntr. 10., nutzen.

tórmach (= *doformag),* 10., vermerung, infin.

tossach, ntr. 10., anfang.

tra (abgekürzt *'t')* also.

tré, trí (gewönlich verkürzt) mit acc. durch: *tribaithis, trephrecept, trefoirbthetith,* mit suff. pron. 3. msc. ntr. *triit* = *trít*; vor dem art. *tris: trisnasenpecthu.*

trebar klug, gen. *trebuir* (s. *ui*).

tri s. *tré.*

trichtaige, fem. 10., 'dreißigkeit', 30 tage.

triit s. *tré.*

triar drei personen, gen. *triir,* dat. *triur.*

tuc (= *do-uc*) bringen, 3. sg. ind. *tuic,* conj. *con-i(d)-tucca,* 3. pl. pass. (conj.) *in-duccatar.*

tuicse, part. perf. pass., (= *do-fo-guiste?* vgl. *togu*) außerwält, berufen.

tuile, ntr. 10., flut.

tuit fallen (3. sg. praes.), mit *do: dothuit,* mit rel. (*n*): *dotuit.*

U.

U auß *a* assimiliert §. 74, 1 (neben *au, o*): *do-thórmuch, hi-bar-cumung*; auß *o: sunu*; *u* statt *iu* namentlich im außlaut *diadu, bélru, sechmadachtu*; *didu*; *assu, laigu.*

u, iu suff. pron. der 3. pl. acc.: *friu.*

ua, uai s. *ó.*

uan-ni von uns, s. *ó.*

uar, fem. 10., hora, gen. *uare, óre,* dat. acc. *uair, óir*; dual. nom. *dí uair,* dat. *dib ńuarib.*

ui umlaut 1) von *u: buith, uisse, cuicce*; 2) von *o* (oft nur scheinbar): *cuit, uile*; 3) statt *ai: tairchechuin, trebuir.*

uile, 10. adj. pron., jeder, alle.

uisse, 10., gerecht.

(h)umaldóit, fem. 9., humilitas.

unga, fem. 10., uncia, ein zwölftel einer minute.

H. Ebel.

IX.

Altbulgarisch.

Alphabete*)

(das glagolitische nur in der älteren runden form).

kyrillisch	glagolitisch		kyrillisch	glagolitisch	
а	Ⰰ	*a*	к	Ⰽ	*k*
б	Ⰱ	*b*	л	Ⰾ	*l*
в	Ⰲ	*v*	м	Ⰿ	*m*
г	Ⰳ	*g*	н	Ⱀ	*n*
д	Ⰴ	*d*	о	Ⱁ	*o*
є	Ⰵ	*e*	п	Ⱂ	*p*
ж	Ⰶ	*ž*	р	Ⱃ	*r*
ѕ	Ⰷ	*z*	с	Ⱄ	*s*
ꙁ	Ⰸ	*z*	т	Ⱅ	*t*
и, й	Ⰹ	*i, j*	оу	Ⱆ	*u*
і, ї	Ⰺ	*i*	ф	Ⱇ	*f*
	Ⰼ, Ⰻ	*đ*	х	Ⱈ	*ch*

*) Wir halten das so gen. kyrillische alphabet, das, wie das im ductus ähnliche gotische alphabet, auf der griechischen uncialschrift beruht, für das ältere. Es war wol bereits vor Kyrill vorhanden, weil es, wenn es erst um die mitte des IX jahrh. entstanden wäre, die griechische cursivschrift zur grundlage haben würde. Das so genante glagolitische alphabet gilt uns als eine verschnörkelung des kyrillischen. Eine weitere begründung dieser in neuerer zeit bestrittenen ansicht kann hier nicht gegeben werden. *Sr.*

kyrillisch	glagolitisch		kyrillisch	glagolitisch	
ѡ	Ⱉ	*o*	ꙗ		*ja*
щ	Ⱋ	*št*	ѥ		*je*
ц	Ⱌ	*c*	ѧ	Ⱔ	*ę*
ч	Ⱍ	*č*	ѫ	Ⱘ	*ǫ*
ш	Ⱎ	*š*	ѩ	Ⱗ	*ję*
ъ	Ⱏ	*ŭ*	ѭ	Ⱙ	*jǫ*
ꙑ	ⰟⰉ, ⰟⰊ	*y*	ѯ		ξ = *ks*
ь	Ⱐ	*ĭ*	ѱ		ψ = *ps*
ѣ	Ⱑ	*ě*	ѳ	Ⱚ	θ = *th*
ю	Ⱓ	*ju*	ѵ	Ⱛ	υ = *y*

щ, Ⱋ ist compendium für шт, ⰞⰕ und wird oft so getrent geschriben; ѕ und ꙁ, и und і (ї), о und ѡ sind phonetisch gleichbedeutend; ѕ, і, ѡ sind in gewissen worten und verbindungen gebräuchlich; ꙉ (*ď*) ist wie eng verbundenes *dj* zu sprechen, in älteren handschriften nur in griechischen worten für γ vor palatalen vocalen (ι, ε, υ), später auch *j*; *ě* und *ja* fallen im glagolitischen in Ⱑ zusammen, für *ju* steht glagolitisch auch Ⰰ (*a*), wie für *je* immer Ⰵ (*e*). In manchen handschriften findet sich л҄, н҄, р҄ (*l'*, *n'*, *r'*), um die innige verbindung von *lj*, *nj*, *rj* auß zu drücken. Für die außsprache vergl. § 76 u. nachtrag zu p. 119.

Die folgenden texte sind entnommen dem kyrillisch geschribenen so genanten Ostromirschen Evangelium aus dem jare 1056—1057 (herauß gegeben von Vostokov, St. Petersburg 1843), und dem glagolitisch geschribenen so genanten Assemanischen oder Vaticanischen Evangelium aus dem XI. jarhundert (herauß gegeben von Fr. Rački, Agram 1865). Die in den erwähnten außgaben vor kommenden compendien sind auf gelöst, in den stücken aus dem Ostrom. Evang. die dort nicht vorhandene worttrennung durch gefürt, das den buchstaben ъ vertretende zeichen ' durch ь ersezt, das selbe zeichen, wenn es die erweichung von *l*, *n*, *r* auf drükt, oder sonst für *j* steht, durch *j* gegeben.

Das zeichen й ist im Ostrom. codex nicht gebräuchlich. In den glagolitischen stücken ist die verwechselung von *ŭ* und *ĭ* ser häufig (s. p. 680); zuweilen sind die halbvocale auch ganz auf gelaßen, z. b. *vsi* = *vĭsi*.*)

*) Um den leren raum dieser seite nicht unbenüzt zu lassen, teilen wir noch die chorvatische, eckige form des glagolitischen alphabets hier mit.

Ⰰ	*a*	Ⰽ	*k*	Ⱈ	*ch*
Ⰱ	*b*	Ⰾ	*l*	Ⱉ	*o*
Ⰲ	*v*	Ⰿ	*m*	Ⱋ	*št*
Ⰳ	*g*	Ⱀ	*n*	Ⱌ	*c*
Ⰴ	*d*	Ⱁ	*o*	Ⱍ	*č*
Ⰵ	*e*	Ⱂ	*p*	Ⱎ	*š*
Ⰶ	*ž*	Ⱃ	*r*	Ⱏ, ı	*ŭ*
Ⰷ	*ʒ*	Ⱄ	*s*	Ⰺ (ıⰺ)	*y*
Ⰸ	*z*	Ⱅ	*t*	Ⱐ, ı	*ĭ*
Ⰹ	*i*	Ⱆ	*u*	Ⱑ	*ě* (*ja*)
Ⰺ, Ⰺ̆	*i j.*	Ⱇ	*f*	Ⱓ	*ju*
Ⰼ	*ď*				

A. Matth. VI, 7—13.

7. молѧште же сѧ не лихо глаголѣте ꙗкоже ѩзычьници, мьнѧть
бо сѧ ꙗко въ мъноѕѣ глаголании своѥмь ѹслышани бѫдѫть.

8. не подобите сѧ ѹбо имъ, вѣсть бо отьць вашь ихъже трѣ-
бѹѥте прѣжде прошениꙗ вашего.
9. тако ѹбо молите вы сѧ · отьче нашь иже ѥси на небе-
сехъ, да свѧтить сѧ имѧ твоѥ,
10. да придеть цесарьствиѥ твоѥ, да бѫдеть волꙗ твоꙗ ꙗка на
небеси и на ѕемли.
11. хлѣбъ нашь насѫщьныи даждь намъ дьньсь,
12. и остави намъ дългы нашѧ ꙗко и мы оставлꙗѥмъ длъжъ-
никомъ нашимъ,
13. и не въведи насъ въ напасть нъ избави ны отъ непри-
ꙗзни, ꙗко твоѥ ѥсть цесарьствиѥ и сила и слава въ вѣкы. амин.

7. *molęšte že sę ne licho glagolěte jakože języčĭnici,*
mĭnętĭ bo sę jako vŭ mŭnozě glagolanii svojemĭ uslyšani
bǫdǫtĭ.
8. *ne podobite sę ubo imŭ, věstĭ bo otĭcĭ vašĭ ichŭže*
trěbujete prěžde prošenija vašego.
9. *tako ubo molite vy sę: otĭče našĭ, iže jesi na nebe-*
sechŭ, da svętitĭ sę imę tvoje,
10. *da pridetĭ cesarĭstvije*) tvoje, da bǫdetĭ volja tvoja*
*jaka**) na nebesi i na zemli;*
11. *chlěbŭ našĭ nasǫštĭnyj daždĭ namŭ dĭnĭsĭ,*
12. *i ostavi namŭ dlŭgy našę, jako i my ostavljajemŭ*
dlŭžŭnikomŭ našimŭ,
13. *i ne vŭvedi nasŭ vŭ napastĭ, nŭ izbavi ny otŭ*
neprijazni, jako tvoje jestĭ cesarĭstvije) i sila i slava vŭ*
věky. amin.

---

*) *cěsarĭstvije.* **) wol schreibfeler für *jako.*

7. ⰿⱁⰾⱔⱋⰵ ⰶⰵ ⱄⱔ ⰻ ⱀⰵ ⰾⰻⱈⱁ ⰳⰾⰰⰳⱁⰾⰹⱅⰵ ⱑⰽⱁ ⰻ ⱗⰸⱏⰺⱍ-
ⱐⱀⰹⱌⰹ, ⰿⱐⱀⱔⱅⱏ ⰱⱁ ⱄⱔ ⱑⰽⱁ ⰲⱏ ⰿⱀⱁⰸⱑ ⰳⰾⰰⰳⱁⰾⱑⱀⰹⰹ ⱄⰲⱁⰵⰿⱏ
ⱆⱄⰾⱏⰹⱎⰰⱀⰹ ⰱⱘⰴⱘⱅⱏ.
8. ⱀⰵ ⱂⱁⰴⱁⰱⰹⱅⰵ ⱄⱔ ⱆⰱⱁ ⰹⰿⱏ, ⰲⱑⱄⱅⱏ ⰱⱁ ⱁⱅⱐⱌⱐ ⰲⰰⱎⱏ ⰹⱈⱏ-
ⰶⰵ ⱅⱃⱑⰱⱆⰵⱅⰵ ⱂⱃⱑⰶⰴⰵ ⱂⱃⱁⱎⰵⱀⰹⱑ ⰲⰰⱎⰵⰳⱁ.
9. ⱄⰹⱌⰵ ⰶⰵ ⰿⱁⰾⰹⱅⰵ ⱄⱔ · ⱁⱅⱐⱍⰵ ⱀⰰⱎⱏ ⰹⰶⰵ ⰵⱄⰹ ⱀⰰ ⱀⰵ-
ⰱⰵⱄⰹ, ⰴⰰ ⱄⰲⱔⱅⰹⱅⱏ ⱄⱔ ⰹⰿⱔ ⱅⰲⱁⰵ,
10. ⰴⰰ ⱂⱃⰹⰴⰵⱅⱏ ⱌⰰⱃⱄⱅⰲⱁ ⱅⰲⱁⰵ, ⰴⰰ ⰱⱘⰴⰵⱅⱏ ⰲⱁⰾⱑ ⱅⰲⱁⱑ
ⱑⰽⱁ ⱀⰰ ⱀⰵⰱⰵⱄⰹ ⰹ ⱀⰰ ⰸⰵⰿⰾⰹ,
11. ⱈⰾⱑⰱⱏ ⱀⰰⱎⱐ ⱀⰰⱄⱘⱋⱐⱀⱏⰹ ⰴⰰⰶⰴⱏ ⱀⰰⰿⱏ ⰴⱐⱀⰵⱄⱐ,
12. ⰹ ⱁⱄⱅⰰⰲⰹ ⱀⰰⰿⱏ ⰴⰾⱏⰳⱏⰹ ⱀⰰⱎⱔ ⱑⰽⱁ ⰹ ⰿⱏⰹ ⱁⱄⱅⰰ-
ⰲⰾⱑⰵⰿⱏ ⰴⰾⱏⰶⱐⱀⰹⰽⱁⰿⱏ ⱀⰰⱎⰹⰿⱏ,
13. ⰹ ⱀⰵ ⰲⱏⰲⰵⰴⰹ ⱀⰰⱄⱏ ⰲⱏ ⰹⱄⰽⱆⱎⰵⱀⰹⰵ ⱀⱏ ⰹⰸⰱⰰⰲⰹ ⱀⱏⰹ
ⱁⱅⱏ ⰾⱘⰽⰰⰲⰰⰰⰳⱁ, ⱑⰽⱁ ⱅⰲⱁⰵ ⰵⱄⱅⱏ ⱌⰰⱃⱄⱅⰲⱁ ⰹ ⱄⰹⰾⰰ ⰹ ⱄⰾⰰⰲⰰ
ⰲⱏ ⰲⱑⰽⱏⰹ. ⰰⰿⰹⱀⱏ.

7. *molęšte že sę i ne licho glagolite ěko i językŭčĭnici,*
mĭnętŭ bo sę ěko vŭ mnozě glagolěnii svoemŭ uslyšani
bǫdǫtŭ.
8. *ne podobite sę ubo imŭ, věstŭ bo otĭcĭ vaš ichŭže*
trěbuete prěžde prošenię vašego.
9. *sice že molite sę: otĭče našŭ, iže esi na nebesi, da*
svętitŭ sę imę tvoe,
10. *da pridetŭ carstvo tvoe, da bǫdet volě tvoě ěko na*
nebesi i na zemli;
11. *chlěbŭ našĭ nasǫštĭnŭi daždŭ namŭ dĭnes,*
12. *i ostavi namŭ dlŭgy našę, ěko i my ostavlěemŭ*
dlŭžĭnikomŭ našimŭ,
13. *i ne vŭvedi nasŭ vŭ iskušenie, nŭ izbavi ny otŭ*
lǫkavaago, ěko tvoe estŭ carstvo i sila i slava vŭ věkŭ.
aminŭ.

B. Joh. I, 1—28.

1. искони бѣ слово, и слово бѣ отъ бога, и богъ бѣ слово.

2. се бѣ искони оу бога.

3. и тѣмь вьсѧ бꙑшѧ, и беꙁ него ничьто же не бꙑсть ѥже
бꙑсть.

4. въ томь животъ бѣ, и животъ бѣ свѣтъ чловѣкомъ.

5. и свѣтъ въ тьмѣ свьтить сѧ, и тьмѧ ѥго не обѧтъ.

6. бꙑсть чловѣкъ посъланъ отъ бога, имѧ ѥмоу иоанъ.

7. тъ приде въ съвѣдѣтельство, да съвѣдѣтельствоуѥть о свѣ-
тѣ, да вьси вѣрѫ имѫть имь.

8. не бѣ тъ свѣтъ, нъ да съвѣдѣтельствоуѥть о свѣтѣ.

1. *iskoni bě slovo, i slovo bě otŭ boga, i bogŭ bě slovo.*

2. *se bě iskoni u boga.*

3. *i těmĭ vĭsa byšę, i bez nego*) ničĭto že ne bystĭ,
ježe bystĭ.*

4. *vŭ tomĭ životŭ bě, i životŭ bě světŭ člověkomŭ.*

5. *i světŭ vŭ tĭmě svĭtitĭ sę, i tĭma jego ne obętŭ.*

6. *bystĭ člověkŭ posŭlanŭ otŭ boga, imę jemu Ioanŭ.*

7. *tŭ pride vŭ sŭvědětelĭstvo, da sŭvědětelĭstvujetĭ o
světě, da vĭsi věrą imątĭ imĭ.*

8. *ne bě tŭ světŭ, nŭ da sŭvědětelĭstvujetĭ o světě.*

---

*) für *bezŭ njego.*

B. Joh. I, 1—28.

1. ⰺⱄⰽⱁⱀⰺ ⰱⱑ ⱄⰾⱁⰲⱁ, ⰺ ⱄⰾⱁⰲⱁ ⰱⱑ ⱆ ⰱⱁⰳⰰ, ⰺ ⰱⱁⰳⱏ ⰱⱑ
ⱄⰾⱁⰲⱁ.

2. ⱄⰵ ⰱⱑ ⰺⱄⰽⱁⱀⰺ ⱆ ⰱⱁⰳⰰ.

3. ⰲⰺⱎⱑ ⱅⱑⰿⱏ ⰱⱏⰺⱎⱔ, ⰺ ⰱⰵⰶ ⱀⰵⰳⱁ ⱀⰺⱍⰵⱄⱁ ⰶⰵ ⱀⰵ ⰱⱏⰺⱄⱅⱏ
ⰵⰶⰵ ⰱⱏⰺⱄⱅⱏ.

4. ⰲⱏ ⱅⱁⰿⱏ ⰶⰺⰲⱁⱅⱏ ⰱⱑ, ⰺ ⰶⰺⰲⱁⱅⱏ ⰱⱑ ⱄⰲⱑⱅⱏ ⱍⰾⱁⰲⱑⰽⱁⰿⱏ.

5. ⰺ ⱄⰲⱑⱅⱏ ⰲⱏ ⱅⱐⰿⱑ ⱄⰲⰺⱄⱅⰺⱅⱏ ⱄⱔ, ⰺ ⱅⱐⰿⰰ ⰵⰳⱁ ⱀⰵ ⱁⰱⱔⱅ.

6. ⰱⱏⰺⱄⱅⱏ ⱍⰾⱁⰲⱑⰽⱏ ⱂⱁⱄⱏⰾⰰⱀⱏ ⱁⱅⱏ ⰱⱁⰳⰰ, ⰺⰿⱔ ⰵⰿⱆ ⰺⱁⰰⱀⱏ.

7. ⱄⱐ ⱂⱃⰺⰴⰵ ⰲⱏ ⱄⱏⰲⱑⰴⱑⱅⰵⰾⱄⱅⰲⱁ, ⰴⰰ ⱄⱏⰲⱑⰴⱑⱅⰵⰾⱐⱄⱅⰲⱆ-
ⰵⱅⱏ ⱁ ⱄⰲⱑⱅⱑ, ⰴⰰ ⰲⱄⰺ ⰲⱑⱃⱘ ⰺⰿⱘⱅⱏ ⰵⰿⱆ.

8. ⱀⰵ ⰱⱑ ⱅⱐ ⱄⰲⱑⱅⱏ, ⱀⱏ ⰴⰰ ⱄⱐⰲⱑⰴⱑⱅⰵⰾⱐⱄⱅⰲⱆⰵⱅⱏ ⱁ
ⱄⰲⱑⱅⱑ.

1. *iskoni bě slovo, i slovo bě u boga, i bogŭ bě slovo.*

2. *se bě iskoni u boga.*

3. *višě těmŭ byšę, i bež nego ničeso že ne bystŭ, eže bystŭ.*

4. *vŭ tomŭ životŭ bě, i životŭ bě světŭ člověkomŭ.*

5. *i světŭ vŭ tĭmě svistitŭ*) sę, i tĭma ego ne obęt.*

6. *bystŭ člověkŭ posŭlanŭ otŭ boga, imę emu Ioanŭ.*

7. *sĭ pride vŭ sŭvědětelstvo, da sŭvědětelĭstvuetŭ o světě, da vsi věrą imątŭ emu.*

8. *ne bě tĭ světŭ, nŭ da sĭvědětelĭstvuetŭ o světě.*

---

*) wol felerhaft für *svĭtitŭ*, da es ein verbum *svistiti* oder *svistěti* in disem sinne nicht zu geben scheint.

9. бѣ свѣтъ истиньнꙑи, иже просвѣщаѥть вьсꙗкого чловѣка
грѧдѫщꙗ въ миръ.
10. въ мирѣ бѣ, и миръ тѣмь бꙑсть, и миръ ѥго не позна.

11. въ своꙗ приде, и свои ѥго не приѩшѧ.
12. ѥлико же ихъ приѩтъ и, дастъ имъ область чѧдомъ бо-
жиѥмъ бꙑти, вѣроуѭщиѥмъ въ имѧ ѥго,
13. иже ни отъ кръви ни отъ похоти плътьскꙑꙗ ни отъ по-
хоти мѫжьскꙑ нъ отъ бога родишѧ сѧ.
14. и слово плъть бꙑсть и въсели сѧ въ нꙑ, и видѣхомъ
славѫ ѥго, славѫ ꙗко ѥдиночѧдааго отъ отьца, испълнь благодати
и истинꙑ.
15. иоанъ съвѣдѣтельствова о нѥмь и възъва глагола · сь бѣ
ѥгоже рѣхъ · грѧдꙑи по мънѣ прѣдъ мъноѭ бꙑсть, ꙗко пьрвѣи
мене бѣ.

9. *bě světŭ istinĭnyj, iže prosvěštajetĭ vĭsjakogo člověka
grędąšta vŭ mirŭ.*
10. *vŭ mirě bě, i mirŭ těmĭ bystĭ, i mirŭ jego ne
pozna.*
11. *vŭ svoja pride, i svoi jego ne prijęšę.*
12. *jeliko že ichŭ prijętŭ i, dastĭ imŭ oblastĭ čędomŭ
božijemŭ byti, věrująštemŭ vŭ imę jego,*
13. *iže ni otŭ krŭvi ni otŭ pochoti plŭtĭskyę**) *ni otŭ
pochoti mąžĭsky nŭ otŭ boga rodiša***) *sę.*
14. *i slovo plŭtĭ bystĭ i vŭseli sę vŭ ny, i viděchomŭ
slavą jego, slavą jako jedinočędaago otŭ otĭca, ispŭlnĭ
blagodati i istiny.*
15. *Ioanŭ sŭvědětelĭstvova o njemĭ i vŭzŭva glagolę****)*:
sĭ bě, jegože rěchŭ: grędyj po mŭně prědŭ mŭnoją bystĭ,
jako pĭrvěj mene bě.*

---

*) für *plŭtĭskyję*. **) Russismus für *rodišę* ***) für *glagolję*.

9. ⰁⰡ ⰔⰂⰡⰕ ⰋⰔⰕⰋⰐⰟⰐⰟ, ⰋⰆⰅ ⰒⰓⰑⰔⰂⰡⰛⰀⰅⰕⰟ ⰂⰟⰔⰡⰍⰑⰃⰑ ⰝⰎⰑⰂⰡ-
ⰍⰀ ⰋⰄⰨⰛⰀⰀⰃⰑ ⰂⰟ ⰏⰋⰓⰟ.
10. ⰂⰟ ⰏⰋⰓⰡ ⰁⰡ, Ⰻ ⰏⰋⰓⰟ ⰕⰡⰏⰟ ⰁⰟⰉⰔⰕⰟ, Ⰻ ⰂⰅⰔⰠ ⰏⰋⰓⰟ
ⰅⰃⰑ ⰐⰅ ⰒⰓⰋⰗⰕⰟ *).

12. ⰅⰎⰋⰍⰑ ⰆⰅ ⰋⰘⰟ ⰒⰓⰋⰗⰕⰟ Ⰻ, ⰄⰀⰔⰕⰟ ⰋⰏⰟ ⰑⰁⰎⰀⰔⰕⰠ ⰝⰤ-
ⰄⰑⰏⰟ ⰁⰑⰆⰋⰅⰏⰟ ⰁⰟⰉⰕⰋ, ⰂⰡⰓⰖⰩⰛⰋⰋⰏⰟ ⰂⰟ ⰋⰏⰤ ⰅⰃⰑ,
13. ⰋⰆⰅ ⰐⰅ ⰑⰕⰟ ⰍⰓⰟⰂⰅ ⰐⰋ ⰑⰕⰟ ⰒⰑⰘⰑⰕⰋ ⰒⰎⰟⰕⰠⰔⰍⰟⰉⰗ ⰐⰋ
ⰑⰕⰟ ⰒⰑⰘⰑⰕⰋ ⰏⰨⰆⰠⰔⰍⰟⰉ ⰐⰟ ⰑⰕⰟ ⰁⰑⰃⰀ ⰓⰑⰄⰋⰞⰤ ⰔⰤ.
14. Ⰻ ⰔⰎⰑⰂⰑ ⰒⰎⰟⰕⰠ ⰁⰟⰉⰔⰕⰟ Ⰻ ⰂⰟⰔⰅⰎⰋ ⰔⰤ ⰂⰟ ⰐⰟⰉ, Ⰻ ⰂⰋ-
ⰄⰡⰘⰑⰏⰟ ⰔⰎⰀⰂⰨ ⰅⰃⰑ, ⰔⰎⰀⰂⰨ ⰡⰍⰑ ⰋⰐⰑⰝⰤⰄⰀⰀⰃⰑ ⰑⰕⰟ ⰑⰕⰠⰜⰀ, ⰋⰔ-
ⰒⰎⰟⰐⰠ ⰁⰎⰀⰃⰑⰄⰀⰕⰋ Ⰻ ⰋⰔⰕⰋⰐⰟⰉ.
15. ⰋⰑⰀⰐⰐⰟ ⰔⰟⰂⰡⰄⰡⰕⰅⰎⰠⰔⰕⰂⰖⰅⰕⰟ Ⱁ ⰐⰅⰏⰟ Ⰻ ⰂⰟⰈⰠⰂⰀ ⰃⰎⰀ-
ⰃⰑⰎⰗ · ⰔⰠ ⰁⰡ ⰅⰃⰑⰆⰅ ⰓⰡⰘⰟ · ⰃⰓⰗⰄⰟⰉ ⰒⰑ ⰏⰟⰐⰡ ⰒⰓⰡⰄⰟ ⰏⰟⰐⰑⰩ
ⰁⰟⰉⰔⰕⰟ, ⰡⰍⰑ ⰒⰓⰟⰂⰡⰋ ⰏⰅⰐⰅ ⰁⰡ.

9. *bě svět istinŭnŭ, iže prosvěštaetŭ vŭsěkogo člověka idǫštaago vŭ mirŭ.*

10. *vŭ mirě bě, i mirŭ těmŭ bystŭ, i vesĭ mirŭ ego ne prijętŭ**).

12. *eliko že ichŭ prijętŭ i, dastŭ imŭ oblastĭ čędomŭ božiemŭ byti, věrujǫštiimŭ vŭ imę ego,*

13. *iže ne otŭ krŭve ni otŭ pochoti plŭtĭskyję ni otŭ pochoti mǫžĭsky nŭ otŭ boga rodišę sę.*

14. *i slovo plŭtĭ bystŭ i vŭseli sę vŭ ny, i viděchomŭ slavǫ ego, slavǫ ěko inočędaago otŭ otĭca, isplŭnĭ blagodati i istiny.*

15. *Ioannŭ sŭvědětelĭstvuetŭ o nemŭ i vŭzĭva glagolję: sĭ bě, egože rěchŭ: grjędy***) *po mŭně prědŭ mŭnojǫ bystŭ, ěko prŭvěj mene bě.*

---

*) *prijętŭ* entspricht dem *prijęšę* des kyr. textes. Die worte *pozna —ne* felen im Ass.Ev.; *prijętŭ* ist aber praedikat zu *mirŭ*, daher singular.

**) *ję* für *ę* geschriben komt im Assem. Evang. öfter vor.

16. и отъ испълнѥниꙗ ѥго мы вьси приѩхомъ благодать въз
благодать.

17. ꙗко законъ мосеомь данъ бысть, благодать и истина исоу-
сомь христомь бысть.

18. бога никъто же никъде же не видѣ, тъкъмо ѥдиночѧдыи
сынъ сы въ лонѣ отьчи тъ и исповѣда.

19. и се ѥсть съвѣдѣтельство иоаново, ѥгда послашѧ июдеи отъ
иероусалима иерея и левъгиты, да въпросѧть ѥго · ты къто ѥси;

20. и исповѣда и не отъвьрже сѧ, и исповѣда · ꙗко нѣсмь
азъ христосъ.

21. и въпросишѧ же и · къто оубо ты ѥси; илиꙗ ли ѥси; и
глагола · нѣсмь. пророкъ ли ѥси ты; и отъвѣща · ни.

22. рѣшѧ же ѥмоу · къто ѥси; да отъвѣтъ дамъ посълавъ-
шиимъ ны · чьто глаголѥши о тебѣ самомь;

16. *i otŭ ispŭlnjenija jego my vĭsi prijęchomŭ blagodatĭ
vŭz**) *blagodatĭ.*

17. *jako zakonŭ Moseomĭ danŭ bystĭ, blagodatĭ i istina
Isusomĭ Christomĭ bystĭ.*

18. *boga nikŭto že nikŭde že ne vidě, tŭkŭmo jedino-
čędyj synŭ sy vŭ loně otĭči, tŭ i ispověda.*

19. *i se jestĭ sŭvědětelĭstvo Ioanovo, jegda poslašę Iju-
dei otŭ Ierusalima iereję i levŭgity da vŭprosętĭ jego: ty
kŭto jesi?*

20. *i ispověda i ne otŭvĭrže sę, i ispověda: jako něsmĭ
azŭ Christosŭ.*

21. *i vŭprosišę že i: kŭto ubo ty jesi? Ilija li jesi?
i glagola: něsmĭ. prorokŭ li jesi ty? i otŭvěšta: ni.*

22. *rěšę že jemu: kŭto jesi? da otŭvětŭ damŭ posŭ-
lavŭšiimŭ ny. čito glagolješi o tebě samomĭ?*

---

*) für *vŭzŭ.*

16. ⰺ ⱁⱅⱏ ⰺⱄⱂⰾⱏⱀⰵⱀⰻⱑ ⰵⰳⱁ ⰿⱏⰹ ⰲⱄⰻ ⱂⱃⰻⱗⱄⱁⰿⱏ ⰱⰾⰰⰳⱁⰴⱑ-
ⱅⱐ ⰲⱏⰸ ⰱⰾⰰⰳⱁⰴⱑⱅⱐ.
17. ⱑⰽⱁ ⰿⱁⱄⰵⱁⰿⱏ ⰸⰰⰽⱁⱀⱏ ⰴⰰⱀⱏ ⰱⱏⰹⱄⱅⱏ, ⰱⰾⰰⰳⱁⰴⱑⱅⱐ ⰺ
ⰺⱄⱅⰻⱀⰰ ⰺⱄⱆⱄⱁⰿⱏ ⱈⱃⰻⱄⱅⱁⰿⱏ ⰱⱏⰹⱄⱅⱐ.
18. ⰱⱁⰳⰰ ⱀⰻⰽⱅⱁ ⰶⰵ ⱀⰵ ⰲⰻⰴⱑ ⱀⰻⰽⱐⰴⰵ ⰶⰵ, ⱀⱏ ⱅⱐⰽⱐⰿⱁ ⰺⱀⱁ-
ⱍⱗⰴⱏⰹ ⱄⱏⰹⱀⱏ ⱄⱏⰹ ⰲⱏ ⰾⱁⱀⱑ ⱁⱍⰻⰿⱏ ⰺⱄⱂⱁⰲⱑⰴⱑ.
19. ⰺ ⱄⰵ ⰵⱄⱅⱏ ⱄⱏⰲⱑⰴⱑⱅⰵⰾⱐⱄⱅⰲⱁ ⰺⱁⰰⱀⱁⰲⱁ, ⰵⰳⰴⰰ ⱂⱁⱄⱏⰾⰰ-
ⱎⱗ ⰺⱓⰴⰵⰺ ⱁⱅⱏ ⰺⰵⱃⱆⱄⰰⰾⰻⰿⰰ ⰺⰵⱃⰵⱗ ⰺ ⰾⰵⰲⰴⱐⰻⱅⱏⰹ, ⰴⰰ ⰲⱏⱂⱃⱁ-
ⱄⱗⱅⱏ ⱅⱏⰹ · ⰽⱅⱁ ⰵⱄⰻ;
20. ⰺ ⰺⱄⱂⱁⰲⱑⰴⰰ ⰺ ⱀⰵ ⱁⱅⰲⱃⱏⰶⰵ ⱄⱔ, ⰺ ⱂⱁⰲⱑⰴⰰ · ⱑⰽⱁ ⱀⱑⱄⰿⱏ
ⰰⰸⱐ ⱈⱃⰻⱄⱅⱁⱄⱏ.
21. ⰺ ⰲⱏⱂⱃⱁⱄⰻⱎⱗ ⰺ · ⱍⱐⱅⱁ ⱆⰱⱁ ⱅⱏⰹ ⰵⱄⰻ; ⰺⰾⰻⰰ ⰾⰻ ⰵⱄⰻ;
ⰺ ⰳⰾⰰⰳⱁⰾⰰ · ⱀⱑⱄⰿⱏ · ⱂⱃⱁⱃⱁⰽⱏ ⱆⰱⱁ ⰵⱄⰻ ⱅⱏⰹ; ⰺ ⱁⱅⰲⱑ · ⱀⰻ.
22. ⱃⱑⱎⱗ ⰵⰿⱆ · ⰽⱅⱁ ⰵⱄⰻ; ⰴⰰ ⱁⱅⱏⰲⱑⱅⱏ ⰴⰰⰿⱏ ⱂⱁⱄⱏⰾⰰⰲⱏ-
ⱎⰻⰻⰿⱏ ⱀⱏⰹ · ⱍⱐⱅⱁ ⰳⰾⰰⰳⱁⰾⰵⱎⰻ ⱁ ⱅⰵⰱⱑ ⱄⰰⰿⱁⰿⱏ;

16. *i otŭ isplŭnenię ego my vsi prijęsomŭ blagodětĭ vŭz*
blagodětĭ.
17. *ěko Moseomŭ zakonŭ danŭ bystŭ, blagodětĭ i istina*
Isusomŭ Christomŭ bystĭ.
18. *boga nikto že ne 'vidě nikĭde že, nŭ tĭkĭmo ino-*
čjędyj) synŭ syj vŭ loně očimŭ ispovědě.*
19. *i se estŭ sŭvědětelĭstvo Ioanovo, egda posŭlašję*)*
*Ijudei otŭ Ierusalima iereję i levďity, da vŭprosętŭ ii**):*
ty kto esi?
20. *i ispověda i ne otvrŭže sę, i pověda: ěko něsmŭ*
azĭ Christosŭ.
21. *i vŭprosišę i: čĭto ubo ty esi? Ilia li esi? i gla-*
gola: něsmŭ. prorokŭ ubo esi ty? i otvě: ni.
22. *rěšę emŭ: kto esi? da otŭvětŭ damŭ posŭlavŭšiimŭ*
ny. čĭto glagoleši o tebě samomŭ?

---

*) *ję* statt *ę*, vgl. zu v. 15.

**) statt *i*, im Assem. evang. nicht selten, wie auch *sii* für *si*, nom. plur. von *sĭ*.

23. рече же · азъ гласъ въпиѭщааго въ поустыни, исправите
пѫть господьнь, ꙗко же рече исаиꙗ пророкъ.

24. и посълании бꙗахѫ отъ фарисеи,

25. и въпросишѧ и и рѣшѧ ѥмоу · чьто оубо кръщаѥши, аще
ты нѣси христосъ ни илиꙗ ни пророкъ;

26. отъвѣщꙗ имъ иоанъ глаголѧ · азъ кръщаѭ въ водѣ, по
срѣдѣ же васъ стоить ѥгоже не вѣсте.

27. тъ ѥсть грѧдꙑи по мьнѣ, ꙗко пьрвѣи мене бѣ, ѥмоуже
нѣсмь достоинъ, да отрѣшѫ ремень сапогоу ѥго.

28. си въ виѳании бꙑшѧ об онъ полъ иордана, идеже бѣ
иоанъ кръстѧ.

23. *reče že: azŭ glasŭ vŭpijąštaago vŭ pustyni, ispra-
vite pątĭ gospodĭnĭ, jako že reče Isaija prorokŭ.*

24. *i posŭlanii bjaachą*) otŭ farisej,*

25. *i vŭprosišę i i rěšę jemŭ: čĭto ubo krĭštaješi, ašte
ty něsi Christosŭ ni Ilija ni prorokŭ?*

26. *otŭvěšta imŭ Ioanŭ glagolę**): azŭ krĭštają vŭ vodě,
po srědě že vasŭ stoitĭ, jegože ne věste.*

27. *tŭ jestĭ grędyj po mŭně, jako pĭrvěj mene bě, je-
mŭže něsmĭ dostojnŭ, da otrěšą†) remenĭ sapogu jego.*

28. *si vŭ Vithanii byšę ob††) onŭ polŭ Iordana, ideže
bě Ioanŭ krĭstę.*

---

*) für *běachą.*

**) statt *glagolję.*

†) statt *otŭrěšą* (inf. *otŭrěšiti).*

††) statt *obŭ.*

23. [Glagolitic text]
[Glagolitic text]

24. [Glagolitic text]

25. [Glagolitic text]
[Glagolitic text]

26. [Glagolitic text]
[Glagolitic text]

27. *) [Glagolitic text]
[Glagolitic text]
[Glagolitic text]

28. [Glagolitic text]
[Glagolitic text]

23. *reče: azĭ glasŭ vŭpijąštaago vŭ pustyni, ispravite
pątĭ gospodĭnŭ, ěko že reče Isaia prorokŭ.*

24. *i posŭlani běachą otŭ farisej,*

25. *i vŭprosišę i i rěšę emu· čĭto ubo krĭštaeši, ašte
ty něsi Christosŭ ni Ilia ni prorokŭ?*

26. *otŭvěšta imŭ Ioanŭ: azĭ krĭštają vy vŭ vodě, po
srědě že vasŭ stoitŭ, egože vy ne věste.*

27. *) *ěko prědŭ mnoją
estŭ, emuže azĭ něsmŭ dostojnŭ, otrěšiti**) reme(ne) sa-
pogu ego.*

28. *sii†) vŭ Vithanii byšę ob††) onŭ polŭ Ierdana,
ide bě Ioanŭ krĭstę.*

---

*) die worte *tŭ — mŭně* felen im Ass. Ev.

**) statt *otŭrěšiti.*

†) statt *si*, vgl. zu v. 19.

††) statt *obŭ.*

C. Matth. XIII, 24—30.

24. рече господь притъчѫ сиѭ · подобьно ѥсть цесарьствиѥ
небесьноѥ чловѣкоу сѣавъшоу доброѥ сѣмѧ на селѣ своѥмь.

25. съпѧщемъ же чловѣкомъ приде врагъ ѥго и въсѣꙗ плѣвелъ
по срѣдѣ пьшеницѧ и отиде.

26. ѥгда же прозѧбе трѣва и плодъ сътвори, тъгда ꙗви сѧ и
плѣвелъ.

27. пришьдъше же раби господина рѣшѧ ѥмоу · господи, не
добро ли сѣмѧ сѣꙗлъ ѥси на селѣ своѥмь; отъ кѫдоу оубо имать
плѣвелы;

24. *reče gospodĭ pritŭčą siją: podobĭno jestĭ cesarĭstvije**)
*nebesĭnoje člověku sěavŭšu***) *dobroje sěmę na selě svojemĭ.*

25. *sŭpęštemŭ že člověkomŭ pride vragŭ jego i vŭsěja*
plěvelŭ po srědě pĭšenicę i otide.

26. *jegda že prozębe trěva i plodŭ sŭtvori, tŭgda javi*
sę i plěvelŭ.

27. *prišĭdŭše že rabi gospodina rěšę jemu: gospodi, ne*
dobro li sěmę sějalŭ jesi na selě svojemĭ? otŭ kądu ubo
imatĭ plěvely?

---

*) *cěsarĭstvije.*

**) statt *sějavŭšu.*

C. Matth. XIII, 24—30.

24. ⱃⰵⱍⰵ ⰳⱁⱄⱂⱁⰴⱐ ⱄⰲⱁⰻⰿⱏ ⱆⱍⰵⱀⰻⰽⱁⰿⱏ ⱂⱃⰻⱅⱍⱘ ⱄⰻⱙ · ⱂⱁ-
ⰴⱁⰱⱏⱀⱁ ⰵⱄⱅⱏ ⱌⱑⱄⰰⱃⱄⱅⰲⱁ ⱀⰵⰱⰵⱄⱀⱁⰵ ⱍⰾⱁⰲⱑⰽⱆ ⱄⱑⰰⰲⱏⱎⱆ ⰴⱁⰱⱃⱁⰵ
ⱄⱑⰿⱔ ⱀⰰ ⱄⰵⰾⱑ ⱄⰲⱁⰵⰿⱏ.
25. ⱄⱐⱂⱔⱋⰵⰿⱏ ⰶⰵ ⱍⰾⱁⰲⱑⰽⱁⰿⱏ ⱂⱃⰻⰴⰵ ⰲⱃⰰⰳⱐ ⰵⰳⱁ ⰻ ⰲⱏⱄⱑⰰ
ⱂⰾⱑⰲⰵⰾⱏ ⱂⱁ ⱄⱃⱑⰴⱑ ⱂⱐⱎⰵⱀⰻⱌⱔ ⰻ ⱁⱅⰻⰴⰵ.
26. ⰵⰳⰴⰰ ⰶⰵ ⱂⱃⱁⰸⱔⰱⰵ ⱅⱃⱑⰲⰰ ⰻ ⱂⰾⱁⰴⱏ ⱄⱏⱅⰲⱁⱃⰻ, ⱅⱁⰳⰴⰰ ⱑⰲⰻⱎⱔ
ⱄⱔ ⰻ ⱂⰾⱑⰲⰵⰾⰻ.
27. ⱂⱃⰻⱎⰵⰴⱏⱎⰵ ⰶⰵ ⱃⰰⰱⰻ ⰳⱁⱄⱂⱁⰴⰻⱀⰰ ⱃⱑⱎⱔ ⰵⰿⱆ · ⰳⱁⱄⱂⱁⰴⰻ,
ⱀⰵ ⰴⱁⰱⱃⱁⰵ ⰾⰻ ⱄⱑⰿⱔ ⱄⱑⰰⰾⱏ ⰵⱄⰻ ⱀⰰ ⱄⰵⰾⱑ ⱄⰲⱁⰵⰿⱏ; ⰻ ⱁⱅⱏ ⰽⱘ-
ⰴⱆ ⱆⰱⱁ ⰻⰿⰰⱅⱏ ⱂⰾⱑⰲⰵⰾⱏⰻ;

24. *reče gospodĭ svoimŭ učenikomŭ pritčą sijǫ: podo-*
bŭno estŭ cěsarstvo nebesnoe člověku sěavŭšu dobroe sěmę
na selě svoemŭ.

25. *sĭpęštemŭ že člověkomŭ pride vragĭ ego i vŭsěa*
plěvelŭ po srědě pĭšenicę i otide.

26. *egda že prozębe trěva i plodŭ sŭtvori, togda ěvišę*
sę i plěveli.

27. *prišedŭše že rabi gospodina rěšę emu: gospodi, ne*
dobroe li sěmę sěalŭ esi na selě svoemŭ? i otŭ kǫdu ubo
imatŭ plěvely?

28. онъ же рече имъ · врагъ человѣкъ то сътвори. они же рѣ-
шѧ · хощеши ли да шьдъше въꙁберемъ ѥ;
29. онъ же рече · ни, ѥда како въстьрьꙁающе плѣвелы въсть-
рьгнете съ нимь и пьшеницѫ.
30. оставите коупьно расти обоѥ до жатвы, и въ врѣмѧ жа-
твѣ рекѫ жателѥмъ · шьдъше въꙁберѣте древлѥ плѣвелы и съвѧжате ѩ
въ снопы ꙗко съжещи ꙗ, а пьшеницѫ съберѣте въ житьницѫ моѭ.

28. *onŭ že reče imŭ: vragŭ člověkŭ to sŭtvori. oni že rěšę: chošteši li, da šĭdŭše vŭzberemŭ je?*

29. *onŭ že reče: ni, jeda kako vŭstĭrĭzajušte*) plěvely vŭstĭrĭgnete sŭ nimĭ i pĭšenicą.*

30. *ostavite kupĭno rasti oboje do žętvy, i vŭ vrěmę žętvě reką žęteljemŭ: šĭdŭše vŭzberěte drevlje plěvely i sŭvęžate ję vŭ snopy, jako sŭžešti ja**), a pĭšenicą sŭberěte vŭ žitĭnicą moją.*

---

*) Russismus für *vŭstĭrĭzająšte.*

**) verschriben für *ję.*

28. ⱁⱀⱏ ⰶⰵ (ⱃⰵ)ⱍⰵ ⰻⰿⱏ · ⰲⱃⰰⰳⱏ ⱍⰾⱁⰲⱑⰽⱏ ⱅⱁ ⱄⱏⱅⰲⱁⱃⰻ · ⱁⱀⰻ
ⰶⰵ ⱃⱑⱎⱔ · ⱈⱁⱋⰵⱎⰻ ⰾⰻ ⰴⰰ ⱎⰵⰴⱏⱎⰵ ⰲⱏⰸⰱⰵⱃⰵⰿⱏ ⱔ;
29. ⱁⱀⱏ ⰶⰵ ⱃⰵⱍⰵ · ⱀⰻ, ⰵⰴⰰ ⰽⰰⰽⱁ ⰲⱏⱄⱅⱃⱏⰳⰰⱙⱋⰵ ⱂⰾⱑⰲⰵⰾⱏⰹ
ⰲⱏⱄⱅⱃⱏⰳⱀⰵⱅⰵ ⱄⱏ ⱀⰻⰿⰻ ⰻ ⱂⱐⱎⰵⱀⰻⱌⱘ.
30. ⱁⱄⱅⰰⰲⰻⱅⰵ ⰽⱁⱂⱀⱁ ⱃⰰⱄⱅⰻ ⱁⰱⱁⰵ ⰴⱁ ⰶⱔⱅⰲⱏⰹ, ⰻ ⰲⱏ ⰲⱃⱑ-
ⰿⱔ ⰶⱔⱅⰲⱑ ⱃⰵⰽⱘ ⰶⱔⱅⰵⰾⱑⱀⰵⰿⱏ · ⱎⰵⰴⱏⱎⰵ ⰻⰸⰱⰵⱃⱑⱅⰵ ⱂⱃⱑⰶⰴⰵ
ⱂⰾⱑⰲⰵⰾⱏⰹ ⰻ ⱄⱏⰲⱔⰶⰰⱅⰵ ⱔ ⰲⱏ ⱄⱀⱁⱂⱏⰹ ⱑⰽⱁ ⱄⱏⰶⰵⱋⰻ ⱔ, ⰰ ⱂⱐⱎⰵ-
ⱀⰻⱌⱘ ⱄⱏⰱⰵⱃⱑⱅⰵ ⰲⱏ ⰶⰻⱅⱐⱀⰻⱌⱘ ⰿⱁⱙ.

28. *onŭ že (re)če imŭ: vragŭ člověkŭ to sŭtvori. oni*
že rěšę: chošteši li, da šedŭše vŭzberemŭ ję?

29. *onŭ že reče: ni, eda kako vŭstrŭgajǫšte plěvely*
vŭstrŭgnete sŭ nimi i pĭšenicǫ.

30. *ostavite kopno rasti oboe do žjętvy*), i vŭ vrěmę*
žjętvě) rekǫ žjętelěnemŭ*): šedŭše izberěte prěžde plěvely*
i sŭvęžate ję vŭ snopy ěko sŭžešti ję, a pĭšenicǫ sŭberěte
vŭ žitĭnicǫ mojǫ.

---

*) *ję* für *ę*, vgl. zu B, 15.

Glossar.

kr. bedeutet kyrillisch, gl. glagolitisch.

A.

A, conj., aber.

azŭ, B gl. *azĭ*, pron. pers. 1. pers., §. 265; *mene*, gen. sg., s. 649; *mŭně*, loc. dat. sg., s. 646; *mŭnoją*, instr. sg., s. 650; *my*, nom. pl.; *ny*, acc. pl., §. 266; *y*, §. 88, 3, anm.; *nasŭ*, gen. pl., s. 654; *namŭ*, dat. pl.; B 15 *mene* abhängig vom compar. *prŭvěj*.

aminŭ, *amin* ἀμήν.

ašte, conj., wenn.

B.

Bezŭ, praep. mit dem gen., one; oft mit weglaßung von *ŭ* und anschluß an den folgenden consonanten geschriben, daher B 3 kr. *bez-nego*, gl. *bež-nego* (da *nego* = *njego*; die verwandlung von *z* in *ž* nach §. 182, 5, s. 305).

blagodatĭ, *blagodětĭ*, subst. fem. 9. (*blagŭ*, adj. 10., gut; *dětĭ* tat, *děją* tue; vgl. §. 80, 2; suffix §. 226; *blagodatĭ* scheint von *da-ti* geben, *datĭ* gabe), woltat, gnade; *blagodati*, gen. sg., §. 252.

bo, conj., denn.

bogŭ, subst. msc. 10. (wurz. §. 177, 1, suffix §. 216), gott; *boga*, gen. sg., §. 252, s. 560; vertritt B 18 den acc.

božij, adj. 10. (*bogŭ*, suffix §. 217, s. 397), götlich; *božijemu*, B 12 gl. *božiemŭ*, dat. pl., §. 261; *e* §. 87, 1.

brati (§. 78, 2), *berą*, *bereši*, verb. I, b, §. 293, nemen.

byti, verb. (wurz. §. 82), sein; praesensst. *jes-*, I, a, s. 790; §. 89, 2; *jesmĭ*, 1. sg. praes.; *jesi*, 2. sg. praes., B 19 gl. *esi*, §. 182,

A, 1; *jestĭ*, 3. sg. praes., B gl. *estŭ; bě*, 3. sg. aor. comp., §. 297, vgl. §. 305, 1; §. 182, A, 2; *běachą*, 3. pl. imperf., §. 305; *bystĭ* (so überall kr., gl. außer B 17 *bystŭ*, vgl. §. 183, 1), 3. sg. aor. comp., §. 297, 3; personalend. §. 275; *byšę*, 3. pl. aor. comp., §. 297, 3; personalend. §. 276; *š* §. 182, A, 6; *bądetĭ*, A 10 gl. *bądet*, 3. sg. fut., vgl. s. 795, anm.; *bądątĭ*, A 7 gl. *bądątŭ*, 3. pl. fut.; *sy*, nom. sg. msc. part. praes. act., §. 229, s. 467; §. 84, 2; *syj* dass. decl. comp., §. 264.

bądą, bądeši s. u. *byti*.

V.

Vašĭ, pron. poss. 2. pers., euer; decl. wie *i*, s. d.; *vašego*, gen. sg. msc., ntr.

vesti (§. 182 B), *vedą, vedeši*, verb. I, b, füren.

viděti, viždą, vidiši, verb. V, vgl. §. 209, s. 362; wurz. §. 81, sehen; *vidě*, 3. sg. aor. comp.; *viděchomŭ*, 1. pl. aor. comp., §. 297, s. 818, 3; *ch* §. 182, A, 6.

Vithanija, subst. fem. 10., ortsname Bethania; *Vithanii*, loc. sg., §. 254; *-i* §. 87, 3 und 5.

vlasti, vladą, vladeši, verb. I, b, herschen, vgl. §. 181, anm.

voda, subst. fem. 10., waßer; *vodě*, loc. sg., §. 254.

volja, A 10 gl. *volě*, subst. fem. 10. (*vel-ěti* wollen, §. 181; suffix §. 217, s. 391; *o* §. 80), wille.

vragŭ, C 25, 28 *vragĭ*, subst. msc. 10., feind.

vrěmę, subst. ntr. 3., zeit; *vŭ vrěmę* zur zeit; wenn ein zeitraum angegeben wird, steht im slaw. *vŭ* mit dem acc.

vrěšti (§. 182, A, 3, b), *vrŭgą, vrŭžeši* (*ž* §. 182, A, 3, b), verb. I, b, werfen; *ě* §. 80, 2, die dort besprochene erscheinung findet sich auch bei consonantisch schließender wurzel.

vŭ, praep. mit dem acc. und loc., in; §. 89, 1; §. 82, 2.

vŭ-vesti, verb. I, b, s. *vesti*, hinein füren; *vŭvedi*, 2. sg. imp., §. 290; §. 88, 8.

vŭz-brati, verb. I, b (s. *brati*), auf heben, weg nemen; *vŭzberemŭ*, 1. pl. praes. C 28 übersezt *choštesi da vŭzberemŭ* das griech. θέλεις συλλέξωμεν, da in solchen und änlichen constructionen das slaw. das verbum perfectum, das dem sinne nach das futurum ersezt, gebraucht.

vŭzŭ, mit abfall des außlautes *vŭz*, so meist in zusammensetzungen; praep. mit dem acc., für, in zusammensetzungen auf, weg u. s. w.
vŭ-zŭvati, verb. I, b (s. *zŭvati)*, auß rufen; *vŭzŭva*, B 15 gl. *vŭzĭva*, 3. sg. aor. comp., §. 297, s. 818, 3.
vŭpiti, -piją, -piješi, verb. V, s. 794, 1, rufen, auß rufen; *vŭpijąštaago*, gen. sg. msc. decl. comp. (§. 264; §. 85) des part. praes. act., §. 229; decl. s. taf. s. 601; *št* §. 182, A, 4.
vŭ-prositi, verb. V (s. *prositi)*, fragen; *vŭprosętĭ*, B 19 gl. *vŭprosętŭ*, 3. pl. praes.; *vŭprosišę*, 3. pl. aor. comp., §. 297, s. 818, 3; §. 182, A, 6.
vŭs-trŭgati, -gają, -gaješi, verb. V *(s* §. 182, A, 3, a), herauß reißen; *vŭs-trŭgająšte*, nom. pl. msc. part. praes. act., §. 229; decl. taf. s. 601; *št* §. 182, A, 4.
vŭs-trŭgnąti, verb. IV, b (s. *trŭgnąti; s* §. 182, A, 3, a), herauß reißen; *vŭs-trŭgnete*, 2. pl. praes., C 29 kr. *vŭs-tĭrĭgnete;* die §. 181, anm. gegebene regel wird im Ostrom. codex selten beobachtet, statt der lautverbindung *rŭ* tritt meistens *ĭr, ĭrĭ, rĭ*, für *lŭ* meist *ŭl*, seltener *ŭlĭ* ein; *vŭstrŭgnąti* ist das verb. perf. zu *vŭstrŭgati* und *vŭstrŭzati*, vgl. unter *vŭzbrati.*
vŭs-trŭzati, -zają, -zaješi, verb. V, herauß reißen; *vŭstĭrĭzająšte (ĭrĭ* s. *vŭstrŭgnąti)*, nom. pl. msc. part. praes. act., §. 229; decl. taf. s. 601; *št* §. 182, A, 4.
vŭ-seliti, -ljq, -liši, verb. V, mit *sę* sich nider laßen, wonen (übersezt *σκηνοῦν;* von *selo* §. 220, u. a. zelt *σκηνή;* nach §. 209, s. 362, 3); *vŭseli*, 3. sg. aor. comp., §. 297, s. 818, 3.
vy, vasŭ, vamŭ s. u. *ty.*
vĭsĭ, B 10 gl. *vesĭ*, adj., all, decl. wie *i*, doch in einzelnen formen wie die pronom. *a*-stämme, so *vĭsa* B 3 kr., nom. pl. ntr., dagegen B 3 gl. *vĭsě*, d. i. *vĭsja* vom *ja*-stamme; *vĭsi*, B 16 gl. *vsi*, nom. pl. msc.
vĭsjakŭ (auch *vĭsakŭ)*, adj. pron., decl. wie *tŭ*, s. d.; jeder; *vĭsjakogo*, B 9 gl. *vŭsěkogo*, gen. sg. msc.
věděti, věmĭ, věsi, verb. II, a, s. 792, wurz. §. 81; wißen, kennen; *věstĭ*, 3. sg. praes., A 8 gl. *věstŭ; věste*, 2. pl. praes.
věkŭ, subst. msc. 10., lange zeit, ewigkeit; *věky*, acc. pl., §. 250, §. 84, 2; *věkŭ*, acc. sg., §. 249.

věra, subst. fem. 10., glaube, vertrauen.

věrovati, -rują, -ruješi, verb. V (von *věra* nach §. 212; *u, ov* §. 82), glauben, mit *vŭ* c. acc. glauben an —; *věrująštemŭ*, dat. pl. part. praes. act., §. 229; *št* §. 182, A, 4; *e* §. 87, 1, dat.-suff. §. 261; *věrująštiimŭ*, dass. decl. comp., §. 264, taf. s. 637; *ii* §. 87, 2.

vęzati, -žą, žeši, verb. V, s. 794, 3, binden; anlaut und wurzel §. 89, 1; §. 178, 1.

G.

Glagolanije, subst. ntr. 10. (*glagola-ti, glagolanŭ*, part. praet. pass. mit suffix §. 217, s. 398), das reden; *glagolanii*, A 7 gl. *glagolěnii*, loc. sg., §. 253; *-i* §. 87, 3 u. 5.

glagolati, -ljq, -lješi, verb. V, s. 794, 3 (wurz. §. 177, 1), sprechen, reden; *glagolěte*, 2. plur. imperat., §. 290, wie von einem verb. I, b; *glagolite* dass.; *i* = *jě* §. 87, 3; *glagola*, 3. sg. aor. comp., §. 297, s. 818, 3; *glagolję*, nom. sg. msc. part. praes. act., §. 229, s. 468; §. 87, 4; §. 183, 2.

glasŭ, subst. msc. 10., stimme.

gospodinŭ, subst. msc. 10. (*gospodĭ*; suffix §. 222), herr; *gospodina*, gen. sg., §. 252

gospodĭ, subst. msc. 9., herr; *gospodi*, voc. sg., §. 263.

gospodĭnĭ (B 23 gl. *gospodĭnŭ)*, adj. 10. (*gospodĭ*; suffix §. 222; *-nĭ* = *nja* §. 87, 2), dem hern gehörig.

gręsti, grędą, grędeši, verb. I, b, kommen; *grędy*, nom. sg. msc. part. praes. act., §. 229; §. 84, 2; *grędyj* dass. decl. comp., §. 264; taf. s. 637; *grędąšta*, gen. sg. msc. dess. part., §. 182, A, 4.

D.

Da, conj., damit, daß; mit der 3. pers. sg. u. pl. in unabhängigen sätzen als imperativ, *da svętitĭ sę* geheiligt werde.

dati, damĭ, dasi, verb. III, vgl. §. 182, 1, geben; *damŭ*, 1. pl. praes.; *daždĭ*, A 11 gl. *daždŭ*, 2. sg. imperat., §. 290, s. 719; §. 182, A, 4; *dastĭ*, B 12 gl. *dastŭ*, 3. sg. aor. comp., vgl. u. *byti; danŭ*, nom. sg. msc. part. praet. pass., §. 222.

do, praep. mit dem gen., bis.

dobrŭ, adj. 10., gut; *dobro*, nom. acc. sg. ntr.; *dobroje*, C 24 gl. *dobroe* dass., decl. comp., §. 264.

dostojnŭ (do-stoj-ati u. a. hinreichen; suffix §. 222), adj. 10., hinreichend, wert, würdig.

dlŭgŭ, subst. msc. 10., schuld; *dlŭgy,* acc. pl., §. 250; §. 84, 2.

dlŭžĭnikŭ, subst. msc. 10. *(dlŭžĭnŭ;* suffix §. 231), schuldner; *dlŭžĭnikomŭ,* A 12 kr. *dlŭžŭnikomŭ,* dat. pl., §. 261.

dlŭžĭnŭ, adj. 10. *(dlŭgŭ;* suffix §. 222, s. 428; *ž* §. 182, A, 3, b), schuldig.

drevlĭ, adj. 10. (suffix §. 217; *l* §. 182, A, 7), alt; *drevlje,* ntr. sg. als adverb, vor alters, früher, eher, vorher.

dĭnĭ, subst. msc. 9. (teilweise consonantisch vom stamme *dĭn-,* acc. *dĭne,* gen. *dĭne;* wurz. §. 81, suffix §. 223), tag; *dĭnĭ-sĭ,* acc. sg., §. 249 (A 11 gl. *dĭnes, e* jünger für *ĭ,* das auß lautende *ĭ* weg gefallen, wie auch sonst zuweilen, vgl. *vaš* A 8 gl. für *vašĭ),* disen tag, heute.

E.

E, die so an lautenden worte s. u. *je.*

Ž.

Že, partikel, zur verbindung von sätzen dienend wie griech. *δέ;* einem einzelnen worte nach gesezt, hebt es den begriff hervor, wie griech. *γέ;* an *i* an gefügt, bildet es das pron. relativum, dessen casusformen s. u. *i.*

žešti (§. 182, A, 3, b), *žegą, žežeši (ž* §. 182, A, 3, b), verb. I, b, verbrennen.

životŭ, subst. msc. 10., leben; wurz. §. 182, A, 3, b, suffix §. 318; dazu secundäres suff. *-ta-.*

žitĭnica, subst. fem. 10., scheuer *(ži-ti* weiden, leben, §. 182, A, 3, b; *žito* getreide, §. 224; *žitĭnŭ,* suff. §. 222, zum getreide gehörig, auß getreide bestehend; *žitĭnica,* suff. §. 231 u. §. 217; vgl. §. 182, A, 5); *žitĭnicą,* acc. sg., §. 249.

žętva, subst. fem. 10., ernte *(žę-ti;* suffix §. 227, s. 460); *žętvy,* gen. sg., §. 252; *žętvě,* dat. loc. sg. §. 254; *vŭ vrěmę žętvě* C 30 in der zeit der ernte, wörtlich: in der zeit für die ernte. Der dativ erscheint in diser function nicht selten im slawischen.

žęti, žĭnją, žinješi, verb. V, mähen *(ĭ* u. *ę* §. 84, 1).

žętelĭ, subst. msc. 10. *(žęti;* suffix §. 225; *ĭ* §. 87, 2), schnitter; *žęteljemŭ,* dat. pl., §. 261; *je* §. 87, 1.

žęteljaninŭ, subst. msc. 10. (*žętelĭ*; suffixe §. 222), schnitter; nom. u. gen. plur. consonantisch *žęteljane, žęteljanŭ*, die andern casus des plur. nach 9, daher *žęteljanemŭ, žętelěnemŭ*, dat. pl., §. 261.

Z.

Zakonŭ, subst. msc. 10., gesetz.

zemlja, subst. fem. 10., erde; vgl. §. 187, 1; suffix §. 217; *l* §. 182, A, 7; *zemli*, loc. sg., §. 254; *-i* §. 87, 3 u. 5.

znati, znają, znaješi, verb. V, 1 (vgl. §. 177, 1), kennen, wißen.

zŭvati und *zvati* (vgl. §. 78, 2 u. s. 792, anm. 2), *zovą, zoveši*, verb. I, b, rufen.

I.

I, conj., und, auch.

i, je, ja, pron. 3. pers. (stamm *ja-* §. 89, 2), er, es, sie; §. 264; *i*, acc. sg.; *jego*, B 5 gl. *ego*, gen. sg. msc. (B 19, 26 den acc. vertretend); *jemu*, gl. *emu*, dat. sg.; *ję*, acc. pl. msc. fem.; *ja*, nom. acc. pl. ntr.; *ichŭ*, loc. pl., die locativform vertritt im slawischen beim pronomen zugleich den gen. pl.; *imŭ*, dat. pl.; nach einsilbigen praepositionen und solchen zweisilbigen, deren zweite silbe auf *ŭ* auß lautet (*do, otŭ* u. s. f.) nemen die von inen abhängigen casus des pronomens im anlaut ein *n* an, daher *njego, nego; njemĭ*, gl. *nemŭ*, loc. sg. msc., s. 629; *nimĭ*, instr. sg.; *nimi*, instr. pl.; mit an gehängtem *že* bildet *i* auch das pron. relat.: *iže, jegože* (*egože* gl.), *jemuže* (*emuže* gl.), *ichŭže*.

ide, conj., wo; *ideže*, relat. das s.

ierej, subst. msc. 10. (*ἱερεύς*), priester; *iereję*, acc. pl., s. 250; §. 87, 4.

Ierusalimŭ, subst. msc. 10., Jerusalem; *Ierusalima*, gen. sg., §. 252.

iz-baviti, -vlją, -viši, verb. V, befreien, erlösen (*iz-bava* befreiung, erlösung, vgl. §. 209, s. 362, 3); *izbavi*, 2. sg. imperat., §. 290.

iz-brati, -berą, bereši, verb. I, b, herauß nemen; *izberěte*, 2. pl. imperat., §. 290.

izŭ, praep. mit dem gen., auß; in zusammensetzungen *iz-*.

Ilija, B gl. *Ilia*, eigenname, Elias.
iměti, *imamĭ* (§. 269), *imaši* u. *iměją*, *iměješi*, verb. V, haben; *imatĭ*, 3. sg. praes.
imę, subst. ntr. 3., name; §. 249, s. 543; vgl. §. 180, 1; §. 84, 1.
inočędŭ, adj. 10. *(inŭ, čędo)*, der eingeborne; *inočędyj*, nom. sg. msc. decl. comp., §. 264, s. 637; *inočędaago*, gen. sg. msc. dess., vgl. §. 85, 1.
inŭ, numer., ein; §. 237, 1.
Ioanovŭ, adj. 10. *(Ioanŭ;* suffix §. 218), dem Johannes gehörig; *Ioanovo*, ntr. sg.
Ioanŭ, subst. msc. 10., eigenname, Johannes *(Ἰωάννης)*.
Iordanŭ, *Ierdanŭ*, subst. msc. 10., Jordan; *Iordana*, *Ierdana*, gen. sg., §. 252.
Isaija, *Isaia*, eigenname, Jesaias.
iskoni s. u. *konĭ*.
is-kusiti, *-šą*, *-siši*, verb. V, versuchen, prüfen; *is-* = *iz-*, §. 182, A, 3, a.
iskušenije, gl. *iskušenie*, subst. ntr. 10., prüfung, versuchung (von *iskušenŭ*, part. praet. pass. von *iskusiti* mit suffix §. 217, s. 398).
isplŭnjenije, subst. ntr. 10., fülle *(izŭ, plŭniti* füllen, davon part. praet. pass. *plŭnjenŭ*, davon *isplŭnjenije*, §. 217, s. 398); *ispŭlnjenija (ŭl* = *lŭ* s. u. *vŭstrŭgnąti)*, B 16 gl. *isplŭnenię*, gen. sg., §. 252.
isplŭnĭ, B 14 kr. *ispŭlnĭ* (vgl. u. *vŭstrŭgnąti)*, indecl. adj., voll, mit dem gen. verbunden.
is-praviti, *-vlją* (§. 182, A, 7, a), *-viši*, verb. V, gerade machen, richten *(izŭ, pravŭ*, nach §. 209, s. 362, 3); *ispravite*, 2. pl. imperat., §. 290, s. 719.
is-po-vědati, *-dają*, *-daješi*, verb. V, bekennen, verkünden; *ispověda*, 3. sg. aor. comp., §. 297, s. 818, 3.
is-po-věděti, *-věmĭ*, *věsi*, verb. II, a, bekennen, verkünden; *ispověde*, 3. sg. aor. comp., §. 297, s. 818, 3.
istina, subst. fem. 10., warheit; *istiny*, gen. sg., §. 252, s. 560.
istinĭnŭ, B 8 gl. *istinŭnŭ*, adj. 10., war (von *istina*, suffix §. 222, s. 428); *istinĭnyj*, nom. sg. msc. decl. comp., §. 264, s. 637.
Isusŭ, subst. msc. 10., eigenname, Jesus; *Isusomĭ*, B 17 gl. *Isusomŭ*, instr. sg., §. 259.

iti, idą, ideši, verb., s. 795, anm., gehen; *idąštaago,* gen. sg. msc. part. praes. act., §. 229, s. 467; §. 182, A, 4; decl. comp. §. 264, s. 637; *šĭdŭše,* C 30 gl. mit späterer schreibung *šedŭše,* nom. pl. part. praet. act., §. 218, s. 404; decl. s. 603; wurz. *sad,* slaw. *chod,* §. 182, A, 6 (vgl. *choditi),* und *šĭd,* §. 78, 1; §. 182, A, 3, b.

Ijudej, subst. msc. 10., Jude; *Ijudei,* nom. plur., §. 247; *-i* §. 87, 5.

K.

Kako, partikel, wie, irgendwie; *eda kako* damit nicht etwa.

konĭ, subst. 9., anfang; *iskoni = izŭ koni,* gen. sg., von anfang an, am anfang.

krŭvĭ, subst. fem. 9., blut; *krŭvi,* gen. sg., §. 252; *krŭve,* gen. sg. eines nom. **kry,* subst. fem. 7.; §. 252, s. 560; *y* §. 88, 7.

krĭstiti (krŭstiti), krĭštą (§. 182 A, 4), *krĭstiši,* verb. V, taufen; *kristę,* nom. sg. msc. part. praes. act., §. 229; §. 87, 4.

krĭštati (krŭštati), -štają, -štaješi, verb. V (= **krĭstja-ti,* §. 182, A, 4 von *krĭstiti),* taufen.

kupŭ, subst. msc. 10., haufe.

kupĭnŭ, adj. 10. *(kupŭ;* suff. §. 222), zum haufen gehörig, zusammen; *kupĭno,* C 30 gl. *kopno,* ntr. sg. als adv., zusammen.

kusiti, kušą, kusiši, verb. V, kosten, versuchen.

kŭde, fragepartikel, wo.

kŭto, B 19 gl. *kto,* pron. interrog., wer; decl. §. 264, s. 633; §. 176, 1; *-to,* hervor hebende partikel.

kądu, adv., woher; *otŭ kądu* von wo her.

L.

Levŭgitinŭ, subst. msc. 10. *(λευίτης),* Levit; pl. *levŭgite* nach art consonantischer stämme, mit abwerfung der endung *-inŭ; levŭgity,* B 19 gl. *levd'ity,* acc. pl., §. 250.

li, conj., oder; in der frage: etwa; für uns dann meist unübersezbar.

lichŭ, adj. 10., überflüßig; *licho,* acc. sg. ntr.

lono, subst. ntr. 10., schoß; *lonĕ,* loc. sg., §. 254.

łąkavŭ, adj. 10., arglistig, böse *(łąka* busen und arglist, von *lęką,* inf. *lęšti* biegen; suffix §. 218, s. 400); *łąkavaago,* gen. sg. ntr. decl. comp., §. 264; §. 85, 1.

M.

Mirŭ, subst. msc. 10., welt; *mirŭ,* acc. sg., §. 183, 1; *mirě,* loc. sg., §. 254.
moj, moje, moja, pron. possess. 1. pers., mein; *moją,* acc. sg. fem.
Mojsij, Mosej, subst. msc. 10., eigenname, Moses; *Moseomĭ,* B 17 gl. *Moseomŭ,* instr. sg., §. 259; als fremdes wort unregelmäßig behandelt, regelrecht wäre *Mosejemĭ.*
moliti, -ľją (§. 182 A, 7), *-liši,* verb. V, bitten, mit *sę* beten; *molite,* 2. pl. imperat., §. 290, s. 719; *molęšte,* nom. pl. msc. part. praes. act., §. 229; decl. s. 601; *št* §. 182, A, 4.
mŭnogŭ, adj. 10. (vgl. s. 765, anm.), vil; *mŭnozě,* A 7 gl. *mnozě,* loc. sg., §. 254; *z* §. 182, A, 3, b.
mŭně, mŭnoją, mene, my, s. u. *azŭ.*
mĭněti, -nją, -niši, verb. V (wurz. §. 83), meinen, mit *sę* das s.; *mĭnętĭ,* A, 7 gl. *minętŭ,* 3. pl. praes.
mążĭ, subst. msc. 10., mann; *ja*-stamm §. 87, 2.
mążĭskŭ, adj. 10., mänlich *(mążĭ;* suffix §. 231; *s* §. 182, A, 7, b); *mążĭsky,* gen. sing. fem., §. 252, s. 560.

N.

Na, praep. mit acc. und loc., auf, in.
napastĭ, subst. fem. 9., gefar, versuchung *(na, pad-ą,* inf. *pas-ti* fallen; suffix §. 226; *s* §. 182, B); acc. sg., §. 249.
nasąštĭnŭ, adj. 10., hinreichend *(na, sąštĭnŭ,* vom stamme *santja-* des part. praes. act. wurz. *jes,* urspr. *as,* §. 229; mit suffix §. 222; *št* §. 182, A, 4); *nasąštĭnyj,* acc. sg. msc. decl. comp., §. 264; *nasąštĭny,* d. i. *-nŭi,* das selbe (das slaw. wort ist dem griech. ἐπιούσιος nach gebildet), §. 88, B, 3, anm.
našĭ, A 9 gl. *našŭ,* pron. possess. 1. pers., unser; decl. wie *i;* *našę,* acc. pl., §. 87, 4; *našimŭ,* dat. pl., §. 261.
ne, partikel, nicht.
nebesĭnŭ, adj. 10. *(nebo;* suffix §. 222), himlisch; *nebesĭnoje,* C 24 gl. *nebesnoe,* nom. sg. ntr. decl. comp., §. 264.
nebo, subst. ntr. 2. (vgl. §. 178, 3), himmel; *nebesi,* loc. sg.; *nebesechŭ,* loc. pl. nach 9; vgl. taf. s. 597.
ne-prijaznĭ, subst. fem. 9., ungüte, das böse, übel; *neprijazni,* gen. sg., §. 252.
ni, negat. partikel, nein; dem lat. ne — quidem, griech. οὐδέ

entsprechend: auch nicht, nicht einmal; *ni — ni* weder — noch; bei pronom. s. *nikŭto* u. s. f. .

nikŭde, B 18 gl. *nikĭde*, nirgend wo.

nikŭto, B 18 gl. *nikto* (vgl. *kŭto)*, pronom., niemand; *boga nikŭto že nikŭde že ne vidě* B 18, niemand hat gott irgend wo gesehen; im slawischen heben mere negationen einander nicht auf.

ničeso nichts, s. u. *čĭto*.

ničĭto nichts, s. u. *čĭto*.

nŭ, conj., aber.

ny, nasŭ, namŭ s. u. *azŭ*.

něsmĭ, B 20 gl. *něsmŭ*, contrahiert auß *ne jesmĭ* ich bin nicht; *něsi* auß *ne jesi*.

njego, njemĭ, nimĭ, nimi s. u. *i*.

O.

O, praep. mit dem acc., um; mit dem loc.: um, über, von (bei verbis dicendi).

oblastĭ, subst. fem. 9., macht *(obŭ, vladą*, inf. *vlasti* herschen; suffix §. 226; *s* §. 182, B; *b* = *bv* §. 182, A, 2).

oboj, adj. pron. decl., beide; *oboje*, nom. acc. sg. ntr.

obŭ, praep. mit dem acc., *obŭ onŭ polŭ* jenseit.

obŭ-jęti, obęti (obŭ um, s. *jęti)*, verb. I, b, umfaßen, auf nemen; *obętŭ* B 5 gl. *obęt*, 3. sg. aor. comp., §. 297, 3; 3. sg. wäre regelmäßig *obę*, die ursprüngliche bildungsweise muß auß dem bewustsein geschwunden sein, so trat die primäre personalendung *-tĭ*, mit verwechselung von *ĭ* und *ŭ* gewönlich *-tŭ* geschriben, an, wobei nicht wie in *bystĭ, dastĭ* das ursprüngliche *s* wider eintrat; vgl. §. 183, 1.

onŭ, ono, ona, pron. 3. pers., jener (§. 180, 1); declin. wie *tŭ*; *oni*, nom. pl. msc.

ostaviti, -vlją (§. 182, A, 7, a), *-viši*, verb. V, laßen, erlaßen, vergeben; *(ostati* verlaßen, *ostavŭ* zurüklaßung, *ostaviti* nach §. 209, s. 362, 3); *ostavi*, 2. sg. imperat.; *ostavite*, 2. pl. imperat., §. 290.

ostavljati, -ljają, -ljaješi, verb. V, erlaßen, vergeben *(ostaviti*, nach §. 209, s. 361, 1; *l* §. 182, A, 7, a); *ostavljajemŭ*, A 12 gl. *ostavlěemŭ*, 1. pl. praes.

otvěti, verb., antworten, nur im aor. comp. vorkommend; *otvě*, 3. sg. aor. comp., §. 297, s. 818, 3.
ot-iti (s. *iti)*, verb. I, b, weg gehen; *otide*, 3. sg. aor. simpl., §. 292, s. 762, anm.
otŭ (in zusammensetzungen auch *ot-)*, praep. mit dem gen., von.
otŭ-vrěšti, verb. I, b (s. *vrěšti)*, weg werfen, abwenden; mit *sę* sich abwenden, leugnen; *otŭvrŭže*, B 20 gl. *otvrŭže*, kr. *otŭvĭrže* (vgl. unter *vŭstrŭgnąti)*, 3. sg. aor. simpl., §. 292: *ž* §. 182, A, 3, b.
otŭ-věštati, -štają, -štaješi, verb. V, antworten *(otŭ-větŭ; št* §. 182, A, 4; über die bildung vgl. §. 209; vgl. *prosvěštati)*; *otŭvěšta*, 3. sg. aor. comp., §. 297, s. 818, 3.
otŭvětŭ, subst. msc. 10., antwort; B 22 acc. sg., §. 249.
otŭ-rěšiti, ot-rěšiti, -rěšą, -rěšiši, verb. V, auf lösen.
otĭcĭ, subst. msc. 10., vater *(c* §. 182, A, 5); *otĭca*, gen. sg., §. 252; *otĭče*, voc. sg., §. 263; *č* §. 182, A, 3, b.
otĭčĭ, adj. 10., väterlich *(otĭcĭ;* suffix §. 217; *č* §. 182, A, 5); *otĭči*, loc. sg. ntr., §. 254; *i* §. 87, 3; *očimŭ* B 18 gl. = *otĭčiimĭ*, loc. sg. decl. comp., §. 264; §. 85, 1.

P.

Pasti (§. 182, B), *padą, padeši*, verb. I, b, fallen.
plodŭ, subst. msc. 10., frucht; C 26 acc. sg., §. 249.
plŭnŭ, adj. 10., voll; §. 181; suffix §. 222; *lŭ* §. 181, anm.
plŭtĭ, subst. fem. 9., fleisch.
plŭtĭskŭ, adj. 10., fleischlich *(plŭtĭ;* suffix §. 231; §. 182, A, 7, b); *plŭtĭskyję*, B 13 kr. *plŭtĭskyę*, gen. sg. fem. decl. comp., §. 264, s. 637.
plěvelŭ, subst. msc. 10., unkraut; C 26 acc. sg. §. 249; *plěveli*, nom. pl., §. 247; *plěvely*, acc. pl., §. 250.
po, praep. mit dem acc., loc., dat., auf, nach, wegen, gemäß u. s. w.
po-vědati, -dają, -daješi, verb. V, bekennen, verkünden; *pověda*, 3. sg. aor. comp., §. 297, s. 818, 3.
po-dobiti, -blją (§. 182, A, 7), *-biši*, verb. V; mit *sę* nach amen; *podobite*, 2. pl. imperat., §. 290, s. 719.
podobĭnŭ, adj. 10., änlich; *podobĭno*, C 24 gl. *podobŭno*, nom. sg. ntr.
po-znati, verb. V (s. *znati)*, erkennen; *pozna*, 3. sg. aor. comp., §. 297, oder aor. simpl., §. 292.

polŭ, subst. msc. 8. (gen. *polu*, §. 252), seite, hälfte; B 28 acc. sg., §. 249.

po-sŭlati (-slati), -ljq, -lješi, verb. V, schicken; *posŭlašę, poslašę*, 3. pl. aor. comp., §. 297, s. 818, 3; §. 182, A, 6; *posŭlavŭ*, part. praet. act., §. 218, s. 404; decl. s. 603; davon *posŭlavŭšiimŭ*, dat. pl., §. 261; decl. comp. §. 264; §. 85, 1; *posŭlanŭ*, part. praet. pass., §. 222; *posŭlani*, nom. pl. msc. des s., §. 247; *posŭlanii*, nom. pl. decl. comp., §. 264.

po-chotĭ, subst. fem. 9., begirde (*chotĭ; chot-ěti*, suffix §. 216, a); *pochoti*, gen. sg., §. 252.

pravŭ, adj. 10., recht, gerade.

pri, praep. mit dem loc., zu, bei.

pri-iti, verb. I, b (s. *iti*), kommen; *pridetĭ* = *pri-idetĭ*, A 10 gl. *pridetŭ*, 3. sg. praes.; *pride* = *pri-ide*, 3. sg. aor. simpl., §. 292; vgl. s. 762, anm.; *prišĭdŭše* s. u. *prichoditi*.

pritŭča, subst. fem. 10., gleichnis; *pritŭčq*, C 24 gl. *pritčq*, acc. sg., §. 249.

pri-choditi, verb. V (s. *choditi*), herzu gehen, herzu kommen; *prišĭdŭše*, C 27 gl. *prišedŭše*, nom. pl. msc. part. praet. act., s. u. *iti*.

pri-šĭdŭše s. u. *prichoditi*.

prijaznĭ, subst. fem. 9., freundlichkeit, güte (*prija-ti*; suffix §. 223; *z* §. 182, A, 7, b).

prijati, -jajq, -jaješi, verb. V, vorsorge haben.

pri-jęti, verb. I, b (s. *jęti*), an nemen, auf nemen; *prijętŭ*, 3. sg. aor. comp.; *-tŭ* s. u. *obŭjęti*; *prijęsomŭ, prijęchomŭ*, 1. pl. aor. comp.; *prijęšę*, 3. pl. aor. comp., §. 297, s. 818, 3; §. 182, A, 6.

pro, praep., nur in zusammensetzungen gebräuchlich, vor, hervor.

pro-zębnqti, -bnq, -bneši, verb. IV, b, hervor keimen; *prozębe*, 3. sg. aor. simpl., §. 292.

prorokŭ, subst. msc. 10., prophet (*pro, rekq*, s. u. *rešti*; *o* §. 80, 1; suffix §. 216; grundform §. 83).

pro-svěštati, -štajq, -štaješi, verb. V, erleuchten (*svěšta*, subst. fem. 10., licht; von *světŭ* mit suff. *-ja-*, §. 217, s. 397; *št* §. 182, A, 4; verb. nach §. 209); *prosvěštajetĭ*, B 9 gl. *prosvěštaetŭ*, 3. sg. praes.

prositi, prošq, prosiši, verb. V, fragen, bitten.

prošenije, subst. ntr. 10., das bitten (*prošenŭ*, part. praet. pass. von *prositi*; mit suff. §. 217, s. 398); *prošenija*, A 8 gl. *prošenie*, gen. sg., §. 252.

prŭvŭ, adj. 10. (§. 241, 1, nachtr. zu s. 507), erster; *prŭvěj*, B 15 kr. *pĭrvěj* (vgl. unter *vŭstrŭgnąti*), nom. sg. msc. comparat. von *prŭvŭ*, §. 232, s. 483, 2.

prědŭ, adv. u. praep. mit acc. u. instr., vor.

prěžde, adv., vorher; praep. mit gen., vor (ntr. comp. zu vor.; §. 232, 1).

pustyni, subst. fem. 10. (= *pustynja*, §. 182, A 5), wüste): *pustyni*, loc. sg., §. 254; §. 87, 3 u. 5.

pĭšenica, subst. fem. 10., weizen; *pĭšenicą*, acc. sg., §. 249; *pĭšenicę*, gen. sg., §, 252.

pątĭ, subst. msc. 9., weg, straße; B 23 acc. sg., §. 249.

R.

Rabŭ, subst. msc. 10., knecht; *rabi*, nom. pl., §. 247.

rasti, *rastą*, *rasteši*, verb. I, b, wachsen.

remenĭ, subst. msc. 3. u. 9., riemen; *reme(ne)*, acc. sg. nach 3., *remenĭ*, acc. sg. nach 9.; §. 249.

rešti (§. 182, A, 3, b), *reką*, *rečeši* (*č* §. 182, A, 3, b), verb. I, b, sagen (wurz. §. 78, 1); *rěchŭ*, 1. sg. aor. comp., §. 297, s. 818, 1; §. 182, A, 6; §. 86; §. 79, 1; *reče*, 3. sg. aor. simpl., §. 292; *č* §. 182, A, 3, b; *rěšę*, 3. pl. aor. comp.

roditi, *roždą* (§. 182, A, 4), *rodiši*, verb. V, gebären (*rodŭ* geburt, nach §. 209, s. 362, 3), mit *sę* geboren werden; *rodišę*, 3. pl. aor. comp., §. 297, s. 818, 3; *š* §. 182, A, 6.

rěšiti, *rěšą*, *rěšiši*, verb. V, lösen.

S.

Samŭ, pron. (decl. wie *tŭ*), selbst; *samomĭ*, B 22 gl. *samomŭ*, loc. sg.

sapogŭ, subst. msc. 10., schuh; *sapogu*, gen. dual., §. 257.

svoj, *svoje*, *svoja*, pron. possess. 3. pers., mer gebraucht in bezug auf das subject des satzes und dann auf alle drei personen bezüglich; *svoi*, nom. pl. msc., §. 89; §. 87, 5; *svoja*, nom. pl. ntr.; *svojemĭ*, A 7 gl. C 24 gl. *svoemŭ*, loc. sg.; *svoimŭ*, dat. pl.

svĭtěti, *svĭštą* (§. 182, A, 4), *svĭstiši*, verb. V (vgl. §. 209, s. 362), leuchten; *svĭtitĭ*, 3. sg. praes.

světŭ, subst. msc. 10., licht (*svĭt-ěti; svit-ati* hell werden; *ě* §. 81; suffix §. 216); *světě*, loc. sg., §. 254.

svętiti, svęštą (§. 182, A. 4); *svętiši*, verb. V, heiligen (*svętŭ*, nach §. 209, s. 362, 3), mit *sę* geheiligt werden; *svętitĭ*, A 9 gl. *svętitŭ*, 3. sg. praes.

svętŭ, adj. 10., heilig.

selo, subst. ntr. 10., acker; §. 220; §. 182, A. 1; *selě*, loc. sg., §. 254.

sila, subst. fem. 10., kraft.

sice, adv., so; ntr. von *sicĭ*, pron., so beschaffen, talis.

slava, subst. fem. 10., rum, herlichkeit (wurz. §. 82; suff. §. 216): *slavą*, acc. sg.

slovo, subst. ntr. 2. u. 10. (gen. *slovese* und *slova*; vgl. §. 245, 2), wort; wurz. u. suff. §. 230, s. 476; vgl. §. 82; *s* §. 176, 1.

slyšati, -šą, -šiši, verb. V (§. 182, A. 3, b; §. 82), hören.

snopŭ, subst. msc. 10., bund, garbe; *snopy*, acc. pl., §. 250.

srěda, subst. fem. 10., mitte; *srědě*, loc. sg., §. 254.

stojati, stoją, stoješi, verb. V, stehen (von einer wurzelform *sti*, steiger. §. 81); *stoitĭ*, B 26 gl. *stoitŭ*, 3. sg. praes.; *i* §. 87, 5.

sŭ, praep. mit acc., von, für; mit gen., von; mit instr., mit, zusammen; §. 84, 2.

sŭ-brati, verb. I, b (s. *brati)*, zusammen nemen, sammeln; *sŭberěte*, 2. pl. imperat., §. 290.

sŭvědětelĭstvo, B 7 gl. *sŭvědětelstvo*, subst. ntr. 10. (*sŭ, věděti; -telĭ* §. 225, s. 449; *-stvo* §. 227; §. 182, A, 7, b), mitwißerschaft, zeugnis.

sŭvědětelĭstvovati, -stvują, -stvuješi, verb. V, s. 795 (*sŭvědětelĭstvo*, §. 212; *u, ov* §. 82), zeuge sein; *sŭvědětelĭstvujetĭ*, B 7, 8, 15 gl. *sŭvědětelĭstvuetŭ*, 3. sg. praes.; *sŭvědětelĭstvova*, 3. sg. aor. comp., §. 297, s. 818, 3.

sŭ-vęzati, verb. V (s. *vęzati)*, zusammen binden; *sŭvęžate*, 2. pl. imperat., §. 290; vgl. §. 182, A, 3, b.

sŭ-žešti, verb. I, b (s. *žešti)*, verbrennen.

sŭpati, sŭplją (§. 185, A, 7), *sŭpiši*, verb. V (wurz. vgl. §. 182, A, 1), schlafen; *sŭpęštemŭ*, C. 25 gl. *sĭpęštemŭ*, dat. pl. (§. 261) part. praes. act., §. 229; decl. s. 601; *št* §. 182, A, 4; *e* §. 87, 1; *sŭpęštemŭ člověkomŭ*, dat. absol. 'als die menschen schliefen'.

sŭ-tvoriti, verb. V (s. *tvoriti)*, machen; *sŭtvori*, 3. sg. aor. comp., §. 297.
sy s. u. *byti*.
synŭ, subst. msc. 8., son; wurz. u. suff. §. 223, a.
sĭ, *se*, *si*, pron. demonstr., diser; *s* §. 176, 1; *si*, nom. pl. msc. ntr.; *siją*, acc. sg. fem.
sěmę, subst. ntr. 3., same *(sě-jati*, suffix §. 219, s. 411).
sějati, *sěją*, *sěješi*, verb. V (s. 794, 3; *ě* §. 80, 2), säen; *sějavŭšu*, C 24 gl. *sěavŭšu*, dat. sg. msc. (§. 254) part. praet. act., §. 218, s. 404; decl. s. 603; *š* §. 182, A, 5; *sějalŭ*, C 27 gl. *sěalŭ*, part. praet. act. II, §. 220, s. 420; *sějalŭ jesi*, 2. sg. des mit disem part. umschribenen praeter. 'du hast gesäet'.
sę, acc. sg. pron. refl., §. 265; mit verben verbunden zur umschreibung des mediums und passivums, §. 287.

T.

Tako, adv., so.
tvoj, *tvoje* (A gl. *tvoe)*, *tvoja* (A 10 gl. *tvoě)*, pron. possess. 2. pers., dein.
tvoriti, *-rją*, *-riši*, verb. V, gestalten, machen *(tvorŭ*, nach §. 209, s. 362, 3).
tvorŭ, subst. msc. 10., gestalt,
trŭgnąti, *-ną*, *-neši*, verb. IV, b, reißen.
trěbovati, *-bują*, *-buješi*, verb. V, bedürfen *(trěbŭ*, nach §. 212; *ov*, *u* §. 82), constr. mit dem gen.; *trěbujete*, 2. pl. praes.
trěbŭ, adj. 10., notwendig.
trěva, *trava*, subst. fem. 10., gras, kraut.
tŭ, *to*, *ta* (§. 176, 2), pron. dem., der, das, die; decl. §. 264, s. 632—635; *tomĭ*, B 4 gl. *tomŭ*, loc. sg.; *těmĭ*, B 3 gl. *těmŭ*, instr. sg.
tŭgda, C 26 gl. *togda*, adv., dann.
tŭkŭmo, B 18 gl. *tĭkĭmo*, adv., nur.
ty, pron. pers. der 2. pers., du; §. 265; §. 88, B, 3, anm.; *tebě*, loc. sg., s. 646; *vy*, nom. acc. pl., §. 266; *vasŭ*, gen. loc. pl., s. 654.

U.

U, praep. mit dem gen., bei.
ubo, part., also; in der frage unserm 'denn' entsprechend.

u-slyšati, verb. V (s. *slyšati),* erhören; *uslyšani,* nom. pl. (§. 247) part. praet. pass., §. 222.
učeniků, subst. msc. 10., schüler, jünger *(uč-iti* leren, *vyk-nąti* lernen, slaw. wurz. *uk; v* §. 89; *y, u* §. 82); *učenikomŭ,* dat. pl., §. 261.

F.

Farisej, subst. msc. 10., Pharisäer; *farisej,* gen. pl., §. 259.

C.

Chlěbŭ, subst. msc. 10., brot (lenwort auß dem got. *hlaif-s, hlaib-s).*
choditi, choždą (§. 182, A, 4), *chodiši,* verb. V *(chodŭ,* §. 209, s. 362, 3), verb. durat. zu *iti* (s. d.), gehen.
chodŭ, subst. msc. 10., gang (wurz. §. 182, A, 6; suff. §. 216, s. 318).
chotěti, choštą (§. 182, A, 4), *choštesi,* verb. V, s. 794, 2, wollen.
Christosŭ und *Christŭ,* subst. msc. 10., eigenname, Christus; *Christomĭ,* B 17 gl. *Christomŭ,* instr. sg., §. 259.
cěsarĭstvo, C 24 gl. *cěsarstvo,* A 10 gl. *carstvo,* subst. ntr. 10. *(cěsarĭ* καῖσαρ, verkürzt *carĭ;* suff. §. 227; §. 182, A, 7, b), kaiserreich, reich.
cěsarĭstvije subst. ntr. 10., reich *(cěsarĭstvo* mit suff. §. 217, s. 398).

Č.

Člověkŭ (C 28 gl. *člověkĭ),* subst. msc. 10. (§. 182, 3, b), mensch; *člověka,* gen. sg., B 9 abhängig von *prosvěštajetĭ,* da im slaw., im älteren jedoch nicht durchgängig, bei belebten wesen der gen. den acc. ersezt; *člověku,* dat. sg., §. 254; *člověkomŭ,* dat. pl., §. 261.
čędo, subst. ntr. 10., kind; *čędomŭ,* dat. pl., §. 261; B 12 als eine entferntere apposition dem voran gehenden *imŭ* in der construction an geschloßen.
čĭ-to, pron. interr., was; die casus von *čĭ* werden one die hervor hebende partikel *to* gebildet; *česo (ničeso)* §. 264, s. 629.

Š.

Šĭdŭše, šedŭše, s. u. *iti.*

Ě.

Ě, die so an lautenden worte s. u. *ja*.

Ja.

Ja s. u. *i*.

javiti, *-vlją* (§. 182, A, 7), *-viši*, verb. V (vgl. *javě*, adv., loc. sg. von **javŭ* deutlich, offenbar, nach §. 209, s. 362, 3), offenbar machen, zeigen; mit *sę* sich zeigen, erscheinen; *javi*, 3. sg. aor. comp., *ěvišę* = *javišę*, 3. pl. aor. comp., §. 297, s. 818, 3.

jako, gl. *ěko*, adv., wie (ntr. des pron. adj. *jakŭ*, wie beschaffen, qualis); nach verbis dicendi: daß, auch bei directer rede, wie ὅτι, z. b. B 20; denn; vor dem infinitiv: um — zu.

Je.

Je, *jego*, *jemu*, *jemĭ* s. u. *i*.

jegda, B 19 gl. *egda*, conj., als.

jeda, C 29 gl. *eda*, conj., damit nicht.

jedinočędŭ, adj. 10. (*jedinŭ*, *čędo*), eingeboren; *jedinočędyj*, nom. sg. msc. decl. comp., *jedinočędaago*, gen. sg. msc. decl. comp., §. 264; §. 85, 1.

jedinŭ, num., pron. decl. wie *tŭ*, ein; §. 237, 1.

jelikŭ, adj. 10., decl. subst. u. pron., wie vil, quantus; *jeliko*, ntr. sg., davon B 12 der gen. *ichŭ* abhängig.

jesmĭ, *jesi*, *jestĭ* s. u. *byti*.

Ję.

Ję s. u. *i*.

językŭ, subst. msc. 10., zunge, sprache, volk.

języčĭnikŭ, subst. msc. 10. (*języčĭnŭ*; suffix §. 231), heide; *języčĭnici*, nom. pl., §. 247; *c* §. 182, A, 3, b.

języčĭnŭ, adj. 10., heidnisch *językŭ*; suffix §. 222, s. 428; *č* §. 182, A, 3, b).

jęti, *imą*, *imeši*, verb. I, b, nemen; §. 89; §. 81, 1.

A. Leskien.

X.

Litauisch.

Das alphabet

des Litauischen (lit. gr. §. 11), dessen in Preußisch-Litauen übliche schreibung so vil als möglich bei behalten ward, schließt sich an die schreibung des polnischen an. Es besteht auß folgenden buchstaben (über deren außspr. s. comp. §. 90):

a, ą
b
c (cz)
d
e, ę, ė, ë
g
i, į, y
j
k
l
m
n
o
p
r
s (sz)
t
u, ų
ů
v
z
ż

ʹ an consonanten bedeutet die verbindung der selben mit *j*; ´ über vocalen betonte länge, ` betonte kürze.

Dainos.

I.

Aug. Schleicher. lit. lesebuch, Prag 1857, s. 3.

Mĕnů Saulùżę vėdė,
pìrmą pavasarĕlį.

Saulùżė ankstì kėlės,
Mėnùżis atsiskýrė.

Mĕnů vĕns vaikszlinĕjo,
Auszrìnę pamylĕjo.

Perkúns didei supýkęs
jį kárdu pérdalyjo.

Ko Saulùżės atsiskýrei,
Auszrìnę pamylĕjei,

Vĕns naktý vaikszlinĕjei?
szirdìs pilnà smutnýbės.

II.

Lit. leseb. s. 39.

Eí tù jĕva, jĕvùżė, jĕvùżė, jĕvėlė!
Ko dĕl tù nežýdi żĕmùżė, żĕmėlė?

Szalnà szála żĕdużiùs, żĕdużiùs, żĕdeliùs
Vėjùżis láużė żaliésies szakelès.

Eí tù bróli, brolùżi, brolùżi, broléli!
Ko dĕl tù nejóji jáunas į krygélę?

Eí tù sèsuż, sesùżė, sesùżė, sesélė!
dár tù nežinaí kàs krýgė, krygélė.

Tén sustójo pulkùżei, pulkùżei, pulkélei,
kaíp po dangùm jůdì debesĕlei.

Tén szvytávo kardùżei, kardùżei, kardélei,
kaíp po dangùm szvĕsiosės żvaigżdélės.

Tén lakiójo kulkùżės, kulkùżės, kulkélės,
kaíp po tĕvo sodùżį bitùżės, bitélės.

Mįslės.

Lit. leseb. s. 56. 58.

Geležìnė kumėlė, kanapìnė ůdegà. Kàs tai? Adatà bei siúls.

Dýgau, dýgusi ir užáugau, áugusi mergavaú, mergávusi martavaú, martávusi bóba tapiaú, bóba tápusi akìs gavaú, pèr tás akìs patì iszlindaú. Kàs tai? Agůnà.

Dů zuikůczei susìpeszė, baltì kraujei bėgo. Kàs tai? Gìrnos.

Pràmusziau lédą, radaú sidábrą, pràmusziau sidábrą, radaú áuksą. Kàs tai? Kiaúszis.

Pásaka.

Kàs mók geriaús melůt?

Lit. leseb. s. 148.

Bùvo vėns búrs ir vėns póns. Júdu susilažìno, katràs geriaús melůt galės ir státė po szìmtą dóleriu. Póns búrui sákė: Búre, tù pradėk melůt. Búrs sákė: Pónai vìską pràded[1]) *pirmà, tùr ir melůt pirmà pradėt. Dabàr póns pradėjo melůt ir sákė: Máno tėvs turėjo játį*[2]), *tàs turėjo tókius ragùs, kàd gàndras vìsą métą turėjo lėkti, kol jis nů vėno rágo ànt kìto galėjo nulėkt. Búrs sákė: Taí vìs gál bút. Póns sákė: Búre dabàr melůk tù! Dabàr búrs pradėjo melůt: Máno tėvs turėjo kiaúlę, tà nů vėno gálo krėkinos, nů kìto turėjo. Póns sákė: Taí vìs gál bút.*

Alè búrs dá[3]) *vìs toliaús melávo, ir sákė: Máno tėvs pupàs sėjo, tos ikì debesú užágo*[4]). *Búrs užlìpo vėnà pupà*

---

[1]) *pràdeda.* [2]) *jáutį.* [3]) *dár.* [4]) *uzáugo.*

ikì debesú; tai jám pakìrto apaczó pupàs ir jis negalĕjo żemý nulìpt. Taí jis rádo auksztaí búdams pelú ir kiaúsziu kevalú krúvą, nů tú jis turĕjo vìrvę výt, o ir tà virvĕ pèr trumpà bùvo, taí jis vìs auksztaí nupióvė o żemaí pridúrė, teíp jis nusilédo[5]) *ànt bażnýczos. Nů bażnýczos alè jis turĕjo nuszókt ir tësióg trópyjo ànt dìdelio akmèns ir jo kójos ikì kéliu į ákmenį įlìndo; taí jis kójes palìkęs bĕgo kìrvį atsinèszt, sávo kójes iszkìrst. Kaíp jis atĕjo, rádo jis szùnį jo kójes begráżient*[6]), *o kaí jis jį sù kirviù mùszė, taí szů pàmetė cédelį. Póns klásė*[7]): *Kàs tàm cedelý bùvo? Búrs sákė: Kàd távo tĕvs pàs máno tĕvą kiaulès gánė. Taí póns sákė: taí nè tësà, tù melŭji. Búrs sákė: Kàd sakaí kàd àsz melŭju, taí àsz laimĕjau. Àsz móku geriaús melŭt kaíp tù. O szìtcip búrs tŭdu dù szimtù dóleriu laimĕjo.*

Christian Donalitius.

Métas I. Pavásario linksmýbės, 1—64.

Chr. Donaleitis litauische Dichtungen, herauß gegeben von Aug. Schleicher. St. Petersb. 1863, s. 26 flg.

Jaú saulélė vėl atkópdama bùdino svĕtą
ir żĕmós szaltós triusùs pargráudama jŭkės.
Szàlczu prámonės sù ledaís sugaíszti pagávo
ir putódams snĕgs visùr į nĕką pavìrto.
Tů laukùs oraí drungnì gaivįdami glóstė
ir żolelès visókias isz numìrusiu szaúkė.
Krúmai sù szilaís visaís iszsibùdino kéltis,
o laukú kalnaí sù klóneis pàmetė skrándas.

---

[5]) *nusiléido.* [6]) *begráużiant.* [7]) *kláusė.*

Vìslab, kàs rudèns biaurýbėj nùmirė vèrkdams,
vìslab kàs eżerè gyvéndams pérżëmavojo,
àr po sávo kerù pèr żëmą bùvo mëgójęs,
vìslab tû pulkaís iszlìndo, rásarą svéikįt.
Żiùrkės sù szeszkais isz szálto pászalio tráukės,
várnos ir varnaí sù szárkoms ìrgi pelëdoms.
Pélės sù vaikaís ir kùrmei szìlumą gýrė.
Mùsės ir vabalaí, ûdaí sù kaímene blùsu
mùs jaú várgįt vėl pulkaís visùr susirìnko
ir ponùs taíp kaíp bùrùs įgélt iszsiżiójo.
Bèt ir bìtins jaú szeimýną sávo pabùdįt
ir prë dárbo siųst beí ką pelnýt nużsimìrszo.
Tû pulkaí jú pro plyszius iszlįsti pagávo
ir lakstýdami sù birbýnėms żáisti pradëjo;
o voraí kampûs sėdëdami vérpalus áudė
ìrgi medżót tinklùs týloms kopinëdami mézgė.
Bèt ir mészkos ir vilkaí szokinëdami dżaúgės
ir suplëszyt ką týloms į págirį tráukės.
Alè kokë dývai! neí vëns isz dìdelio pùlko
vèrkdams àr dúsaudams mùs lankýt nesugrįżo;
nè, nè vèrkt, bèt linksmįtis visì susirìnko.
Nės darbaí żëmós visùr jaú bùvo sugaíszę
ìrgi pavásaris ànt visú laukú pasiródė.
Tû po tám paszalei visì kribżdëti pagávo
ìrgi, beszúkaujant pulkáms, oszìms pasikëlė.
Vëns storaí o kits laibaí dainûti mokëdams
ir linksmai lakstýdams ik debesú kopinëjo,
o kits ànt szakú kopinëdams gárbino dëvą.

Bėt ir vàlgiu dėl skupú neí vë̃ns nesiskùndė.
Rúbai szio ir to didei jaú bùvo nudìlę,
o túls lópytą pàrlėkdams pàrneszė kúdą
ir pasisótįt ànt laukú vos máżumą rádo.
O sztai, ir taipó paràrgęs në̃ks nedejávo,
bėt visì visùr sumiszaí szokinë̃dami dżaúgės.
Gàndras sù kitaís kaimýnais pàrlėkė lìnksmas
ir gaspadóriszkai ànt kraíko társzkino snápą.
Taíp besidżaúgiant jám, sztaí, jaú ir jo gaspadìnė
isz szaltós gaspádos vė́l iszlìndusi rádos
ir sù sávo snapù meilìngą svéikino draúgą.
Kraíką jë̃ visùr didei sudrìskusį rádo,
ógi namùs naujùs, ùżpernai tikt budavótus,
rádo ànt visú kampú pèr më̃r pagadįtus.
Së̃nas ir czytùs ir daúg naujìnteliu spáru
vë̃jai sù sparnaís nû kraíko bùvo nuplë̃szę.
Dùrys sù langaís ir slènksczeis bùvo nupū́lę,
ógi trobà visà visùr iszkrýpusi ródės.
To dėl tû abù, kaíp reík tikrë̃ms gaspadóriams,
vìslab vė́l taisýt ir próvyt sùkosi greítai.
Výrs tûjaús żagarú budavónei pàrneszė glë̃bį
o gaspadìnė jo pustýnes màndagei lópė.
Taíp po tám abù, daúg dìrbę beí triusinë̃ję,
vàlgį sáv sużvejót pàs kláną núlėkė greítai
ir, keliàs varlės beí rupuiżès paragávę,
dë̃vui isz szirdë̃s visós vërnaí dėkavójo.
Tù żmogaú nëkìngs mokįkis czè pasikákįt
ir, pasisótindams gardżaús, nużmìrszk sávo dë̃rą.

Métas III. Rùdenio gerýbės, 790—807.

A. a. o. s. 100.

Tëvai músu senì, pirm to neturëdami sziùiliu,
rods nei pýbeliu nei katgismu dár nepażino.
Jë tikt isz galvós szventùs mokinosi mókslus,
o sztai, tikt daugiaús garbëj laikýdavo dëvą
ir szventóms dënóms bażnýczon bëgdavo greitai.
Ógi dabàr, żėlëk dëvè, tikt gëda żiurëti,
kàd Lëtùvninkai, prancúsiszkai pasirëdę,
į bażnýczą vos, iszgìrst kų́, kýszteria gálvas,
o paskùi tů żáist ir szókt į kàrczamą bëga.
Taip po tám kelì tàrp jú, aklaí prisimaúkę,
búriszkai bei kiaúliszkai tů pràdeda zaúnyt
ir, bażnýczoj ìszgirstu neminëdami żódżu
búriszkas szutkàs glupaí taisýdami jůkias.
Bèt kitì vaidùs dėl nëknëkiu prasimánė
ir girtì, kits kìtą prë galvós nusitvërę,
nei razbáininkai ànt áslos vémdami tąsos,
kàd vemalaí visùr pèr vìsą kàrczamą tészka.
Taí biaurýbė, kàd plaukaí pasisziáuszia begìrdint.

Glossar.

A.

Abù, fem. *abì*, nom. dual., (§. 264) beide.
adatà, subst. fem. 10., nähnadel.
agûnà, subst. fem. 10., mohn.
ak-ì-s, subst. fem. 9., auge.
ák-la-s, adj. 10., fem. *-là*, adv. *aklai*, blind.
ak-mů, subst. msc. 3., stein (§. 219).
alè, conj., aber, doch.
ankstì, adv., früh.
ànt, praep. mit dem gen., auf.
apaczà, adj. fem. 10., das untere; loc. *apaczojè*, *apaczó* (§. 254), adv., unten.
àr, 1) fragepartikel; 2) disjunctive partikel: oder.
aslà, subst. fem. 10., fußboden im hause.
àsz, pron. 1. pers. sg., ich (§. 265).
at-ei-nù, verb. IV, b, alt *at-ei-mì*, II, a, *-ėj-aú*, *-ei-ti*, kommen, her-, zurück kommen.
at-kóp-iu, *-kóp-iau*, *-kóp-ti*, verb. V., auf steigen, wider auf steigen.
at-sì-nesz-u, *-nesz-iau*, *-nèsziu*, *-nèsz-ti*, verb. I, b, 1, für sich herbei holen.
at-sì-skir-iu, *-skýr-iau*, *-skìr-ti*, verb. V, sich trennen von (gen.).
áudżu, *áudżau*, *áusiu*, *áus-ti*, verb. IV, weben.
áug-u, *áug-au*, *áug-ti*, verb. I, b, 1, wachsen.
áuksa-s, subst. msc. 10., gold.
áuksztа-s, beßer *áug-sz-ta-s* (§. 192, 2), adj. 10., fem. *-tà*, hoch; adv. *auksztai* in der höhe, oben.
auszrìnė, subst. fem. 10., morgenstern (von *ausz-rà* morgenröte).

B.

Bál-ta-s, adj. 10., fem. *-tà*, weiß.
bażnýczа, subst. fem. 10. (божница, poln. *bożnica)*, kirche; *bażnýczo-n* in die kirche (vgl. lit. gramm. §. 133).
be- vor verbalformen drükt die dauer auß (gr. §. 138, s. 305). Man suche dergleichen mit *be-* zusammen gesezte formen unter dem simplex.
bĕg-u, bĕg-au, bĕg-ti, verb. I, b, laufen.
beí, conj., und.
bèt, conj., aber, sondern.
biaur-ýbė, subst. fem. 10. (von *biau-rù-s)*, abscheulichkeit, häßlichkeit.
birbýnė, subst. fem. 10., kinderinstrument auß einer feder oder einem rindenrörchen, schnarre *(birb-iù, birb-ĕ-ti* summen wie ein insect).
bitĕ, subst. fem. 10., bine; demin. *bit-ùżė, bit-élė*.
bìt-ina-s, subst. msc. 10., weisel (§. 222, s. 429).
blusà, subst. fem. 10., floh (= ab. *blŭcha)*.
bóba, subst. fem. 10., altes weib (= ab., poln., ruß. *baba)*.
bróli-s, subst. msc. 10., bruder; demin. *brol-ùżi-s, brol-éli-s*.
budavó-ju, budavó-jau, budavó-ti, verb. V, bauen; *budavó-ti-s* (§. 287) für sich bauen, sich an bauen.
budavó-nė, subst. fem. 10., bau, gebäude.
bùd-in-u, bùd-in-au, bùd-in-ti, verb. I, b, 2, wecken (causat. zu *bund-ù, bud-ĕ-ti* wachen; §. 213).
búra-s, subst. msc. 10., bauer.
búr-iszka-s, adj. 10., fem. *-ka* (§. 231), bäuerisch.
buv-aú s. *es-mì*.

C.

Cedelý-s, subst. msc. 10., zettel.
czè, adv. (pronominalst. *ta-)*, da, hier.
czýta-s, subst. msc. 10. (poln. *szczyt)*, gibel.

D.

Dabàr, adv., jezt, nun.
dai-nà, subst. fem. 10., volksgesang (= altbaktr. *daē-na*, fem., gesetz).

dainū́-ju, dainav-aú, dainū́-ti, verb. V, daina singen (§. 212).
dang-ù-s, subst. msc. 8., himmel *(dèng-ti* decken; §. 216, b).
dár, adv., noch.
dárb-a-s, subst. msc. 10., arbeit, werk *(dìrb-ti).*
daúg, adv., vil, mit dem gen.; comparat. *daug-iaús* mer (§. 232).
debes-ìs, subst. 9., gen. *debesễs* und *débes-io,* 10., msc., wolke. gen. pl. *debes-ú,* 2. (§. 189, 1. anm. 1), demin. *debes-ė̃li-s.*
dejū́-ju, dejav-aú, dejū́-ti, verb. V, wehklagen *(dejà,* subst. fem., wehklage, ächzen; §. 212).
dėkavó-ju, dėkavó-jau, dėkavó-ti, verb. V, danken *(dėkà,* vgl. poln. *dzięka,* deutsch *dank).*
dė̃l, praep. und postposition mit dem gen., wegen; z. b. *ko dė̃l* weswegen, *to dė̃l* deswegen.
dë-nà, subst. fem. 10., tag (§. 222).
dë̃v-a-s, subst. msc. 10., gott (= skr. *dêv-a-s,* lat. *de-u-s).*
dìd-eli-s, fem. *-lė,* adj. 10., groß; demin. zu
dìdi-s, fem. *-ė,* adj. 10., groß (jezt nicht mer gebr. und durch *dìdelis* verdrängt); adv. *didei* ser.
dýg-stu, dýg-au, dýg-ti, verb. VII, keimen, auf gehen, grün werden.
dìrb-u, dìrb-au, dìrb-ti, verb. I, b, arbeiten; im algemeineren sinne 'treiben, tun'.
dýv-a-s, subst. msc. 10., wunder, wunderbare, befremdende sache.
dóleri-s, subst. msc. 10., taler.
draúga-s, subst. msc. 10., genoße, gefärte (= altbulg. *drugŭ).*
drùng-na-s, fem. *-nà,* adj. 10., lau, lauwarm.
dù, fem. *dvi,* zalw., nom. dual., zwei (§. 237).
dùrys, subst. pl. 9., gen. *dùr-u,* 1., fem., tür (vgl. skr. *dvār-, dur-* tür, gr. *θύρ-α).*
dúsau-ju, dúsav-au, dúsau-ti, verb. V, seufzen (§. 212).
dżaug-iū́-s, dżaug-iaú-s, dżaúg-ti-s, verb. V, sich freuen.

E.

Eí, interj., ei.
es-mì, verb. I, a, 1; jezt *es-ù,* I, b, 1, *buv-aú, bú-siu, bú-ti* sein (vgl. skr. *ás-mi* und *bhávā-mi).*
ėżera-s, subst. msc. 10., teich, kleiner see (озеро).

G.

Gaiv-in-ù, gaiv-in-aú, gaiv-ìn-ti, verb. I, b, 2, erquicken, beleben *(gývas* = skr. *ǵîv-a-s,* lat. *vīv-u-s;* §. 213).
gála-s, subst. msc. 10., ende.
gal-iù, gal-ė-jau, gal-ė-ti, verb. V, können.
galvà, subst. fem. 10., kopf.
gan-aú, gan-iaú, gan-ý-ti, verb. I, b, 2, hüten.
gàndra-s, subst. msc. 10., storch.
garbė́, subst. fem. 10., ere.
gárb-in-u, gárb-in-au, gárb-in-ti, verb. I, b, 2, eren (§. 213).
gard-ù-s, fem. *-dì,* adj. 8. 10., wol schmeckend; adv. *gardżeí.*
gaspadà, subst. fem. 10.. wirtshaus (poln. *gospoda).*
gaspadìnė, subst. fem. 10., landwirtin, hausfrau, (poln. *gospodyni).*
gaspadór-iszka-s, fem. *-ka,* adj. 10., wirtschaftlich, dem hauswirt zu kommend (§. 231).
gaspadóriu-s, subst. msc. 8., landwirt (poln. *gospodarz).*
gáu-nu, gav-aú, gáu-ti, verb. IV, b, erhalten, bekommen.
gė́da, subst. fem. 10., schande, scham.
geleż-ìni-s, fem. *-nė,* adj. 10., eisern *(geleżì-s,* fem. 9., eisen, желѣзо).
géra-s, fem. *-rà,* adj. 10., gut; *geriaús,* adv. compar., beßer.
ger-ýbė, subst. fem. 10., güte, gut, woltat.
-gi, verstärkende an gehängte partikel.
girdżù, gird-ė-jau, gird-ė-ti, verb. V, hören.
gir-iù, gýr-iau, gìr-ti, verb. V, rümen, preisen; *gìr-ti-s* sich rümen (§. 287).
gìr-no-s, subst. fem. pl. 10., handmüle (got. *kvaírnus).*
gìr-ta-s, fem. *-tà,* adj. 10., betrunken *(gér-ti* trinken; §. 224).
gyv-en-ù, gyv-en-aú, gyv-én-ti, verb. I, b, 2, leben, wonen, wirtschaften, die wirtschaft füren (vgl. *gaivinù).*
glėb-ý-s, subst. msc. 10., armvoll (vgl. dtsch. *klaf-ter).*
glóst-au, glósczau, glóst-y-ti, verb. I, b, 2, streicheln.
glúpa-s, fem. *-pà,* adj. 10., dumm (глупый, poln. *głupi).*
gráuż-iu, gráuż-iau, gráuż-ti, verb. V, nagen.
greíta-s, fem. *-tà,* adj. 10., hurtig, geschwind; adv. *greitai.*

I.

Į, praep. mit dem acc., in (lit. gr. §. 132, s. 281).

į-gel-iu, -gël-iau, gél-ti, verb. V, ein stechen, stechen.
ikì, ik, praep. mit dem gen., bis.
į-lend-ù, -lind-aú, -lį-siu, -lįs-ti, verb. II, b, hinein kriechen.
ir, conj., und, auch.
ìr-gi und *ir-gì,* conj., *ir* mit der an gehängten verstärkenden partikel *-gi,* und auch.
isz, praep. mit dem gen., auß (gr. §. 132, s. 287).
isz-bùd-in-u, -bùd-in-au, -bùd-in-ti, verb. I, b, 2, erwecken, munter machen (§. 213).
isz-gir-stù, -gird-aú, -gìr-siu, -gìrs-ti, verb. VII, zu hören bekommen, durch das gehör war nemen, hören.
ìsz-kert-u, -kirt-aú, -kìr-siu, -kìrs-ti, verb. II, b, auß hauen, herauß hacken.
isz-krýpęs, fem. *-pusi,* verbogen, verschoben, krumm, schief; part. praet. act. zu *isz-kryp-stù-, -kryp-aú, -krýp-ti* sich wenden, neigen (wurz. *krip;* vgl. *kreip-iù, kreip-ti* wenden, keren).
isz-lend-ù, -lind-aú, -lį-siu, lįs-ti, verb. II, b, herauß kriechen.
isz-si-bùd-in-u, -bùd-in-au, -bùd-in-ti, verb. I, b, 2, sich ermuntern, erwachen (§. 213; §. 287).
isz-si-żió-ju, -żió-jau, -żió-ti, verb. V, den mund auf sperren, klaffen (§. 287; vgl. lat. *hiare).*

J.

Jaú, adv., schon, bereits; auch wie das deutsche 'schon' in etwas algemeinerer, weniger streng zeitlicher bedeutung; *nè jaú* nicht mer.
jáuna-s, fem. *-nà,* adj. 10., jung (vgl. lat. *juvenis,* skr. *juvan-).*
jáu-ti-s, subst. msc. 10., gen. *-czo,* ochse (vgl. *ju-mentu-m).*
jëvà, subst. fem. 10., faulbaum; demin. *jëv-ùżė, jëv-élė.*
jis, ji, pron., er, sie (gr. §. 90, s. 196).
jó-ju, jó-jau, jó-ti, verb. V, reiten (vgl. skr. wurz. *ja* gehen).
jű́da-s, fem. *-dà,* adj. 10., schwarz.
jű́-du, nom. dual. msc. von *jis.*
jůk-iű-s, jůk-iaú-s, jű́k-ti-s, verb. V, scherzen, lachen, spotten; §. 287 (lat. *joc-u-s).*

K.

Kàd, kadà, conj., wann, als, nachdem; wenn; daß; auf daß (pronominalst. *ka-).*

kaí, adv., wie (pronominalst. *ka-)*.
kaímenė, subst. fem. 10., herde.
kaim-ýna-s, subst. msc. 10., nachbar *(kẽma-s* dorf = got. *haim-s*, griech. *κώμη*; §. 222, s. 429).
kaíp, ältere formen *kaipó* und *kaípo*, adv. relat., wie, als (vergleichend), irgend wie, etwa (pronominalst. *ka-*; vgl. *kaí)*.
kál-na-s, subst. msc. 10., berg, anhöhe (in Litauen wird auch eine geringe erhebung des bodens *kálnas* genant; *kél-ti* erheben; §. 222, s. 249).
kàmpa-s, subst. msc. 10., winkel, ecke, gegend.
kanap-ìni-s, fem. *-nė*, adj. 10., hänfen, von hanf *(kanápės*, pl. fem., hanf).
karczamà, subst. fem. 10., wirtshaus, schenke, krug (poln. *karczma)*.
kárda-s, subst. msc. 10., schwert, degen, säbel; demin. *kard-ùżis*, *kard-éli-s*.
kà-s, nom. sg. msc., pron. interrog. (§. 264), auch relat., wer, was; indef. jeder, jemand, etwas, *ką́ pelnýti*, Don. I, 20, etwas verdienen; gen. *ko* weshalb, warum. *Dár tù neżinaí kàs krýgė krygélė* Dain. du weist noch nicht, was der krieg, das krieglein, ist.
katgìsma-s, subst. msc. 10., katechismus.
ka-trà-s, pron., welcher von beiden (= *πό-τερο-ς)*.
kelì, pl., fem. *kélios*, adj. 10., wie vile; einige.
kelý-s, auch *kéli-s*, subst. msc. 10., knie.
kel-iù, *kẽl-iau*, *kél-ti*, verb. V, heben; *kél-ti-s* sich erheben, auf stehen (§. 287).
kéra-s, subst. msc. 10., holer baumstumpf.
kévala-s, subst. msc. 10., eierschale.
kiaúlė, subst. fem. 10., schwein.
kiaúliszka-s, fem. *-ka*, adj. 10., schweinisch (§. 231).
kiaúszi-s, subst. msc. 10., ei.
kìrvi-s, subst. msc. 10., axt.
kýszter-iu, *kýszter-ė-jau*, *kýszter-ė-ti*, verb. V, bei Don. auch *kýszter-iau*, *kýszter-siu*, *kýszter-ti*, zu stecken, zu reichen, hinein stecken, schnell stecken *(kìsz-ti* stecken).
kìta-s, fem. *-tà*, adj. 10., anderer, andere; mancher, manche; *kìts kìtą* einer den anderen; *sù kìts kitù* einer mit dem anderen.

klána-s, subst. msc. 10., pfütze, kleiner teich.

kláus-iu, *kláus-iau*, *kláus-ti*, verb. V, fragen (wurz. *kru*, *kru-s* hören; hören wollen, d. i. fragen).

klóni-s, subst. msc. 10., niedrige stelle im acker; Ness. (vgl. *klána-s*, *klónio-ti-s* sich neigen).

ko s. *kàs*.

kók-s, fem. *kokià*, pron. interrog., was für einer; indef. irgend einer.

kol, *kólei*, conj., wie lange, so lange als, bis.

kop-inė̃-ju, *kop-inė̃-jau*, *kop-inė̃-ti*, verb. V, demin. steigen. klettern (*kóp-ti* steigen).

kulkà, subst. fem. 10., kugel; demin. *kulk-ùżė*, *kulk-élė* (poln. *kulka*).

kum-élė, subst. fem. 10., stute.

kùrmi-s, subst. msc. 10., maulwurf.

kű́da-s, subst. msc. 10., flachs, werg um einen stab gewickelt. zum spinnen vor bereitet; federbusch der vögel.

kraíka-s, subst. msc. 10., first des daches.

kraú-ja-s, subst. msc. 10., blut (vgl. altind. *krav-ja-m* rohes fleisch, altbulg. *krŭv-ĭ*, lat. *cru-or*, *κρέ-ας*).

krė̃k-in-ů-s, *krė̃k-in-au-s*, *krė̃k-in-ti-s*, verb. I, b, 2, sich belaufen (vom schweine).

kribżdù, *kribżd-ė̃-jau*, *kribżd-ė̃-ti*, verb. I, b, 2 (auch *krebżdù*), wimmeln, sich wimmelnd bewegen, sich rüren.

krýgė, subst. fem. 10., krieg; dem. *kryg-élė*.

krúma-s, subst. msc. 10., strauch, gebüsch.

kruv-à, subst. fem. 10., haufe (*kráu-ti* häufen).

L.

Láiba-s, fem. *-bà*, adj. 10., dünn, schlank; adv. *laibaí* dünn. fein, hoch (von tönen).

laik-aú, *laik-iaú*, *laik-ý-ti*, verb. I, b, 2, halten (caus. zu *lė̃k-ù*, *lìk-ti* II, b, bleiben, also eigentlich bleiben machen).

laim-iù, *laim-ė̃-jau*, *laim-ė̃-ti*, verb. V, gewinnen.

lak-ió-ju, *lak-ió-jau*, *lak-ió-ti*, verb. V, flattern, fliegen (iterat. von *lek-iù*, *lė̃k-ti* fliegen); *lakiójo*, Dain. 2., vgl. unter *sustóju*.

lak-st-aú, *lak-sczaú*, *lak-st-ý-ti*, verb. I, b, 2, hin und her flattern, umher hüpfen, springen (vgl. *lak-ió-ti*).

lánga-s, subst. msc. 10., fenster.
lank-aú, lank-iaú, lank-ý-ti, verb. I, b, 2, besuchen (*lènk-ti* beugen, *link-ti* sich beugen).
laúka-s, subst. msc. 10., feld, flur, das freie (im gegens. zum hause).
láuż-au, láuż-iau, láuż-y-ti, verb. I, b, 2, brechen, trans. durat.
léda-s, subst. msc. 10., eis, pl. *ledaí* eis, hagel (altbulg. *ledŭ*).
lek-iù, lëk-iaú, lẽk-ti, verb. V, fliegen.
Lëtùv-ininka-s, subst. msc. 10., fem. *-kė* 10. Litauer, Litauerin; des metrums wegen bei Don. stäts *Lëtùvninkas*.
lìnksma-s, fem. *-mà*, adj. 10., heiter, lustig; adv. *linksmaí*.
linksm-ýbė, subst. fem. 10., heiterkeit, frölichkeit, lust, freude.
lìnksm-in-u, lìnksm-in-au, lìnksm-in-ti, verb. I, b, 2, erheitern, trösten; *lìnksminti-s* sich trösten, sich erheitern (§. 213; 287).
lóp-au, lóp-iau, lóp-y-ti, verb. I, b, 2, flicken (*lópa-s* lappen).

M.

Màndagu-s, fem. *-gi*, adj. 8. 10., geschikt, anständig, höflich, erbar; adv. *màndagei*.
máno, gen. pron. possess. der 1. pers. sg., mein.
martű-ju, martav-aú, martű-ti, verb. V, braut sein (*martì* braut; §. 212).
máż-uma-s, subst. msc. 10., wenigkeit, kleinigkeit, bischen (*máża-s* klein; §. 219).
medżó-ju, medżó-jau, medżó-ti, verb. V, jagen, fangen (*médis* baum).
mëg-ù, verb. II, b, alt *mëg-mì*, II, a, *mëg-ó-jau, mëg-ó-ti* schlafen.
meil-ìnga-s, fem. *-ga*, adj. 10., freundlich, liebreich, gütig (*méil-ė* liebe, *mýl-a-s* lieb).
melű-ju, melav-aú, melű-ti, verb. V, lügen, lügen sagen.
men-ù, auch *min-iù, min-ẽ-jau, min-ẽ-ti*, verb. II, b, gedenken, nicht vergeßen (als simplex ungebr.).
mẽn-ů, subst. msc. 3., gen. *mẽnes-io*, mond, dem. *mėn-ùżi-s* (vgl. ahd. *māno*, griech. *μήν*, lat. *mens-i-s* etc.).
më-rà, subst. fem. 10., gewönlich *mẽra-s*, msc., maß; *pèr mẽrą*, *pèr mẽr*, gewönlich *permẽr* geschriben, über die maßen, übermäßig (altbulg. *mě-ra*; §. 220).
mergű-ju, mergav-aú, mergű-ti, verb. V, mädchen sein (*mergà* mädchen; §. 212).

meszkà, subst. fem. 10., bär.
mé-ta-s, subst. msc. 10., jar, zeit (wurz. *ma* meßen, vgl. lat. *me-ta*; §. 224).
mezg-ù, *mezg-iaú*, *mèg-siu*, *mègs-ti*, verb. I, b, 1, stricken (besonders netze), verknoten, knüpfen (§. 192, 3).
minĕti s. *menù*.
mį-slĕ, subst. fem. 10., rätsel (wurz. *man*, s. *menù*).
mok-in-ù, *mok-in-aú*, *mok-ìn-ti*, verb. I, b, 2, leren; *mokìnti-s* lernen (§. 213; §. 287).
mók-sla-s, subst. msc. 10., lere, wißenschaft (§. 220).
mók-u, *mok-ĕ-jau*, *mok-ĕ-ti*, verb. I, b, 2, können, etwas zu tun verstehen; zalen.
mùs, s. §. 265.
mús für *músu*, gen. pl. zu *àsz* (§. 265).
mus-ĕ, subst. fem. 10., fliege (vgl. lat. *mus-ca*).
musz-ù, *musz-iaú*, *mùsziu*, *mùsz-ti*, verb. I, b, 1, schlagen.

N.

Nak-tì-s, subst. fem. 9., nacht (= lat. *noc-ti-*, got. *nah-ti-*).
náma-s, subst. msc. 10., haus, fast nur im pl. gebraucht, *namai* haus, hausgenoßen, hausstand, familie (vgl. altbaktr. *nmāna-* haus; §. 186, 2, anm. 2).
naú-ja-s, fem. *-jà*, adj. 10., neu (= got. *niu-ji-s*, vgl. skr. *nav-a-s*, lat. *nov-u-s*, griech. *νέϝ-ο-ς*).
nauj-ìn-teli-s, fem. *-lė*, adj. 10., zimlich neu.
nè, negation, nicht, nein; *ne-*, auch *n-* (vor vocalen) schmilzt an verba an.
neí, conj., und nicht, auch nicht, nicht einmal, *neí vĕns* auch nicht einer; vergleichende partikel: wie; *neí* — *neí* weder — noch.
nĕ-ka-s, pron., nichts; pl. *nĕkaí* nichtige dinge (*nĕ*+pron. *ka-*).
nĕk-ìnga-s, fem. *-ga*, adj. 10., nichtig.
nĕk-nĕk-ei, subst. msc. pl. 10., nichtige dinge.
nu-dyl-ù, *dil-aú*, *-dìl-ti*, verb. II, b, sich ab nutzen, schwinden; *nudìlęs*, fem. *-usi*, part. praet. act. ab getragen, ab genuzt.
nù-lek-iu, *-lėk-iau*, *-lĕk-ti*, verb. V, hinab, hin, fort fliegen.
nù-lip-u, *-lip-aú*, *-lìp-ti*, verb. I, b, 1, herab steigen.

nu-mir-sztu, nù-mir-iau, nu-mìr-ti, verb. VII, sterben, versterben; *numìręs,* fem. *-usi,* part. praet. act., verstorben; *isz numìrusiu szaúkti,* Don. I, 6, auß den toten rufen, d. i. vom tode erwecken.

nu-piáu-ju, -pióv-iau, -piáu-ti, verb. V, ab schneiden.

nu-plĕsz-au, -plĕsz-iau, -plĕsz-y-ti, verb. I, b, 2, auß reißen, ab reißen, trans. durat.

nu-pũl-u, -pũl-iau, -pùl-ti, verb. II, b, herab fallen.

nu-si-léidżu, -léid-au, -léisiu, -léis-ti, verb. V, sich hinab laßen.

nu-sì-tver-iu, -tvĕr-iau, -tvér-ti, verb. V, an greifen, an faßen, in angriff nemen.

nu-szók-u, -szók-au, -szók-ti, verb. I, b, 1, hinab springen.

nużmìrszk = nè użmìrszk.

nů, praep. mit dem gen., von (lit. gr. §. 132, 2, s. 288).

O.

O, conj., aber, und; oft nicht übersezbar.

ó-gi, auch *o-gì, o* mit an gehängtem *-gi.*

óra-s, subst. msc. 10., luft, wetter (lat. *aura?).*

osz-ìma-s, subst. msc. 10., das sausen (§. 219; *ósz-ti* sausen).

P.

Pa-bùd-in-u, -bùd-in-au, -bùd-in-ti, verb. I, b, 2, erwecken, auf muntern (§. 213).

pa-gad-in-ù, -gad-in-aú, -gad-ìn-ti, verb. I, b, 2, verderben, schaden zu fügen, zu grunde richten, vernichten, töten (§. 213).

pa-gáu-nu, -gav-aú, -gáu-ti, verb. IV, b, bekommen, weg nemen; an fangen.

pa-girý-s, subst. msc. 10., gen. *págirio,* gegend am walde *(gìrė).*

pà-kert-u, -kirt-aú, -kìrsiu, -kìrs-ti, verb. II, b, hauen, ab hauen, um hauen; *pakìrto* pás. man hieb ab.

pa-lĕk-ù, -lik-aú, -lik-ti, verb. II, b, zurück laßen, verlaßen, laßen.

pà-met-u, -meczau, -mèsiu, -mès-ti, verb. I, b, 1, hin werfen, fallen laßen, ab legen, verlieren, auf geben.

pa-mýl-iu, -myl-ĕ-jau, -myl-ĕ-ti, verb. V, lieben, bewirten.

pa-ragáu-ju, -ragav-aú, -ragáu-ti, verb. V, kosten, genießen, schmecken.

par-gráu-ju, -gróv-iau, -gráu-ti, verb. V, ein werfen, um reißen, nider reißen (caus. zu *par-grūv-ù* ein stürzen).

pàr-lek-iu, -lėk-iau, -lěk-ti, verb. V, zurück, heim fliegen.

pàr-nesz-u, -nesz-iau, -nèsziu, -nèsz-ti, verb. I, b, 1, zurück, wider bringen, heim tragen.

pàs, praep. mit dem acc., zu, bei, an (gr. §. 132, I, 1, s. 282).

pá-sak-a, subst. fem. 10., erzälung, märchen *(sakýti).*

pa-si-kák-in-u, -kák-in-au, -kák-in-ti, verb. I, b, 2, sich genügen laßen, sich begnügen (§. 213; §. 287).

pa-sì-kel-iu, -kėl-iau, -kél-ti, verb. V, sich erheben, auf stehen.

pa-si-rėd-aú, -rėdżaú, -rėd-ý-ti, verb. I, b, 2, sich kleiden, sich schmücken.

pa-si-ród-au, -ródżau, -ród-y-ti, verb. I, b, 2, sich zeigen, erscheinen.

pa-si-sót-in-u, -sót-in-au, -sót-in-ti, verb. I, b, 2, sich sättigen.

pa-si-sziáusz-iu, -sziáusz-iau, -sziáusz-ti, verb. V, sich sträuben (von den haren).

páskui, praep. mit d. acc., postposition mit d. dat., nach, hinterdrein.

paskùi, adv., nachher.

pa-szalý-s, subst. msc. 10., gen. *pászalio,* gegend, darneben befindliches, winkel, ecke, schlupfwinkel *(stalì-s* seite).

pàt-s, subst. msc. 9., eheherr, fem. *patì,* 10., ehefrau; *pàts, patì,* pron., selbst (lit. gr. §. 91).

pa-varg-stù, -varg-aú, -vàrg-ti, verb. VII, verarmen, herunter kommen; *pavàrgęs,* fem. *-usi,* part. praet. act., verarmt, armselig, dürftig.

pa-vásari-s, subst. msc. 10., früling *(vasarà* sommer, skr. *vas-ant-a-,* griech. ἔαϱ für *ϝεσ-αϱ, lat. *ver* für **ves-er),* dem. *pavasar-ěli-s.*

pa-virs-tù, -virt-aú, -vìrsiu, -vìrs-ti, verb. VII, um fallen; zu etwas werden, sich wandeln; *snēgs į nëką pavìrto,* Don. I,4. der schnee ist zu nichts geworden, geschwunden.

pa-żį-stu, -żin-aú, -żį-s-iu, -żìn-ti, verb. VII, erkennen, kennen.

pelaí, subst. msc. pl. 10., spreu (vgl. πάλη, lat. *palea).*

pelë, subst. fem. 10., maus.

pelěda, subst. fem. 10., eule (**pelė-ėda* mäusefreßerin).

peln-aú, peln-iaú, peln-ý-ti, verb. I, b, 2, verdienen.

pèr, praep. mit dem acc., durch, über, entlang; vor adj. und adv. steigernd, z. b. *pèr trumpà,* pás. zu kurz.

pér-daly-ju, -daly-ti, verb. V, zerteilen *(dalì-s* teil).
Perkúna-s, subst. msc. 10., donnergott, jezt donner.
pér-żëmavo-ju, -żëmavo-jau, -żëmavo-ti, verb. V, überwintern, den winter *(żëmà)* zu bringen.
pýbeli-s, subst. msc. 10., fibel.
pìl-na-s, fem. *-nà,* adj. 10., voll, mit dem gen. (§. 222).
pirm, praep. mit dem gen., vor (lit. gr. §. 131, s. 280), auß *pirmà* verkürzt; *pirm to* vor dem, ehę dem.
pirmà, adv., zuerst.
pìrma-s, fem. *-mà,* adj. 10. (§. 241, 1), erster, erste; *pìrmą pavasarëlį* im ersten früling.
pláuka-s, subst. msc. 10., pl. *plaukaí,* har, hare.
plysz-ýs, subst. msc. 10., spalte, ritze, riß (im holze; *plësz-ti* reißen, trans.; *plýsz-ti* reißen, intrans.).
po, praep. mit dem instr., acc., gen. und dat., unter, entlang, je, nach; *státë po szìmtą dóleriu,* pás., sie sezten je hundert taler, jeder von beiden sezte hundert taler.
póna-s, subst. msc. 10., herr (poln. *pan).*
po-tám, adv., nachher, hernach.
prà-dedu, alt *pra-dë-mi, -dë-jau, -dë-ti,* verb. III, beginnen, an fangen.
prá-monė, subst. fem. 10., erfindung, erdichtung, gebilde *(pra--man-ýti* ersinnen).
prà-musz-u, -musz-iau, -mùsz-ti, verb. I, b. 1. entzwei schlagen, durch schlagen.
prancúsiszka-s, fem. *-ka,* adj. 10., französisch.
pra-si-man-aú, -man-iaú, -man-ý-ti, verb. I, b, 2, sich, für sich auß denken, erfinden, verfertigen.
prë, praep. mit dem gen., bei, an, zu.
prì-dur-iu, -dúr-iau, -dùr-ti, verb. V, an stechen, an spießen.
pri-si-mauk-iù, pri-sì-mauk-iau, pri-si-maúk-ti, verb. V, sich bezechen; *maúkti* gleiten laßen, streifen).
pro, praep. mit dem acc., durch, hindurch, daran vorbei (lit. gr. §. 132, s. 284).
próvy-ju, próvy-jau, próvy-ti, verb. V, recht machen, machen, auß füren (править).
pùlka-s, subst. msc. 10., haufe, menge, schwarm (полкъ); dem. *pulk-ùżi-s, pulk-éli-s.*

pupà, subst. fem. 10., saubone (poln. *bob).*

pustýnė, subst. fem. 10., einöde, wüste, das verwüstete, beschädigte (пустыня); Don. I, 58 *jo gaspadinė* seine (des mannes) frau *(jo* nicht von *pustýnės* abhängig).

putó-ju, putó-jau, putó-ti, verb. V, schäumen; *putódams snẽgs,* Don. I, 4, der schäumende, schaumänliche schnee *(putà* schaumblase).

R.

Rága-s, subst. msc. 10., horn (рогъ).

rand-ù, rad-aú, ràsiu, ràs-ti, verb. IV, c, finden, *ràsti-s* sich finden.

razbáininka-s, subst. msc. 10., raubmörder, räuber (разбойникъ).

reik-ia oder *reík,* *reik-ė-jo, reik-ė-s* und *reík-s, reik-ė-ti* und *reik-ti,* verb. V, nötig sein; *reík* es ist nötig; *kaip reík* wie es nötig ist, wie es sein muß, wie es sich gehört.

ród-au, ródžau, ród-y-ti, verb. I, b, 2, zeigen; *ródyti-s* sich zeigen, erscheinen, scheinen; *ródo-s* es scheint (als ob etc.).

rods, adv., gern, freilich (ab. *radŭ* lubens).

rúba-s, subst. msc. 10., kleid, gewand (altb. *rąbŭ* pannus).

rudů, subst. msc. 3., gen. *rudèn-s,* in der schriftsprache auch *rùdenio,* herbst.

rùpuižė, auch *rupuižė,* subst. fem. 10., kröte.

S.

Sak-aú, sak-iaú, sak-ý-ti, verb. I, b, 2, sagen.

sáulė, subst. fem. 10., sonne (vgl. got. *sauil,* skr. *sūr-ja-),* dem. *saul-élė, saul-ùžė.*

sávo, gen. possess. des pron. refl., sein, ir, mein, dein.

sė́d-mi, verb. I, a, 2, jezt *sė́džu,* V, *sėdė-jau, sėd-ė-ti* sitzen.

sė-ju, sė-jau, sė-ti, verb. V, säen.

sẽna, subst. fem. 10., wand.

séna-s, fem. *-nà,* adj. 10., alt (vgl. *sen-ex, sen-iu-m).*

sesů, subst. fem. 5., gen. *sesèr-s,* schwester, dem. *ses-ùžė, ses-élė* (skr. *svasar-,* lat. *soror* etc.).

sidábra-s, subst. msc. 10., silber (got. *silubr).*

siú-la-s, subst. msc. 10., faden *(siú-ti* nähen; §. 220).

siunczù, siunczaú, siųsiu, siųs-ti, verb. V, senden, schicken.

skránda, subst. fem. 10., alter pelz.

skùndżu, skùndżau, skýsiu, skýs-ti, verb. V, klagen, verklagen; *skýsti-s* sich beklagen.

skúpa-s, fem. *-pà*, adj. 10., spärlich, adv. *skúpai* (скупой, poln. *skąpy*).

slènksti-s, subst. msc. 10., gen. *-sczo*, schwelle.

smutn-ýbė, subst. fem. 10., traurigkeit (*smútna-s* = смутный).

snápa-s, subst. msc. 10., schnabel.

snėga-s, subst. msc. 10., schnee (got. *snaivs*, lat. *nix;* §. 153, 1; 198, 1).

sóda-s, subst. msc. 10., baumgarten; dem. *sod-ùżi-s* (садъ).

spára-s, subst. msc. 10., sparren.

spàrna-s, subst. msc. 10., flügel.

stat-aú, staczaú, stat-ý-ti, verb. I, b, 2, stellen, setzen.

stó-ra-s, fem. *-ra*, adj. 10., dick, grob; tief, dumpf von der stimme; *storai*, adv.

sù, praep. mit dem instr., mit. In reinem litauisch nicht vom werkzeuge gebraucht; *vėjai sù sparnaís*, Don. I, 52, die winde mit flügeln, die geflügelten winde. Don. gebraucht gerne *sù* fast gleichbedeutend mit *ir* z. b. I, 3, 7, 14, 15, 16 u. s. w.

su-dryks-tù, Ness. *-drisk-ù, drisk-aú, -drìk-siu, -drìks-ti*, verb. VII, zerreißen, intrans., in stücke gehen; praes. wenig gebräuchlich; *sudrìskęs*, fem. *-usi*, part. praet. act., ab gerißen, verlumpt, verfallen (§. 192, 3).

su-gaisz-tù, -gaisz-aú, -gaisz-ti, verb. VII, zu grunde gehen; säumen, weilen.

su-grįż-tù, -grįż-aú, -grįsziu, -grįż-ti, verb. VII, zurück keren.

suk-ù, suk-aú, sùk-ti, verb. I, b, 1, drehen, wenden; *sùk-ti-s* sich drehen, sich herum bewegen, hurtig, behende, fleißig sein; *taisýt sùkosi greitai*, Don. I, 56, sie waren emsig beschäftigt her zu richten.

su-misz-aí, adv., gemengt, gemischt, durch einander (*su-misz-tù, su-mìsz-ti* sich mischen, mengen, vgl. skr. *miç-ra-* gemischt).

su-pýk-stu, -pýk-au, -pýk-ti, verb. VII, sich erzürnen; *supýkęs*, fem. *-usi*, part. praet. act., zornig.

su-plėsz-au, -plėsz-iau, -plėsz-y-ti, verb. I, b, 2, zerreißen, durat. trans.

su-si-laż-in-ù, *-laż-in-aú*, *-laż-in-ti*, verb. I, b. 2, mit einander wetten.

su-sì-pesz-u, *-pesz-iau*, *-pèsziu*, *-pèsz-ti*, verb. I, b. 1, sich unter einander raufen; zu *mislĕ* 3 vgl. unter *sustóju*.

su-si-renk-ù, *-rink-aú*, *-rink-ti*, verb. II, b. sich sammeln, sich versammeln.

su-stó-ju, *-stó-jau*, *-stó-ti*, verb. V, zusammen stehen. Dain. II steht, wie oft, d. praeter. in beschreibungen und algemeinen sätzen (lit. gr. §. 138, 2).

su-żvejó-ju, *-żvejó-jau*, *-żvejó-ti*, verb. V, zusammen fischen.

svéik-in-u, *svéik-in-au*, *svéik-in-ti*, verb. I, b. 2, gesund machen, gesund sein laßen, d. i. grüßen (*sveíka-s* gesund; §. 213).

svḗta-s, subst. msc. 10., welt, die menschen (свѣтъ, poln. *świat)*.

szakà, subst. fem. 10., ast; dem. *szak-élė* (skr. *çākhā* zweig).

szal-nà, subst. fem. 10., reif.

szál-ta-s, fem. *-tà*, adj. 10., kalt.

szàl-ti-s, subst. msc. 10., gen. *-czo* kälte; *szàlczu prámonės*, Don. I, 3 der fröste erfindungen, gebilde.

szāl-ù, *szăl-aú*, *szál-ti*, verb. II, b, frieren; erfrieren machen.

szárka, subst. fem. 10., elster.

szauk-iù, *szauk-iaú*, *szaúk-ti*, verb. V, schreien, rufen.

szeimýna, subst. fem. 10., ingesinde, gesinde.

szészka-s, subst. msc. 10., iltis.

szìla-s, subst. msc. 10., heide, dünner fichtenbestand.

szil-umà, subst. fem. 10., wärme.

szìmta-s, subst. msc. 10., hundert (§. 240).

szirdì-s, subst. fem. 9., herz (altbulg. *srŭdĭce*, got. *hairto*, lat. *cord-*, griech. *καρδία*, skr. *hrd-)*.

szi-s, fem. *szi*, pron. dem., diser, dise; er, sie.

szì-teip, adv., auf dise weise, so (*szì-ta-s* diser).

sziùilė, subst. fem. 10., schule.

szok-inë-ju, *szok-inë-jau*, *szok-inë-ti*, verb. V, hin und her springen, hüpfen, tänzeln (demin. zu *szók-ti)*.

szók-u, *szók-au*, *szók-ti*, verb I, b, 1, springen, tanzen.

sztai, interj., sih, sih da.

szúkau-ju, *szúkav-au*, *szúkau-ti*, verb. V, vilfach schreien (*szaúk-ti; su-szunk-ù*, *-szùk-ti* auf schreien).

szutkà, subst. fem. 10., scherz (шутка).

szů, subst. msc. 1., hund (= skr. *çun-*, *çvan-*, griech. *κυν-*).
szvènta-s, fem. *-tà*, adj. 10., heilig (poln. *święty*). Don. III, 794 *szventóms dënóms*, instrumental. temporis (lit. gr. §. 128, 2).
szvësù-s, fem. *-sì*, adj. 8. u. 10, b, licht, hell.
szvytů-ju, *szvytav-aú*, *szvytě́-ti*, verb. V, blinken (poln. *świtać*).

T.

Taí, ntr. zu *tà-s*, als partikel: so, also, deshalb, da.
taíp (gesprochen *teíp*), älter *taipo* (Don. *taipó*) so (pron. *ta-*).
tais-aú, *tais-iaú*, *tais-ý-ti*, verb. I, b, 2, in ordnung bringen, rüsten, richten, ins werk setzen (vgl. *tës-ù-s* gerade, *tës-à*, *teis-ù-s* recht, wurz. *tis*).
tàm pás. = *tamè*, loc. sg. msc. zu *tà-s*.
tamp-ù, *tap-iaú*, *tàp-ti*, verb. IV, c, werden.
tàrp, praep. mit dem gen., zwischen, unter.
társzk-in-u, *társzk-in-au*, *társzk-in-ti*, verb. I, b, 2, klappern machen, ein getöse verursachen mit etwas (im lit. acc.), klappern, z. b. Don. I, 44: *gàndras társzkino snápą* der storch machte den schnabel klappern, klapperte mit dem schnabel (causat. zu *társzk-u*, *tarszk-ë́-ti*, intrans.).
tà-s, fem. *tà*, ntr. *taí*, pron. dem., der, die, das (§. 264).
tąs-aú, *tąs-iaú*, *tąs-ý-ti*, verb. I, b, 2, zerren (durat. zu *tę́s-ti*); *tąs-ý-ti-s* sich hin und her zerren, sich ab quälen.
távo, gen. des pron. poss. der 2. pers. sg., dein.
teíp s. *taíp*.
tén, adv., dort, da (*ta-*).
tës-à, subst. fem. 10., warheit.
tësió-g, adv., gerade auß, gerade zu (*tësù-s* gerade).
tęszk-ù, verb. I, b, 1, jezt meist *teszk-iù*, V, *teszk-ë-jau*, *teszk-ë-ti* in großen tropfen oder dikflüßigen stücken fallen, umher spritzen.
tëva-s, subst. msc., vater; pl. *tëvaí* eltern.
tìk-ra-s, fem. *-rà*, adj. 10., echt, recht; adv. *tikraí* recht, gewis, gehörig, warhaftig (*tink-ù*, *tìk-ti* passen; §. 220).
tikt, *tiktaí*, adv., nur; doch, freilich; hebt verba, auch interjectionen hervor; bei zeitbestimmungen so vil wie das deutsche 'erst'; *ùżpernai tikt*, Don. I. 49, erst vor zwei jaren.
tylà, subst. fem. 10., das schweigen; *týloms*, adverbieller instr. pl., mit schweigen, schweigend.
tìnkla-s, subst. msc. 10., netz.

tók-s, fem. *tokià*, pron., solch.
tolì, adv., fern, weit; *toliaús*, comparat. (§. 232).
tráuk-iu, *tráuk-iau*, *tráuk-ti*, verb. V, ziehen; *tráukti-s* sich ziehen, sich begeben (von und nach einem orte).
triúsa-s, subst. msc. 10., geschäftigkeit, bemühung, anstrengung, arbeit; *żëmós triusùs pargráuti*, Don. I, 2, des winters anstrengungen, d. h. mit mühe geschaffene werke (schnee und eis) zertrümmern.
triũs-inë-ju, *triũs-inë-jau*, *triũs-inë-ti*, verb. V, sich hin und her bemühen, geschäftig sein (dem. zu *triũs-iù*, *triús-ti* geschäftig sein).
trobà, subst. fem. 10., gebäude.
trópy-ju, *trópy-jau*, *trópy-ti*, verb. V, treffen.
trùmpa-s, fem. *-pà*, adj. 10., kurz.
tù, pron. 2. pers. sg., du (§. 265).
túla-s, fem. *-là*, adj. 10., so mancher, manche.
tur-iù, *tur-ë-jau*, *tur-ë-ti*, verb. V, haben; sollen; junge werfen.
tů, instr. sg. zu *tà-s*, gleich, sogleich; desto.
tũ-du, nom. dual. msc. von *tà-s*.
tů-jaú, *tů-jaús*, adv., sogleich (*tů*, *jaú*, das *s* nach analogie der adv. des comparativs an gefügt).

U.

Uż-áug-u, *-áug-au*, *-áug-ti*, verb. I, b, 1, auf wachsen, erwachsen.
uż-lip-ù, *-lip-aú*, *-lìp-ti*, verb. I, b, 1, hinauf steigen.
uż-mirsz-tù, *-mirsz-aú*, *-mìrsziu*, *-mìrsz-ti*, verb. VII, vergeßen.
ùż-pernai, adv., vorvoriges jar, vor zwei jaren (*pérnai* voriges jar).
uż-si-mirsz-tù, *-mirsz-aú*, *-mìrsz-ti*, verb. VII, vergeßen.

Ů.

Ůda-s, subst. msc. 10., mücke.
ůdegà, subst. fem. 10., schwanz, schweif.

V.

Vábala-s, subst. msc. 10., kefer.
vaída-s, subst. msc. 10., zank, hader.

vaika-s, subst. msc. 10., knabe; pl. *vaikai* kinder, junge (von tieren).
vaikszt-inẽ-ju, *vaikszt-inẽ-jau*, *vaikszt-inẽ-ti*, verb. V, wandeln.
vàlg-i-s, subst. msc. 10., speise.
várg-in-u, *várg-in-au*, *várg-in-ti*, verb. I, b, 2, in not bringen, plagen, quälen (causat. zu *vàrg-ti* in not sein).
varlẽ, subst. fem. 10., frosch.
várna, subst. fem. 10., krähe (ab. *vrana*).
vàrna-s, subst. msc. 10., rabe (ab. *vranŭ*).
vasarà, subst. fem. 10., sommer (vgl. skr. *vasanta-*, griech. ἔαρ für *ϝεσαρ, lat. *ver* für **veser*, altbulg. *vesna*).
ved-ù, *vedżaú*, *vèsiu*, *vès-ti*, verb. I, b, 1, füren; heiraten, vom manne.
vẽja-s, subst. msc. 10., wind, dem. *vėj-ùżi-s*.
vej-ù, *vij-aú*, *vý-siu*, *vý-ti*, verb. II. b, drehen (einen strick).
vẽl, adv., wider, widerum.
vem-alai, subst. msc. pl. 10., das gespiene, das außgebrochene.
vem-iù, *vẽm-iau*, *vém-ti*, verb. V, speien, sich erbrechen (vgl. skr. *vamāmi*, griech. ϝεμέω, lat. *vomo*).
vẽna-s, fem. *-nà*, zalw. (§. 237, 1), einer, eine; allein, nur, lauter; *nei vẽns* auch nicht einer, niemand, keiner. *Vẽnà pupà*, pás., instr. sg. (§. 258), mittels einer bone, an einer bone.
verk-iù, *verk-iaú*, *vèrk-ti*, verb. V, weinen.
vẽrna-s, fem. *-nà*, adj. 10., treu (вѣрный).
vèrp-ala-s, subst. msc. 10., gespinst; *verpalai* garn, Don. I. 23 von den fäden der spinne gebraucht (*vèrp-ti* spinnen).
vìlka-s, subst. msc. 10., wolf (poln. *wilk*, altbulg. *vlŭkŭ*).
výra-s, subst. msc. 10., mann (lat. *viro-*, skr. *vīra-*).
virvẽ, subst. fem. 10., strick (altbulg. *vĭrvĭ*, *vrŭvĭ*, r. вервь).
vìs, ab gekürztes adv., immer.
vìsa-s, fem. *-sà*, adj. 10., all, ganz (altbulg. *vĭsĭ*, skr. *viçva-s*); wird oft da adjectivisch gesezt, wo im deutschen das adv. gebraucht wird, so daß man es dann mit 'ganz, ganz und gar' zu übersetzen hat.
vìs-ka-s, pron. für *vìsas kàs* all, jeder; beide worte werden decliniert.
vìs-lab, adv., gänzlich, ganz und gar (*vìsas*, *lábas* gut).
visókia-s, fem. *-kia*, adj. 10., allerlei. Den nom. pl. bildet Don. durchweg *visóki*, jezt *visókẽ* nach der pron. declinat. (§. 264).

visùr, adv., jezt meist *visur*, überall (vgl. *visa-s*).
výti s. *vejù*.
vóra-s, subst. msc. 10., spinne.
vos, adv., kaum.

Z.

Zaúny-ju, zaúny-jau, zaúny-ti, verb. V, schwatzen, plaudern.
zùiki-s, subst. msc. 10., hase; dem. *zuik-ùti-s*.

Ż.

Żag-araí, subst. msc. pl. 10. (sg. wäre *żág-ara-s)*, dürre reiser.
żáidżu, żáidżau, żáisiu, żáis-ti, verb. V, spilen.
żália-s, fem. *-lià*, adj. 10., grün. *żaliésies*, Dain. II, §. 100, 2; §. 250; anh. zu §. 264, s. 640.
żëda-s, subst. msc. 10., blüte; ring; dem. *żëd-ùżi-s, żëd-éli-s*.
żėlëk, 2. sg. imperat., andere formen dises verbums kommen wol nicht vor; erbarme dich, nur in der verbindung *żėlëk dëvè* gott erbarme dich, daß gott erbarme, leider.
żëmà, subst. fem. 10., winter (altb. *zima*, vgl. skr. *hima-*, griech. *χειμών*, lat. *hiems)*; dem. *żëm-ùżė, żëm-élė*. Dain. II, loc. sg., *-ė* für *-ėje* (§. 254).
żéma-s, fem. *-mà*, adj. 10., nidrig, adv. *żemaí* unten; *żemý-n, żemý*, adv., herab (lit. gr. §. 133, s. 293, vgl. *χαμαί*, *hum-ili-s)*.
żémė, subst. fem. 10., erde, land (lat. *humus)*.
żýd-u, żyd-ë-jau, żyd-ë-ti, verb. I, b, 2, blühen.
żin-aú, żin-ó-jau, żin-ó-ti, verb. I, b, 2, wißen (vgl. skr. *ǵñā*, lat. *gnoscere*, *γιγνώσκω* etc., wurz. *gan, gna*; §. 206; §. 92).
żiūr-iù, żiūr-ë-jau, żiūr-ë-ti, verb. V, sehen, schauen.
żiùrkė, subst. fem. 10., ratte.
żmogù-s, subst. msc. 8., mensch, pl. *żmónės* menschen, leute.
żmónės, subst. msc. 10., in der älteren sprache fem., gilt als pl. zu *żmogùs* (vgl. lat. *homo*, got. *guma*; Beitr. I, 396 f.).
żódi-s, subst. msc. 10., wort (*żadëti* sprechen).
żolë, subst. fem. 10., gras, kraut, pflanze (vgl. *żálias*, lat. *helus, holus*, griech. *χλόη*, skr. *hari-*; comp. §. 187, 1); dem. *żol-élė*.
żvaigżdë, subst. fem. 10., stern; dem. *żvaigżd-élė*.

Johannes Schmidt.

XI.

Gotisch.

Alphabet.

Nach der tafel in Ulfilas ed. Gabelentz et Loebe, vol. II, 2.

𐌰	*a*	𐌼	*m*
𐌱	*b*	𐌽	*n*
𐌲	*g*	𐌾	*j*
𐌳	*d*	𐌿	*u, ū (u)*
𐌴	*ē (e)*	𐍀	*p*
𐌵	*kv (q)*	𐍂	*r*
𐌶	*z*	𐍃	*s*
𐌷	*h*	𐍄	*t*
𐌸	*th (þ)*	𐍅	*v*
𐌹̈	*ï*	𐍆	*f*
𐌹	*i*	𐍇	*ch (x)*
𐌺	*k*	𐍈	*hv (w)*
𐌻	*l*	𐍉	*ō (o)*

𐍁 nur zalzeichen, 90.

ï und *i* sind phonetisch gleichbedeutend, ersteres steht im anlaut, lezteres im in- und außlaut; das zeichen für *v* erseczt in griechischen wörtern das *υ*; *x (ch)* komt nur in fremdworten vor. In klammern ist die umschreibungsweise anderer bei gefügt, welche jeden gotischen buchstaben durch ein einziges zeichen wider geben.

Marcus IV, 23—28.

Nach Ulfilas ed. Gabelentz et Loebe I, tab. I.

𐌾𐌰𐌱𐌰𐌹𐍈𐌰𐍃𐌷𐌰𐌱𐌰𐌹𐌰𐌿𐍃𐍉𐌽𐌰𐌷𐌰𐌿𐍃
𐌾𐌰𐌽𐌳𐍉𐌽𐌰𐌲𐌰𐌷𐌰𐌿𐍃𐌾𐌰𐌹:
𐌾𐌰𐌷𐌵𐌰𐌸𐌳𐌿𐌹̈𐌼𐍃𐌰𐌹𐍈𐌹𐌸𐍈𐌰𐌷𐌰𐌿𐍃𐌴𐌹𐌸
𐌹̈𐌽𐌸𐌹𐌶𐌰𐌹𐌴𐌹𐌼𐌹𐍄𐌰𐌸𐌼𐌹𐍄𐌹𐌸𐌼𐌹𐍄𐌰𐌳𐌰
𐌹̈𐌶𐍅𐌹𐍃. 𐌾𐌰𐌷𐌱𐌹𐌰𐌿𐌺𐌰𐌳𐌰𐌹̈𐌶𐍅𐌹𐍃𐌸𐌰𐌹𐌼
𐌲𐌰𐌻𐌰𐌿𐌱𐌾𐌰𐌽𐌳𐌰𐌼: 𐌿𐌽𐍄𐌴𐌸𐌹𐍃𐍈𐌰𐌼
𐌼𐌴𐌷𐍃𐌰𐌴𐌹𐌷𐌰𐌱𐌰𐌹𐌸𐌲𐌹𐌱𐌰𐌳𐌰𐌹̈𐌼𐌼𐌰.
𐌾𐌰𐌷𐍃𐌰𐌴𐌹𐌽𐌹𐌷𐌰𐌱𐌰𐌹𐌸𐌾𐌰𐌷𐌸𐌰𐍄𐌴𐌹𐌷𐌰
𐌱𐌰𐌹𐌸𐌰𐍆𐌽𐌹𐌼𐌰𐌳𐌰𐌹̈𐌼𐌼𐌰:
𐌾𐌰𐌷𐌵𐌰𐌸𐍃𐍅𐌰𐌹̈𐍃𐍄𐌸𐌹𐌿𐌳𐌰𐌽𐌲𐌰𐍂𐌳𐌹
𐌲𐌸𐍃𐍃𐍅𐌰𐍃𐍅𐌴𐌾𐌰𐌱𐌰𐌹𐌼𐌰𐌽𐌽𐌰𐍅𐌰𐌹𐍂𐍀𐌹𐌸
𐍆𐍂𐌰𐌹𐍅𐌰𐌽𐌰𐌰𐌹𐍂𐌸𐌰𐌾𐌰𐌷𐍃𐌻𐌴𐍀𐌹𐌸𐌾𐌰𐌷
𐌿𐍂𐍂𐌴𐌹𐍃𐌹𐌸𐌽𐌰𐌷𐍄𐌾𐌰𐌷𐌳𐌰𐌲𐌰. 𐌾𐌰𐌷
𐌸𐌰𐍄𐌰𐍆𐍂𐌰𐌹𐍅𐌺𐌴𐌹𐌽𐌹𐌸𐌾𐌰𐌷𐌻𐌹𐌿𐌳𐌹𐌸
𐍃𐍅𐌴𐌽𐌹𐍅𐌰𐌹𐍄𐌹̈𐍃. 𐍃𐌹𐌻𐌱𐍉𐌰𐌿𐌺𐌰𐌹𐍂𐌸𐌰
𐌰𐌺𐍂𐌰𐌽𐌱𐌰𐌹𐍂𐌹𐌸.

23. *jabai hvas habai ausōna hausjandōna, gahausjai.*

24. *jah kvath du im: saihvith, hva hauseith. in thizaiei mitath mitith, mitada izvis jah biaukada izvis thaim galaubjandam.*

25. *unte thishvammēh, saei habaith, gibada imma; jah saei ni habaith, jah thatei habaith, afnimada imma.*

26. *jah kvath: sva ist thiudangardi guths* (oben *gths* geschriben), *svasvē jabai manna vairpith fraiva ana airtha.*

27. *jah slēpith jah urreisith naht jah daga, jah thata fraiv keinith jah liudith, svē ni vait is.*

28. *silbō auk airtha akran bairith.*

Matthaeus VI, 1—13.

1. *Atsaihvith armaiōn izvara ni taujan in andvairthja mannē du saihvan im; aiththau laun ni habaith fram attin izvaramma in himinam.*

2. *Than nu taujais armaiōn, ni haurnjais faura thus, svasvē thai liutans taujand in gakvumthim jah in garunsim, ei hauhjaindau fram mannam; amēn, quitha izvis: andnēmun mizdōn seina.*

3. *Ith thuk taujandan armaiōn ni viti hleidumei theina, hva taujith taihsvō theina,*

4. *ei sijai sō armahairtitha theina in fulhsnja, jah atta theins, saei saihvith in fulhsnja, usgibith thus in bairhtein.*

5. *Jah than bidjaith, ni sijaith svasvē thai liutans, untē frijōnd in gakvumthim jah vaihstam plapjō standandans bidjan, ei gaumjaindau mannam; amēn, quitha izvis, thatei haband mizdōn seina.*

6. *Ith thu than bidjais, gagg in hethjōn theina jah galūkands haurdai theinai bidei du attin theinamma thamma in fulhsnja, jah atta theins, saei saihvith in fulhsnja, usgibith thus in bairhtein.*

7. *Bidjandansuth-than ni filuvaurdjaith, svasvē thai thiudō; thugkeith im auk, ei in filuvaurdein seinai andhausjaindau.*

8. *Ni galeikōth nu thaim; vait auk atta izvar, thizei jus thaurbuth, faurthizei jus bidjaith ina.*

9. *Sva nu bidjaith jus: atta unsar, thu in himinam, veihnai namō thein.*

10. *Kvimai thiudinassus theins. Vairthai vilja theins, svē in himina jah ana airthai.*

11. *Hlaif unsarana thana sinteinan gif uns himma daga.*

12. *Jah aflēt uns, thatei skulans sijaima, svasvē jah veis aflētam thaim skulam unsaraim.*

13. *Jah ni briggais uns in fraistubnjai, ak lausei uns af thamma ubilin; untē theina ist thiudangardi jah mahts jah vulthus in aivins. Amēn.*

Glossar.

Die worte sind nach der reihenfolge des lateinischen alphabetes geordnet. Bei den nicht ab geleiteten verben sind an gegeben der infinitiv, 1. sg. perfecti, 1. pl. perfecti und das participium praeteriti passivi (üb. das leztere vgl. §. 222, s. 431), da dise vier formen den vocalwechsel innerhalb des got. verbums, die so genante ablautsreihe zeigen; bei den ab geleiteten verben nur der infinitiv, die erste pers. sg. perf. (die weitere flexion s. §. 307) und das part. praet. passivi (§. 224, s. 440).

A.

af, praep. mit dat., von, ab.

af-lētan, verb. I, b (s. *lētan)*, entlaßen, erlaßen, vergeben; *aflētam*, 1. pl. praes.; *aflēt*, 2. sg. imperat. §. 272.

af-niman, verb. I, b (s. *niman)*, ab nemen, weg nemen; *afnimada*, 3. sg. praes. med. (pass.), §. 281.

aírtha, subst. fem. 10., erde; *aírtha*, acc. sg., §. 249; §. 203, 3, a; §. 113, 2; *aírthai*, dat. sg., §. 254.

aiththau, conj., oder, sonst.

aivs, subst. msc. 10. (§. 218, s. 401), zeit, lange zeit, ewigkeit; *aivins*, acc. pl. (§. 250) eines stammes *aivi-*.

ak, conj., sondern.

àkran, subst. ntr. 10., frucht.

amēn, ἀμήν.

ana, praep. mit acc. u. dat., an, auf.

and, praep. mit acc., an, entlang, über — hin.

and-hausjan, verb. I, b (s. *hausjan)*, erhören; *andhausjaindau*, 3. pl. med. (pass.) optat. praes. §. 290; §. 282.

and-niman, verb. I, b (s. *niman)*, an nemen, empfangen; *andnēmum*, 3. pl. perf., personalend. §. 276; *u* §. 112.

and-vairthi, subst. ntr. 10. *(vairthan;* suff. §. 217; *-i* §. 113, 4), gegenwart; *andvairthja*, dat. sg., §. 255; §. 113, 3.
armahairtitha, subst. fem. 10. *(armahairts)*, barmherzigkeit.
armahairts, adj. 10. *(arms, hairtō)*, barmherzig.
armaiō, subst. fem. 3., stamm *armaiōn-* *(arms, arman*, s. d.), erbarmen, almosen; *armaiōn*, acc. sg. §. 249.
arman, armaida, verb. I, b, s. 801 *(arms*, §. 209, 2), sich erbarmen.
arms, adj. 10., arm.
at, praep. mit acc., auf (zeitlich); mit dat., bei, zu (räumlich und zeitlich).
at-saihvan, verb. I, b (s. *saihvan)*, auf etwas sehen, achten.
atta, subst. msc. 3., vater; *attin*, dat. sg., §. 254; §. 113, 1.
auk, conj., denn, aber.
aukan, aiauk, aiaukum (§. 291), *aukans*, verb. I, b, meren.
ausō, subst. ntr. 3., st. *ausan-*, or; *ausōna*, nom. acc. pl., §. 250.

B.

Bairan, bar, bērum, bairans, verb. I, b *(ai* §. 111, 1; wurz. §. 104, 1), tragen; *bairith*, 3. sg. praes.
bairhts, adj. 10., hell, offenbar.
bairhtei, subst. fem. 3., st. *bairhtein-* *(bairhts*, suff. §. 217, s. 399; *ei* §. 111, 2), helle, öffentlichkeit; *bairhtein*, dat. sg., §. 254.
bi, praep. mit acc. u. dat., bei, um.
bi-aukan, verb. I, b (s. *aukan)*, vermeren, hinzu fügen; *biaukada*, 3. sg. med. (passivi), §. 281.
bidjan, bad (bath, §. 202, 4), *bēdum, bidans*, verb. V, bitten, beten; *bidjais*, 2. sg. optat. praes.; *bidjaith*, 2. pl. optat. praes., §. 290; *bidei*, 2. sg. imperat., §. 113, 4; *bidjandans*, nom. pl. msc. part. praes. act. bestimt. decl., §. 229, §. 264; *bidjandansuth-than* s. *-uh.*
briggan, brahta (§. 307; §. 202, 1), verb. IV, c, bringen, füren; *briggais*, 2. sg. optat. praes., §. 290.

D.

Dags, subst. msc. 10., tag; *dag*, acc. sg., §. 249; *daga*, dat. sg., §. 255.

du, praep. mit dat., zu; beim infinitiv wie unser 'zu'; *du saihvan im* 'inen zu sehen', übersezt den infin. pass. πρὸς τὸ θεαθῆναι αὐτοῖς.

E.

Ei, conj., daß, damit; an *sa* (s. d.) und dessen casus gefügt, bildet es das pron. relat.

F.

Faúra, praep. mit dat., vor.

faúrthiz-ei, conj., ehe (*faúrthis*, adv. compar., vorher; §. 232).

filu, ntr. sg. eines adj. 8., vil, ser; vgl. §. 196, 3.

filu-vaúrdei, subst. fem. 3., st. *-vaúrdein-* (*vaúrd*, suff. §. 217, s. 399), viles reden, vile worte; *filuvaúrdein*, dat. sg., §. 254.

filu-vaúrdjan, -vaúrdida, -vaúrdiths, verb. I, b (*vaúrd*, §. 209), vil reden, vile worte machen; *filuvaúrdjaith*, 2. pl. optat. praes., §. 290.

fraistubni, subst. fem. 10. (vgl. *fraisan* versuchen), versuchung; *fraistubnjai*, dat. sg., §. 254.

fraiv, subst. ntr. 10., same; *fraiva*, nom. acc. pl., §. 250.

fram, praep. mit dat., von.

frijōn, frijōda, frijōths, verb. I, b, (s. §. 209, s. 364, 1), lieben, gern tun; *frijōnd*, 3. pl. praes.

fulhsni, subst. ntr. 10. (*-i* §. 113, 4), verborgenheit; *fulhsnja*, dat. sg., §. 255.

G.

Gaggan, praet. *iddja* und *gaggida* (wie von **gaggjan*), verb. III; IV, c, gehen; *gagg*, 2. sg. imperat., §. 272.

ga-hausjan, verb. I, b (s. *hausjan*), hören, verb. perfectum zu *hausjan*, daher *gahausjai*, 3. sg. optat. praes., §. 290; §. 275, im sinne des imperat.

gakvumths, subst. fem. 9. (*ga-* zusammen, *kviman*, suff. §. 226), zusammenkunft, versamlung; *gakvumthim*, dat. pl., §. 261.

ga-laubjan, -laubida, -laubiths, verb. I, b (vgl. §. 108), glauben; *galaubjandam*, dat. pl. part. praes. bestimt. decl., §. 229; §. 264.

galeikōn, -leikōda, -leikōths, verb. I, b (*galeiks*, nach §. 209, s. 364, 1; §. 110, 4, nachtr. zu s. 156, vergleichen, nach amen; *galeikōth*, 2. pl. optat. praes.

ga-leiks, adj. 10., gleich, änlich.

ga-lūkan, -lauk, -lukum, -lukans (praes. §. 108), verb. II, b, verschließen; *galūkands,* nom. sg. msc. part. praes., §. 229; Matth. VI, 6 ist *hēthjōn* als object zu ergänzen und *haúrdai seinai* als instrumentaler dativ zu faßen: 'die kammer durch die tür verschließend'.

gards, subst. fem. 9., haus.

garuns, subst. fem. 9., st. *garunsi- (ga-* zusammen, *runs,* subst. msc. 10. oder 9., lauf, von *rinnan),* straße; *garunsim,* dat. pl., §. 261.

gaumjan, gaumida, gaumiths, verb. I, b, war nemen, bemerken, med. erscheinen; *gaumjaindau,* 3. pl. optat. med. (passivi) praes., §. 290; §. 282.

giban, gab (gaf §. 202, 4), *gēbum, gibans,* verb. I, b, geben; *gif,* 2. sg. imperat., §. 272; *f* §. 202, 4; *gibada,* 3. sg. med. (passivi) praes., §. 281.

guth, subst. msc. 10., nom. mit neutraler form, gen. *guths* nach 1, wie von einem stamme *guth-,* pl. ntr. *gutha;* gott.

H.

Haban, habaida, habaiths, verb. I, b, s. 801, haben, halten; *habaith,* 3. sg. praes.; *habaith,* 2. pl. praes.; *haband,* 3. pl. praes.; *habai,* 3. sg. optat. praes.

haírtō, subst. ntr. 3., st. *haírtan-* (§. 196, 1; *aí* §. 111, 1; *ō* s. 544), herz.

hauhjan, hauhida, hauhiths, verb. I, b *(hauhs,* §. 209), hoch machen, erhöhen, preisen; *hauhjaindau,* 3. pl. med. optat. praes., §. 290; §. 282.

hauhs, adj. 10., hoch.

haúrds, subst. fem. 9., tür; *haúrdai,* dat. sg., §. 254; construction Matth. VI, 6 s. u. *galūkan.*

haúrn, subst. ntr. 10. (§. 196, 1; *aú* §. 111, 1), horn.

haúrnjan, haúrnida, haúrniths, verb. I, b *(haúrn,* §. 209), auf dem horne blasen; *haúrnjais,* 2. sg. optat. praes., §. 290.

hausjan, hausida, hausiths, verb. I, b, hören; *hauseith,* 2. pl. praes. act.; *ei* §. 113, 4; *hausjandōna,* nom. acc. pl. ntr. part. praes. bestimt. decl., §. 229; §. 264.

hēthjō, subst. fem. 3., st. *hēthjōn-,* kammer; *hēthjōn,* acc. sg., §. 249.

himins, subst. msc. 10., himmel; *himina*, dat. sg., §. 255; §. 113, 3; *himinam*, dat. pl., §. 261.
his, pron. demonstr. (decl. §. 264), diser; nur erhalten in den formen: *hita*, ntr. sg., §. 203, 3, b; *hina*, acc. sg. msc., s. ebend.; *himma*, dat. sg. msc.; *himma daga* an disem tage, heute; vgl. slaw. *dĭnĭ-sĭ*, lat. *hodie* = *hoc die*; s. §. 196, 1.
hlaifs, hlaibs (§. 202, 4), subst. msc. 10., brod; *hlaif*, acc. sg., §. 249; §. 202, 4.
hleiduma, adj. 3., fem. *hleidumei*, st. *hleidumein-* (vgl. §. 217, s. 399; *ei* §. 111, 2) link; *hleidumei*, ergänze *handus* (hand), die linke (hand).
hvas, hvō, hva (§. 196, 1; §. 113, 2; §. 203, 3, a), pron. interrog. und indef., decl. wie *sa*, §. 264; wer, irgend wer.

I.

Ik, pron. pers. 1. pers. (§. 265; §. 266), ich; *veis*, nom. pl.; *uns*, acc., dat. pl.
im (is, ist), verb. I, a, bin; *sijaima*, 1. pl. optat. praes.; *sijaith*, 2. pl. optat. praes., §. 290, s. 721, anm., vgl. s. 800; inf. u. praet. s. u. *visan*.
in, praep. mit acc., dat., in; mit gen., wegen.
is, ita, si, pron. 3. pers. (§. 107, 2), decl. §. 264, er; *ina*, acc. sg. msc.; *a* §. 203, 3, b; *imma*, dat. sg. msc.; *im*, dat. pl.
ith, conj., aber, zwar (dann stäts voran gestelt), wenn (dann auch nach geseczt).
izvar, pron. possess. 2. pers. (decl. §. 264), euer; *izvara*, acc. sg. fem.; *izvaramma*, dat. sg. msc., §. 113, 3.
izvis s. u. *thu*.

J.

Jabai, conj., wenn.
jah, conj., und, auch.
jus s. u. *thu*.

K.

Keinan, keinōda, verb. IV, b, keimen (vgl. *us-kei-an* hervor keimen, §. 214); *keinith*, 3. sg. praes.
kviman, kvam, kvēmum, kvumans, verb. I, b (wurz. §. 197, 1), kommen; *kvimai*, 3. sg. optat. praes., §. 290; §. 275.

kvithan, kvath, kvēthum, kvithans, verb. I, b, sprechen, sagen: *kvitha,* 1. sg. praes.; *kvath,* 3. sg. perf.

L.

Laun, subst. ntr. 10., lon.
lausjan, lausida, lausiths, verb. I, b, lösen; *lausei,* 2. sg. imper., §. 113, 4.
lētan, lailōt, lailōtum (§. 291, s. 747, 1; §. 106), *lētans,* verb. I, b, laßen.
liudan, lauth (§. 202, 4), *ludum, ludans,* verb. II, b, wachsen: *liudith,* 3. sg. praes.
liuta, subst. msc. 3. (eigentl. bestimte form zu *liuts,* adj. 10., heuchlerisch; §. 221, s. 423), heuchler; *liutans,* nom. pl.

M.

Manna, subst. msc. 3., doch gen. sg., nom. u. acc. pl. *mans* nach 1, st. *man-,* loc. dat. sg. *mann; manne,* gen. pl., §. 253: *mannam,* dat. pl., §. 261; vgl. §. 200, 2.
mahts, subst. fem. 9. (*mag-an* vermögen, suff. §. 220; *h* §. 202, 1), macht.
mitan, mat, mētum, mitans, verb. I, b, meßen; *mitith,* 2. pl. praes.; *mitada,* 3. sg. med. praes., §. 281.
mitaths, subst. fem. 9. (*mitan*), maß; *mitath,* loc. dat. sg. (§. 254) nach 1. vom stamme *mitath-*.
mizdō, subst. fem. 3., st. *mizdōn-,* lon; *mizdōn,* acc. sg., §. 249.

N.

Nahts, subst. fem. 9., nacht; in einigen casus consonantisch nach 1., gen. *nahts,* loc.-dat. *naht,* nom., acc. pl. *nahts; naht,* acc. sg., §. 249.
namō, subst. ntr. 3., st. *naman-* (suff. §. 219, s. 412), im pl. fält das *a* des suffixes auß, daher *namna* u. s. f.; name.
ni, part., nicht.
niman, nam, nēmum, nimans, verb. I, b, nemen.
nu, partikel, nun, also.

P.

Plapja, subst. fem. 10., straße; *plapjō,* gen. pl., §. 253.

R.

Rinnan, rann, runnum, runnans, verb. I, b, laufen; vgl. §. 291, s. 748 d, u. anm.

S.

Sa, thata, sō, pron. demonstr. (decl. §. 264, s. 633 flg.; vgl. §. 113, 2), der; *thana,* acc. sg. msc., §. 203, 3, b; *thamma,* dat. sg. msc., §. 113, 3; *thai,* nom. pl. msc.; *thaim,* dat. pl.; mit an gefügtem *-ei, saei,* pron. relat.; *thizei,* gen. sg. msc. ntr.; *thizaiei,* dat. sg. fem.; *z* §. 202, 3; *thatei,* acc. ntr. sg., conj., daß (nach verbis dicendi), weil.

saihvan, sahv, sēhvum, saihvans, verb. I, b (*ai* §. 111, 1), sehen; *saihvith,* 3. sg. praes.; *saihvith,* 2. pl. imperat.

seins, pron. possess. 3. pers., sein; *seina,* acc. sg. fem.; *seinai,* dat. sg. fem.

sijaima, sijaith s. u. *im.*

silba, pron., st. *silban-* (decl. des bestimt. adj. §. 264), selbst; *silbō,* nom. sg. fem.

sinteins, adj. 10., täglich; *sinteinan,* acc. sg. msc. bestimt. decl., §. 221, s. 423.

skula, adj., subst. 3., schuldig, schuldner; *skulans,* nom pl., §. 247; *thatei skulans sijaima* 'was wir schuldig seien'; *skulam,* dat. pl., §. 261.

slēpan, saislēp, saislēpum, slēpans, verb. I, b (§. 291, s. 747, 2), schlafen; *slēpith,* 3. sg. praes.

standan, stōth, stōthum, stōthans, verb. IV, c, stehen; *standandans,* nom. pl. msc. part. praes. bestimt. decl., §. 229; §. 264.

sva, adv., so.

sva-svē, adv., conj., so wie, wie.

svē, conj., wie, vgl. §. 259, s. 582.

T.

Taihsvs, adj. 10. (§. 197, 2), rechts; *taihsvō,* nom. sg. fem. bestimt. decl., §. 264; §. 221; zu ergänzen *handus* (hand), die rechte (hand).

taujan, tavida (vgl. §. 110, 2), verb. I, b, machen, tun; *taujith,* 3. sg. praes.; *taujand,* 3. pl. praes.; *d* §. 196, 2; §. 202, 4; *taujais,* 2. sg. optat. praes., §. 290; *taujandan,* acc. sg. msc. bestimt. decl., §. 264; §. 229.

thai, thaim, thana, thamma s. u. *sa.*

than, conj., wann; auch demonstr., dann; aber, denn in *-uth-than,* s. *-uh.*

tharf (§. 202, 4), *thaúrbum* (*aú* §. 111, 1), perf. mit praesensbedeutung, praet. *thaúrfta,* §. 307; §. 202, 1; part. praet. pass. *thaúrfts,* inf. *thaúrban,* bedürfen, construiert mit dem gen.; *thaúrbuth,* 2. pl. perf., §. 291; *u* §. 112.

thatei s. u. *sa.*

theins, pron. possess. 2. pers., dein (decl. §. 264); *thein,* acc. sg. ntr.; *theina,* nom. sg. fem.; *theinamma,* dat. sg. msc.; *theinai,* dat. sg. fem.

this-hvaz-uh, pron. indef. (*z* §. 202, 3; *-uh* §. 112), jeder; *this-hvammēh,* dat. sg. msc., §. 112, anm.

thiuda, subst. fem. 10., volk; pl. heiden; *thai thiudō* (gen. pl., §. 253) die der heiden, die auß den heiden.

thiudans, subst. msc. 10. (*thiuda,* suff. §. 222), könig.

thiudangardi, subst. fem. 10. (*thiudans, gards;* suff. §. 217), königshaus, reich.

thiudinassus, subst. msc. 8. (*thiudans,* suff. §. 227, s. 462), königreich, reich.

thizaiei, thizei s. u. *sa.*

thu, pron. pers. 2. pers. (decl. §. 265; §. 266) du; *thuk,* acc. sg.; *thus,* dat. sg.; *jus,* nom. pl.; *izvis,* dat. pl.

thugkjan, thuhta (§. 307, §. 202, 1), *thuhts,* verb. IV, c und V, meinen, dünken; impers. *thugkeith im* (3. sg. praes., *ei* §. 113, 4) 'es dünkt inen'.

U.

Ubils, adj. 10., übel, böse; *ubilin,* dat. sg. ntr. bestimt. decl., §. 264; §. 221, s. 423.

-uh, partikel, immer anderen worten an gefügt (§. 112), und, aber; *h* assimiliert sich folgendem *th,* daher *uth-than,* aber, denn.

uns s. u. *ik.*

unsar, pron. possess. 1. pers. (decl. §. 264), unser; *unsarana,* acc. sg. msc.; *-a* §. 203, 3, b; *unsaraim,* dat. pl.

untē, conj., bis, denn.

ur-reisan, -rais, -risum, -risans, verb. II, b, sich erheben, auf steben; *urreisith,* 3. sg. praes.

us (ur vor *r, uz* vor *u, ē, ō* in der zusammensetzung), praep. mit dat., auß.

us-giban, verb. I, b (s. *giban)*, wider geben, vergelten; *usgibith*, 3. sg. praes., übersezt als verbum perfectum das fut. ἀποδώσει.

V.

Vaihsta, subst. msc. 3., ecke; *vaihstam*, dat. pl., §. 261.

vairpan, varp, vaúrpum, vaúrpans, verb. I, b *(ai, aú* §. 111, 1), werfen; *vairpith*, 3. sg. praes.

vairthan, varth, vaúrthum, vaúrthans, verb. I, b *(ai, aú* §. 111, 1; wurz. §. 196, 2), werden, geschehen; *vairthai*, 3. sg. optat. praes., §. 290; §. 275.

vait, vitum, perf. der wurz. *vit* (§. 107, 2; §. 291, s. 747, 3, a; praet. bildet *vissa*, §. 307; §. 202, 1 u. 2), inf. *vitan*, wißen; *viti*, 3. sg. optat. perf., §. 290.

vaúrd, subst. ntr. 10., wort.

veihnan, veihnōda, verb. IV, b *(veihs*, §. 214), geheiligt werden; *veihnai*, 3. sg. optat. praes., §. 290; §. 275.

veihs, adj. 10., heilig.

vilja, subst. msc. 3. (vgl. §. 217, s. 399; wurz. §. 199, 3; §. 201), wille.

visan, vas, vēsum, visans, verb. I, b, praes. *im*, s. d. (wurz. §. 199, 3), sein, bleiben.

vulthus, subst. msc. 8., herlichkeit.

A. Leskien.

Berichtigungen und nachträge

zur

zweiten auflage des compendiums.

Das folgende verdanke ich zum grösten teile den mitteilungen der Herren Georg Curtius in Leipzig, H. Ebel in Schneidemühl (der den ganzen altirischen teil des compendiums kritisch durch zu nemen die güte hatte), A. Leskien in Göttingen, Johannes Schmidt in Bonn. Inen allen meinen wärmsten dank. Die neuesten erscheinungen auf dem gebiete unserer disciplin (besonders Spiegels altbaktrische grammatik) habe ich, so weit sie mir bekant wurden, benüzt. Dem altpersischen ward außgedentere berüksichtigung zu teil. Die zweite außgabe von W. Corssen, über Aussprache, Vokalismus und Betonung der lateinischen Sprache, I. Bd., Leipzig 1868 und H. Ebels neue bearbeitung von Zeuss, grammatica celtica, fasc. I, Berlin 1868 konte ich für dise nachträge nicht mer verwerten.

Beim drucke einer etwa nötig werdenden dritten auflage (die zweite auflage ist jedoch zimlich stark) soll durch zweckmäßige abkürzungen dafür gesorgt werden, daß trotz der nötigen zusätze umfang und preis des buches nicht wachse.

Jena, am 1. november 1868.

August Schleicher.

Berichtigungen und nachträge

zur zweiten auflage des compendiums.

Seite

VIII, z. 11 v. o. lis: mit erklärendem glossar enthaltend.

XVII l.: §. 101, a. sodann: §. 101, b Anlautsgesetz (anstatt: Vorschlag von *j* etc.).

XXIX l. nach §. 192, 2: §. 193. Wandelbares *sz* u. s. f. und sodann (anstatt §. 193): §. 194 Außlaut. Dagegen ist: §. 194 Anlaut u. s. f. völlig zu streichen.

XLV, §. 300 streiche: 1. Perfectstämme u. s. f. und sind im folgenden die zalen 1—6 anstatt 2—7 zu setzen.

XLVI, §. 305 streiche: 2. Reste u. s. f.

9 füge nach z. 2 v. o. bei: Eine auf die lautstufe der indogermanischen ursprache zurück gefürte form nennen wir eine grundform (z. b. lat. *generis*, grundf. *ganasas*; griech. *γένους*, grundf. *ganasas*). Erst dann, wenn formen verschidener lautstufen auf eine und die selbe lautstufe gebracht sind, laßen sie sich mit einander vergleichen. Daß dise grundformen wirklich einmal vorhanden gewesen sind, wird durch die aufstellung der selben nicht behauptet.

10 füge der überschrift von §. 1 bei: *) F. C. A. Fick, Wörterbuch der Indogermanischen Grundsprache, Göttingen 1868, ist nur mit kritik zu benutzen. Ein versuch, zusammen hangende sätze in der indogermanischen ursprache zu bilden, findet sich Beiträge V, 206 flg.

eite

11 füge bei: Anm. 3. Der momentane consonant, welcher der außsprache eines an lautenden vocals vorauß geht, der so genante spiritus lenis, das aleph oder hamza der Semiten, welcher durch plözliche öfnung der stimbänder gebildet wird, wäre eigentlich hier und bei den anderen sprachen in der tabelle mit auf zu füren und durch ein besonderes zeichen (etwa ', nach vorgang der Griechen) zu geben. Es ist ein im kelkopfe selbst gebildeter consonantischer laut und müste in der tabelle deshalb eine classe laryngaler laute bei gefügt werden (zu denen auch *h* gehört; s. u. §. 4). Doch glaubte ich der merzal der indogermanischen schreibungen mich an schließen und disen laut unbezeichnet laßen zu dürfen.

15, etwa mitte der seite füge bei Potts etymol. Forsch. 2. auflage bei: II, 2. Wurzeln mit vocalischem Ausgange; auch unter dem titel: Wurzel-Wörterbuch der indogermanischen Sprachen, I. Band (1. u. 2. Abtheilung), Detmold 1867. Z. 7 v. u. l. Berlin (anstatt Pforte).

16, z. 5 v. u. ist noch hinzu zu fügen: Camillo Kellner, kurze Elementargramm. der Sanskrit-Sprache. Mit vergl. Berücksichtig. d. Griech. u. Latein., Leipz. 1868 (one vēd. formen u. accente).

17, mitte der seite, bei *h*, füge bei: Das *h* ist ein im obern teile des kelkopfes gebildetes reibungsgeräusch und es gehört also, wie das ' (s. o. s. 11) in die classe der laryngalen consonanten. Der bequemlichkeit wegen haben wir es hier und bei den anderen sprachen, in denen es vor komt, unter die gutturallaute gestelt. *h* läßt sich mit und one schwingung der stimbänder, tönend und stumm, hervor bringen.

21, z. 15 v. o. l. grundf. u. altpers.

23, oben, am ende von anm. 1 füge bei: Die schwächungen des urspr. *a* werden überhaupt nicht selten eben so gesteigert, wie die ursprünglichen *i*- und *u*-vocale; z. b. von *pi-tā-mahá-s* (msc. großvater; über *pi-tar-*, wurz. *pa*, s. o.) wird gebildet st. *pāi-tā-maha-* (adj. großväterlich); von st. *dhír-a-* (adj. fest, beständig), wurz. *dhar* (halten) zu *dhīr* geschwächt, suff. *-a-*, *dhāir-ja-m* (ntr. standhaftigkeit); von *pūr-ṇá-māsa-s* (msc. volmond; über *pūr-ṇá-*, wurz. *par*, s. o.), *pāur-ṇa-māsá-* (adj. volmondlich, den volmond betr.) u. a. Besonders in jüngeren bildungen, entstanden nachdem die

Seite

wurzelform auß dem sprachgefüle geschwunden war, zeigt sich demnach ein umschlagen der *a*-reihe in die *i*-reihe und *u*-reihe.

28, z. 13 v. o. nach 'hat' füge bei: obgleich der echte accent uns eine veränderung der vocale zu sein scheint, die, der steigerung vergleichbar, zum zwecke der stamm- und wortbildung dient. Z. 11 v. u. l.: vocals, c) durch spaltung und d) durch u. s. w.

33, nach z. 7 v. o. füge bei: Anm. Bei der ersazdenung im altindischen und in den anderen sprachen wären genauer folgende fälle zu unterscheiden (˘ bezeichnet einen kurzen, ¯ einen langen vocallaut): 1. ˘ + consonant = ¯ (vgl. altbulg. instr. sg. *-mĭ*, = urspr. *-bhi* neben instr. pl. *-mi*, d. i. *-mī*, = urspr. *-bhis)*, auß lautend; inlautend wird diser fall wol nicht vor kommen; 2. ˘ + cons. 1 + cons. 2 = ¯ (z. b. altind. *mātā* für **mātars)*, auß lautend; 3. ˘ + cons. 1 + cons. 2 = ¯ + cons. 2, auß lautend und inlautend (z. b. altind. *matīs* für **matins;* griech. *εἰμί* für **ἔσμι);* eine unterabteilung bildet hier ˘ + cons. 1 + cons. 2 + cons. 3 = ¯ + cons. 3 (z. b. griech. *ἱστάς* für **ἱσταντς);* 4. ˘ + cons. 1 + cons. 2 = ¯ + cons. 1 (z. b. griech. *μήτηρ* für **μητερς)*, oder ˘ + cons. 1 + cons. 2 + cons. 3 = ¯ + cons. 1 (z. b. griech. *φέρων* für **φεροντς)*, auß lautend und inlautend (lezteres z. b. griech. *ἔφηνα* für **ἔφανσα)*. Die physiologische erklärung diser lautvorgänge ist, namentlich im fall 4., schwirig.

35 in der tabelle lis in der obersten reihe *h*, *qh* (beide als stumm). Zu anfang der anmerkung füge bei: Grammatik der altbaktrischen Sprache nebst einem Anhange über den Gâthâdialect. Von Friedr. Spiegel. Leipzig 1867.

37, z. 8 u. 9 v. o. streiche die parenthese.

38, z. 3 der anm. l.: mit Spiegel und Justi. Am ende des §. 17 füge bei: die vocale des Altpersischen sind 1. *a*, *ā*; 2. *i* (auß lautend durch *ij*, nach *h* aber durch *j* bezeichnet), *ai (āi)*; *u* (auß lautend durch *uv* bezeichnet), *au (āu)*. Über die schreibung des altpersischen vgl. die indogermanische chrestomathie.

39, z. 15 v. u. l.: scheint, besonders nach *j*, *k'*, *g'*, *i* öfters u. s. w. Z. 10 v. u. füge bei: Seltener ist diß vor anderen consonanten, z. b. *apa-tak'iṭ* neben *-tak'aṭ* (er lief zurück).

40, z. 13 v. u. füge ein: st. *brātar-*, altind. u. urspr. *bhrātar-* (bruder).

47, z. 5 v. o. l.: *bere-ta-* neben *bare-ta-*, altpers. *bar-ta-*, grundf. *bhar-ta-*;

Seite

kere-ta- neben *kare-ta-* u. s. f. Z. 11 v. u. l.: für *e* (vgl. §. 18), z. b.

48, z. 10 v. u. füge nach (voll) ein: altpers. *paru-* (vil).

51 am ende der anm. füge bei: Von dem spät erst erfolgten eintreten diser lautgesetze zeugt der umstand, daß in zusammensetzungen vor disem secundären *i* und *u* die negation nicht *an-*, wie vor anderen vocalen, sondern *a-*, wie vor consonanten, lautet; z. b. *a-irista-* (unversert; wörtlich: ungestorben).

52, §. 29 am ende von 1. füge bei: Im Altpersischen werden (wie im gāthā-dialecte) ursprünglich auß lautende vocale gedent, wenigstens gilt diß vom *a*, z. b. gen. sg. *baga-hjā* (st. *baga-* gott), grundf. *bhaga-sja*; für *u* wird *uv*, für *i* wird *ij* (nach *h* aber *j*) geschriben. §. 29, 2 füge am ende der vorlezten zeile des ersten absatzes ein: Dises *-hē* = *-hja* steht auch vor *-k'a* (z. b. *açpahē-k'a*), wärend *-ē* = urspr. *-ai* vor *-k'a* als *-aē* erscheint (§. 22, anm.). Nach (mädchen) füge ein: *naçē* für **naçja*, 2. sg. imperat., praesens-st. *naçja-*, wurz. *naç* (verschwinden). Z. 5 v. u. l.: auß genommen nach vocalen und *-um* nach *r* u. s. w.; in der folgenden zeile streiche: und nach vocalen.

53 im zweiten absatze, z. 10 v. o. l.: (acc. sg. msc.); nach (drittel) füge ein: *paourum* für **paourva-m* (acc. sg. ntr.) vom stamme *paourva-* (vorderer). In der folgenden zeile l.: (acc. sg. msc.). Z. 16 v. o. nach (link) füge ein: im acc. sg. msc. — Am ende dises absatzes (nach z. 18 v. o.) füge bei: Anm. Der acc. sg. ntr. *hōjūm* weist auf einen stamm *haēva-*, grundf. *saiva-*, hin.

58, z. 14 v. o. streiche 'zum teile'.

60, z. 18 v. u. streiche das beispil *ὀδ-μή* u. s. f.

66, z. 3 u. 13 v. o. l. (gehen) anstatt (ire) u. z. 18 v. o. l. *ϝέϝοικα*.

76, z. 3. 4 v. o. streiche 'teilweise wenigstens' u. z. 12 v. o. l. **-μενεσ-ς*.

77, z. 9 fg. streiche das beispil *ἀλώπηξ* als nicht völlig sicher. Z. 15 v. o. l.: Dise sind wol nach u. s. f. (Curtius hat gegen meine auffaßung bedenken geäußert, besonders auch wegen des herakleischen *πρασσόντ-ασσι*. Curtius statuiert in disen fällen einen hilfsvocal).

78, z. 5 v. u. füge bei: warscheinlicher scheint mir jedoch, daß *da-nt* u. s. f. zur wurz. *da*, *ad* 'trennen, schneiden' gehört; vgl. altbaktr. st. *dā-ta-* 'zan'.

Seite

79 ist in der tabelle *h* als stummer spirant zu verzeichnen und anm. 1. hat zu lauten: *h* haben wir als stummen spiranten an gesezt, da es, außer im altindischen, wol nirgend mit stimton gesprochen wird. Füge der anm. *) bei: Ariod. Fabretti, glossarium italicum, in quo omnia vocabula continentur ex Umbricis Sabinis Oscis Volscis Etruscis caeterisque monumentis. Aug. Taurinorum 1858—1865. Enthält auch das altlateinische. Dises buch hat nur den zweifelhaften wert eines sammelwerkes, welches auch das heute zu tage völlig überflüßige nicht verschmäht. Anm. **) lis nach der aufzälung der Corssenschen werke (vgl. d. nachträge): Leztere werke behandeln u. s. f. Corssens werke u. s. w. In der selben anm., z. z. 8 v. u. l.: und, besonders in den früheren arbeiten, mit u. s. f. Zu dem in den nachträgen mit geteilten titel des Schuchardtschen werkes füge bei: II. bd. eben das. 1867. Auch füge beim erstgenanten werke Corssens bei: zweite umgearbeitete Ausgabe, I. Lpz. 1868.

83, z. 1 v. o. füge nach 'formen' ein: (verbalstämme).

84, z. 5 flg. v. o. l. *quom (quum* conj. als, indem, vgl. *quon-iam).*

86, z. 1 v. u. flg. streiche das beispil *modus, mederi,* als nicht sicher (vgl. Georg Curtius gr. etym. s. 219).

87, §. 48, 1 am ende streiche 'lat. secund. — erweitert'.

89 am ende von §. 48 füge nach 'zu faßen' ein: vgl. Bücheler, Grundriss der lat. Declination, Lpz. 1866, s. 40; lis ferner 'steht für älteres *-ōm, -rōm (bov-om* noch bei Verg.), griech.' u. s. w.

90, z. 16 v. u. l. *tempestate-bus* (anstatt *-bos).*

95, z. 12 v. o. füge nach *siēs* ein: *sīt,* älter *seit* auß *siēt,* grundf. *sjat; tibī, tibei* auß **tibie,* grundf. der endung *-bja(m);* eben so in *vōbeis, vōbīs,* grundf. der endung *bhja(m)s.* Anm., z. 3 v. u. füge ein nach 'A. Dietrich,': commentationes grammaticae duae (I. de litterarum in l. l. transpositione; II. de vocalibus lat. subiecta littera *e* affectis), Lips. 1846; des selben de etc. Ferner z. 1 v. u. lis anstatt 'ist leider' u. s. w.: II, eben das. 1867.

96, z. 12 v. o. l. §. 46, 3.

98, z. 2 v. o. füge bei: *sāl* (salz) = **săl-s* (gen. *săl-is),* vgl. ἅλς u. a. z. 13 v. o. bis 18 v. o. zu dem worte 'stelt' ist hier herauß zu nemen und zu einer anmerkung am ende von §. 53 zu machen, deren anfang und ende zu lauten hat: 'Anm. Ser zweifelhaft sind

Seite

fälle wie *invītare* u. s. f. — wurz. *vī* stelt); vgl. unten §. 157, 1, a am ende'.

100, z. 14 v. u. l.: *tremonti;* Bergk, index lect. Marburg. 1847—48.

101, z. 7 v. o. nach **viros* füge ein: *acer* (§. 57) auß *acris* u. s. f.

102, z. 2 v. o. l.: altind. *ā'sa-s* für **amsa-s*. Z. 10 v. o. tilge '*positus* neben *postus*'.

103, z. 10 v. o. füge bei: *;h* ist nicht nur consonant, sondern auch denungszeichen nach vocalen, auch wird anstatt der länge der vocal doppelt geschriben mit *h* zwischen beiden vocalzeichen, z. b. persnihmu neben *persnihimu* und *persnimu*, lis *persnīmu* (3. sg. imperat. activi zu st. *persnī-)*; auch steht *h*, wie es scheint, nur graphisch zwischen zusammen stoßenden vocalen; z. b. pihaz, *pihos* = lat. *piatus*, *pihafei* = lat. *piāvī*, *stahu* = **stau* (vgl. *subocau)*, = lat. *sto* auß **stao* u. a.

104, z. 3 flg. v. u. streiche 'dise schreibweise' u. s. f.; füge anstatt dessen ein: s. o. §. 58.

108, z. 1 v. u. füge bei: (vgl. jedoch Corssen, zeitschr. XI, 371).

112, z. 8 v. o. l.: = **safiniom* = lat. **Sabiniom* = *Sabiniorum* (Sabinorum).

113, z. 4 v. u. füge ein: Fernere bereicherung unserer kentnis des altirischen bieten des selben Goidilica, or notes on the Gaelic Manuscripts preserved at Turin, Milan, Berne, Leyden etc. Calcutta 1866. Nach dem titel von Zeuss gr. celtica füge ein: editio altera curavit H. Ebel, fasc. I, Berlin 1868. Dise zweite auflage beruht meist auf neuen, eigenen forschungen Ebels.

114, in der tabelle der vocale ist *a* als erste steigerung der a-reihe ein zu fügen; ferner ist hier und auf den folgenden seiten überall *ia* = *é* und *úa* = *ó* zu setzen; dise laute sind näml. im altir. gleich bedeutend und wechseln mit einander.

115, z. 12 v. o. füge bei: *a* neben *e* ergibt sich als steigerung, z. b. *atreba* (er wont, besizt), aber *atrab* (wonung, besitz). Z. 14 v. u. füge zwischen 'wie' und '*fin*' ein: *nifiastar* (nesciet; *st* = *dt)*, *roféstar* (sciet), *adfiadat* (sie berichten) neben *rofetar*, *rofitir* (scio, scit); *fiadach* (jagd) neben *fid* (baum, vgl. lit. *medżóti* jagen, *medė'jis* jäger zu *mėdis* baum); *miastir* (judicabit), *méssimmir*, *nomėssammar* (judicabimus) neben *midiur-sa* (puto). Z. 17 v. u. lis nach '*ce-d*': st. ursprüngl. *ki* (vgl. lat. *qui-s*, *qui-d)*; das *d* ist

Seite

u. s. f. (s. nachtr). Z. 6 v. u. füge bei: (vgl. *móin* = lat. **moi-nos, moenus, mūnus; móenib* = lat. *muneribus).*

116, am ende von §. 73 streiche *clúasa* u. s. f. (es ist *clú-asa* zu teilen)

117, absatz 2, streiche '*labratar*' bis '(loquatur)'.

118, im lezten absatze von §. 75 lis: *bertir* für **berantir;* ferner schreibe *-berr, -*berthar.*

119, streiche z. 1—4 v. o. und das erste wort von z. 5. Z. 7 füge zu, was nachtr. s. 847 bemerkt ist. Disem aber füge ein: Die villeicht dialectische geltung des *ě* als *ja,* nach consonanten als *a* mit palatalisierung des vorher gehenden lautes, ist, wie es scheint, jung, da bisweilen das ältere *ě* neben *ja* erhalten ist, z. b. *čěsŭ* neben *časŭ* (zeit, stunde); für das alter des ersteren zeugt das auß dem slawischen entlente litauische *czë'sas;* wurz. *ěd* (eßen) neben *jad,* vgl. lit. *ëd* u. a. Z. 8 l.: *ĭ* (= urspr. *i)* und u. s. f. Z. 9 füge bei: *ĭ* = *jŭ* ist wie lezteres auß zu sprechen, da diß noch jezt im neubulgarischen statt findet.

123, z. 6 v. o. lis: = *ā* bei wurzeln auf *-a,* z. b. *dě-ti* u. s. f. Am ende des zweiten absatzes füge nach '§. 79, 1' bei: auch vor consonanten findet sich nach *r* und *l* neben dem auß *a* geschwächten *ŭ* oder *ĭ* (die in den handschriften ser wechseln) in gewissen formen regelmäßig *ě,* z. b. *mlŭz-q* (ich melke), aber infin. *mlěs-ti* (für **mlěz-ti),* grundf. der wurz. *mlaz* d. i. urspr. *marg; vrĭch-q, vrŭch-q* (ich dresche), inf. *vrěsti* für **vrěch-ti* (§. 182, 3, b), vgl. *vrach-ŭ* (subst. msc. das dreschen) u. s. f.

125, in der vorlezten zeile der anmerkung lis §. 88, 7 (anst. §. 87, 7).

126, z. 13 v. o. nach 'nemen' füge ein: ; eben so in *stoj-ati* (stehen), wozu wol *stě-na* (mauer, wand; vgl. got. *stai-ns* stein) gehört, wurz. *sti* neben *sta* in *sta-nq* 1. sg. praes., *sta-ti* inf. (sich stellen, auf treten) urspr. *sta.*

127, nach z. 11 v. o. füge bei: Anm. Nur in der ganz jungen bestimmten declination des adjectivs bleiben die nasalen endungen vor dem *j* des an tretenden pronomens (s. d. anhang zu §. 264), z. b. *slyšęj* (ὁ ἀκούων) d. i. *slyšę-*jŭ,* grundf. *krusjants jas; novqjq* (τὴν νέαν), grundf. *navām jām* u. s. f.

129, vor z. 4 v. u. füge ein: 5. *jy* wird *ji,* z. b. *vlŭky,* instrum. plur.

Seite

zu *vlŭkŭ* (wolf) aber *koni*, d. i. **konji* für **konjy*, zu *konĭ* d. i. **konjŭ* (ross).

146, lis §. 101, a. Außlautsgesetz.

148, lis §. 101, b. Anlautsgesetz. Streiche z. 5—1 v. u. und setze dafür das, was s. 324 als §. 194 steht. Der anfang dises §. 101, b. hat zu lauten: Ein dem slawischen änliches anlautsgesetz tritt weniger in der preuß.-lit. schriftsprache, als in den mundarten hervor. An lautendem *ė* u. s. w. wird auch in der schriftsprache *j* vor gesezt u. s. w.

153, z. 14 v. o. l.: = lat. *ī-s* (altlat. aber auch *ei-s*).

155, am ende von §. 109 vor der anm. füge bei: got. *lib-an* (leben, vivere), ahd. *līb* (leben, vita) läßt sich schwerlich von ahd. *lab-a* (labe, labung), *lab-jan*, *lab-ōn* (laben) trennen u. a.

159, z. 3 v. o. l.: bleibt *-āi* als *-ai*; z. b. u. s. f.

169, z. 10 v. o. l.: fält dann bei *skh* öfters, vor *k'h* stäts hinweg. Z. 16 v. u. füge nach (spalten) ein: altbaktr. *çk'id*, lat. *scid* u. s. f. Am ende der seite füge der anmerkung bei: Vgl. auch Ascoli, zeitschr. XVI, s. 442 flg.

173, z. 16 v. o. l. **με-γε*. Z. 5 v. u. füge bei: , woferne es nicht zu einer wurzel *nas* gehört, über welche man Curtius, griech. Etymol. 2. aufl., nro. 432, s. 282 nach sehe.

175, z. 13 flg. v. o. hat zu lauten: Im anlaute von wurzeln, welche auf aspiraten auß lauten, verliert eine ursprünglich an lautende aspirata den hauch; z. b. u. s. f.

181, zu anfang von §. 130 füge bei: Auch im inlaute findet bisweilen volständige angleichung an den folgenden laut statt; z. b. *bhinná-* für **bhid-na-*, part. praet. pass. zu wurz. *bhid* (spalten); *panná-* für **pad-na-*, eben so zu wurz. *pad* (fallen, gehen) und so öfter in änlichen fällen.

Erleichterung von consonantengruppen durch schwund eines lautes ist ebenfals nicht selten; z. b. *k'aṣṭē* für **k'akš-tē* (*ṭ* für *t* wegen des *š*; s. d. flg.), 3. sg. praes. med. zu wurz. *k'akš* (sehen); *á-tut-ta*, 3. sg. med. des zus. ges. aorists zu wurz. *tud* (stoßen) für **á-tut-s-ta* und so stäts bei *s* zwischen zwei momentanen lauten in änlichen fällen.

183, z. 9 v. u. l.: (opfern; vgl. auch §. 125, 3 am ende).

185, am ende füge bei: Die consonanten des altpersischen sind fol-

Seite

gende (in der umschreibung sehen wir von der verschidenheit der zeichen je nach der beschaffenheit des folgenden vocales ab): *k*, *kh* (die aspiration des *k*), *g*; *k'*, *g'*; *t*, *th* (= altbaktr. *th*, aber auch = altbaktr. *ç*), *d* (= urspr. *d*, aber auch = altbaktr. *z*, altind. *h*); *p*, *f* (= altbaktr. *f*), *b*; *h* (wie im altbaktr. = urspr. *s*; schwindet oft völlig), *ç* (wie altbaktr. *ç*), *j*, *s*, *z*, *v*; *n*, *m* (vor consonanten werden die nasale nicht geschriben); *r*. Genaueres über die schreibung des altpersischen s. in der indogerm. chrestomathie.

186, z. 17 v. o. nach '*qui-d*' füge ein: wurz. *çk'id* (brechen, zerbrechen; 3. sg. praes. *çk'indajēiti*), = altind. *k'hid*, lat, *scid*, ursp. *skid*; z. 13 v. u. nach *kru-ta-s* füge ein: wurz. *ças* (sprechen, befelen), 1. sg. praes. *çañhāmi*, altpers. *thah*, z. b. 1. pl. praes. pass. *thahjāmahj*, altind. *ças*, z. b. 3. sg. praes. *çā'sati*, ursp.˙ *kas*, vgl. lat. *car-men* für **cas-men*); *viç-* (f. familie, stamm), altpers. *vith-*, altind. *viç-*, wurz. ursp. *vik-* (vgl. *ϝοῖκ-ος*, lat. *vīc-us* u. s. f.).

187, z. 15 v. o. l. *thwām*, altpers. *thuvām*.

188, z. 14 v. u. l. *fra-*, altpers. *fra-*; z. 6 v. u. l.: = urspr. *g*, besonders im anlaute, z. b. u. s. f.; z. 3 v. u. füge bei: wurz. *ga* (gehen), z. b. in *gāma-* (msc. gehen, schritt) = altind. und urspr. *ga*, griech. *βα* u. a.

189, z. 2 v. o. füge bei: st. *bagha-* (gott) = altpers. *baga*, altind. *bhaga-* (herr). Z. 3 v. u. füge bei: st. *dā-ta* (gegeben).

190, z. 3 v. o. streiche 'doch one feste regel' und füge im folgenden an irer stelle die 3. sg. praes. *da-dhā-iti*, altind. *dá-dā-ti*, griech. *δί-δω-σι* ein. Z. 10 v. u. füge bei: st. *daregha-* (lang) = altind. *dīrghá-*, griech. *δολιχό-*, urspr. *dargha-*.

191, füge §. 135, 2 zu den vertretern von urspr. *dh* im altbaktr. noch *z*. Z. 7 v. o. füge ein: altpers. *adam*. §. 135, 2. füge beim aor. von wurz. *dha* ein: altpers. *a-dā* und zu wurz. *dar*: altpers. *dar*; ferner füge hier bei: *-maidē* (bei Spiegel *-maidhē*, personalendung d. 1. plur. medii) = altind. *-mahē*, grundf. also *-madhai*. Z. 7 v. u. füge bei: *madhu* (ntr. wein, honig) = altind. *mádhu*, griech. *μέθυ*.

192, füge nach z. 2 v. o. bei: *z* = urspr. *dh* zeigt sich da, wo im altind. *dh* durch *h* vertreten ist; z. b. wurz. *guz* (bergen, bewaren; 3. sg. praes. *gaozaiti*, grundf. *gaudhati*), altind. *guh* für *gudh*

Seite

(§. 125, 2), aber altpers. *gud* u. a. Z. 6 v. o. füge bei: altpers. *bar*, z. b. 3. pl. praes. *bara(n)tij*; z. 7: altpers. *brātar-*; z. 14 v. o. füge ein: *ba-wr-are* für **ba-br-are*, 3. pl. perf. zu wurz. *bar* (bringen), urspr. und altind. *bhar*, vgl. altind. *ba-bhr-ús*; im folgenden lis: altbaktr. *w* ist demnach durch aspiration auß *b*, *bh* hervor gegangen und verhält sich somit u. s. f. Z. 8. v. u. füge bei: Im altpersischen steht nach consonanten (außer nach *h*, auch *tj* ist häufig) *ij* für *j*, z. b. altpers. *duvitija-* = altbaktr. *bitja-*, altind. *dvitíja-*, grundf. *dvi-tja-* (zweiter); altpers. *anija-* = altbaktr. *anja-*, altind. *anjá-* (anderer). Z. 5 v. u. streiche 'gewis'; füge bei: In der altpersischen schrift wird auß lautendem *i* ein *j* bei gegeben, z. b. *aςtij* = altbaktr. *aςti*, altind. und urspr. *ásti* (er ist); nach *h* steht bloß *j* für *i*, z. b. *ahj* = altbaktr. *ahi*, altind. *ási*, urspr. *as-si* (du bist). Z. 3 v. u. l.: Anm. Besonders zwischen *s* und *š*, aber auch zwischen u. s. f.

193, z. 19 v. o. füge bei: altpers. *aςtij*.

194, z. 16 v. o. füge bei: altpers. *amij*, *ha(n)tij*.

195, z. 5 v. o. füge bei: altpers. *amahj* für **ah-mahi*; z. 8 füge bei: altpers. *aura* = altbaktr. *ahurō* (herr; nom. sing.), grundf. *asura-s*; z. 10 lis: *qhjāṭ* (auch *hjāṭ*).

197, z. 19 v. u. füge bei: In der altpersischen schrift wird auß lautendem *u* ein *v* bei gegeben, z. b. *baratuv* = altbaktr. *baratu*, altind. *bhára tu* (3. sg. impr. zu wurz. urspr. und altind. *bhar* tragen). Z. 15 v. u. füge bei: Im altpersischen steht *uv* nach consonanten für *v*; vgl. st. *haruva-* = altbaktr. *hāurva-*, altind. *sarva-* (all); *thuvām* (die aspiration des anlautes ist durch das folgende *v* bedingt) = altbaktr. *thwām*, altind. *tvām* (dich).

198, §. 137 l.: Anm. 1. und füge bei: Anm. 2. In st. *maghna-* (nakt) scheint *m* durch dissimilation auß *n* entstanden zu sein, vgl. altind. *nagná-*. Auch im außlaute steht bisweilen *m* für *n*, z. b. st. *ašavan-* (rein; z. b. acc. sg. msc. *ašavan-em*), vocat. msc. *ašāum* für **ašāun* auß **ašavan* verkürzt.

200, z. 4 füge bei: Verdoppelung der consonanten (in folge von assimilation u. s. f.) findet, in der schrift wenigstens, nicht statt. Z. 8 v. o. l.: nur *š*, vor *t* aber *s*, übrig u. s. f. Z. 12 v. o. füge ein: st. *tas-ta-*, part. praet. pass. zu diser wurzel. — Streiche die vier lezten zeilen und s. 201 die zwei ersten.

Seite

202, z. 13 v. o. füge bei: *pourutāç*, nom. sg. zu st. *pourutāt-* (fülle) für *-*tāt-s*. Z, 20 v. o. l.: im altbaktrischen und im altpersischen. Füge in der mitte der seite vor 2. ein: In mereren fällen scheint altbaktr. *š* auß urspr. *rt* entstanden zu sein (Fr. Müller, Beiträge V, 382), so z. b. in *ameša-* (adj. unsterblich) = altind. *a-mr'ta-*, grundf. *a-mar-ta-*, wurz. *mar* (sterben); *mašja-* (msc. mensch; eigentlich 'sterblich') = altpers. *mar-tija-*, grundf. und altind. *már-tja-* von der selben wurzel u. a.

205 am ende füge bei: Im Altpersischen wird im außlaute *t, n, h (s)* nicht geduldet, wenigstens nicht geschriben (der vorher gehende vocal bleibt kurz, vgl. o. §. 29), z. b. *a-dadā*, 3. sg. imperf. zu wurz. *da*, urspr. *dha* (setzen), grundf. *a-dhadhā-t; a-bara*, 3. pl. imperf. zu wurz. *bar*, urspr. *bhar*, grundf. *a-bhara-nt; baga*, nom. sg., grundf. *bhaga-s* (gott). *t* wird nach *au* in *s* gewandelt, z. b. 3. sg. imperf. *a-kunaus*, wurz. *kar* (machen), grundf. *a-karnau-t*.

206, z. 5 flg. v. u. l.: *s* bleibt fast nur im außlaute und vor und nach stumlauten *(ξ, ψ)*; ferner dann, wenn sich im ein anderer laut assimiliert hat; vor vocalen wird es in *h* gewandelt u. s. f.

210, z. 17 v. u. setze nach (glück) ein: τεύχ-ειν (bereiten) und lis im folgenden: τύκ-ος (w. d. st.) kann man nicht wol verschidene wurzeln an nemen; eben so hat δέχ-ομαι u. s. f. Z. 12 v. u. streiche 'allerdings'.

218, z. 11 v. u. l. grundf. *svakpras*, altind. *çvdçuras* für *svdç*. u. s. f.

223, z. 11 v. u. l.: hier (außer in der verbindung βϱ = ϝϱ) β nur u. s. f.

225, z. 11 v. o. l. 'pronominalwurzel'.

228, z. 13 v. u. nach '*pinsit*' füge ein: ; diser fall ist selten; in der regel schwindet *s* und später auch *j*; s. o. §. 145, 1, a. e).

233, z. 1 v. o. flg. l.: disem σ; da σσ = τj, ϑj auch im dorischen vor komt, so ist nicht an zu nemen, daß τj (ϑj) zunächst in σj über gieng, wie τι in σι (s. o. c.) und diß σj in σσ (s. o. b.), denn dor. bleibt τ vor ι; u. s. w.

238, z. 12 v. u. l. 'fast außschließlich', anstatt 'nur'. Zu diser zeile füge die anm. unter dem texte bei: *) Vgl. hierüber Ascoli in Kuhns ztschr. XVII, 241 flg. Der dort entwickelten theorie steht jedoch das keltische im wege.

241, z. 16 v. o. füge bei: *trepit* (vertit, Paul. Ep. 367; Curtius, gr. Etym.[2], 411) scheint das entlente griech. τϱέπει zu sein.

Seite

242 in der anm. lis anstatt 'mag man nun' es ist wol lat. *flu* u. s. f. zu stellen; schwerlich kann man mit Ad. Kuhn u. s. f.

243, z. 3 v. u. füge ein: Schreibungen wie z. b. *singnum* machen es warscheinlich, daß man bereits in der späteren kaiserzeit an fieng *siññum* anstatt *signum* zu sprechen. Dennoch u. s. f.

244, z. 3 v. o. streiche 'indem — verschmolz'.

245, nach (Africaner) füge bei: *sifilus* und *sifilare* (franz. *siffler;* Zeitschr. XVI, 382) neben dem gewönl. *sibilus* (das zischen, pfeifen) und *sibilare* (zischen, pfeifen) u. a. Z. 15 v. u. füge bei: *grand-o* (hagel) neben altind. *hrād-unī,* griech. *χάλαζα* d. i. **χαλαδ-ja*, **χλαδ-ja* (s. o. §. 43, 1), wurz. also urspr. *ghrad.*

247, z. 19 v. u. l. 'undicht' (anstatt 'unnütz'). Z. 8 v. u. füge in die parenthese noch ein: ; über dises wort vgl. Corssen, krit. Nachtr. s. 104 flg. Z. 5 v. u. füge bei: Vgl. die wandlung von *h* zu *f* in fällen wie engl. *enough* (spr. etwa *inŭ'f),* angels. *genōh* (genug); *laugh* (spr. etwa *lāf),* angels. *hleahhan*, got. *hlahjan* (lachen) u. a.

248, z. 10 v. u. l.: *r* für *d* = *th.*

249, z. 16 v. o. füge bei: Vgl. die *f*-änliche außsprache des *th* im englischen und des *ϑ* im neugriech.; im ruß. wird griech. *ϑ* als *f* gesprochen.

269, z. 17 v. u. füge nach '*stleiti-*' ein: *sleiti-;* z. 15 v. u. nach dem ersten worte füge bei: in inschriften ligt *slis* vor; *stl* gieng also durch *sl-* in *l-* über.

270, z. 6 v. o. füge bei: Der selbe schwund zeigt sich in dem von der selben wurzel gebildeten *Jū-no* für *Diou-no* (Corssen, krit. Nachtr. s. 142). Z. 8 v. u. am ende der zeile füge bei: (vgl. §. 293, I, a).

271, z. 5 v. u. l.: *s* meist auf u. s. f.

274, z. 7 v. u. l. §. 58.

278, z. 1 v. u. l.: **Ohtavis* (Uhtavis, wol úht- zu lesen) u. s. f.

281, z. 10 v. u. l. *fiche*, st. *fichent-;* z. 6 v. u. l.: vgl. gall. *τοουτιους* (die bedeutung 'bürger' ist beßer zu streichen); z. 2 v. u. l.: *bér-thir, -bér-thar*, vgl. lat. *fere-tur* auß **fere-tu-se, *feret-se.*

282, z. 1. v. o. l. *ber-tir, -ber-tar;* z. 7 v. o. streiche 'also' etc. und lis: vgl. lat. *piscis.* Am ende von §. 167 streiche die anm. (das *m* von *comalnad* gehört nicht zur wurzel, vgl. *lán* plenus). §. 168, 1. l. *fo-gur* und ferner *ríg-*, altgall. *reig-*. Vorher streiche die worte

Seite

gair (stimme), da diß wort unsicher ist. Im absatz 2 streiche zwei mal das erst spätere, nicht altirische *croithe* und lis z. 2 v. u. (ich weiß). Z. 12 v. o. l.: *pra; étar* (is found), grundf. **pent-ar*, vgl. die wurz. got. *fanth*, d. i. *pant* u. a.

In *tee* (*té* warm) st. *tēnt-* (vgl. *téte*, d. i. **ténte* = lat. **tepentia* fem. wärme) für **tepent* = lat. *tepent-* (nom. sg. *tepens*) ist *p* auch inlautend geschwunden.

283, z. 18 v. o. l. *daim*. Z. 9 v. u. l. *-biur* (das wort komt villeicht getrent für sich nicht vor).

284, z. 7 v. o. füge bei: Nach Stokes (Goidilica s. 100, anm. r) wird an lautendes *sv* im altirischen sowol zu *s* als zu *f* (§. 170, 3); z. b. st. *fés-* neben *sés-* (sechs; z. b. *sésed* sextus). grundf. *sveks-*; *siur* und *fiur* (schwester), grundf. *svisur* u. a. Hier ist aber *f* = *v*, vor welchem das *s* des urspr. anlautes *sv* geschwunden ist. §. 170, 1 füge zu *óc-* noch bei: auch *óac* (juvenis). Z. 9 v. u. l.: *esoc-is* (gen. sg.).

285, z. 1 und 2 v. o. streiche nach *vidua:* (villeicht entlent). Z. 11 v. o. füge ein: Nach Ebel steht jedoch *b* = *v* in den verbindungen *lb, rb, nb, db.*

286, z. 10 v. o. l. *cluas;* z. 11 l. *mel-im* (ich male); z. 12 l. *mulenn* (altir.) und füge zum folgenden worte: (neuir.). Z. 11 v. u. l. *-it*, *-at* etc. und z. 10 v. u.: *-itir, -etar* u. s. w. Am ende der seite füge bei: ; *g* vor *n* assimiliert sich disem, z. b. *án* (feuer) auß **agn* (vgl. altind. *agni-s*, lat. *igni-s*); *sén* (segen), lat. *signu-m; stán*, lat. *stagnu-m* (Stokes, Goidilica s. 70).

287, z. 17 v. o. l.: auß **fid-tu-s*, **fis-tu-s*. *fiss* ist wenigstens im sing. masculinum, nicht neutrum (*u*-stamm, nicht *i*-stamm). Z. 15 v. u. l.: Im futurum, so scheint es wenigstens, assimiliert sich u. s. f. *b, f* einer u. s. f. oder nasal, auch anderen consonanten u. s. w.

288, z. 5 v. o. flg. l.: *berir* auß **berthir* (*berar* zu streichen) = lat. *fertur;* im folgenden lis **bera-tir*, **bera-thir*, **berthir*, **berhir*, *berir*.

289, z. 8 v. o. l. *car-faimme*; §. 173, 5 l.: *ro-fés-tar* (sciet) für **ro-féd-tar* etc., ferner: *es-tir, -es-tar* (3. sg. fut. oder conj.) für **ed-tir*, **-ed-tar* wurz. etc. *ad* (eßen). Z. 13 v. u. füge nach 'wirkungen' bei: (besonders *s* und *n* sind häufig als einstmalige außlaute nachweisbar); sie u. s. f. Z. 11 v. u. füge bei: Erhalten ist

Seite

eigentlich nur *r*. Z. 9 v. u. l. **berme, -beram* u. s. f. Z. 5 v. u. l.: *-bir* = **beri, *biri* u. s. f. Z. 2 v. u. l. *-beir*.

299, z. 6 v. o. l.: *vladą* (ich hersche), vgl. got. *valda* u. s. f.

303, z. 4 v. o. l.: für älteres *čěsü*. Z. 9 v. o. füge bei: Lezteres ist das ältere. Z. 13 flg. streiche von 'zunächst' bis 'verlieren' und setze dafür: (auch die andern slawischen sprachen zeigen hier den laut, der sonst ursprüngliches *tj* vertritt). Z. 15 v. u. vor der parenthese füge bei: Die supina *mošti*, grundf. *mag-tu-m, vrěšti* u. s. f. (§. 227) scheinen in irer lautform durch die analogie des infinitivs bedingt zu sein. Wie diser lautwandel zu stande gekommen ist dunkel.

307, z. 13 v. u. l. *σϑλοβεν-ικό ς*.

322, l. anstatt 3: §. 193. Wandelbarer sibilant b. gutt. Z. 11 v. o. l. §. 191, A, 6.

323, l. §. 194 anstatt §. 193 und eben so auf der folgenden seite.

324. Der §. 194 fält hinweg, er gehört auf seite 148 (s. o.)

332, §. 199 füge am ende von 1. bei: Auch zwischen vocalen bleibt *j*, z. b. *thrijē* (gen. pl. msc. ntr. zu stamm *thri-* drei), grundf. *trij-ām*; nur in einigen praesensstämmen (§. 293, got., V.) geht *j* in *i* über, z. b. *saia* (ich säe), grundf. *sa-jā-mi*, und in wenigen fällen scheint es durch *ddj* vertreten zu sein, z. b. *tvaddjē* (gen. plur. msc. ntr. zu st. *tva-* zwei), grundf. doch wol nur *dva-j-ām*.

335, z. 12 v. o. l.: *quatuor (tuderor*, d. i. **tuderōs*, zu dem consonantischen stamme *tuder-* gränze, ist wol durch umschlagen in die analogie von 10. zu erklären; Zeyss, Zeitschr. XVII, 421 flg.).

339, vor 3, b füge folgendes ein: In den endungen der verba, urspr. *-ām* und *-aim*, löst sich *-m* in *u* auf; so in der endung der 3. sg. und plur. med. *-tām* und *-ntām*, got. *-dau* und *-ndau*, z. b. opt. pr. *bairai-dau*, pl. *bairai-ndau*, grundf. *bharai-tām*, *bharai-ntām*; eben so im imperat. med.; in der 1. sg. opt. perf. und praes. z. b. perf. *bērjau*, grundf. *bhabhār-jā-m*; praes. *bairau*, zunächst auß **biraiu*, grundf. *bharai-m*, woferne nicht Scherer (zur Geschichte der deutschen Sprache s. 472) recht hat *bairau* auf **birām* auß **birajam*, grundf. *bharaja-m*, zurück zu füren.

340, am ende füge bei: Die frühere länge dises *-a* wird direct erwisen durch formen wie *hvanō-h* (jeden), *hvan-a*, acc. sg. msc. des in-

Seite

terrogativstammes *hva-*, urspr. *ka-* mit der partikel *-h*, urspr. *ka* (§. 112), grundf. also *kam-ka; hvarjatō-h* (jedes), *hvarjat-a*, acc. nom. neutr. zu stamm *hvarja-* (wer, was) u. a. (vgl. W. Scherer, zur Geschichte der deutschen Sprache, Berl. 1868, s. 107).

343, z. 3 v. u. lis anstatt 'ursprünglichst': in den ersten lebensperioden der indogermanischen ursprache. Ferner streiche z. 1 v. u. von 'da ser' an bis ende von z. 1 der folgenden seite 344. Hier füge nach 'u. a.' in zeile 3 v. o. ein: Warscheinlich ligt in solchen fällen anschmelzung einer zweiten wurzel vor. Nach disem hat zu folgen 'auch urspr.' bis '*gi-g* (leben)', von z. 8 u. 9 v. o.

345, füge bei als anm. 1: Consonantenumstellung, wie Alb. Kühn, Über Wurzelvariation durch Metathesis, Bonn 1868 an nimt, z. b. in *vid* (sehen) und *div* (leuchten); altind. *paç* (binden), urspr. *pak* und lat. *cap* (nemen) u. s. f. kann ich nicht als erwisen betrachten.

354, z. 5 flg. v. o. streiche 'wenn — nemen'.

357, z. 9 v. o. füge nach (hören) ein: st. *çtaja-*, *çtāja-* (z. b. imperf. *ava-çtajaṭ* er stelte hin), zu wurz. *çta* (stehen; also altertümlicher als im altind. gebildet) u. a.

359, ende des ersten absatzes füge bei: Ein verzeichnis von verben auf *-ā-* im oskischen gibt Corssen, Zeitschr. V, 96 flg.

361. Nach Ebel sind sichere beispile für die drei formen 1) *carimm* oder *cairimm*, *-caru* (ich liebe); 2) **gnim*, *-gniu*, conj. *-gnéu*, *-gnéo* (wurz. *gen* tun); dise classe sei jedoch ser selten und kaum zu rechnen; 3) *móidimm*, *-*móidiu* (ich rüme).

367, z. 10 v. o. l.: (ἔρις streit; in disen könte jedoch ζ, wie das δ der entsprechenden nominalstämme, gerade zu = *j* sein und also *ἐλπι-jε-τι, *ἐρι-jε-τι als grundform an zu nemen, vgl. §. 145, 1, c, anm., doch ist mir ζ zwischen vocalen = *j* noch zweifelhaft).

376, z. 17 v. o. füge bei: *urud-* (fem.? fluß), wurz. *urud-*, 1. steiger. *raod* (fließen);.

379, z. 1 v. u. füge bei: *bar-a-* (tragend), wurz. *bar* (tragen); *frj-a-* (lieb, subst. freund) = altind. *prij-á-*, wurz. *fri* (lieben).

381. Im altirischen finden sich mit suff. *-a-* vor allem als infinitive, z. b. *tór-may* (augere), wurz. *mag; fu-lang* (tolerare) u. s. f.

385, z. 17 v. u. füge ein: *ēdī*, *jadī* (fem. speise), wurz. *ed* (*jad*, eßen). Z. 16 v. u. l.: *-ēd-ī-*, wurz. *ēd* (*jad*) u. s. f.

387, z. 17 v. o. füge nach 'hell sein' ein: also eigentlich 'volmond'.

Seite

390, z. 1 v. o. l.: tötlich, todeswürdig). Z. 13 v. u. l. wurz. *em, im.*

391. Nach z. 6 v. o. füge bei: Altirisch. Primäre *ja*-stämme ligen vor in *guide* (fem. ntr. precatio); *insce* (fem. sermo) wurz. *sak; esséirge* (ntr. resurrectio) wurz. *rag* u. s. f. Sie sind meist neutra (*-e* im altir. = *-ja, -jā;* §. 75).

397. Altirisch ist das secundäre *-ja-* ser häufig, abstracta feminina zu adjectiven bildend, z. b. *láne* (fülle) zu *lán* (voll); *sóire* (freiheit, salus) zu *sóir* (frei, edel); *dóire* zu *dóir* (unedel, das gegenteil von *sóir); óge* (integritas) zu *óg* (integer) u. s. f. Z. 13 v. u. füge ein: *candela-bru-m* (lichtträger; in disem beispile wird wol niemand den ursprung von *-bro-* auß wurz. *bhar* leugnen können). Z. 2 v. u. l.: z. b. stamm u. nom. sg. msc. *bož-ij.*

402, z. 11 v. u. streiche 'zimlich'.

403, z. 5 v. o. füge bei: und villeicht noch einige andere.

409, nach z. 3 füge bei: Suff. *-mant-* wie im altind.; z. b. *madhu-mant-* (mit honig oder wein versehen); *gao-mant-* (mit fleisch versehen), *gao-, gav-* (nom. sg. *gāus* m. f. rind, vih) u. a.

411 füge bei: Altirisch. Suffixe mit *m* sind auch hier häufig, z. b. suff. *-ma-*, fem. in *sechem* (sequi), *cretem* (fides) u. a.; suff. *-mu-*, msc. in *gním* (tun, tat), *dénum* (tun, tat) u. a.; suff. *-man-* in *menme* (msc. mens), stamm *men-man-* u. s. f.

415, z. 12 v. u. füge nach *-μεν* ein: (auch dorisch und äolisch bei den verbalstämmen auf den wurzelaußlaut und den passivaoristen).

419, z. 7 v. u. streiche das beispil *στήλη* und füge dafür ein *φῦ-λο-* (ntr. geschlecht, stamm), *φῦ-λή* (stamm), wurz. *φυ* (erzeugen, wachsen) u. s. f.

421, z. 12 v. o. füge ein: *by-lŭ,* wurz. *by* (sein) = *φῦ-λο-*.

423, z. 11 v. u. l. *skul-an.*

425, z. 15 v. o. füge ein: *han-g'aghm-ana-* (zusammenkunft) von der reduplicierten wurz. *gam, g'am* (gehen); am ende dises absatzes füge bei: Deutliche nomina agentis sind z. b. *ā-çtav-ana-* (lobend, bekennend), wurz. *çtu* (loben); *çrav-ana-* (hörend), wurz. *çru* (hören).

428, z. 8 v. o. füge nach **ad-na-* ein: (§. 130, 1; nachtr. z. s. 181). Beim altbaktr. füge bei: Secundäres *-na-* zeigen die nicht seltenen, den stoff bezeichnenden adjectiva auf *-ae-na-*, z. b. *erezataēna-* (silbern), *erezata-* (ntr. silber) u. s. f.

Seite

429, z. 2 v. o. füge bei: Häufig sind adjectiva auf *-ĕ-nŭ-*, z. b. *srebrĕnŭ* (silbern), *srebro* (ntr. silber); *vlŭnĕnŭ* (wollen), *vluna* (f. wolle) u. s. f. Z. 10 v. o. füge bei: Häufig ist *-ē-na-* in subst. wie *parszēna* (ferkelfleisch), von *parsza-* (nom. sg. *pàrsza-s* ferkel); *javënà* (getreidestoppel), *java-* (msc., nom. pl. *javaí* getreide) u. s. f. Z. 4 v. u. füge bei: (§. 130, 1; nachtr. zu s. 181).

432, z. 3 v. u. füge ein: älter *-ω* und setze am ende zu: G. Curtius (Erläuterungen s. 50 flg.) dagegen wol mit recht (vgl. die ion. accusative diser stämme auf *-ουν*) für stämme auf *-οϝι-*.

434, z. 13 v. o. lis (f. höhe, gipfel) und füge in der folg. zeile bei: *high-nu-* (feucht nach Spiegel, trocken nach Justi) wurz. *hik'* (benetzen).

441, z. 17 v. o. l.: auch häufig im u. s. f.

443, z. 17 v. u. l.: **sva-su-tar-* (wörtl. 'angehöriges weib') u. s. w.

445, z. 5 v. o. l.: (fem. opfer, weihwaßer).

448. Dem zu ende der anm. bereits nach getragenen füge noch bei: Dise (Corssens) auffaßung wird unterstüzt durch das keltische, vgl. altir. *siur* (§. 170, 2), das auf eine italokeltische form *svasarone t* schließen läßt. Außfürlich behandelt dise schwirige frage Ascoli, Studj crit. II, s. 33 flg. der sich für lat. *-bro-* = urspr. *-tra-* entscheidet. Vgl. §. 217, lat., anm. 2.

452, z. 11 v. o. l.: (reinigung). Z. 14 v. o. füge ein: *maç-ti-* (größe), wurz. *maz* (als adjectivum 'groß'). Z. 19 v. o. l.: z. b. *qharetĕē*, *kars-t*, u. s. w.

453, z. 12 v. u. l.: (gehen) u. a.

454 füge ein: Altirisch. Die feminina (infinitive) mit suff. urspr. *-ti-* schlagen meist in die analogie der *a*-stämme um, z. b. *tech-t* (gang, gehen) zu *tiag-* (gehen); *epert* (sagen), d. i. **et-ber-t*, grundf. *-ber-ti-*, wurz. *ber* (ferre, dicere) u. s. f.; *buith* fem. (= φύσις), grundf. des st. *bu-ti-* u. s. f.

458, z. 3 v. u. l.: (neutr. gedanke, rede, gebet). Vor 'u. a.' füge ein: *vars-tva-* (n. handlung, werk), wurz. *verez* (tun).

460 füge ein: Altirisch. Auch hier ist, wie im lat., suff. *-tu-* msc. häufig zu verben nomina actionis bildend, z. b. *labrád* (locutio), st. *labra-* (sprechen); *tintúth* (übersetzung) für **do-ind-sú-th*, zu *só-* (wenden), *scarád* (scheidung); *dilgud* (remissio), *bráth* (gericht) u. s. f. Z. 8 v. u. l. 'villeicht' anst. 'warscheinlich'. Z. 6

Seite

v. u. füge bei: die analogie des infinitivs scheint für dise formen maßgebend gewesen zu sein.

463, am ende des abschn. über das altbaktr. füge bei: Nach Spiegel (gr. §. 240) fungieren jedoch dise formen als 'adjectivum verbale'.

467, altirisch, füge bei: ; seltener in adjectiven wie *tee* (**té* warm), stamm *tét-*, d. i. **tént-* auß **tepent-* (= lat. *tepent-)*, davon *téte* (fem. wärme), st. **téntja-* auß **tepentja-* (vgl. die entsprechenden lateinischen bildungen).

476 füge nach z. 10, v. o., bei: Neuerdings hat G. Schönberg (Zeitschr. XVII, 153 flg.) mit berufung auf den wechsel von consonantischen mit *i*-stämmen und von suffix *-as-* mit suffix *-i-* (wofür er beispile bei bringt) formen wie *amarie-r* als dative von st. **amāsi-* + *se*, auß **amāsiai-se*, formen wie *legie-r* aber als dative von st. *legi-* (vertretend den stamm *leges-* des activs) + *se*, auß *legiai-se* erklärt, leztere also wol mit recht, wie Leo Meyer (s. o.) von den *as*-stämmen getrent. Freilich sind dergleichen dativformen von *i*-stämmen außerdem nicht nachweisbar. — Im Altirischen sind die stämme auf *-as-* kaum noch erkenbar, z. b. *nem* (himmel), grundf. *nabhas*; *teg*, *tech* (haus); *sliab* (berg) u. s. f.

484, z. 13 v. u. l. vgl. §. 110, 4 (streiche also 'z. b. — 156'); lis im folgenden: entspricht also dem slawischen **-ějūs-* = *-a-ijans-*, *-a-jans-*; in beiden ist der stammaußlaut *a* der adjectivstämme erhalten.

485, z. 15 v. u. füge nach 'bilden' ein: wie es scheint bei pronominalen und änlichen stämmen. Streiche z. 11 v. u. von 'ob' bis zu ende von z. 6 v. u.

486, z. 12 (zu anfang der s.) füge bei: *ušaç-tara-* (östlich) zu *ušanh-*, d. i. **ušas-* (morgenrot; vgl. §. 135, 2);.

487, z. 10 v. o. füge ein: , osk. *min-s-tro-* (kleiner; belegt ist der gen. sg. msc. ntr. *minstreis)*; z. 11 v. o. füge ein: , umbr. *mēs-tro-* (größer) auß **ma-is-tro-*, **mag-is-tro-*.

491 lis: Altbaktrisch. *ape-ma-* (lezter) von *apa* (praep. von); *madhe-ma-* (mittelster), vgl. *maidhja-* (mitlerer); *aste-ma-* u. s. w.

493. Den altbaktrischen beispilen füge bei: *hukerep-tema-* zu *hukerep-* (schönen leib habend).

495. Altbaktr. lis: *aē-va-*, altpers. *ai-va-* und füge bei: Anm. Acc. sg. msc. *ōjūm* (§. 29, 4), häufiger *aoim* (Spiegel), *ōim* (Justi) sind warscheinlich verkürzte formen.

Seite

496, z. 13 v. u. füge nach *dva-* ein: (nom. dual. ntr. fem. *dujē, dujaē-k'a* von einem weiter gebildeten stamme *du-ja-*; auch finden sich formen one das an lautende *d*). Z. 6 v. u. lis: *tri-*; *-i-* ist suffix u. s. f. *tr-i-* ist also wol auß u. s. w.

497, z. 4 v. o. l.: nom. *teoir*, gen. *teora*. Z. 15 v. o. füge ein (zu dem bereits bemerkten nachtrage): die bestbezeugte schreibung *quattuor* ist etymologisch nicht begründet. Z. 16 lis: fem. **cetheoir*, gen. *cetheora*.

499, §. 237, 8 lit. lis *asztŭ-nì, asztŭ'-niō-s*.

500, z. 10 v. u. lis: 11 **aēva-daçan-* und **aēvan-daçan-*; bei 13 u. 14 ist ebenfals ein * zu setzen.

502, z. 9. v. u. schreibe: *thri-çāç* und streiche die parenthese. Ascoli (di un gruppo di desinenze Indo-Europee, in den Memorie del R. Istituto Lombardo, Milano 1868, s. 10) hält die form für nom. sg. zu stamm *thri-çant-*, was den lautgesetzen völlig entspricht.

503. Altirisch lis (nach Ebels mitteilungen): *-cant-* tritt an; die so gebildeten worte sind masculina und werden wie die übrigen *-nt-*stämme decliniert (s. u.) 20. *fiche*, st. *fichent-*, nom. pl. *fichit*, d. i. **ficintī(s)*, vgl. lat. **vicenti*, acc. pl. *fichtea*, dat. dual. u. pl. *fichtib*. 30. *tricha*, pl. *trichait* d. i. **tri-kant-s*, pl. **tri-kantī(s)*; 40. *cethorcha* u. s. f. (nach vorigem zu corrigieren); 50. *cóica* u. s. f. für **cóic-ca* u. s. f. und *-cant-*, pl. *cóicait* d. i. **konki-ant-s*, **konki-anti(s)* (demnach im flg. zu corrigieren *-kant-s* und *-kantī(s)*); 60. streiche 'wol — Stokes' und corrigiere die grundf.; 70. *sechtmo-ga* und eben so 80. *ochtmo-ga* u. s. f.; 90. **nói-cha*. Die übereinstimmung mit lat. u. griech. im suffixe *-cat-*, *-cet-* d. i. *-kant-* u. s. f. vgl. *-κοντα*, lat. *-ginta* ligt zu tage, nur ist im altir. die endung in die analogie der *-nt-*stämme über getreten.

504, z. 8 v. u. lis **decāginta* (anst. *centag.*).

507. 1. füge bei: altpers. *fra-tama-*; ferner lis: altbulg. nom. sg. msc. u. stamm *prŭvŭ, prĭvŭ* (best. form nom. sg. *prŭvŭ-ĭ* u. s. f.). In dem nachtrage zu diser seite (s. 851) lis in der vorlezten zeile nom. sg. msc. *tretij* d. i. **tretijŭ*. Z. 9 v. u. füge nach **prīs-dic* ein: nach Corssen (krit. Beitr. 433) ist *prī-* altertümliche form (bezeugt) = *prae* (praep. vor), das aber offenbar eine casusform ist, von der doch schwerlich ein superlativ gebildet ward.

508. z. 4 v. o. füge bei: altpers. *duvi-tija-*, d. i. **dvi-tja-*. Bei 3. füge ein:

Seite

altpers. *tri-tija-;* beim griech. füge ein: äol. *τέρ-το-;* ferner lis: altir. *tri-s* mit *s* für *tj* (wofür Stokes, Goidilica s. 16 noch einige beispile bei bringt); altbulg. *tre-tij* d. i. **tre-tijŭ* (best. form. *tretij* für **tretiij* auß **tretijŭ-jŭ*, grundf. *tratijas jas).* Bei 4. altbulg. (z. 2 v. u.) füge bei: *četvrĭ-tŭ.*

509, z. 12 v. o. lis *sésed* (für **seised)* und füge am ende von z. 13 bei: das mitlere *s* ist nicht geschwunden (§. 170, 2), da es durch assimilation von *ks* entstanden, also eigentlich *sș* ist.

510, z. 7 v. o. füge bei: altpers. *nava-ma.* Z. 14 v. u. füge bei 11. ein: *aēvan-daça-.*

511. 100. lis: altbaktr. *çatō-tema-.*

512, z. 1 v. o. lis altb. *hazaṅrō-tema-* (nicht ganz sicher).

516, z. 11 v. u. lis *mātṛ'-ṇ-ām.*

521, z. 1 v. u. füge ein: namentlich macht sich die analogie der *a*-stämme geltend.

522, I, 2. hat zu lauten: altir. sind dise stämme kaum noch erkenbar (vgl. §. 170, 2), so daß es unnötig scheint sie im folgenden durch zu füren, sie mögen hier ire erledigung finden. Sg. nom. acc. *nem* (himmel), grundf. *nabhas;* gen. *nime,* dat. *nim;* pl. acc. *nime,* gen. *nime,* dat. *nimib;* sg. nom. acc. *teg, tech* (haus), gen. *tige, taige,* dat. *tig, taig;* dat. dual. *tigib;* nom. acc. *sliab* (berg), gen. *sléibe,* dat. *sléib;* pl. nom. *slébe,* dat. *slébib; leth, led* (latus), dat. *leith;* gen. dual. *inda leithe-sin; glún* (knie), pl. nom. *glúne,* dat. *glúnib,* gen. *glúne.* 'Dise neutra auf *-as* unterscheiden sich von den *u*-stämmen deutlich durch gen. dat. sg., von den *i*-stämmen durch den vocal des nom. acc. sg. Sezt man *o* nach gallischer weise für *a,* so entspricht *nem, nime, nim* (= **nemas,* **nemi(s)as,* **nemi(s)i;* gall. etwa **nemos,* **nemesos,* **nemesi)* völlig dem griech. *νέφος, νέφεος, νέφει,* beinahe dem aks. *nebe, nebese, nebesi* und lat. *genus, generis, generi;* besonders stimt der wechsel zwischen *a (o)* und *i (e)*'. Ebel.

523, z. 2 v. o. lis *talman-.*

525, z. 2 v. o. lis *rectu-* (gesetz) anstatt *fidu-.* Z. 17 v. u. füge ein: griech. (selten) *ἴδρι-* (adj. kundig). Z. 16 v. u. lis: altir. *muri-* (acc. sg. *muir(n)* mer) anstatt *fissi-,* welches wort ein msc. *u*-stamm, *fissu-,* ist.

528, z. 17 v. o. lis: vereinzelt (nach Justi) u. s. w. Z. 9 v. u. füge

Seite

vor 'darneben' ein: *njākē* (großmutter, fem. zu *njāka-*, nom. sg. *njākō* großvater) für **-kjā*.

529, z. 12 v. o. lis u k a r (gespert, nicht cursiv). Z. 16 v. o. lis k v a ī s t u r.

530, z. 5 v. o. lis t a ç e z (gespert, nicht cursiv).

531, z. 15 v. o. am ende von 4. füge ein: dise formen gelten auch fürs ntr., s. u. §. 249. Z. 16 streiche 'und das lit.'.

533, z. 17 v. u. füge vor 'formen' ein: eben so *mazdāoṅhō;* die häufigen formen u. s. w.

534 füge dem s. 852 gegebenen nachtrage bei: doch beachte man Corssens bedenken, Zeitschr. XVI, 296 flg.

538, z. 7 v. o. füge in die parenthese noch ein: Spiegel, gr. §. 133, gibt die form *ameretāoç-k'a.* Z. 9 v. o. lis: belegt ist (nach Justi) u. s. w.

541 am ende von z. 8 füge bei: ntr. *van'hō*, d. i. **vasjas.* Z. 2 v. u. bei 9. füge ein: ntr. *ἴδρι.*

543, z. 1 v. o. füge bei: die neutralen *u-* und *i*-stämme haben ebenfals diß *-n* durch einfluß der analogie der *a*-stämme. Z. 7 v. o. lis: ntr. *rect(n)* für **rectu-n* anstatt *fid* u. s. f. Z. 8 v. o. lis: ntr. *muir(n)* für **muri-n* anstatt *fiss* u. s. f. Z. 15 v. u. füge ein: 4. ntr. als nominative *peky*, grundf. *pekant; chvalç*, grundf. *chvaljant; davŭ*, grundf. *davans* (Mikl. vgl. gr. d. sl. spr. III, §. 34; Vostokov, grammatika cerkovno-slovensk. jazyka §. 75, §. 77; der acc. sg. msc. wird von dem durch *-ja-* erweiterten stamme gebildet: *pekąštĭ*, d. i. *pekantja-m, chvalęštĭ*, d. i. *-ljantja-m, davŭšĭ*, d. i. *davansja-m;* eben so der acc. sg. ntr., Mikl. III, §. 34, Vostok. §. 78, also *pekąšte, chvalęšte, davše).*

544, z. 15, 16 v. o. streiche 'wodurch — wird'.

546, z. 15 v. u. füge nach *nāmān* ein: *(dāmān*, st. *dāman-*, ntr., geschepf; nach Spiegel die regelmäßige bildung).

547, z. 1 v. o. lis: *açpāç-k'a*, meist *-o*, auch *-ē* u. s. w. Z. 12 v. u. streiche: '*ἴδρι-ς* kundig'.

549, z. 2 v. o. füge bei: ntr. *recta* oder *rechta, rechte;* und z. 3 lis: ntr. *mora, tíre (tír* land); *a* und *e* wechseln häufig im altirischen; die grundformen für 8. und 9. sind kaum mit sicherheit zu erschließen. Z. 3 v. o. streiche von *fess* bis zu 10. Z. 9 v. o. füge bei: doch felt oft das *a*, z. b. *cét* = lat. *centa, arm* = lat. *arma* u. a., so daß Stokes (Goidilica s. 70 flg.) vermutet, das *-a* stamme

Seite

bei den neutren auß der analogie der weiblichen *a*-stämme und die endung des neutr. *-ă* (auß uraltem *-ā)* sei völlig geschwunden.

551. Anm. 1. hat zu lauten: Über *didjōt*, stamm *didju-*, das einzige und daher zweifelhafte beispil eines ablativs von *u*-stämmen, s. A. Weber, Beiträge III, 389.

552, z. 2 v. o. nach *patōi-ṭ* füge ein: im altpersischen fält bei 8. u. 9. der ablativ mit dem genitiv zusammen, da nach *au,* und wol auch nach *ai,* auß lautendes *t* in *s* gewandelt wird. Z. 8. v. o. streiche das citat (Spiegel etc.). Am ende der anm. füge bei: Spiegel (altb. gr. §§. 38. 108) hält *-dha* für eine variante von *-ṭ,* welches 'mit einem leichten vocalischen Nachklange gesprochen worden sei'. Z. 18 v. o. nach 'laßen' füge ein: auf welche dise formen auf *-ως* bei Hom. sich mit wenigen außnamen beschränken.

553, z. 9 v. u. füge ein t a n g i n - u d.

554, z. 1 v. o. Bei weiblichen *a*-stämmen glaubt Ebel den ablat. sg. nachweisen zu können, z. b. *ór* (in *ind-ór-sa* hac hora, nunc) zu nom. sg. *uar* (hora; dat. sg. *uair, óir).* Die urspr. endung ist also völlig geschwunden. Z. 7 v. u. lis Zeitschr. XV, 420 flg.

555, z. 3 v. o. füge bei: A. W e b e r, über die Fragmente der Bhagavatī, Berlin 1866, s. 416). Z. 14 v. o. nach *mātrka-* füge ein: prākrt (māgadhī) *uḍē* ≐ altind. *krta°* (gemacht; A. Weber, Fragm. der Bhag., s. 406).

556, z. 1 v. o. tilge das * bei *barent-ō.* Z. 14 v. o. füge bei: *; mazdāo,* d. i. **-dās;*.

557, z. 10 v. u. füge ein: *patr-us.*

558, z. 4 v. o. lis: *(senatu-is* u. a.). Z. 6 v. o. nach 'eben so' füge ein: *(cornuis, cornūs, cornū).*

560, z. 1—3 v. o. streiche '*dúile*' bis '*πόλι-ος*'.

562, z. 2. v. u. streiche 'selten'.

563, z. 14 v. o. lis *-ām* (vgl. o. §. 48, 5). Zu dem nachtrage, die formen *regerum* u. s. f. betreffend, füge noch bei: Corssen (Zeitschr. XVI, 300) dagegen siht in disen formen genitive auf **-sum, -rum,* wie auch ich dise formen auß **bovi-sum* u. s. f., nach analogie der *i*-stämme und *a*-stämme gebildet, erklärte. Die entscheidung ist schwer; villeicht hat sich auß beiden, auß dem häufigen *-er-um* der *-as*-stämme und der genitivendung *-rum* der *a*-stämme eine analogie entwickelt. Z. 7 v. u. lis: *equā-rum* (vgl. *diērum).* Z. 3

Seite

v. u. lis Abellanum (gespert, nicht cursiv). Am ende der seite füge bei: *ja*-stämme haben *-im* auß **-iom* (§. 68, 2), z. b. *Safinim*, d. i. **Safiniom* = lat. **Sabiniom, Sabiniorum* (Sabinorum; dise deutung der formen auf *-im* wird indes merfach bezweifelt).

566, z. 3 v. o. l.: *gnāman-i*. Z. 9 v. u. l. *āo*.

567, z. 2 v. o. l.: **barent-i*, belegt ist (nach Justi) *-ainti* u. s. f. Z. 5 v. o. lis *khratāo* und *peretāo*. Z. 12 v. o. l.: 9. für welches vereinzelt locativformen auf *-a* und *-o* vor kommen, z. b. u. s. w. Z. 18 v. o. füge bei: (so nach Justi; nach Spiegel, §. 123, hat der loc. sg. von 10. die form des genitivs).

568, z. 13 v. o. l. fem. *Rōmai, Rōmae* u. a. Z. 16 v. o. l.: *rure*, das wol ein u. s. w. localis ist u. s. w. Z. 8 v. u. füge nach '*senātū*' bei: lezteres in der classischen zeit häufig.

569, z. 6 v. o. l.: 'dativ meist nicht' u. s. w. Z. 6 füge nach 'scheiden' ein: In *puirt*, d. i. **purtī*, loc. sg. zu nom. sg. *port* (msc. ort, platz), st. *purta-* hat W. Stokes (Goidilica s. 102, anm. 6) eine den latein. locativen wie *domī, bellī* u. s. f. entsprechende locativform nach gewisen. Z. 7 v. o. streiche *rí* (welches = *rí* nom. sg. ist).

572, z. 2 v. o. füge nach *barent-ē* ein: *berezait-ē* (st. *berezant-* hoch). Z. 7 v. o. füge vor 'neutr.' ein: *mazdāi*.

574, z. 13 v. o. l.: *-ō-hu*, auch *-a-hva* und *-a-hu* z. b. *uša-hva* zu st. *ušas-* (fem. morgenrot), *āza-hu* u. s. f. Z. 15 v. o. l.: 4. (nach Justi, nach Spiegel unbelegt) *dr.* u. s. w.

575, z. 18 v. u. l.: durch *ov, synovo-chŭ*, d. i. *sūnavu-su* nach 8. und *syn.*, d. i. *sūnavai-su* nach 10. Z. 16 v. u. l.: auch nach 8. *vlŭko-chŭ* u. s. w. Streiche das beispiel *domŭ-chŭ* u. s. f. (es gehört zu 8.). Z. 14 v. u. l.: Dise form, die der *u*-stämme, ligt der form u. s. w.

576. Altbaktr. Spiegel (gr. §. 114 u. s. f.) scheidet loc. und genit. auch im altbaktr. nicht, was, nach den anderen sprachen zu urteilen, auch wol gerechtfertigt ist. Als l. u. s. w.

577, z. 4 v. o. füge bei nach 'schwindet': eben so der außlaut der weibl. *a*-stämme.

579, z. 1 v. o. l.: 4. *berezat-a (berezant-* hoch), *bar.* u. s. w. und streiche in der folg. zeile '*-at-a, -āt-ā*.

581, z. 7 v. o. l.: 8. *synŭ-mi, syno-mĭ* = lit. *sūnu-mì*; die ältere end.

Seite

-*ŭ-mĭ* wird fast stäts in -*omĭ* u. s. w. Z. 9 u. 10 streiche 'es ist — geworden.' Z. 15 v. o. l.: (10. ein **vlŭkǫ* = ahd. *wolfu*, lit. *vilkù* wie dise form zu lauten hätte — vgl. die femin. 9. 10. und die 1. sing. praes. z. b. ahd. *wigu*, lit. *vežù* = slaw. *vezǫ* — wird nicht gebildet, sondern msc. *vlŭkŭ-mĭ*, gew. *vlŭko-mĭ* nach 8. eben so ntr. *dĕlo-mĭ*, *ja*-stamm *konje-mĭ* auß **konjo-mĭ* für **konjŭ-mĭ*, eben so *polje-mĭ*); fem. u. s. f.

582, z. 12 v. u. füge nach dem zweiten worte ein: d. h. sie folgen der analogie der *a*-stämme (Scherer, zur Gesch. d. deutsch. Sprache s. 428).

583, z. 1 v. u. streiche '*u*-stämme — *a*-form'.

584, z. 2 v. o. l.: 8. *synŭ-mĭ* = lit. *sūnu-mìs* (auch *syny* nach 10. und u. s. w. Z. 3—5 v. o. streiche 'demnach — *a*-stämme'. One neue zeile ist das folgende an zu knüpfen.

586, z. 9 v. o. l.: -*bjō* (vgl. d. instr. pl.). Z. 4 v. u. nach *tempest.* füge ein: *nāve-bos.*

588, streiche z. 12 v. o. 'das *s*' u. s. f. (die dative plur. aspirieren nicht).

589, z. 1 streiche '**thri-mas* — *tri-bhjams*' und füge z. 5 v. o. ein: Diß *m*, älter -**ms*, steht warscheinlich zunächst für -**mis* (Scherer, zur Gesch. d. dtsch. Spr. s. 277), in welchen wol dat. pl. -*bhjas* und instr. pl. -*bhis* zusammen gefloßen sind (*thri-m*, *thri-mr* = *tri-bhjas* und *tri-bhis*).

590, z. 1 v. o. beginne mit: 1. *ameretāt-bja* (*ameretāt* f. unsterblichkeit, nom. pr.).

592. Altbaktr. bei 4. füge nach *aretha-mat* ein: (nach Spiegel neutr.). Z. 14 v. o. nach dem ersten worte füge ein: nach Spiegel die häufigste form, z. b. *bereza* (st. *berezant-* hoch). Z. 17 v. o. l.: *açpa* (-*ā*) u. s. w. und am ende des absatzes füge bei: altbaktr. *mazda* (-*ā*).

593, z. 2 v. u. lis Löbe.

594. Tilge das fragezeichen beim voc. sing. des altbaktrischen.

596. Setze zu nom. acc. dual. neutr. ein fragezeichen. Im loc. plur. der selben sprache füge bei: *mana-hva*, -*a-hu*. In dem selben casus des altbulgarischen füge bei: für **nebesĭ-chu*. Im dat. plur. lis **nebesĭ-mŭ*.

597 füge an seinem orte ein: Altirisch. Stamm **nemes-*, ntr., sg.

Seite

acc. *nem*, gen. *nime*, loc. (dat.) *nim*. Plur. acc. *nime*, gen. *nime*, dat. *nimib*.

598, nom. acc. dual. altind. lis *açmān-ā* u. s. w. In der altbaktrischen columne füge bei im acc. sg. msc. *-mān-em*; im nom. acc. dual. ntr. *nāman-i?*; im acc. pl. *nāmān* ntr., im loc. pl. *-mō-hva*, *-hu*; im instr. pl. lis *açma-bis?*, *-mè-bīs*.

600, altbaktr., instr. sg. I, füge zu anfange bei *barat-a* und streiche in der folg. zeile *-at-a*. Im genit. pl. füge bei *-āt-ām*.

602, altbaktr., lezte zeile, streiche: 'belegt *mazi-bīs*'. Beim altbulgar. füge in die parenthese noch den stamm *minjasi-*.

603, instr. pl., altbulg. lis *pekŭsi*.

605, altbulgar., lis im nom. sg. msc. *(minjans-s-ja-s)*; im accusativ streiche die für das masculinum an gegebene grundform und lis: *(mĭnij)* ***); unter der seite füge bei: ***) die nominativform scheint auch als accusativ zu gelten.

611, altbaktr., lis nom. sg. *gāu-s* und füge beim acc. sg. zu: *gāu-m*.

612, altbaktr., acc. plur., setze als erste form *paçav-ō*.

613. Altirisch, lis *rectu-* anstatt *fidu-* und acc. sg. *rect(n)* anstatt *fid*; beim acc. pl. füge bei: *recta, rechte* n. Im altbulg. instr. sg. I tilge die parenthese.

614, altbaktr., nom. acc. dual. füge bei: *paiti*. Im altir. setze als neutralen stamm *muri-* n.; im acc. sg. füge bei neutr. *muir-(n)*; beim acc. pl. füge bei: *mora, tíre* n.

615 füge beim altbulg. im instr. sg., loc. und dat. plur. bei die formen *pątĭ-mĭ, kostĭ-chŭ, kostĭ-mŭ*.

616, altbaktr., acc. plur. msc., füge als erste form bei *açpān* und am ende füge bei *açpa, açpè*.

617, altir., füge im locat. sg. ein *puirt***), dazu die anm. **), stamm *purta-* und im acc. pl. *cét****), dazu die anm. ***), st. *céta-*, d. i. **centa-*. Im instr. II. sg. des altbulg. lis *(vlŭkŭ-mĭ, vlŭko-mĭ)*.

619, nom. sg., litauisch, lis *rankà*.

621. Altbulg., instr. sg. II. setze *konje-mĭ* u. s. f. in parenthese und füge bei: nach 8.

622. Altbaktrisch. Im genit. sg. füge bei: selten *-jō* und fülle die übrigen casus auß: loc. (der genit. fungiert als loc.); dat. *barethrjāi*; instr. I. *barethrja*. Plur. acc. *barethrīs*; gen. *barethri-n-ām*; dat. abl. *barethri-bjō*; instr. *barethri-bis*.

Seite

625, z. 1 v. o. flg. setze als beispil *novyj* u. s. f. *(ὁ νέος)*, grundf. *navas jas*, ntr. *navam jat*, fem. *navā jā* u. s. f. Eben so s. 637. 638.

626, acc. sg. nach Altbaktr. füge bei: Altpers. (mit lautgesezl. verluste des *t* oder wandlung des selben in *s* vor der an gehängten veralgemeinernden partikel *k'ij* = *k'i-t) tja, ava, k'ij*, aber *avas-k'ij*, *k'is-kij*, grundf. *tjat, avat, kit, avat-kit, kit-kit*.

628, z. 6 v. u. füge bei: F. Meunier (Mémoires de la société de linguistique de Paris, I, Paris 1868, p. 19 flg.) hält dise genitive auf *-īius*, *-īus*, *-ius* für zusammen geschmolzen auß dem pronomen mit der gewönlichen genitivendung auf *-ī* und einem zweiten worte *ī-us*, enclit. genitiv des pronominalstammes *i-*, welche genitivform M. auch außer dem nach weisen zu können glaubt (vgl. d. loc. sg.). Z. 4 flg. v. u. lis 'vorauß gehenden' anstatt 'folgenden'.

629, z. 7 v. o. streiche die parenthese und füge anstatt der selben ein: (band, kappe am dreschflegel; altbulg. *prīqzŭ* band); altbulg. *genŭvarĭ*, ruß. *genvarĭ* = *ianuarius* u. a. — In dem nachtrage zu z. 6 v. u. füge noch bei: eben so im osk. *exei-c*, st. *exo-* (diser); nach Corssen (Zeitschr. XVI, 304) ist jedoch *quī* ablativ zu st. *qui-* (urspr. *ki-)*, ältere form also **queid*, grundf. *kai-t*. Für dise deutung spricht allerdings der syntaktische gebrauch.

630, z. 5 v. u. füge bei: F. Meunier (vgl. o. beim genitiv) faßt die archaischen locative (dative) *quoīei, eiei*, wie die entsprechenden genitive, als auß urspr. zwei locativen zusammen gesezt.

631, z. 8 v. o. nach 'adjectiv' füge ein: im femin.

632, altbaktr., acc. pl. füge zu anfang bei: *tān*.

637, am ende der anm. füge bei: vgl. ferner Krek, über die nominale flexion des adjectivs im alt- und neuslovenischen, Wien 1866, s. V, flg.

641, z. 17 v. u. l. *hōi* (anst. *hoī)*.

642, z. 15 v. u. l.: nur das altindische und das altbaktrische weisen auf etc.

643 am rande lis §. 265.

647, griech., z. 11 v. o. l.: *τεῖν* (nur in position vor kommend). Z. 15 u. 16 v. o. streiche 'Die länge — es' und schreibe dafür: Höchst warscheinlich ligt hier ein u. s. w. und *-ιν* = **-φῖν* u. s. w. entstanden (nicht auß dem *-bhi* des instrumentalis). Z. 17. v. u. l.:

Seite

mi-hei, mi-hī, darauß *mi-hī,* zusammen gezogen *mei, mī* und füge z. 16 v. u. bei *ti-bi* und *si-bi*. Z. 8 v. u. l.: (darauß *-bi)* u. s. w.

648, z. 17 v. o. füge bei: Dise ablative kommen in der älteren latinität auch in accusativischer function vor. Z. 4 v. u. l.: (Il. 8, 3' die echtheit dises verses ist jedoch zweifelhaft).

649, z. 5 v. o. füge nach **me-io-* ein: (vgl. altlat. *mius* neben *meus* beide für **mīus, *mēus* = **meios;* vgl. *deus* auß **dēus, *dēvos, *deivos).* Z. 8 v. o. füge bei: Die altlateinischen genitive *mis, tis, sis* (Corssen, Ausspr. II, 177; krit. Beitr. 565) laßen merfache erklärung zu.

652, z. 17 v. o. lis: erscheint im gāthādialecte (selten außerdem) stamm u. s. w.

654, z. 17 v. o. lis *vostrorum, vostrarum.*

656, z. 10 v. u. lis 'warscheinlich' anstatt 'sicher'. Z. 9 v. u. füge bei: Über die merdeutigkeit des selben im griechischen vgl. §. 259.

663, z. 10 v. u. lis: Diß *ma,* erhalten in der medialendung *-ma-(m)i* (s. u. §. 279) und in der endung *-ma-si* des plurals (§. 270), trat u. s. w. Z. 1 v. u. füge bei: Th. Benfey, über einige Pluralbildungen des indogermanischen Verbum. Göttingen 1867.

664 nach z. 10 v. u. füge bei: Altpersisch z. b. *a-mij* für **ah-mij,* wurz. *as* (sein); *dārajā-mij* (wurz. *dar* halten); *āha-m,* 1. sg. imperf. wurz. *as; a-bara-m,* wurz. *bar* (tragen).

666, z. 10 v. o. streiche 'Auch' bis '(etsi cadam)'.

667 am ende von §. 269 füge bei: richtiger villeicht mit Scherer (z. gesch. d. dtsch. Sprache s. 472) auß *vigā-m* für *vigaja-m,* grundf. *vaghaja-m* (wie im altind.; s. u. §. 290).

668 nach zeile 8 v. o. füge bei: Altpers. prim. *-mahj,* sec. *-mā;* z. b. *a-mahj* (wir sind); *a-ku(n)-mā,* imperf. (wir machten). — Altirisch lis: *-me,* ist das verbum mit anderen elementen verbunden, *-m* z. b. **ber-me, *car-me, *car-ma, predchimme* (wir predigen) u. s. f. verbunden *-bera-m, -cara-m, -predcha-m.* Dem gemäß ist auch s. 701 in der tabelle zu ändern: primär *-me.*

669 nach dem Altbaktr. füge bei: Im Altpersischen steht beim verbum in allen personen der pluralis anstatt des dualis.

670, z. 7 v. o. füge nach *-ta* ein: auch erhalten in der pluralendung *-ta-si* (§. 273). Z. 18 v. o. nach *-si* füge ein: auß *-sa,* erhalten im medialen *-sa-(s)i* (s. u. §. 280). In der folg. zeile streiche 'lezteres wol'.

Seite

671, z. 16 v. u. füge bei: *fra-mrvāo*, d. i. *mrvā-s*, conj. aoristi (nach Justi u. Spiegel conj. imperfecti), wurz. *mru*. — Altpers., z. b. imperat. *pā-dij*, wurz. *pa* (schützen); *parsā*, praesensst. *parsa-*, wurz. *pars* (fragen); primär *ahj* für **as-si*, wurz. und praesensst. *ah* (sein); *bavā-hj*, conj. praes. zu wurz. *bu* (sein), praesensst. *bara-*; secundär *mā apa-gaudaja* (*h*, urspr. *s*, muß im außlaute schwinden, §. 140; verbirg nicht), st. *gaudaja-*, wurz. *gud*.

673, z. 17 v. u. l.: *-bir* (komt wol nur verbunden vor). Z. 8 v. u. l.: conjunctiv *bere* (außnamsweise *bera*). Z. 7 v. u. füge nach 'sprachen' ein: (in der stamsilbe zeigt er meist die wirkung eines früher auß lautenden *i*).

674, z. 12 v. u. l.: *nasi-dē-s* (anst. *-dō-s*). Z. 9 v. u. füge bei: *nasei* auß **nasja-* (§. 113, 4), inf. *nasjan* (retten) u. s. f.

675, z. 10 v. u. füge bei: Im Altpers. ist nur der imperat. zu belegen: *parai-tā*, praesensst. und wurz. *ai-*, *i-* gehen; mit *parā* gegen, auß ziehen); *g'a-tā*, wol *g'a(n)-tā* (§. 132), wurz. *g'an* (töten).

676, z. 12 v. o. l.: z. b. *-berid*, *-berith* (mit anderen elementen verbunden); und z. 14 v. o. l.: z. b. *-birid*, *-barid*, *-beraid*, *bad* (sitis).

677, z. 1 v. o. füge bei: Nach Spiegel (Gramm. s. 222) secund. *-tem* (also wie im altind.) z. b. *daidhī-tem*, optat. praes., demnach der 3. pers. gleich lautend, als welche Justi dise formen faßt. §. 275 füge in der zweiten zeile, nach *ta*, ein: voll erhalten in der endung der 3. sg. medii *-ta-(t)i* (s. u. §. 281).

678, nach dem altbaktr. füge bei: Altpers. prim. *-tij*, z. b. *aç-tij* = altbaktr. *aç-ti*; secund. *-*t*, das nach *a* schwindet, nach *au* in *s* gewandelt wird (§. 140), z. b. 3. sg. imperf. *a-bara*, *a-darsnau-s*, praesensst. *darsnu-*, wurz. *dars* (wagen); imperat. *bara-tuv*.

679, z. 13 v. u. füge ein: dise endung fält in jeder zusammen gesezten oder verbundenen form ab, also z. b. *dobeir*, *dober* (er bringt) u. s. f. Z. 9 flg. v. u. streiche 'worin' bis '§. 74, 1)'.

681, z. 3 v. o. füge nach dem ersten worte ein: (Pott, etymol. Forsch. II, 710). Z. 5 v. o. füge nach 'singular' ein: (vgl. auch die mediale endung *-anta-(nt)i*; §. 282).

682, z. 3 v. o. l. *bava-inti*. Z. 4 v. o. füge bei: *nipārajē-inti* (§. 27, 3; praesensst. *pāraja-* mit *ni-* im act. 'bringen'). Nach z. 10 füge bei: Altpers. prim. *h-a(n)tij*, *bara-(n)tij*; secund. *a-bara*

Seite

(§. 140) für *a-bara-n; imper. nicht belegt. Z. 16 v. u. nach (sein) füge ein: *bujāres*, optativst. *buja-*, aoristst. und wurz. *bu* (sein, werden) und lis sodann: *g'amjāris* (beide formen von Spiegel und Justi u. s. f. Nach z. 5 v. u. füge bei: Im altpers. erscheint *-sa*, d. i. *-san* (§. 140), wie im griechischen, in den imperfecten, z. b. *patij-āi-sa*, wurz. *i* (gehen); *a-durug'ija-sa*, praesensstamm *durug'ija-*, wurz. *durug'* (lügen).

683, z. 3 v. u. füge bei: eine außname macht nur eesti-nt, das man = *exsta-nt* faßt).

684, z. 15 v. u. streiche '*berat*' bis '*rocharsa-t*' und setze dafür: Ist das verbum isoliert, so lautet die endung *-it*, z. b. *berit*, *gaibit* (capiunt), *biit* (sie existieren), *bit* (sie werden, werden sein) u. s. f.; ist das verbum mit andern elementen verbunden, so steht *-at*, *-et*, z. b. *as-berat* (dicunt), *con-gaibet*, *nibiat*, *nipat* (non sunt) u. s. f. So auch im perfectum und futurum, isoliert *-it*, verbunden *-at*, *-et*.

686, z. 5—3 v. u. streiche 'im XV. — zu' und schreibe dafür: 'über medialendungen', eben das. s. 285 flg., 321 flg.

688, nach z. 6 v. u. füge bei: Im Altpers. findet sich nur praes. *patij-akhsaij* (nach Spiegel: ich beaufsichtige), praesensst. *akhsa-*, wurz. *akhs-* (sehen) und *ā-darsaij* (nach Spiegel: ich halte unterworfen). Sind dise deutungen richtig, so ist also die bildung die selbe, wie im altindischen und altbaktrischen. Als secundäre form gilt *ham-a-takhs-ij*, imperf. (ich bewirkte), wurz. *takhs* (behauen, zurecht richten), die hier also zugleich praesensstamm ist. Z. 2 v. u. nach 'trat' füge ein: (-μαι: -μην = altind. *-āthē*, *-ātē*: *-āthām*, *-ātām*; §. 286. Benfey, über einige Pluralbildungen des indogermanischen Verbum, s. 38).

690, z. 2 v. o. nach *-sa* füge ein: (oder *-ša*, wie Spiegel schreibt). Nach z. 11 v. o. füge bei: Dise endung findet sich auch am imperfectstamme: *ava-mairja-ṅuha*, praesensst. *mairja-*, wurz. *mar* (sterben); *uç-zaja-ṅuha*, praesensst. *zaja-* (geboren werden), wurz. *za*, *zan* (gebären); *çadaja-ṅuha*, praesensst. *çadaja-*, wurz. *çad* (kommen). — Anm. Ist hier dise endung *-sva* alt, wie Benfey (über einige Pluralendungen des indog. Verbum, Gött. 1867, s. 35) vermutet, und nicht durch analogie vom imperativ her ein gedrungen, so müsten wir die gewönliche secundäre endung *-sa* für eine verhältnismäßig junge form halten und demnach für die 2. sg. med.

Seite

als formen der indog. urspr. prim. *-sva-(s)i*, secund. *sva(-s)* an setzen. — Im Altpersischen ist nur der imperativ zu belegen durch *pati-paja-uvā* (hüte dich), verbalst. *paja-*, wurz. *pa* (schützen); *-uvā* = **-huva* = *-sva* nach den lautgesetzen (§. 136, 2).

691, vor z. 4 v. u. füge bei: Altpersisch eben so; prim. *-taij*, secund. *-tā*, imperat. *-tām*, pass. *-i*; z. b. praes. *gauba-taij*, praesensst. *gauba-*, wurz. *gub* (sprechen); *ud-a-pata-tā* (er erhob sich), stamm *pata-*, wurz. *pat* (fallen, gehen); imperat. *var-nava-tām* (nach Spiegel: er verkünde), praesensst. *var-nava-*, wurz. *var*; aor. pass. *a-dār-i* (er ward gehalten), wurz. *dar*.

692, am ende von §. 281 füge bei: *) Die gotischen imperative auf *-dau*, pl. *-ndau* als activ, also = *-tāt*, *-ntāt* zu faßen (Kern, Zeitschr. XVI, 451 flg.) widerspricht der gotischen außlautsregel, nach welcher *-au* = *-ām* ist (nachtr. zu §. 203, 3, a, s. 339).

693, z. 12 v. o. nach *dade-ntē* füge ein: *ni-pārajē-intē* (§. 27, 3), praesensst. *pāraja-* (mit praepos. *ni-*, med. 'verbreiten, auß breiten'), wurz. *par* (hinüber gehen), praes. u. s. f. Im folgenden ist 'praesensst. — gehen)' zu streichen. Z. 20 v. o. lis anstatt 'des act.': (s. o.), die villeicht teilweise hierher gehören, u. s. w. und füge nach diser zeile bei: Altpersisch ist nur die secundäre form *-(n)tā* belegbar, z. b. imperf. *a-bara-(n)tā*, praesensst. *bara-*, wurz. *bar* (tragen).

694, nach z. 12 v. u. füge bei: Im Altpersischen nicht belegt.

695, z. 7 v. u. lis anstatt: 'mit bekanter endung': ; das *-m* scheint späterer entstehung zu sein (vgl. §. 265, nom. sg.), es kann in der älteren sprache felen; z. b. u. s. w.

696, z. 5 v. o. füge bei: Im Altpersischen nicht belegt. Z. 9 v. u. füge nach *-μεϑον* ein: dise form ist ser selten und nicht als völlig sicher zu betrachten.

704, z. 18 v. o. streiche *i*. In der folgenden zeile füge ein: Für dise leztere anname zeugt das inschriftliche *utarus* (Corp. Inscr. Lat. 1267).

705, z. 17 v. u. füge nach der parenthese ein: im oskischen die 3. sg. imperat. medii auf *-mur*, d. i. *-mu-* mit dem reflexiven *r* = *s*. Z. 14 v. u. füge bei; osk. *censa-mur* vom stamme *censa-* (censere). — §. 287, altirisch, lis: 3. *-thir (-tir)*, *-idir*, *-ir* isoliert; verbunden *-thar (-tar)*, *-adar* oder *-edar*, *-ar*, *-r* (leztere, wie *-ir*,

Seite

verkürzt) = lat. *-tur*, z. b. *suidigthir* (ponitur), *samaltir* (comparatur), *predchidir* (praedicatur), *berir* (fertur), *anasberthar* (quod dicitur), *donelltar* (declinatur), *intsamlathar* (imitatur), *anasberar* (quod dicitur), *asberr* (dicitur), *scríbthar* u. s. f. 1. pl. *-mir*, *-mar*, nämlich isoliert *-immir*, verbunden *-ammar*, z. b. **ber-mir*, **ber-mar* = lat. *ferimur* u. s. f.; 3. pl. isoliert *-itir*, verbunden *-atar*, *-etar*, beim passivum auch *-iter* = lat. *-untur* (§. 173, 1), z. b. *labritir* (loquuntur), *ni labratar* (non loquuntur), *dognîter* (fiunt) u. s. f. In der folgenden zusammenstellung hat demnach zu lauten die 3. sg.: **ber-thir*, *-ber-thar*, *beri-r*, *bera-r*, *ber-r;* die 1. pl. **ber-mir*, **ber-mar;* die 3. pl. **ber-tir*, *-ber-tar*. — Z. 7 v. u. füge nach *-bitur* ein: (vgl. §. 173, 3); dise endung fungiert aber auch für die 2. sg., z. b. *cumachtaigther* (potiris), *labrither* (loquaris), *fomentar* (exspecta) u. a. (vgl. d. got. medium, §§. 279. 283. 284).

710, nach z. 5 v. o. füge bei: Altpersische conjunctive sind z. b. praes. 2. sg. *bavā-hj;* praesensst. *bava-*, wurz. *bu* (sein); 3. sg. *bavā-tij;* *ah-a-tij*, conjunctivst. *ah-a-*, praesensst. und wurz. *ah* (sein).

711, §. 289, altirisch. Es muß hier heißen: Im altirischen erscheint, außer in den 2. personen, *a* u. s. f. Ferner: Sg. 1 *-ber* u. s. f. (z. b. *coni-eper-sa* ut non dicam; *eper* = **et-ber;* *conœr-bar* bis ich zu setze). 2. *-bere* (z. b. *anas-bere* quod dicas, ganz vereinzelt *-bera:* *cias-bera-su* quamvis dicas). Diß *bere* wage ich nicht zu deuten. Pl. 2. *-beraid* (*do-beraid-si* feratis), auch *-birid*, *-barid* (*ni ér-barid* ne dicatis).

712, z. 1 v. o. lis *barthar* (*arna érbarthar* ne dicatur).

716, z. 3 v. o. 3. pl. med. setze anstatt ?: *baraja-nta?* *) So nach Spiegel, Gramm. s. 225); nach Justi gehören dise formen dem imperf. indic. des causalstammes. — Nach dem altbaktr. füge bei: Altpersische formen des opt. sind 3. sg. aor. *ā-g'am-ijā*, wurz. u. aoristst. *g'am-* (gehen); *b-ijā* für **bu-ijā*, wurz. u. aoristst. *bu* (sein); perf. *k'akhr-ijā*, perfectst. *k'akar-*, wurz. *kar* (machen).

717, z. 2 u. 1 v. u. und folg. s. z. 1 v. o. streiche 'dringen — und änl.' und lis dafür 'zeigen sich'.

718, nach z. 2 v. o. füge bei: (die form *coquint* hat nach Schoell, Legis XII tabularum reliquiae, Lips. 1866, s. 87 flg., keine gewär).

719, Altirisch. Der abschnitt ist, als durchweg unsicheres enthaltend,

Seite

zu streichen und dafür zu setzen: Der optativ ist bis jezt nicht sicher nachweisbar.

720, gotisch, füge z. 17 v. u. bei: die 1. sg. praes. *bairau* ist schwerlich nach dem althochd. als zunächst für **bira-i-u* auß **bira-i-m* mit außfall des *i*, grundf. *bhara-i-m*, stehend zu faßen, sondern es ist hier wol, wie im altindischen, nicht *-i-*, sondern *-ja-* modussuffix, so daß der regel gemäß *baira-u* = **birā-m* ist, welches für **bira-ja-m* (*j* schwindet im got. öfters zwischen vocalen), grundf. *bhara-ja-m* steht (vgl. Scherer, zur Gesch. d. dtsch. Sprache, s. 472).

722 ist im altirischen folgendes zu ändern: Sg. 2. *-bir*; 3. *-beir*; pl. 1. **ber-me, -bera-m*; 2. *-berith*; 3. *beri-t, -bera-t*.

727 ist im altirischen folgendes zu ändern: Sg. 1. *-ber*, 2. *-bere, -bera*; pl. 2. *-bari-d, -barai-d*.

728, altbaktr. 2. sg. füge bei: *daith-jāo* und 2. dual. lis: *daidhī-tem?*

729, altbaktr. 3. pl. füge bei: *vaza-janta?*

736, z. 11 v. o. füge ein: 1. pl. *āoṅhāma*. Nach dem altbaktr. füge bei: Im Altpersischen ist nur d. 3. sg. opt. perf. belegbar: *k'a-khr-ijā*, grundf. *ka-kar-jā-t*, wurz. *kar* (machen).

739, z. 5 v. o. Hierher gehört s. 824, z. 13—3 v. u.; im anfang ist zu lesen: 'Auch das scheinbar mittels *k* gebildete u. s. f. und ferner s. 825, z. 6—20 v. o. Hier ist jedoch zu lesen z. 6 v. o.: ist zimlich dunkel' und z. 7 v. o. '*-κα* (s. d. flg. §.) ist' u. s. w. Z. 13 v. o. ist nach 'gewann' ein zu setzen: Auch im praesens komt dise erweiterung durch *κ* vor, z. b. *ἐρύκω* (ich halte zurück) neben *ἐρύω* (ich ziehe, zerre), *ὀλέκω* neben *ὄλλυμι* (ich vernichte, verderbe), dazu das perfectum *ὀλώλεκα* (neben *ὄλωλ-α* mit intrans. function). Vgl. G. Curtius, gr. Etym. s. 59 flg. Ferner lis z. 13: dergleichen wurzeln weiter bildende elemente'. Z. 15 flg. ist 'deshalb — dürfen' zu streichen. S. 739, z. 14 v. o. füge nach 'perfectstammes' ein: Villeicht ligt hier eine dem umschlagen der consonantischen nominalstämme in *i*-stämme analoge erscheinung vor. Dise bildung ist alt; sie ist sämtlichen italischen sprachen und dem altirischen gemeinsam und scheint also auß der italokeltischen periode zu stammen. Z. 6 v. u. lis: des nur im lateinischen nachweisbaren, also wol erst spät entwickelten perfectstammes u. s. f.

741 z. 1 v. u. lis anstatt 'bewart, die ältere': zeigt.

745, §. 291, altirisch, lis z. 3 v. u. 'im altirischen zimlich zalreiche

Seite

spuren erhalten, die sämtliche drei formen des perfectstammes zeigen, die wir im lateinischen fanden, nämlich 1. perfectstämme mit erhaltener reduplication, *tair-chechuin* u. s. f., d. i. **cecani* (das *u* in *-chechuin* ist nur dialectisch) u. s. f.

746, z. 8 v. o. streiche 'die' bis 'können'; setze dafür ein: 1. sg. *adro-gegon-sa* (repupugi; *-sa* verstärkt die 1. sg.) u. a. Z. 11 lis: dise formen wenigstens in der 3. sg. zu zeugen. Ferner z. 13 v. o. lis 2. ganz u. s. f. und füge am ende des absatzes bei: 1. sg. *ro-gád-sa* (ich habe gebeten), 3. sg. *ro-gáid,* d. i. **gádi;* 1. pl. med. *ro-gádammar,* 3. pl. **ro-gádatar.* Ferner 3. wie im lateinischen zusammen gezogene perfectstämme, z. b. 1. sg. *ad-gén-sa* (cognovi), med. *do-mén-ar-sa* (putavi); 3. sg. *etir-géin* (cognovit), med. *ro-gén-air* (natus est) u. a.; pl. 1. *ad-gén-ammar* (cognovimus), 3. *do-ru-mén-atar* (putarunt), *ro-gén-atar* (nati sunt) u. a.

752 füge z. 5 v. u. der anm. noch bei: Das suffix *-a-* und den außlaut der suffixe *-ja-, -ta-* u s. f. bei verbalstämmen nennen vile seltsamer weise auch jezt noch 'bindevocal'. Vgl. darüber G. Curtius, zur Chronologie der indogermanischen Sprachforschung, Lpz. 1867, s. 40 fl.

756 nach z. 4 v. o. füge bei: Anm. Spiegel, Gramm. §. 193 nimt das augment in einigen fällen an, in denen jedoch Justi die zu *a-* verkürzte praeposition *ā-* erkent. Vgl. hierüber Justi, Gött. gel. Anz. 1867, st. 29, s. 1125 flg.

758, vor 'Lateinisch' füge ein: 'Bei einigen wurzeln auf vocale wird der aorist nicht von der reinen, sondern von der durch *κ* vermerten wurzel gebildet und es hat dann der selbe die endungen des zusammen gesezten aorists (1. sg. *-α,* 2. *-ας* u. s. f. So ist gebildet', hier schließt sich s. 824, z. 2 v. u. *ἔδωκα* u. s. f. bis s. 825, z. 5 v. o. an. Dann füge bei: Vgl. das perfectum auf *-κα* (§. 291).

764, mitte der seite lis: Anm. 1. und füge ein: Anm. 2. Da die folgenden praesensstämme nach den suffixen, mittels deren sie gebildet sind, an geordnet sind, so wäre es richtiger anstatt der im bisherigen an gefürten drei formen der praesensstämme nur zwei zu unterscheiden, nämlich I. Praesensstämme one suffix; a) reine, einfache wurzel, b) gesteigerter wurzelvocal, c) reduplicierte wurzel. II. Praesensstämme mit suffix -a-; a) reine,

Seite

einfache wurzel, b) gesteigerter wurzelvocal, c) redupl. wurzel. So erhalten wir also eine classe weniger, als bisher.

766, Die anm. am ende der seite ist mit folgenden veränderungen zum texte zu ziehen. Der anfang hat zu lauten: VII. Daß noch u. s. f. könte zweifelhaft erscheinen, weil u. s. f. Doch findet sie sich im griechischen, italischen, litauischen und, in resten, auch im deutschen (griech. u. s. f., ahd. *flëh-ta-mês)*. Ferner ist 'Möglicher weise — entwickelt' zu streichen.

772, Altbaktrisch, füge nach den entsprechenden altbaktrischen formen ein: 1. sg. altpers. *a-mij;* 2. sg. altpers. *ahj;* 3. sg. altpers. *aç-tij* und streiche im flg. 'die klammern bei den altpersischen beispilen. Am ende von z. 8 v. u. füge bei: altpers. *vara-(n)tij.* Am ende von z. 3 v. u. füge bei: altpers. z. b. *dārajā-mij* (wurz. *dar* halten).

773, z. 9 v. o. füge nach *bava-iti* ein: altpers. 3. sg. praes. conj. *bavā-tij.* Am ende von z. 10 v. o. füge bei: altpers. 3. sg. imperf. *a-naja-m,* wurz. *ni* (füren). Z. 4 v. u. am ende setze zu: altpers. *a-dadā.* Z. 3 v. u.: altpers. imperat. 3. sg. *dadā-tuv* von der s. wurz. *da* (setzen, schaffen, geben), urspr. *dha.*

774 am ende v. z. 1 v. o. füge ein: altpers. **içtā-mij.* Z. 9 v. u. nach *kere-nao-ṭ* füge ein: altpers. *a-ku-nau-s* für **a-kur-nau-t* und diß auß *a-kar-nau-t; a-dars-nau-s,* wurz. *dars* (wagen); 1. pl. *a-ku-mā (a-ku(n)-mā)* für **a-ku-nu-mā,* eben so 3. sg. med. *a-ku-tā (a-ku(n)--tā);* altbaktr. 3. pl. act. *kere-nao-n* u. s. f. Ferner füge am ende von z. 4 v. u. bei: eben so altpers. 1. sg. imperf. *a-ku-nava-m,* 2. sg. praes. conj. *ku-navā-hj.* Z. 1 v. u. füge nach 'z. b.' ein: 3. sg. praes. indic. *in-ao-iti,* grundf. *in-au-ti,* wurz. *in* (drängen); 3. sg. u. s. w.

775, z. 7 v. o. nach *frī-nā-ṭ* füge ein: 1. sg. med. *vere-nē,* wurz. *var* (wälen, wünschen), vgl. d. altind.; 3. pl. med. *kere-ne-ntē,* wurz. *kar* schneiden, teilen); 3. sg. u. s. w. Am ende von z. 9 v. o. füge bei: altpers. 1. sg. imperf. *a-di-na-m,* 3. sg. *a-di-nā,* wurz. *di* (weg nemen). Z. 2 v. u. nach 'u. a.' füge ein: Altpersisch *a-durug'-ija,* 3. sg. imperf., praesensst. *durug'-ija-,* wurz. *durug'* (lügen).

776, z. 3 v. o. nach (gebären) füge ein: altpers. *a-mar-ija-tā,* wurz. *mar* (sterben), altbaktr. *ni-* u. s. f. — Nach z. 6 v. o. füge bei: altpers. auch mit activen personalendungen, z. b. *thah-jā-mahj*

Seite

(wir werden genant), wurz. *thah* (sprechen, sagen). Nach Spiegel findet sich diß auch im altbaktrischen.

779, z. 3 v. u. lis: st. *τῑ-νε-* (Hom.; vgl. §. 35), *τῐ-νε-* u. s. w.

780, z. 13 v. u. füge ein: *καίω* für **καϝ-jω*, wurz. *καυ* (fut. *καύ-σω*), *καϝ* (brennen).

787, z. 12 v. o. lis: (vgl. oben §. 157, 1, b und d. griech.). Am ende von V. füge bei: vgl. got. verba wie *ufar-skadv-ja* (ich überschatte) zu st. *skadu-* (n. sg. *skadu-s*, msc., schatten).

788. Der anfang von anm. 2 hat zu lauten: Bisweilen (bei den *ē*-stämmen fast durchauß) hat u. s. w.

789 nach z. 17 v. u. füge bei: IV. Eine spur, jedoch nach analogie der ab geleiteten verba behandelt, ligt vor in den imperativformen *pers-nī-mu, pers-nī-mumo* (s. §. 287), deren *-nī-* nicht zur wurzel gehört, als welche wol *persc* zu betrachten ist. Im altirischen ist zu ändern: sg. 2. *-bir;* 3. *beri-d, -beir;* pl. 1. **ber-me, -bera-m;* 2. *-berith,* 3. *beri-t, -bera-t.*

790, IV, c. füge bei: Dises verbum sezt überall noch *-i-* an; ferner *-icim, ic = inc-, anc-* (kommen, gelangen), z. b. *con-icim* (ich kann), *roiccu* oder *ricu less* (ich bedarf).

793, am ende füge bei: Eine nur in resten erhaltene form diser praesensbildung scheint in den futurformen auf 1. sg. *-snq,* *-ysnq* vor zu ligen. Dann hat zu folgen das, was s. 840, z. 9 v. o. — 5 v. u. steht; jedoch ist z. 9 'Reste — *ysnq*' zu streichen.

809, am ende von §. 296, a füge bei: Scherer (zur Gesch. d. deutsch. Spr., s. 202) fürt *-bam* auf wurz. *dha* (tun) zurück, was lautlich gerechtfertigt ist (§. 153, 2); vgl. d. lit. imperfectum (§. 306).

812, z. 8 v. o. füge nach 'fallen' bei: (§. 130, 1; nachtr. z. s. 181).

814. Am ende des nachtrages zu diser seite hat zu stehen: So Leskien mündlich; nach G. Curtius mitteilung spricht die selbe ansicht auß Westphal, allgem. griech. Metrik, s. 280 flg.

819, z. 12 — 10 v. u. streiche 'Das — an'. Setze dafür: Selten (meist durch den conj. praes. ersezt). Z. 5 v. u. streiche 'bringt Justi bei'.

820, z. 1 v. o. nach (schützen) füge ein: ; eben so *rāoňhē*, wurz. *ra* (geben, bringen);.

821, am anfang von z. 9 v. o. füge ein: Hat der praesensstamm steigerung des wurzelvocals, so bleibt dise im futurum (z. b. *πλέϝ-ω*,

Seite

λείπ-ω, fut. *πλευ-σjε-, *λειπ-σjε-, wurz. πλυ, λιπ u. s. f.). Z. 13 v. o. lis 'dorische' (anstatt: attische).

824, §. 300. Griechisch. Streiche '1. Das — aoriste' und ändere die flg. zalen in 1. 2. u. s. f. Eben so natürlich s. 825 flg. Vgl. die berichtigung zu s. 739. 758. S. 824, z. 13 v. u. bis s. 825, z. 16 v. u. ist demnach hier zu streichen und, wie an gegeben zu §. 291 und §. 292 zu ziehen.

831, z. 9 v. o. streiche 'von wurzel *fu*'.

834, z. 15 v. u. lis heries (gespert, nicht cursiv); s. 14 v. u. lis *heries* (cursiv, nicht gespert).

835, am ende von z. 9 v. u. füge bei: *i-ust* (iverit).

836, nach z. 5 v. o. füge bei: Anm. Fut. exacta, wie *combifiançiust, combifiansiust, combifiançust*, st. *combifia-*, kupifia-; purtitius, purtinçus, *purdinçiust, purdinsust, purdinçus* zeigen zwar als leztes element deutlich ebenfals das fut. exactum von *fu*, sind aber namentlich wegen des disem vorher gehenden *i*-lautes dunkel. Vgl. jedoch Corssen, Zeitschr. XIII, 197 flg. Z. 10 v. u. lis: (totondit), *leic-si* (liquit zu praes. *leicim* linquo) u. s. f. (Lottner und Wh. Stokes in Beitr. II, 318; vgl. jedoch die ab weichende deutung von Wh. Stokes, Goidilica s. 100, anm. p), welche u. s. f. Z. 8 v. u. füge nach 'gleichen' ein: Darneben finden sich formen auf *-s* one das *-i*, z. b. *gabais* (cepit), *pridchais* (praedicavit) u. a., weshalb Stokes (a. a. o.) das *-i* für ein an gehängtes pronominales element hält. Auch dise formen, wie die auf *-si*, kommen nur unverbunden vor. Den gewönlichen, mit *ro-* oder anderen elementen verbundenen formen u. s. f.

837, z. 7 v. u. lis: gutturale, *m* und vocale. Z. 1 v. u. füge bei: *ad-ro-bar-t-at* ('obtulerant') ist eine active form diser bildung.

838, im futurum des altirischen lis sg. 1. *-carub*; 3. füge bei: dise beiden lezteren formen sind jedoch nach Ebel conditionalis; das fut. hat, wenn mit anderen elementen verbunden, die endungen *-fea, -bea, -fa, -ba*, z. b. *non-sóirfea* (salvabit nos), *nob-sóir-fa-si* (salvabit vos); pl. 1. *-fimme*, verbunden *-fam, -bam, -fem, -bem*; *-carfam* (streiche die bei gefügte erklärung); 3. isoliert *-fit*, verbunden *-fat, -fet, -creit-fet, -car-fat*, 1. pl. med. *-fimmir, -fammar*. Z. 13 v. u. lis: Nach liquiden, doch auch nach anderen consonanten, scheint *f*, *b* u. s. f. gedent zu sein; z. b. *bér* (feram) für

Seite
*ber-f, *ber-fu; géb (capiam), wurz. gab u. a.; (as-)bere u. s. f. Z. 2 u. 1 v. u. ist zu streichen.
839, z. 1 v. o. streiche: 1.
840, streiche 2.; vgl. zu s. 793, wohin z. 9 v. o. bis 5 v. u. zu versetzen ist.
846, im nachtr. zu s. 73 füge ein: altir. *núe*.

Im litauischen glossar der indog. chrestomathie füge unter *girdżù* bei: *begirdint*, Don. III, 807, gerundium, indem man (es) hört (lit. gr. [illegible]). Auch füge compendium s. 468, Litauisch, am ende bei: Mit [illegible] participium als so genantes gerundium (*ë'sant* [illegible])

Weimar. — Hof-Buchdruckerei.

www.ingramcontent.com/pod-product-compliance
Lightning Source LLC
Chambersburg PA
CBHW020302240426
43673CB00039B/678

* 9 7 8 3 7 4 3 6 5 1 7 1 5 *